从省城到城市

近代广州土地产权与城市空间变迁

FROM PROVINCIAL CAPITAL
TO MODERN CITY

Real Property and the Change
of Urban Space in Guangzhou

黄素娟 著

社会科学文献出版社
SOCIAL SCIENCES ACADEMIC PRESS (CHINA)

本书为广东省高层次人才项目"全球史视野下的岭南社会文化"（项目号：11200 – 52010005）资助成果

目　录

图表目录

导　论

　　中国近代城市转型是中外学术界热门的研究课题之一，现代国家政权在城市中的建立尤其受到重视。本书所关注的即是城市建设与现代国家建设之间的关系。广州是近代中国最早开放的沿海通商口岸之一，也是国民政府最早进行近代城市建设的城市，有"模范之广州"、"建设都市之指南"、"文明之路、自治之花"等美誉。① 在这个过程中，广州的城市景观发生了巨大的变化。1900年前后，广州仍保持着明清时期省城的风貌。高高的城墙北倚越秀山，南临珠江，东为丘陵台地，西为河网密集的西关平原。城墙设有东南西北城门，城门之上建有重檐城楼。城内东西主干道上分布着大大小小的衙署，南北主干道上聚集着书坊、酒家、茶楼等商铺，旗民及其眷属居住在城西，学宫、贡院、书院、合族祠咸集城东南。城墙之外是东南西北四关，东北部多山，西南部近水而利于发展商业，素有"东村西俏，南富北贫"之说。② 至20世纪30年代，广州的城市景观已截然不同。城墙被拆除，四通八达的马路连接全市各个地点，汽车穿梭，马路沿线遍布颇具西式建筑风格的骑楼。珠江河岸两旁筑有长堤，码头众多，船艇密集，跨江大铁桥沟通南北两岸。江北堤岸伫立高耸入云的摩天大楼，城内散布公园、图书馆、博物馆、中山纪念堂等公共建筑。在1936年出版的《新广州市》（*Modern Canton*）中，作者李炳瑞

---

① 李宗黄：《模范之广州市》，商务印书馆，1929，页首。
② 黄佛颐编纂、仇江等点注《广州城坊志》，广东人民出版社，1994，第25页。

（Edward Bing-shuey Lee, 1907～1956）的第一句话写道：

> 一些外国保守派人士最喜欢说没有外国政治统治，中国永远不可能成为一个现代国家（Modern Nation）。广州从一个道路狭窄曲折的省城迅速转变为一个拥有宽阔的沥青道路并如同欧美城市一样拥有公共便利的近代城市（Modern City）为这个过时的观点提供了答案。①

　　显然，李氏认为广州从省城转变为城市的过程是中国无须依靠外国帮助走向现代国家的象征。李氏是广东台山人，早年赴加拿大留学获政治经济学硕士学位，后在美国华盛顿大学研究院做研究员。回国后加入国民党中央宣传部，出任《北平导报》、《民族周刊》等英文报刊的编辑。②《新广州市》由胡汉民题名，写作过程中得到广州市市长刘纪文、前市长孙科、广东省省长林云陔等的大力支持。可以说，城市景观变迁反映出现代国家建设是不少国民政府高层官员及社会精英共同的看法。近代以来中国的城市建设，寄予着时人对于现代国家建设的追求。

　　然而，城市建设并非打造空中楼阁，而是要实实在在地建基于城市土地之上。在明清时期，城市土地的重要性远不及广大乡村地区。从经济和国家税收角度上看，明清时期国家经济依赖于农业生产，赋税体系的支柱是田赋钱粮。随着近代国家经济逐渐向工商业转移，有利于发展工商业的城市日益成为赋税征收的对象，城市土地的重要性日益凸显。特别是西方城市建设观念传入中国后，一方面城市土地成为开发的对象，被市政机构用于实施各种现代化市政建设；另一方面，城市土地亦是征税的对象，是市政机构筹集市政建设费用的来源。摆在近代市政部门面前的是一系列极为困难的问题：土

---

① Edward Bing-Shuey Lee, *Modern Canton* (Shanghai: the Mercury Press, 1936), p. i.

② 李炳瑞后历任中山大学教授、国民政府行政院新闻处驻华盛顿办事处主任。1939年9月6日任外交部秘书。1946年9月12日被选为三青团第二届中央监察会监督。1947年7月选任中国国民党第六届中央监察委员会委员。1948年当选"行宪"第一届立法院立法委员。后去台湾，仍为"立法委员"。1956年1月25日逝世。著有《中国关税自主》、《两年来中日不宣而战》等英文著作。见刘国铭主编《中国国民党百年人物全书》上册，团结出版社，2005，第896页。

地从何来？哪些土地属于城市而非乡村？如何划分"公有"与"私有"土地？哪些土地属于"公有"，可以被用于公共目的？哪些土地属于私人所有，不能被用于公共目的？划分的标准是什么？更进一步的问题是，谁有权用怎样的方式去划分城市土地产权的类型。与之相应的，还有城市建设经费从何而来等问题。

本书试图从城市建设与现代国家建设的关系入手，以广州从省城转变为近代城市为线索，来探讨中国近代城市的社会变化。特别关注在城市建设过程中，不同时期的政府如何逐步规划城市的不同土地，区分公私土地产权，并将公有土地用于进行现代化建设，以及生活在城市的民众如何应对国家政权控制城市土地的努力。换句话说，本书力图从城市土地产权变化入手，来讨论中国城市从传统城市到近代城市的转变，以及国家管理城市土地的种种措施给生活在城市的民众带来怎样的影响。所以，虽然本书研究以广州为中心，但它所涉及的问题却与整个中国有关。随着国家政权不断深入城市，广州从城墙高耸的省城转变为马路四通八达的近代城市。这个历史过程不但形塑了城市景观本身，也重新塑造了人们对于城市生活的想象和期待。

城乡关系与城市建设

孔飞力（Philip Alden Kuhn）指出，中国现代国家形成的关键在于借助外部势力用以获得物质及社会主导地位的各种手段，来抵御外部势力的统治。仿效西方包括香港和日本等地的模式，进行近代城市建设是借助西方物质手段以抵制外国势力统治的典型。这使得近代中国的城市与乡村在国家社会中的角色发生极大转变。

在传统帝国时期，中国的城市与乡村存在着社会与文化的"连续一体"。从建筑式样、空间布局与空地利用，到服装、饮食、交通工具或日常生活中其他显而易见的方面，再到士大夫的文化心理，都没有明显的城乡分别。这一点在施坚雅（George William Skinner）等主编的《中华帝国晚期的城市》中得到充分论证。直到19世纪，处于不同的地理区域，行政管理、商业经营水平完全不同的城市和乡村，呈现一片和谐相融的

景象。这使得中国文化中"城"与"乡"浑然难分，与前现代欧洲的城
乡分别截然不同。①"城乡连续一体"的提法遭到一些学者的反对，他们认
为明清时期蓬勃的商业发展和繁庶的物质文化，使城市成为相对自由的所
在。城市中的时尚、豪宅、情色、节庆、感官之娱、城市文学与城市想象等
都与乡村生活有着天壤之别。②但城镇和乡村同处于一个贸易网络中，士人
在城市和乡村之间的沟通作用，以及赋役征收系统的运作和胥吏的活动等，
使得中国传统城市与乡村紧密地联系在了一起。在一个漫长的、动态的历史
过程中去体会城乡之间的种种交流，就不难发现，很多东西根本无法标签为
"城"还是"乡"。③更为重要的是，在明清时期的地方行政管理体制中，
城乡是"合治"的。城市作为各级官衙的所在地，通常由管辖全县城乡的
县衙门兼管，没有专设的城市管理机构，且同城的地方衙门在城市管理上的
职权不清。明清时期广州"省城"既是两广总督、广东巡抚、布政司、按
察司、广州将军等衙署驻地，也是广州府及南海、番禺两县的府治和县治。
省城日常行政管理事务虽分署南、番两县，但驻在省城的高级官员衙署均有
权干预本城事务。④相应的，城乡土地在行政管理架构和买卖交易中也具有
相似性。《大清律例》户律下关于田宅的律例中，并无城市房产的规定。城
市房地交易中的契约也与乡村土地契约极为相似。这些契据至民国时期仍被
视为产权所有的直接证据。广州商铺中存在的双重产权现象更是直接来源于
乡村田地的所有权观念。

　　20世纪初，随着政治、经济及社会的变革，城乡连续一体逐渐出现分
离。科大卫（David Faure）强调这种分离是源自政治改革。当划分城市和
城镇作为社会变革代理人时，一种视乡村为落后之源的意识形态开始出现。
在二三十年代，这种视乡村为落后的观念，反过来又影响了社会学家关于中

---

① 〔美〕施坚雅主编《中华帝国晚期的城市》，叶光庭等译，中华书局，2000。
② 见李孝悌编《中国的城市生活》，台北，联经出版公司，2005；巫仁恕：《品味奢华：晚明
　的消费社会与士大夫》，台北，联经出版公司，2007；Si-yen Fei, *Negotiating Urban Space*:
　Urbanization and Late Ming Nanjing [Cambridge (Massachusetts) and London: Published by the
　Harvard University Asia Center, Distributed by Harvard University Press, 2009]；等等。
③ 杜正贞：《村社传统与明清士绅：山西泽州乡土制度变迁》，上海辞书出版社，2007，第1页。
④ 贺跃夫：《近代广州街坊组织的演变》，香港《二十一世纪》总第35号，1996年6月，第
　37~46页；邱捷：《同治、光绪年间广东首县的日常公务——从南海知县日记所见》，《近
　代史研究》2008年第4期。

国社会的观点。① 在卢汉超看来，人们认为现代化、工业化、高度商业化的城市
比乡村市镇要好，则是来源于城市有更好的经济机遇。② 周锡瑞（Joseph
W. Esherick）将近代中国城市物质结构变迁与社会结构变迁相联系。他认为，拆
城墙、修马路、行驶人力车和电车等现代交通工具、使用自来水和电灯电话等、
公共卫生规章的制定与实施、公园和运动场等新公共空间的形成等物质空间的
变化，以及百货公司带来的新商贸形式、印刷业带来的新闻评论等舆论媒介的
蓬勃、铁路和银行及电信工具将大城市连接到全国性的都市网络，所有变化都
使得近代中国城市与帝国晚期的中国城市大相径庭，一方面城市在政治体系中的
地位凸显，突破了帝国时期县、府、省的王朝行政架构中的等级次序；另一方面城
市在经济体系中的地位也日益重要。城市与乡村的鸿沟变得明显而真实。③

可见，由城市建设所带来的迥异于乡村的马路、高楼大厦等物质空间的转
变在一定程度上可以被视为近代中国城乡分离的开端。前辈学者已对近代中国
城市的空间变迁做出细致而深刻的研究。以广州为例，胡华颖、李萍萍、周霞
等从城市规划角度研究广州城市形态之演变；许瑞生关注近代广州市政制度与
城市空间变迁的关系；彭长歆研究近代广州建筑风格所体现的现代性与地方
性。④ 但较少研究论及市政当局改造城市空间的背后所牵涉的土地产权变化。

中外史学界长期以来关注的是乡村社会的土地产权，至 20 世纪 90 年代
才有少量关注城市土地的研究。在 20 世纪 30 年代，学者、学术机构及政府
相关部门为了解决中国普遍存在的乡村土地问题而研究土地产权。他们引进
西方土地经济学理论，梳理中国历代土地制度，并进行相关的土地调查，以

---

① David Faure and Tao Tao Liu eds.，*Town and Country in China*：*Identity and Perception*（New York：Palgrave，2002）.
② 卢汉超：《霓虹灯外：20 世纪初日常生活中的上海》，上海古籍出版社，2004，第 4 页。
③ Joseph W. Esherick eds.，*Remaking the Chinese City*：*Modernity and National Identity*，*1900 – 1950*（Honolulu：University of Hawaii Press，2000），pp. 9 – 11.
④ 关于广州城市规划研究，见胡华颖《城市·空间·发展：广州城市内部空间分析》，中山大学出版社，1993；李萍萍等编《广州城市总体发展概念规划研究》，中国建筑工业出版社，2002；周霞：《广州城市形态演进》，中国建筑工业出版社，2005；等等。关于广州市政制度研究，见许瑞生《广州近代市政制度与城市空间》，广东人民出版社，2010；广州市规划局、广州市城市建设档案馆《五羊城脉——1911~1949 广州城市建设》，广东人民出版社，2012；等等。关于近代广州建筑风格研究，见马秀之主编《中国近代建筑总览（广州篇）》，中国建筑工业出版社，1992；彭长歆：《现代性·地方性——岭南城市与建筑的近代转型》，同济大学出版社，2012；等等。

便国民政府推动土地立法、土地政策和土地行政。[①] 新中国成立后的五六十年代，为了解中国封建社会的发展规律、阶级斗争发展的规律，学者们探讨了因土地分配和利用而形成的权力与经济关系。[②] 自 20 世纪 80 年代开始，学界注重土地契约文书及相关资料的收集、研究，强调从当时人们如何认识和理解自身所处的结构重新思考土地产权问题。[③] 这些研究大多关注乡村社

[①] 早期介绍西方土地经济学的著作有章植《土地经济学》，黎明书局，1930；邹枋：《中国土地经济论》，大东书局，1933；卜凯编著《中国土地利用》，金陵大学农学院农业经济系，1937；中国农村经济研究会编《中国土地问题和商业高利贷》，黎明书局，1937；黄通：《土地金融问题》，商务印书馆，1942；张丕介：《土地经济学导论》，中华书局，1944；等等。研究中国历代土地制度的著作包括陈登元编著《中国土地制度》，商务印书馆，1932；〔日〕长野郎：《中国土地制度的研究》，强我译，神州国光社，1932；〔德〕单威廉：《中国之土地制度及土地登记测量及征税条例草案》，萧铮译，中国地政学会，1934；等等。各地土地调查报告有广东省政府秘书处统计股编《土地与人口》，东成印务局，1932；导淮委员会编《高宝湖区土地经济调查报告》，1933；财政部整理地方捐税委员会编印《安徽省当涂县土地陈报概略》，1935；河南省土地陈报委编印《河南省第一期土地报陕县试办报告》，1936；土地委员会编印《全国土地调查报告纲要》，1937；关吉玉：《田赋、土地陈报、土地税》，中国文化服务社，1943；等等。研究土地问题与土地法、土地政策的著作包括黄通编《土地问题》，中华书局，1930；吴尚膺：《土地问题与土地法》，中国国民党广东省执行委员会党务工作人员训练所编译部，1931；孟普庆：《中国土地法论》，南京市救济院，1933；祝平：《土地政策要论》，文信书局，1944；〔德〕达马熙克（A. Damaschke）：《土地改革论》，张丕介译，建国出版社，1947；董中生：《土地行政》，大东书局，1948；等等。

[②] 南开大学历史系中国古代史教研组编《中国封建社会土地所有制形式问题讨论集》上下册，生活·读书·新知三联书店，1962。

[③] 在国内学术界，傅衣凌先生在 20 世纪 40 年代就注意到明清土地契约文书在研究中国社会史和经济史上的价值。（见傅衣凌《明清农村社会经济》，生活·读书·新知三联书店，1961）随着徽州和福建等民间文书、山东孔府文书及四川盐业文书等的大量发现，80 年代以后中国契约文书的收集、整理、收藏和研究日益受到重视。80 年代重要的研究著作包括中国社会科学院历史研究所编《封建贵族大地主的典型——孔府研究》，中国社会科学出版社，1981；叶显恩：《明清徽州农村社会与佃仆制》，安徽人民出版社，1983；章有义：《明清徽州土地关系研究》，中国社会科学出版社，1984；张学君、冉光荣编著《明清四川井盐史稿》，四川人民出版社，1984；傅衣凌、杨国桢主编《明清福建社会与乡村经济》，厦门大学出版社，1987；杨国桢：《明清土地契约文书研究》，人民出版社，1988；等等。日本学术界注重从契约文书入手研究中国的法律惯例，二战前代表性的研究是《台湾私法》和《满洲旧惯调查报告书》，70 年代以后以东京大学东洋文化研究所为中心再次兴起新的研究活动。日本学界比较有代表性的研究著作包括〔日〕仁井田陞《中国法制史研究》，东京大学出版会，1960；东洋文库明代史研究室《中国土地契约文书集（金～清）》，东洋文库，1975；〔日〕滋贺秀三等编《中国法制史：基本资料的研究》，东京大学出版会，1993；王亚新·梁治平编《明清时期的民事审判与民间契约》，法律出版社，1998；等等。时至今日，土地契约文书已经成为研究中国社会史、经济史和法制史不可或缺的材料。

会的土地关系和契约，较少涉及城市土地。自20世纪90年代起，有学者注意到近代中国城市的房地产发展、土地产权、土地管理思想和地籍整理等问题。① 其中马学强和陈玥的研究填补了城市土地产权研究的空白。马学强认为，传统中国关于土地的占有、使用、所有之种种权利及房屋与地产的分离情况，都有自己的表达语言和处置方式，不同于近代意义的"所有权"概念。到了近代，原先官府占有的财产大多已按市场规律、经济原则，逐渐转化为"民有"，在能控制的有限的公产中，大多造册在案，或租或卖，都有章程予以制约；与此同时，政府在产权管理方面的职能与功能却得到了一定程度的强化。他也注意到近代市政建设所需要的大量资金，即由地税、房捐等组成，江南的部分城市还成功地通过标卖土地等形式融资，加快了城市建设。② 马学强并未说明官府占有为什么会转化为"民有"，近代政府如何强化产权管理的职能，政府如何实现通过标卖土地等形式融资。他强调道契是建立近代上海土地制度的核心，但道契的影响仅限于上海及其周边地区，并不适用于全国其他城市。陈玥认为传统土地业权向近代土地所有权的转化主要通过两种路径发生在城市及其周围，一是从国家最高处置权转变为土地国有权，二是从业权转变为土地所有权。民国的法制建设中，私有为主的所有制结构与私法自治的司法原则被确立，直至1938年日军占领武汉彻底破坏了产权秩序。③ 但陈玥没有说明，谁有权力用怎样的方式去区分土地国有或是土地私有，民众对于这种区分做何反应，在法律层面确立私有为主的所有制结构与政府的行政管理、民众的日常生活的产权实践是否一致。

　　在笔者看来，城市建设的迫切需求使得近代政府必须建立一套有效的控制城市土地的管理体系，城市土地产权由此日益脱离"城乡连续一体"。然而，这个过程必然会牵涉生活在城市中的不同人群的利益。换句话说，当近代政府想要征用城市土地用以公共建设时，关涉到切身利益的不同人群不会

---

① 研究城市房地产的代表作有赵津《中国城市房地产业史论（1840~1949）》，南开大学出版社，1994。研究城市土地产权的代表作有马学强《从传统到近代——江南城镇土地产权制度研究》，上海社会科学院出版社，2002；陈玥：《晚清民国武汉城市土地问题》，博士学位论文，中山大学，2014。研究城市土地管理思想的代表作有贾彩彦《近代上海城市土地管理思想（1843~1949）》，复旦大学出版社，2007。研究城市地籍整理的代表作有刘一民《国民政府地籍整理：以抗战时期四川为中心的研究》，上海三联书店，2011。

② 参见马学强《从传统到近代——江南城镇土地产权制度研究》。

③ 参见陈玥《晚清民国武汉城市土地问题》。

被动接受，他们会利用各种途径与政府讨价还价。这意味着拆城墙、开马路、建公园等城市建设的实现，是国家政权与城市社会互动的结果。

国家政权与城市社会

已有不少前辈学者指出，在 20 世纪国家政权渗透进城市社会以前，城市社会是相对自治的。来自不同区域的商人融合成独特的城市精英体，在很大程度上自行管理着城市事务。[①] 广州的情况与之相似，基层的街坊组织获得官府默许，通过"集庙"来议决本街区公益事务、解决民事纠纷、处理被获案犯、向官府提出街区的要求或申诉，甚至抗议官府的不公平对待。而街坊组织的中坚力量绅商，组成更高级别的七十二行、总商会、九善堂等商人组织，在清末城市事务中充当越来越重要的角色。[②]

20 世纪前期，国家政权通过持续地深入基层和吸收基层财源来实现权力扩张。[③] 在城市中，国家政权通过建立近代警察制度和市政制度，来改革税收系统、教育、公共卫生及城市规划等，进而缔造新的政治和社会秩序。[④] 新政时期的改革见证了国家政权在城市的深入，为以后的城市建设奠定了坚实的基础。[⑤] 20 世纪 20 年代，现代国家政府开始利用各种"科学"知识来改造城市空间。[⑥] 广州作为国民党的"革命摇篮"，"竖立模范"

[①] William T. Rowe, *Hankow* (Stanford: Stanford University Press, 1984); William T. Rowe, *Hankow: Conflict and Community in a Chinese City, 1796 - 1895* (Stanford: Stanford University Press, 1989).

[②] 见 Edward J. M. Rhoads, "Merchant Associations in Cantons, 1895 - 1911," in Mark Elvin and G. William Skinner eds., *The Chinese City Between Two Worlds* (Stanford: Stanford University Press. 1974), pp. 97 - 118; 贺跃夫：《近代广州街坊组织的演变》，香港《二十一世纪》总第 35 号，1996 年 6 月，第 37 ~ 46 页；邱捷：《清末广州居民的集庙议事》，《近代史研究》2003 年第 2 期。

[③] Prasenjit Duara, *Culture, Power, and the State: Rural North China, 1900 - 1942* (Stanford: Stanford University Press, 1989).

[④] Frederic Wakeman Jr., *Policing Shanghai, 1927 - 1937* (Berkeley: University of California Press, 1995); 〔法〕安克强 (Christian Henriot)：《1927 ~ 1937 年的上海：市政权、地方性和现代化》，张培德、辛文锋、肖庆璋译，上海古籍出版社，2004。

[⑤] Kristin Eileen Stapleton, *Civilizing Chengdu: Chinese Urban Reform, 1895 - 1937* [Cambridge (Massachusetts) and London: Published by the Harvard University Asia Center, Distributed by Harvard University Press, 2000].

[⑥] Michael Tsin, *Nation, Governance, and Modernity in China: Canton, 1900 - 1927* (Stanford: Stanford University Press, 2000).

和"国民政府大本营建设"的政治需求推动了城市改革的最后成功。[①]

　　然而，重大的城市变革往往不是政府构建出来的"理性"规划，而是具有偶然性和意外性。[②] 尽管政府通过制定各种政策和法规将力量延伸至街道、邻里和社区，但政府的规章经常遭到抵制，特别是当这些政策影响到普通人的生计时，而政府也因时局变动或缺乏资源无法始终如一地监察，这再次证明了国家权力深入社会底层的困难。[③] 王笛、何杰尧（Virgil Kit-yiu Ho）、冯志明、马木池等人的研究都证明，虽然近代城市改革反映了整个国家政治、经济、文化一体化的趋势，但不能忽视地方社会的多元性。[④] 例如，尽管政府一再加强对赌博、娼妓、吸鸦片等行为的管治，但人们对这些敏感的道德与政治行为有一套自己的解释，管治稍微松懈时这些行为又会卷土重来。[⑤] 尽管城市生活常被认定为必将带来统一的同质性，但基于传统亲属关系的迁移模式，在一些职业中相当盛行族群差异、竞争与排斥，以及同乡同音人群的聚集等都证明了中国城市生活的不均质性。[⑥]

　　因此，有学者指出国家政权与地方社会的关系并不必然是此消彼长。潘淑华认为，民国时期国家政权的扩张是一个协商过程，而非单纯的高压强制。国家和社会均非铁板一块，其内部存在不同的差异。而国家和社会的关系也非零和博弈，没有绝对的赢家和输家，国家控制与城市自治始终交织在一起。[⑦] 杜丽红建议采用"社会中的国家"的视角来看民间组织与国家的互动。

① Yeung Wing Yu, Hans, *Guangzhou, 1800 - 1925: The Urban Evolution of a Chinese Provincial Capital*（Ph. D. diss., University of Hong Kong, 1999）.

② Peter J. Carroll, *Between Heaven and Modernity: Reconstructing Suzhou, 1895 - 1937*（Stanford: Stanford University Press, 2006）.

③ Di Wang, *The Teahouse: Small Business, Everyday Culture, and Public Politics in Chengdu, 1900 - 1950*（Stanford : Stanford University Press, 2008）.

④ 见王笛《走进中国城市内部：从社会的最底层看历史》，清华大学出版社，2013；Virgil K. Y. Ho, *Understanding Canton: Rethinking Popular Culture in the Republican Period*（New York: Oxford University Press, 2005）; Chi Ming Fung, *Reluctant Heroes: Rickshaw Pullers in Hong Kong and Canton, 1874 - 1954*（Hong Kong: Hong Kong University Press, 2005）; 马木池：《国民政府控制下商人的分化与冲突——1924～1934年间广州商会整合之背后》，博士学位论文，中山大学，2007。

⑤ Virgil K. Y. Ho, *Understanding Canton: Rethinking Popular Culture in the Republican Period*.

⑥ Chi Ming Fung, *Reluctant Heroes: Rickshaw Pullers in Hong Kong and Canton, 1874 - 1954*.

⑦ Shuk - wah Poon, *Negotiating Religion in Modern China: State and Common People in Guangzhou, 1900 - 1937*（Hong Kong: The Chinese University of Hong Kong, 2011）.

在她看来，民间组织与国家实际上围绕着什么应该归国家管理及如何管理的问题展开互动，这一过程伴随国家权力扩张的始终。由于有些事务关系到某些行业的经济利益，国家不仅无力切实保证制度的实行，而且其内部亦存在矛盾。因此，它不得不与商会、行会等民间组织展开博弈，最终达成妥协。①

这些研究为我们理解近代中国城市土地产权问题提供了良好的借鉴，特别是回到地方社会本身的历史脉络中，将"自上而下"的国家视角与"自下而上"的社会视角相互结合，为本书奠定了坚实的基础。近代以来，当市政机关在扩张"市区"的界定的时候，通过立法和行政手段挑起的城市土地产权问题，也不断受到地方社会的各种抵制。但在近代中国城市中，广州的城市建设却是相对成功的，为后来国民政府建设南京、上海等地提供了一定的借鉴。特别是土地登记、征收地税等办法，成为 1930 年国民政府颁布的《土地法》的基础。因此，对其实施过程的探讨，将有助于重新思考中国近代城市中国家与社会的关系，并加深我们对近代中国的城市土地情况的了解，具有一定的学术价值和现实意义。

近代广州市区的空间范围

本书所讨论的近代广州市区范围，在明清时期称"省城"。晚清时期，省城内外的范围以城墙为界，包括城墙内的老城和新城，城墙外的东关、南关、西关、北关及河南岛沿珠江河岸的一些街巷。自 1903 年起，省城内外先后设置巡警，设置了巡警的"警界"遂成为省城内外大致的范围。辛亥革命后，广州警察机关多次改组，警区重新调整，警界范围随之略为扩张。② 市政厅成立后，

---

① 杜丽红：《制度与日常生活：近代北京的公共卫生》，中国社会科学出版社，2015。此资料由杜丽红博士惠赠，特此致谢。

② 广州警察，筹设于 1902 年底，1903 年正式将原保甲总局改组为巡警总局。1905 年，巡警总局将管区分为老新城、东南关、西关南路、西关北路、河南五大区域。1909 年，奉清廷令设巡警道，巡警总局改为警务公所，附设巡警道署。1910 年，改五大区域为东西两大区域，将各分局改为警察区署，东区设署四，西区设署六。辛亥革命后，警察机关多次改组，警区随之更动。1912 年 2 月，改称广东警察厅，至 10 月，又改为广东省城警察厅。将东西区署改编为 12 个区署，并规复马队警察，及接管广九铁路警察。1915 年，改称广东省会警察厅，添设第十三区署，旋撤，将所管区划入第四区署。1921 年广州市政厅成立后，广东省会警察厅改为广州市公安局，隶属市政厅，在区署下设派出所 46 个。1926 年，在黄埔新洲设警察第十三区署。1930 年 1 月 1 日，裁各区署分署，改设公安分局 30 处。1930 年 8 月，改广州市公安局为广东省会公安局，直隶于省政府。见广东省会公安局统计股编印《广东省会警务纪要》，1936，第 2 ~ 10 页。

在1923年底划定市区时，以警界作为现有市区，以现有警界及将设警察范围作为"权宜区域"，以山川河流等自然界线为"展拓区域"（又称"拟定区域"）。[①]（见图0-1）也就是说，广州市区的实际范围就是警界范围。据1931年统计，广州警界范围内市区水陆面积共28277.6亩。[②] 至1935年，随着警区拓展，市区面积增加为35758.9亩。[③]（见图0-2）直至1937年日军入侵广州时，市区范围基本未有大的变动。

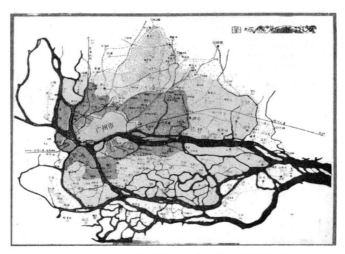

图0-1 1926年警界、权宜区域、展拓区域

说明：标为"广州市"和"河南"的区域为警界范围，警界外深色区为广州市"权宜区域"，权宜区域外淡色区为广州市"展拓区域"。

资料来源：《广州市市政公报》第210号，1926年1月10日，封面。按，《广州市市政公报》创刊于1921年2月28日，为第1号，至1922年8月1日出版第23号；1922年8月8日第24期改用"期"，至1922年6月12日第68期停刊；到1923年3月26日复刊改用"号"，为第69号，用至1933年12月31日450号；1934年1月10日又改用"期"，为第451期。为行文方便，本书统一用"号"。

---

① 广州市市政厅总务科编印《广州市市政报告汇刊》，1924，第128~133页。
② 警界范围四至的界线为，东：由鹿鸣岗之东起，经百足岗之西，折向横枝岗之南，经金铁岭、北较场之东，折而东向，经洁德书院、半边岗、寺贝底之西，横过省河二沙头，至大涌口之东止。南：由大涌口之东起，沿河南岸线，经大涌口、二涌口，沿石涌甬道，经小港之北、草芳之南、龙田之东，横过省河后航线，至白鹤洞之南止。西：由白鹤洞之南起，经大笪地之东，与河南线略平行，经河界各货仓之西，芳村、花地、汛地头之南，折而东向，经太平约之北，山村之东，直至省河南岸，沿石围塘岸线，至塞坝口横过省河，沿牛牯河之中线，至增步止。北：由增步之北起，经西村流花桥、粤秀山（即今越秀山）镇海楼、田心、下塘、游鱼岗、唐帽岗至鹿鸣岗之东南止。见《警界范围内本市面积统计》，《广州民国日报》1931年3月5日，第1版。
③ 广州市政府编印《广州市概览》，1935，第3页。

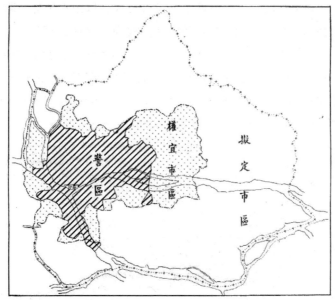

图 0-2　1935 年警区、权宜市区、拟定市区

资料来源：广东省会公安局户籍股编印《广东省会警区现住户口统计》，1936。

近代广东政局变迁

近代以来，广东的政局动荡、政权更迭频繁。先后有八种政权或势力在广东主政超过 1 年，分别为广东军政府、龙济光、桂系军阀、陈炯明、大元帅府、国民政府、李济深和陈济棠。其过程大致如下：

（1）广东军政府时期（1911 年 11 月至 1913 年 8 月）：1911 年 11 月 9 日，省城各界人士在谘议局召开会议，宣布广东共和独立。11 月 17 日，广东军政府正式成立，由胡汉民任都督、陈炯明任副都督。军政府下设军事、财政、民政、司法、外交、实业、教育和交通等部门，以及民团督办、顾问官、枢密院、驻港筹饷局、督办纸币局等职位和机构。主要由拥护孙中山的同盟会会员执掌政权。1913 年，因袁世凯倒行逆施，孙中山决定发动"二次革命"。袁世凯遂调任胡汉民为西藏宣抚使，任命陈炯明为广东都督。7月 18 日，陈炯明响应"二次革命"，宣布广东独立，并通电讨袁。

（2）龙济光据粤时期（1913 年 8 月至 1916 年 10 月）：1913 年 7 月 26 日，袁世凯任命龙济光为广东镇守使，讨伐陈炯明。随后，袁氏又任命龙氏为广东都督兼民政长。8 月 11 日，龙军攻占广州，陈炯明兵败逃港，龙济光遂开始了 3 年多的统治。

（3）桂系军阀据粤时期（1916 年 10 月至 1920 年 10 月）：1916 年 3 月，以陆荣廷为首的桂系军阀参加讨袁护国。1916 年 7 月 6 日，北京政府改任陆荣廷为广东督军，朱庆澜为广东省省长，调任龙济光移驻琼崖。10 月 2 日，陆荣廷正式就任广东督军，桂系军阀开始了对广东的统治。次年 7 月，孙中山南下"护法"得到陆荣廷支持，海军总长程璧光和部分国会议员也先后抵粤。8 月 25 日，国会议员召开非常国会，选举孙中山为中华民国军政府大元帅，陆荣廷、唐继尧当选元帅。军政府（史称"南方军政府"）随后正式成立。但至 1918 年桂系军阀就操纵改组了军政府。5 月 21 日，孙中山愤而离粤。同年 10 月 22 日，由桂系军阀支持的市政公所成立。在孙中山一再策动下，陈炯明于 1920 年 8 月 12 日率粤军回粤讨桂，并于 10 月 28 日克复广州。

（4）陈炯明任省长时期（1920 年 11 月至 1923 年 1 月）：1920 年 11 月 10 日，孙中山委任陈炯明为广东省省长兼粤军总司令。1921 年 2 月 15 日，陈炯明公布《广州市暂行条例》，广州市政厅正式成立，由孙科出任市长。同年 4 月，参众两院联合会议议决组建"正式政府"，选举孙中山为"正式政府大总统"。但由于在北伐问题上的分歧，1922 年 6 月，陈炯明背叛孙中山，炮轰总统府。孙中山不得不离粤赴沪，随后策动滇军杨希闵部和桂军沈鸿英、刘震寰部会盟（时称"滇桂军"）讨陈。1923 年 1 月，滇桂军攻入广州，陈炯明退守东江流域。

（5）大元帅府时期（1923 年 1 月至 1925 年 7 月）：滇桂军驱逐陈炯明后，孙中山回粤。1923 年 3 月 2 日，中华民国政府陆海军大元帅大本营建立，孙中山出任陆海军大元帅。广东省政府、广州市政府随之建立，由廖仲恺、孙科分任广东省省长、广州市市长。同年底，孙中山改组国民党，实行联俄联共。次年，召开国民党一大，并筹建黄埔军校。1925 年，大元帅府先后发动两次东征讨陈，并镇压滇桂军叛乱。至 11 月底，统一广东全境。

（6）国民政府驻地时期（1925 年 7 月至 1927 年 1 月）：1925 年 3 月 12 日，孙中山逝世。大元帅府遂于 7 月 1 日改组为国民政府，采用合议制，选举汪精卫为主席。随后军事委员会成立，仍以汪精卫为主席。广东省政府、市政厅也改组为委员会制，由许崇智任省主席，伍朝枢任市政委员长。1926年7月，国民革命军北伐开始。北伐军势如破竹，很快就攻占了大半个中国。1927年1月1日，国民政府遂由广州迁往武汉，4月18日定都南京。

（7）李济深主粤时期（1927年1月至1929年3月）：北伐战争开始后，李济深以参谋长和第四军军长名义留守广州，通过"四一五"大规模"清党"，逐渐掌握了广东的党、政、军大权。11月至12月间，李氏曾短暂被张发奎、黄琪翔逐出广州。但12月11日，中共广州起义爆发。李氏再次被国民政府授权回粤整顿，重掌军政大权。至1929年3月19日，李氏在南京遭蒋介石扣留，广东统治权遂落入陈济棠之手。

（8）陈济棠主粤时期（1929年3月至1936年7月）：1929年3月，陈济棠被蒋介石任命为"讨逆第八路军总指挥"，掌握了广东军权。1931年蒋介石扣留胡汉民后，陈济棠得以完全掌握广东的军政大权。汪精卫、孙科等为联合反蒋，争取了陈济棠，在广州成立国民政府，与南京蒋氏政权相对抗（史称"宁粤分裂"）。在各方反对声中，蒋介石于12月15日通电下野。1932年元旦，"统一"的国民政府在南京成立，取消广州国民政府。但由陈济棠掌控广东的半独立局面一直延续至1936年7月陈氏被迫下台。①

近代广州市政管理机关的演变

在近代专门的市政管理机关出现前，清代广州由南、番两县分治，民国初年广州由军政府直辖。直到1918年广州市政公所成立。此后，广州的市政管理机关历经四次演变，分别为市政公所、市长制时期的市政厅、市政委员制时期的市政厅及恢复市长制时期的市政厅。其内部结构多有变动，大致如下：

（1）市政公所时期（1918年10月22日至1921年2月14日）：1918年10月22日，市政公所在老城育贤坊禺山关帝庙成立，由杨永泰、魏邦平任

---

① 见蒋祖缘、方志钦主编《简明广东史》，广东人民出版社，1987；余炎光、陈福霖主编《南粤割据——从龙济光到陈济棠》，广东人民出版社，1989；广东省立中山图书馆编纂《民国广东大事记》，羊城晚报出版社，2002。

总办，曹汝炎为坐办。市政公所直隶于广东军政府，下设登录、经界、工程和总务四科。① （见图 0-3）

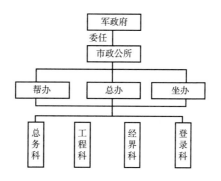

图 0-3 市政公所组织结构

资料来源：陈晶晶《一九一○至三○年代广州市政建设——以城区建设为中心》，硕士学位论文，中山大学，2000，第 19 页。

（2）市长制时期的市政厅（1921 年 2 月 15 日至 1925 年 7 月 3 日）：1921 年 2 月 15 日，广州市政厅成立，由孙科任市长，下设财政、工务、公安、卫生、公用、教育六局。市政厅设置市行政委员会会议，由市长和各局长在会议上裁决一切市政事项。另设有市参事会和审计处两个独立机构，以行监督。② （见图 0-4）

（3）市政委员制时期的市政厅（1925 年 7 月 4 日至 1929 年 7 月 31 日）：1925 年 7 月 4 日，市政厅改组为市政委员制。由省政府在工界、商界、农界、职业界、学界和自由职业界等团体中各委任 3 人组织市政委员会。伍朝枢出任首任市政委员长。市政委员会议决的各案，由主席咨请市行政会议执行。而市行政会议由市政委员长及各局长组织。此次改组还裁撤了公用局（1927 年 8 月规复），其职务分别归并其他五局，并设总务科和秘书直属于市政委员长。此后又陆续增加机构，如 1926 年 8 月 1 日，增设土地局；1927 年 7 月，开办市立银行；1928 年 10 月，成立城市设计委员会。③ （见图 0-5）

① 见《琐闻汇志》、《琐闻一束》、《琐闻一束》，香港《华字日报》1918 年 10 月 8 日，第 1 张 3 页；1918 年 10 月 17 日，第 1 张 3 页；1918 年 10 月 23 日，第 1 张 3 页。
② 黄炎培：《一岁之广州市》，商务印书馆，1922，第 1~24 页。
③ 李宗黄：《模范之广州市》，第 1~34 页。

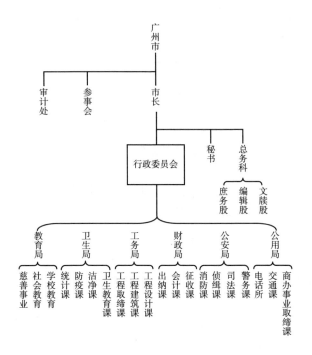

图 0 - 4　市长制时期市政厅组织结构

资料来源：黄炎培《一岁之广州市》，第 22 页。

（4）恢复市长制时期的市政厅（1929 年 8 月 1 日至 1938 年 10 月 21
日广州沦陷）：1929 年 8 月 1 日，市政厅恢复市长制，由林云陔任市长，
仍通过市行政会议，裁决各项事项。同时裁总务科，增设自动电话管理
委员会。同年 9 月，市政厅又增设社会局。1930 年 1 月至 8 月，曾短暂
改为广州特别市政府。8 月，奉国民政府令改回广州市政府，并将公安局
改隶省政府（改称"广东省会公安局"）。后陆续添设广州市电力管理委
员会、广州市自来水管理处，并将《市政日报》改为《市民日报》。①
（见图 0 - 6）

---

① 广州年鉴编纂委员会编印《广州年鉴》卷 6《政府》，1935，第 1～5 页。

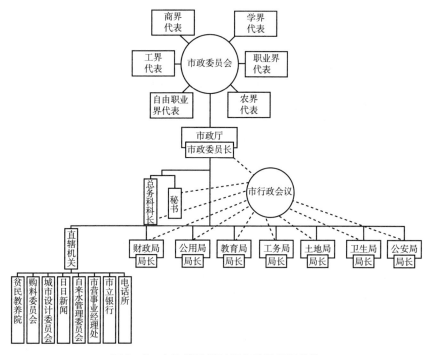

图 0 - 5　市政委员制时期市政厅组织结构

资料来源：广州市政府编印《民国十八年来广州市市政府统计年鉴　第一回》，1929，第 413 页。

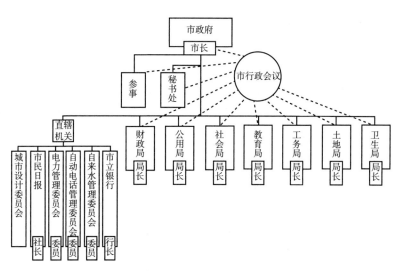

图 0 - 6　恢复市长制时期广州市政厅组织结构

资料来源：《广州年鉴》卷 6《政府》。

本书基本思路与结构

近代中国城市土地产权产生于激烈的政治和社会环境转变之中。新政时期，广州迎来了第一次大规模的城市建设浪潮，传统的街道、建筑、市场已被视为落后，兴筑铁路和马路、改良街道和建筑、开设街市和商场等寄予着发展经济，进而步入"文明"、"现代"的宏愿。正是从这一时期起，城市土地产权问题变得越来越棘手。因此，笔者的思路如下：

首先，选取广州的城市建设作为研究对象，并按照时间顺序叙述，揭示不同时期政府的城市规划和建设过程。本书讨论的焦点在于近代政府如何实现管治城市土地产权，进而达到推行市政建设之目的。政府始终是推动这一进程的积极主体，因此政府主导的城市建设是本书探讨的重点。广州历经4次大规模的城市建设：第一次大规模的城市建设，是新政时期沿着珠江北岸筑起长堤，东起大沙头广九铁路，西迄黄沙粤汉铁路；第二次大规模的城市建设，是市政公所时期的拆卸城墙，并在城基址上开辟马路；第三次大规模的城市建设，是市政厅时期在街巷密集的西关开辟马路；第四次大规模的城市建设，是在陈济棠主粤时期填筑内港、架设珠江铁桥、填筑海珠岛、兴建市政合署和市立图书馆等大型公共建筑。市政当局还试图扩展市区边界，兴筑郊外马路连接起城乡，河南、石牌被纳入城市建设的范围。这种城市格局直至日本入侵前基本没有再发生大的改变。其间伴随着政府对房地产权的不同政策和措施，以便成功地进行城市建设。换句话说，只有政府成功地管治了部分房地产权，城市建设才能得以进行。故本书将清末民国间广州的城市建设作为主要研究对象。

其次，自清代以来广州就是多重政府机构的驻地。清代有两广总督、广东巡抚、广州府、南海县、番禺县等衙署。民国初年有广东军政府、南番两县，桂系军阀时期有军政府、市政公所、南番两县，市政厅时期有大元帅府、广东省政府、市政厅、南番两县。直至1927年国民政府迁都南京，1932年南、番两县迁治，广州市区仍是广东省政府和广州市政厅的驻地。多重行政机构意味着财政、事权的重叠交错和利益争夺。故本书将讨论多重政府之间的关系及其对城市建设的影响。特别是市政厅初立时期和陈济棠主粤时期，省市县三级政府间错综复杂的关系，既使得市政厅控制领域扩大，又导致市政厅的权力受到一定限制，从而无法开展一些城市建设工作。

再次，在不同时期市政当局与商人群体的关系也不同。除政府外，影响城市建设最大的就是商人群体。政府需要商人的多种支持，有时需要依赖商人提供资金，有时又需征用或拆卸商铺为新建设提供空间等。广州有众多不同的绅商势力，包括文澜书院士绅、总商会、九善堂、商团、粤商自治研究社、粤商自治会、祖籍四邑的旅港商人、海外归侨以及 20 世纪 20 年代后出现的市商会、商民协会、实业联合会等。他们的身份多重，有时身兼数个团体的成员，有时又是谘议局议员、省议会议员或政府官员。在城市建设过程中，往往提倡、赞同建设的是绅商，而反对、抵制的又是另一批绅商。因此，本书将尽量避免使用笼统的称谓，按具体情况而论。

最后，虽然主要研究对象都处于清末民国时期，但本书必须从清代开始叙述。因为清代省城内外的格局，决定了清末民国广州城市建设的先后次序。因此，有必要对清代省城内外的城市格局及人群分布做出说明和交代。

基于上述思路，本书主体按照时序分为五章，基本结构为：第一章起铺垫作用，讲述晚清以来省城内外的景观和人群；第二章着重介绍新政时期长堤的兴筑和改良城市之风的兴起；第三章讨论军政府时期的换契、官产接收、城市建设计划，以及桂系主粤时期的拆城筑路及其相关的骑楼、电车；第四章，市政厅时期，一方面讲述划定市区范围、召变市产及土地登记情况，另一方面讨论铺底登记及其相关的推广骑楼、开筑西关马路；第五章讨论程天固制定的工务实施计划及内港建设的施行，并讨论省市县三级政府的复杂关系，以及河南发展计划为何失败。

大体上看，广州与近代中国大多数城市一样，其所处的政治、经济和社会环境动荡不安。广州建市前历 3 届不同的军政府，1921 年广州建市至 1936 年 7 月共历 13 任市长，而且市政府所属六局的负责人也频繁更迭。① 在城头变幻大王旗的时代，政府本身的合法性就常常遭受质疑。假如没有地方社会的支持，政府要实现城市建设"现代化"几乎是不可能完成的任务。纵观广州城市建设的先后顺序，不难发现政府掌握"公有"土地的过程是

① 《广州年鉴》卷 6《政府》，第 5~6 页。

先易后难。清末兴建长堤，官府利用在珠江河畔新填土地，避开产权问题。辛亥革命后，新成立的政府最先接管的是清政府遗留下来的"官产"，为拆城筑路提供合理的依据。市政府成立，"共有"或无主的土地资源被称为"市产"，为公园、图书馆、市政合署等公共建筑提供必要的土地资源。20世纪 20 年代末，市政部门得以建置土地局将"公有"、"私有"的土地全部纳入政府的行政管理体系。① 也就是说，土地局的设立往往是政府对城市土地实施管控的最后一个步骤。不难看出，近代城市建设也是市政部门运用各种规章制度使得"公有"、"共有"、"私有"等土地产权的划分逐渐清晰化的过程。这时，城市土地产权与乡村土地产权已有天壤之别，处于两套完全不同的土地管理体制之下。新中国成立后采用城市土地属国家所有、乡村土地属集体所有的土地政策，在固化了城乡土地制度差异的同时，也促成了城乡二元体制的形成。

---

① 本书使用的"公有"是指公共所有，"共有"指的是两人或两人以上共同所有。但"公有"与"共有"之间的界线模糊。近代政府所做的种种努力正是试图使"公有"、"共有"、"私有"之间的界线清晰化。

第一章

清末新政前广州的城厢格局（1860~1900）

明清时期，广州是两广政治中心所在，位于珠江北岸，以城墙围绕着各级衙署，称"省城"。广州城墙北倚越秀山，南临珠江，东为丘陵台地，西为河网密集的西关平原。晚清时期，省城内外的范围即以城墙为界，包括城墙内的老城和新城，城墙外的东关、南关、西关、北关及河南岛沿珠江河岸的一些街巷，在这里生活的人口约有 200 万。[1] 因不同的地理形态、行政管理、经济发展、社会文化和人群活动，省城内外景观各异。首次到访广州的人总会惊叹于其密集的建筑、繁华的商贸和喧嚣嘈杂的街市。[2] 鸦片战争以后，广州的经济地位发生明显改变。面对沿海新开通商口岸与香港的竞争，广州的商业结构重新调整。张之洞任两广总督时提倡御敌强国，大兴土木，建设学校、军工设施和基础设施，由此引发了广州城市景观的一些变化。本章拟探讨晚清时期省城内外的景观和土地的使用情况，并通过张之洞所主持的新建设来讨论省城在 19 世纪八九十年代发生的变化及其对广州产生的深

---

[1] 关于晚清时期广州的人口数量，一直没有准确的普查数据。粤海关贸易报告估计 1891 年广州人口约为 160 万，但税务司雷乐石（Ls. Rocher）认为广州人口在持续增长，他估计省城内外加上居民的人口约为 180 万。继任税务司摩根（F. A. Morgan）也认为广州人口一直在持续增长中，他估计 1901 年广州水上和岸上居民共 240 万人。见 *China Imperial Maritime Customs：Decennial Reports，1882 - 1891*（Shanghai：The Stastistical Department of The Inspectorate General of Customs，1893），p. 564；*China Imperial Maritime Customs：Decennial Reports，1892 - 1901*（Shanghai：The Stastistical Department of The Inspectorate General of Customs，1906），p. 183。这些数据与广东当局登记在册的户籍人口数量相距甚远。1895 年 6 月，省城保甲总局户口册登记的男丁和妇女共为 499288 人。见《粤垣户口册稿》，香港《华字日报》1895 年 6 月 13 日。

[2] Kerr，*The Canton Guide*（Hong Kong：Kelly and Walsh，1891），pp. 2 - 3。

远影响。

　　"省城"所指的是城墙及其所包围的行政中心，而不是具备近代意涵的
"城市"。章生道（Sen-Dou Chang）认为，修筑城墙是为了保护官署、庙
宇、粮仓、住宅等资源。故在中国传统城市观念中，城墙极为重要，以致城
市和城墙的传统用词是合一的，"城"既代表城市，又代表城垣。① 明清时
期广东"省城"的城墙无疑是最引人注目的地标。城墙高达9.3米，城脚
以石头奠基，厚度达11.7米，墙身以红砖垒砌，宽6.7米。城墙上建有城
楼、敌楼、警铺、雉堞，厚重的城门日夜定期启闭，墙外东南西三面环以城
濠。② 在今天，其范围大致北至越秀山，东至东濠涌高架，西至人民路，南
至一德路－泰康路－万福路。城墙的范围，基本上定义了此后人们心目中
"省城"的边界。省城既是两广总督、广东巡抚、布政司、按察司、广东督
粮道、盐运使等统辖两广或广东事务的文官衙署所在，又是旗营的广州将
军、副都统及绿营的督标、抚标、广协的驻地，也是广州府及南海、番禺两
县的府治和县治。在管治上，省城分属南番两县，南海分治西境，番禺分治
东境，分界线为：粤秀山镇海楼经狮子桥、正南街，过双门底上下街，至正
南门转西，至归德门出小市街，至五仙门出珠江向西，折向花地涌。③ 因具
体的侦查和缉捕等职责是由两县的典史（又称"吏目"、"右堂"）负责，
其办公处称为"捕厅"或"督捕厅"，故南番两县分治省城之区，均称为
"捕属"。④ 程美宝指出，当人们界定"省城"或广州的时候，实际上表达
的是对这片地方作为行政中心遍布机关衙门所代表的政治秩序的认知。赴省
城办事，往往说的就是跟衙门机关打交道。⑤ 这种诠释对理解晚清时期广州
城厢的空间格局极有助益。

① 章生道：《城治的形态与结构研究》，〔美〕施坚雅主编《中华帝国晚期的城市》，第84～
　　85页。
② 道光《广东通志》卷125《建置略一》，续修四库全书编委会编《续修四库全书　史部
　　地理类》第672册，上海古籍出版社，2002年影印本，第1～2页。
③ 见《粤东省城图》（1900年），图藏广东省档案馆、哈佛燕京图书馆。
④ 瞿同祖：《清代地方政府》，范忠信等译，法律出版社，2003，第17～18页。关于捕属的情
　　况，由邱捷教授告知，特此致谢。
⑤ 程美宝：《从"省港澳"到"粤港澳"——历史失忆与现实定位》，贺照田、高士明主编
　　《人间思想　第1辑　作为人间事件的1949》，金城出版社，2014，第264～279页。

第一节　省城内外的景观

省城城墙的形制在明嘉靖年间形成，以后历有修补。省城的街道多呈东西走向，房屋由砖、石材和木材筑成，有住宅、商铺、庙宇和衙署等种类，规模各异。除各级衙署外，省城还有寺庙、道观、祠宇及其亭台楼阁、宝塔古桥等人文景观。

据历代方志载，广州城始筑于越人公师隅，汉代建安十五年（210）迁于禺山之北，而后历代增筑，未再迁徙。宋代分子城、东城、西城三城。明朝洪武十三年（1380）永嘉侯朱亮祖和都指挥使许良、吕源请连三城为一，增筑连接至东北越秀山麓，后称为"内城"或"老城"。城墙周长三千七百九十六丈，高二丈八尺，上宽二丈，下广三丈五尺。老城辟七座城门，名为正北（又称"庆北门"）、小北、正东、正西、正南、定海（又称"小南门"）、归德，各门先后筑起月城。城墙外三面环绕城濠，曰东濠、西濠、南濠、清水濠，统名"玉带河"。[①] 嘉靖四十二年（1563），两广总督、都御史吴桂芳提议在内城外增筑外城，后称为"新城"。新城始建于嘉靖四十四年（1565），次年建成。时高二丈四尺，基广一丈四尺，上杀三之一，长一千二百有二丈。[②] 新城有八座城门，名曰永安、太平、永清、小南、五仙、靖海、油栏、竹栏。清顺治四年（1647），两广总督佟养甲在新城东西两角各筑长二十余丈的翼城，俗称"鸡翼城"。[③] 至此，广州城墙基本完备，以后历有修补，未再增筑。

广州城濒临珠江，水道和淤沙使大多数街道呈东西走向。古代珠江口是个漏斗状的海湾，广州地处顶部河口处，东江、西江、北江在附近入海，成

---

① 后世一般将位于老城南的南濠与清水濠合称为"玉带濠"。嘉靖《广东通志》卷15《舆地志三》，广东省地方史志办公室，1997，第352~357页。

② 李义壮：《广东新筑子城记》，崔弼初编、陈际清总辑《白云越秀二山合志》卷49《志艺文》，陈建华、曹淳亮主编《广州大典　第34辑　史部地理类》第13册，广州出版社，2015，第376页。

③ 道光《广东通志》卷125《建置略一》，续修四库全书编委会编《续修四库全书　史部地理类》第672册，第1页下栏。

三江汇合之势。随着沙泥淤积、水道变迁，海湾渐成河道，河口外移。① 历史地理学家曾昭璇认为，成弯曲如蛇行状的珠江两岸沙洲堆积，形成了广州沿河边东西方向延伸的街道。老城呈规则的方块状，街道成东西方向与南北方向互相垂直的正交形。新城与南关的街形东西向为主，沿河岸发展，伸长为主街，表现商业性"街圩"性质。② 西关大部为低洼地，东部、北部略高，称为"上西关"；西部、南部地势略低，称为"下西关"。上西关的街道基本沿着高基、西乐围基、永安围基、带河基等防洪堤而建。③ 下西关的主街道如十八甫、上下九甫、十七甫、浆栏街、登龙街、十三行街、杉木栏、沙基大街均为东西向。主街道间散布着勾连河涌、濠渠的小巷。东关沿河一带街巷也呈东西走向，稍北则多山丘陵地，居户无多。北关为山麓，大北城门外沿着城墙分布着双井街、厚仁里等少量街巷。

正如柯必德（Peter J. Carroll）所指出，街景可以反映一座城市的物质文明、社会等级、经济活动及文化生活。④ 据 1895 年统计，老城有街巷 341 道，新城有 140 道，东关有 113 道，西关有 875 道，南关有 15 道。⑤ 老城遍布衙署，街衢的平整、宽敞带有"政绩修治"之意，故主街相对宽敞整洁。周祥根据明代重修街道的文献记载"广二丈五尺"（约 8.3 米），以及四牌楼仅存的一座石牌坊（现位于中山大学校园）的宽度推算，老城的主要街道双门底上下街、四牌楼、惠爱大街的宽度为 8 ~ 12 米。⑥ 街道以花岗岩石板铺砌，下方有水渠或水沟，以资宣泄。老城各街小水渠汇入六脉渠，再流经城濠，汇入珠江。随着人烟日渐稠密，各街污秽倒弃，渠道日渐淤塞，加之居民私搭骑楼吊桥侵占河道。每当大雨之际，积潦难消，常遭泛滥。疏浚六脉渠遂成为每年冬季城内重大的官方工事。⑦ 而西关的街道繁

① 程慧、曾新主编《广州山水 第 1 辑》，广州出版社，2004，第 305 页。
② 曾昭璇：《广州历史地理》，广东人民出版社，1991，第 359 页。曾氏认为这种街形在聚落地理学中属于"街村"（Strassendorf）一类。
③ 曾昭璇：《广州历史地理》，第 383 ~ 386 页。
④ Peter J. Carroll, *Between Heaven and Modernity: Reconstructing Suzhou, 1895 – 1937*, p. 24.
⑤ 《粤垣户口册稿》，香港《华字日报》1895 年 6 月 13 日。
⑥ 周祥：《广州城市公共空间形态及其演进研究（1759 ~ 1949）》，博士学位论文，华南理工大学，2010，第 71 页。
⑦ 见《西樵寒黛》、《粤东官报》、《粤屑》、《粤垣客述》，《申报》1887 年 12 月 15 日，第 2 版；1891 年 12 月 7 日，第 3 版；1894 年 11 月 7 日，第 3 版；1897 年 2 月 16 日，第 2 版。

多而窄小，恰好体现出商业的繁盛和相对宽松的管治。裨雅礼（David Abeel，1804~1846）记述说："街道的宽度从十五英尺至三英尺……即使在商业区穿行，我还可以伸出手臂触碰对面的房子。"① 在裨氏看来，西关的街巷非常糟糕，如同迷宫般曲折，既不舒适、方便，也不卫生。人行道常常被屠夫、鱼贩、花贩、小贩、技工和江湖郎中等人占据，甚至还有玩杂耍的、说书的、赌徒及他们的围观者。② 格雷（John Henry Gray）也发现，西关不少街道不足七八尺（2.3~2.7米）宽。但他认为在炎热的夏季，狭窄的街道可以遮蔽烈日的曝晒，宽敞街道上的房屋反而需要用帆布、席子或木板遮蔽阳光。③

街道两旁有住宅、商铺、庙宇和衙署，建筑材料多为砖、石材和木材。裨治文（Elijah Coleman Bridgman，1801~1861）估计，广州全城的房子大约有3/5是用砖建造的。④ 一般来说，青砖用于砌墙，又有大青、二青之分；方砖用于铺地面。在咸丰、同治年间抽收厘金、牙捐前，每万块青砖价银为23~24两。开办厘金和牙捐后，青砖窑户每年须缴纳的税捐逾万两。青砖价格随之上涨，每万块售价为31~32两。红砖这种新建筑材料遂应运而生。红砖由瓦窑制造，质地像瓦，又像是铺地的方砖，"其质与色虽不及青砖之坚而美，而陶家因无厘金牙捐诸费，故价较青砖为廉"。⑤ 红砖在清末日趋普及，成为筑坎、填渠的主要建筑材料。石材用于大门周围，或作内门的门柱，主要是来自粤北山区的花岗岩和沙岩。木材则用作梁柱椽桷，通常是某种杉木，编成一排一排的木排由江河顺流漂下，在芳村河面停泊上岸。故芳村一带聚集着临河结肆贩卖竹木料的商铺。⑥ 房顶覆盖瓦片，"排放在桷条上，依次一行凹一行凸，形成一道道脊和沟，用粘[黏]土泥浆封合"。窗户很小，很少装玻璃；代替玻璃的是纸、云母、贝母或其他类似

① David Abeel, *Journal of A Residence in China, and The Neighboring Countries, From 1829 to 1833* (New York: Leavitt, Lord & Co., 1834), p. 64.

② David Abeel, *Journal of A Residence in China, and The Neighboring Countries, From 1829 to 1833*, pp. 65 – 66.

③ John Henry Gray, *Walks in The City of Canton* (Hong Kong: De Souza & Co., 1875), p. 15.

④ Elijah Coleman Bridgman, "Description of the City of Canton," *Chinese Repository*, Vol. Ⅱ, September (1833, No. 5), pp. 195 – 196.

⑤ 《粤东琐录》，《申报》1893年1月30日，第3版。

⑥ 《木植被焚》，《申报》1895年1月3日，第2版。

的透明材料。① 清末，建筑材料的新趋势是越来越多使用外国进口的金属，据粤海关报告载："门窗的栏栅插闩等几乎一律都是用铁做的，在本地商铺与住宅前普遍可以看到铁门和铁栏栅。"②

房屋规模各异，多为一层，一般住宅、商铺多为单开间，豪门大宅为多开间。从房屋买卖契约来看，一般的住宅为单开间，深一至二进、阔十五至十九桁之间。③ 周祥推测出单开间单体建筑的面宽约为 4 米，坡屋顶檐口高度约为 4.5 米，坡屋顶屋脊的高度是 5～7 米。④ 商铺的建筑样式通常是店铺与住宅的结合，称为"前店后坊"或"前店后居"。商铺的建筑样式与住宅基本相同，坡屋顶檐口高度为 4～4.5 米，屋脊高度在 5～6 米。⑤ 不少店铺架设有作库房用的夹层。⑥ 商铺门口悬挂着两三块木匾，用金色或朱红色或其他明亮的颜色，大书商铺名号，并标明主要货物。有些商铺将商品陈列门口，有些则在招牌上画上商品。⑦ 因临街铺面价昂，至清末，单开间临街、向后延伸数进的"竹筒屋"逐渐增多。《岭南杂事诗钞》载，"省中造屋多系单间数进，谓之竹筒屋"。⑧ 士绅富商的住宅由多开间组成，常见的是三开间，即左偏间—正间—右偏间。住宅向后延至五进以扩展空间，各"进"间由天井连接。用以接待访客的前厅或门廊，又称"门厅"。接待低一级访客的客厅，称为"轿厅"。妇女休闲、接待亲友及安置祖先牌位的一

---

① Elijah Coleman Bridgman, "Description of the City of Canton," *Chinese Repository*, Vol. Ⅱ, September (1833, No. 5), p. 196.

② *China Imperial Maritime Customs*: *Decennial Reports*, *1882 – 1891*, p. 550.

③ 区作霖编修《区氏林石公祖祠谱》，光绪十三年刻本。据岭南古建筑研究所主任汤国华教授介绍，"进"又称"踏"，一进即一个金字架屋顶，用以描述房屋进深，无固定深度，两进即前房与后房之间有一个天井相隔。"桁"在北方称"檩"，指架在屋架或山墙上用以支承椽子或屋面板的横木，用于衡量单个房间的进深。圆形断面的桁与桁的间距一般为0.4～0.5 米，长方形断面的桁与桁的间距一般为 0.3 米。除顶点的桁木外，其他桁木对称分布，数量必须为单数，以示"阳数"。

④ 周祥：《广州城市公共空间形态及其演进研究（1759～1949）》，第 54 页。

⑤ 周祥：《广州城市公共空间形态及其演进研究（1759～1949）》，第 70 页。

⑥ 如西关洞神坊口有一油烛店的后屋架楼二层用以存放酱料，见《酱园楼圯》，香港《华字日报》1895 年 3 月 4 日。

⑦ John Henry Gray, *Walks in The City of Canton*, p. 19.

⑧ 陈坤：《岭南杂事诗钞》卷3，陈建华、曹淳亮主编《广州大典　第6辑　如不及斋会钞晋石厂丛书》，广州出版社，2008，第 310 页。

般称为"神厅"。[1] 格雷曾到访一户商人的房屋，大致为三开间，三进深，中轴线的布局为门厅—前天井—轿厅—中天井—神厅—后天井，左右两开间为起居室、饭厅、会客室、卧室、闺房、花园等。格雷注意到有些富家宅邸规模极大，有六至七个天井。[2] 而在大小北门内外，被称为"客民"的贫户居住的是极其简陋的泥屋。疍民在省河两岸和濠渠边占地搭建的篷寮亦极其粗劣。

　　寺庙、道观、祠宇及它们的楼阁、宝塔既是广州最具标志性的建筑和游客必到的风景名胜，也是民众宗教信仰的中心和日常生活的公共空间。据1895年的统计，老城内有寺庙道观139间，新城94间，东关61间，西关226间，南关33间。[3] 寺庙类建筑不仅数量众多，且有不少规模宏伟，名扬海外。老城著名的寺庙有光孝寺、六榕寺、大佛寺、怀圣寺、五仙观、城隍庙、关帝庙等。新城最大的祠宇是万寿宫，五仙、靖海两门内的天后庙也称"最为雄壮"。东关有永胜寺、云雨风雷山川城隍坛、火神庙、风神庙等。西关有西山庙、观音庙、华林寺、长寿寺、洪圣庙等。河南最著名的寺庙当属海幢寺和金花庙。在宝塔中最负盛名的是光塔和花塔。光塔位于怀圣寺内，高十六丈五尺，其形圆轮，困直上至肩膊而小，四周光滑，内可盘旋而上。[4] 花塔与光塔遥望相对，位于六榕寺内。花塔初建于宋元祐五年（1090），分九层，高二十七丈，地基四丈五尺。塔平面呈八角形，内层底阔一丈四尺三寸，顶内层阔九尺六寸五分。每层四周环设栏杆。清代人视之为"阖郡观瞻所系"。[5] 光塔和花塔分别代表了广州两种悠久的文化传统，一是外贸文化，二是佛教文化。在清代，两塔被赋予风水学上的重要意义，"花塔、光塔为一城之标，形胜家常谓会城如大舶，二塔其樯，五层楼其舵楼云"。[6]

　　相对于著名的祠庙，散布于大街小巷的街庙对民众的日常生活更为重

① 汤国华：《岭南历史建筑测绘图选集（一）》，华南理工大学出版社，2001，第120页。

② John Henry Gray, *Walks in The City of Canton*, pp. 21 – 23.

③ 《粤垣户口册稿》，香港《华字日报》1895年6月13日。

④ 陈坤：《岭南杂事诗钞》卷1，陈建华、曹淳亮主编《广州大典　第6辑　如不及斋会钞晋石厂丛书》，第277页。

⑤ 樊封：《南海百咏续编四卷》卷2《佛寺·六榕寺》，道光二十九年（1849）刻本，第1~2页。

⑥ 仇巨川辑《羊城古钞》卷7《古迹》，嘉庆十一年（1806）大赍堂刻本，第16页a。

要。邱捷曾对广州的街庙做深入研究。[①] 他发现，广州大多数街区都有自己的街庙，"庙"是街区的代称或标志，而一些小巷则附属于大街的街庙。街庙是坊众供奉共同信仰的神明的场所，通过祭祀、建醮等活动，加强了感情的联络，建立了社区的认同，以维护共同的利益。[②] 街庙均有庙产，或来自各街水粪批租之息，或来自坊众的认捐、报效。如逢源众约的街庙"出息系由个人所认，屋地按抽银五钱，约计岁有万余金，又有殷户不次签题功德"。[③] 许多街庙的庙产丰厚，如西关清平街天后庙，"积资逾万，岁入亦殊不菲"。[④] 北门外双井街天后庙"庙尝亦颇饶裕"。[⑤] 每界神诞各街庙奉神出游，即是显示街区经济实力的重要机会。如城内桂香街北帝庙奉神出游，"随行仪仗极形繁盛，有顶马百余乘，彩色数十驾，其余鼓乐、香亭尤不可数计。士女联袂来观，几至万人空巷"。[⑥] 南关麻栏街海旁有龙王庙诞，"仪仗之华丽，色马之众多，为数十年来所仅见。远近士女结队来观，如水如云，几致万人空巷。茶寮、酒肆生意甚忙，无不利市三倍"。[⑦] 更为重要的是，街庙是发布公共信息、供街区居民集会和议事的场所。防火、防盗等凡街区利益或公意的事件，甚至一些民事、刑事案件都会先在街庙里商议处理。商业、手工业行会也常常在特定的庙宇议事。[⑧]

因不同的地理形态和社会经济活动，省城内外形成不同的景观。老城是两广的行政、军事和文化中心，分布着省、府、县三级的各种衙署，又有旗界和民界之别。新城原为城外江边的商业区，新城筑成后虽受到一定限制，但依赖玉带河的水运和临近南关的优势，仍保留着大量商铺。西关在新城筑成后成为省城工商贸易的中心。上西关聚集纺织工场，下西关混杂商贸、住宅和娱乐消费场所。东关和北关多山冈，不利商业发展，遂成为较场、慈善机构、坟场、义庄的所在。河南近河一带因行商

① 邱捷：《清末广州居民的集庙议事》，《近代史研究》2003 年第 2 期。
② 邱捷：《清末广州居民的集庙议事》，《近代史研究》2003 年第 2 期。
③ 《珠海近闻》，《申报》1897 年 1 月 24 日，第 3 版。
④ 《争管公箱》，香港《华字日报》1904 年 4 月 8 日。
⑤ 《北郭春光》，香港《华字日报》1895 年 3 月 4 日。
⑥ 《广州近信》，《申报》1889 年 4 月 19 日，第 2 版。
⑦ 《岭南丛谈》，《申报》1895 年 8 月 2 日，第 2 版。
⑧ 邱捷：《清末广州居民的集庙议事》，《近代史研究》2003 年第 2 期。

落户带动外贸手工业而逐渐兴盛。粤谚"东村西俏，南富北贫"，形象地反映了省城内外的景观。①

一　老城

老城在清初削藩后划分两部，从归德门至大北门以西为"旗界"，兴建驻镇将军、都统武职等衙门，也是旗兵及其眷属的居住区；从归德门至大北门以东为"民界"，兴建院、司、道、府、厅、县各署，大大小小各级衙署林立。乡村大族也乘削藩之际在学宫、贡院附近购地建起了合族祠。

（一）衙署

清代老城分布着省、府、县三级官府的文武衙署，文官衙署包括两广总督署、广东巡抚署、提督学院署、布政使司署、按察使司署、南海县署及番禺县署等；武官衙署包括旗营的广州将军署、右翼汉军副都统署、左翼满洲副都统署，绿营的督标中营副将署、抚标中军左营参将署、广州城守协标左营副将署等。衙署的地产多由历代相沿而来。第二次鸦片战争后，英法联军侵占了将军署和布政司署的部分土地，建立起领事府。

省城各官衙署在明末清初曾短暂地迁移至新城，撤藩后迁回老城。顺治七年（1650）十二月，平靖两藩王攻陷广州城。老城内遭兵马蹂躏，一片狼藉。随后，两藩在老城建王府，并驻扎兵营，文职各衙署遂权设在新城。康熙二十二年（1683）撤藩后，文武各衙奉旨迁回老城。"自归德门以至大北门东建院、司、道、府、厅、县各署。西建驻镇将军、都统武职等衙门。"②各衙署纷纷规复明代旧址，清代各署地址如下：

（1）两广总督署：原在新城卖麻街，第二次鸦片战争后迁建老城司后街。

①　黄佛颐编纂、仇江等点注《广州城坊志》，第 25 页。
②　道光《广东通志》卷 129《建置略五》，《续修四库全书　史部　地理类》第 672 册，第 67 页下栏。

（2）广州将军署：在老城正烈坊，即旧靖藩府。下属的右翼汉军副都统署在将军署右，左翼满洲副都统署在石头街。

（3）广东巡抚署：在老城西大街，即旧平藩府。

（4）提督学院署：在老城九曜坊，即南汉南宫旧址。

（5）粤海关监督署：在新城五仙门，即盐院旧署。

（6）布政使司署：在老城双门大街。

（7）按察使司署：在老城提督学院西，为明代旧盐司故址。

（8）盐运使司署：在老城惠福巷，即盐驿道署改建。

（9）督粮分巡道署：在按察司后街，即旧指挥都司署。

（10）广州府署：在老城惠爱大街，布政司署西。

（11）督抚中营副将署：原在新城白米巷，同治七年移建大有仓旧址。

（12）提督行署：原在老城育贤坊，后改建新城天马巷提督旧行署。

（13）理事同知署：原在老城锦石坊，后移建狮子桥南韶道行台旧址。

（14）广粮通判署：旧在府署西，后移新城水母湾，又移老城西湖街。雍正九年，迁建新城玉子巷。

（15）南海县署：在归德门内早亨坊。

（16）番禺县署：在正东门惠爱九约。①

可见，衙署的地产具有极强的连续性。这是两千多年来广州城政治中心基本保持在同一条中轴线上的重要原因。（见图 1-1）例如，清代布政使司署址在隋代曾为广州刺史署，唐代改岭南道署；宋代初为经略安抚使署，皇祐中改为清海军大都督府；元初为广东道宣慰使司都元帅府，至正末年改为江西行中书省；明洪武九年（1376），改为承宣布政使司公堂，清代相沿作为布政使司署。清代的广州府址可追溯至唐代，为飨军堂，宋代改为经略司西园，元代成为总管府，至明洪武二年（1369）成为广州府署。清代的提督学院署在南汉时为南宫旧址，宋嘉祐中改为转运使司

① 见道光《广东通志》卷 129《建置略五》，《续修四库全书　史部　地理类》第 672 册；同治《番禺县志》卷 15《建置略二》，《中国方志丛书　第 48 号》，台北，成文出版社，1967；同治《南海县志》卷 4《建置略一》，《中国方志丛书　第 50 号》；光绪《广州府志》卷 65《建置略二》，《中国地方志集成　广东府县志辑》第 1~3 册，上海书店出版社，2003 年影印本。

署，嘉靖二年（1523）改为提学道署。番禺县治可以上溯到元代至正年间，在洪武二年仍旧址开设。南海县治在元代迁建子城，明洪武二年，迁建于达德街西崇报寺。清代撤藩后，明代旧址已划入旗界，南海县遂迁治于早亨坊。清代的按察使司署是明洪武二年改旧盐司故址开设的。清代广东巡抚署址，在明代为都指挥使司署，清初改建平南王府邸。清代的广州将军署址，在明代可能是提督府行台，清初建为靖南王府。

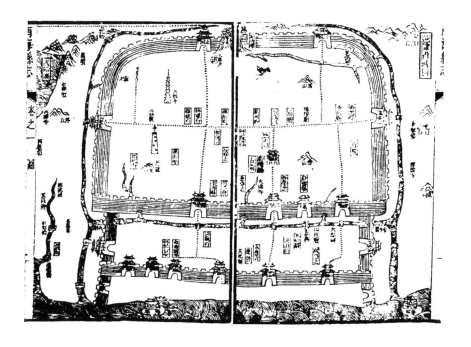

图1－1　康熙年间省城布局

资料来源：康熙《南海县志》卷1，《日本藏中国罕见地方志丛刊》，书目文献出版社，1992年影印本，第25页。

两广总督署多次迁移，乾隆年间后长驻广州省城。两广总督在明代驻扎广西梧州，并于广州、肇庆设行署，每至夏月移镇端州，名曰避暑。后为更便于管控广东军事，自万历八年（1580），总督开始常驻肇庆。至崇祯五年（1632），总督熊文灿为节制潮惠地区，抵御海盗，遂移驻广州。清初，两广总督又移驻肇庆。乾隆十一年（1746）总督策愕奏请移驻广州，自此历任相沿，不复迁移。当时因两藩驻居省城，文职各官衙门俱设在新城。两广总督行署亦建在了新城卖麻街。① 第二次鸦片战争期间，两广总督行署"焚毁无存"，署址后被占建天主教堂。咸丰十年（1860），两广总督劳崇光奏准在老城司后街华宁里建署，将抚标左营中参将和理事同知两署合并，又备价购买附近民房，动工兴建。② 建成后总督行署有大门、宣门，内正中为甬道，左为文职府州县佐杂等官厅，右为武职副参游都守等官厅，大堂、二堂各五楹，东院厅为接见僚属处，厅后为书吏办事、存储档案之所，西院为幕宾房，三堂也各五楹，左右为群房。张之洞主粤时，饬善后局筹款，购置总督行署东新丰街民房，增建广益堂五楹。此后，在历代两广总督主持下又陆续向西、向后增购民房扩建。③

　　除了文武官署，老城还有其他一些官方建置和官地基。贡院、皇华馆、广府学宫、南海学宫、番禺学宫等与科举考试相关的机构，集中分布在老城东南部。这促使明清以来各乡村宗族在城东兴建合族祠。军器局、军装库、火药局等军事机构多在粤秀山麓至小北门一带。因为在中国传统"城"的象征观念中，北门和北郊主军事活动（主凶）。④ 清末这一带的居民多从事以洋纱织土布等小手工业。⑤ 南海、番禺两县尚有官地基房屋。道光《南海县志》载，"官地基五十四间所半"。⑥ 同治《番禺县志》也载："官地基房屋（除割附花县六十三间）存县二千一百九十九间半，地二段。"官地基房屋是用作"各营镇兵丁居住，及修作衙宇、场圃"。⑦ 但县志并未记载此类房产的确切位置。这是民国初年官产争执的重要原因。

　　官宦、士子、绅衿、商贾云集带动老城的金融、休闲娱乐及消费商业兴盛。惠爱大街多酒家、茶楼、钱庄，还有俗称"大街市"的惠爱街市。⑧ 双

① 同治《番禺县志》卷15《建置略二》，《中国方志丛书　第48号》，第153页下栏。
② 参见同治《番禺县志》卷15《建置略二》，《中国方志丛书　第48号》；同治《南海县志》卷4《建置略一》，《中国方志丛书　第50号》；光绪《广州府志》卷65《建置略二》，《中国地方志集成　广东府县志辑第2册》。
③ 宣统《番禺县续志》卷4《建置志二》，《中国方志丛书　第49号》，第85页上栏。
④ 章生道：《城治的形态与结构研究》，〔美〕施坚雅主编《中华帝国晚期的城市》，第106页。
⑤ 《织布加价》，香港《华字日报》1895年8月7日。
⑥ 道光《南海县志》卷14《经政略》，《广东历代方志集成　广州府部（13）》，岭南美术出版社，2000年影印本，第294页上栏。
⑦ 同治《番禺县志》卷19《经政略》，《中国方志丛书　第48号》，第216页下栏、217页上栏。
⑧ 宣统《番禺县续志》卷6《建置略四》，《中国方志丛书　第49号》，第109页上栏。

门底以刻印、贩售书籍的书坊、书肆而闻名，"每届秋闱，无不利市三倍"。① 四牌楼多故衣店和鞋店。②

第二次鸦片战争后，英法联军侵占部分将军署和巡抚署之地建立领事府。1858 年 1 月 9 日，英法联军攻陷广州城。联军指挥官巴夏礼（Harry Smith Parkes, 1828 ~ 1885）居住在将军署，英军军官柯路辉及法国领事马殿那等居住在巡抚署。③ 此后将军署成为联军行政委员会委员长巴夏礼的住所。署中一部分也曾驻扎英法联军及作为英军医院，后在 1859 年 12 月 25 日被大火焚毁，只余残墙剩椽。④ 1861 年 10 月 21 日，英法联军退出省城。英军截将军署后园建立"大英国领事府"，岁输租金 200 两。1866 年，法军先截布政司署的后园建法兰西夷馆，1867 年复截署东偏建立"大法国领事府"，合共岁纳租银 100 元。⑤ 据记述，英国领事府由高高的砖墙围蔽，大门面向西方。府北有一小园栽种着高大茂盛的菩提树，蓄养着几只麋鹿，并且埋葬着一些战争中死去的英军士兵。法国领事府最引人注目的是刻有米芾题字的九曜石。⑥ 1888 年，法国领事于雅乐将石归还两广总督署，"置东院中"。⑦ 值得注意的是，英法两国在沙面另建有领事馆，在城内设立领事府体现的是对中国王朝统治的征服。

（二）旗界

老城旗界的范围"自大北门至归德门止，直街以西概为旗境，自九眼井街以东至长寿里，复西至直街以东则属民居"。⑧ 旗界密布官署、兵房、箭道、马圈等，在清初不容汉人居住，至清中期已是旗汉杂居。

旗界由将军署管辖，是城内独立的"特区"。康熙二十年（1681），清

---

① 《西樵清话》，《申报》1885 年 10 月 10 日，第 2 版。
② 《马屎凭官势者看》，《时事画报》第 7 期，1906 年；《老城街市之今昔观》，香港《华字日报》1913 年 10 月 25 日。
③ 同治《番禺县志》卷 22《前事三》，《中国方志丛书　第 48 号》，第 278 页上栏。
④ John Henry Gray, *Walks in The City of Canton*, pp. 377 - 378.
⑤ 同治《番禺县志》卷 15《建置略二》，《中国方志丛书　第 48 号》，第 155 页上栏。广东清理财政局编订、广东省财政科学研究所整理《广东财政说明书》，广东经济出版社，1997，第 74 页。
⑥ John Henry Gray, *Walks in The City of Canton*, pp. 377, 415.
⑦ 黄佛颐编纂、仇江等点注《广州城坊志》，第 191 页。
⑧ 长善等纂《驻粤八旗志》卷 2《建置志》，光绪五年（1879）刻本，第 10 页 a。按，《驻粤八旗志》24 卷首 1 卷，其中卷 2、卷 3、卷 4 均名为《建置志》。

廷在广州设立驻防八旗，自京师挑选汉军兵 3000 名携眷来驻。乾隆二十年，裁汉军兵之半，由京师挑选满洲八旗兵 1500 名携眷来广州。满汉八旗分区居住，大致以光塔街、大纸巷为界，南为满洲八旗驻地，北为汉军驻地。① 最高长官分别称为满洲副都统和汉军副都统，隶广州将军管辖。将军与副都统传宣政令、会办军务之所为"公廨门"，位于将军署前的陶街。公廨之左为左司廨门，由满汉协领掌管，负责办理操防、军装、马匹、枪炮一切军火、刑名及武场考试各事务。公廨之右为右司廨门，亦由满汉协领掌管，负责办理钱粮、户口、银库、房间及祭祀、旌表、翻译、文试各事务。② 除廨署外，将军、满汉副都统署尚拥有其他产业，由右司廨门招租。包括旗界内的月租群房 754 间，年租土房 93 间；散布在大石街、小北门与越秀山麓之间的鱼塘 10 口，菜地 16 幅，空地 11 段，厕所 2 间，菜濠、菜地 4 幅。③

旗界的房屋分为官署和兵房，形制类似北方建筑。旗界各官廨署共有 2344 间房屋，又有印务处、官学、义学、书院、同文馆、银库、军器库、火药局、监狱等建置。④ 旗兵享受粮饷制度（又称"钱粮制度"）的各项待遇，包括供给房屋居住，发给饷银、米粮和食盐等。一名普通旗兵可领两至三间兵房，光绪年间实存兵房为 8600 间。每旗还分布有寡妇房、水师房、养育兵房等，共 750 间。⑤ 各旗还有箭道、马圈之设，方便旗兵练习骑射。⑥ 旗界的房屋只有一层，仿照中国北方建筑形式，以夯土的方式筑墙，外墙刷白色石灰，故不耐雨水冲刷，每逢大雨则有被冲塌的危险。⑦ 普通旗兵家庭的房屋外墙绘有红色的圆圈，象征太阳；军官家庭的住房外墙上则依据军衔等级绘画不同的动物。⑧

① 长善等纂《驻粤八旗志》卷 2《建置志》，第 8 页 b。
② 长善等纂《驻粤八旗志》卷 3《建置志》，第 1 页。
③ 长善等纂《驻粤八旗志》卷 2《建置志》，第 13 ~ 14 页。
④ 长善等纂《驻粤八旗志》卷 2《建置志》，第 19 页 b；卷 3《建置志》，第 1 ~ 33 页。
⑤ 长善等纂《驻粤八旗志》卷 2《建置志》，第 20 ~ 22 页。
⑥ 长善等纂《驻粤八旗志》卷 2《建置志》，第 30 ~ 31 页。
⑦ 见《粤东纪事》、《珠江晴浪》、《珠江夏汛》，《申报》1888 年 6 月 2 日，第 2 版；1889 年 6 月 13 日，第 2 版；1892 年 7 月 18 日，第 3 版。
⑧ Valery M. Garrett, *Heaven is High, the Emperor Far Away: Merchants and Mandarins in Old Canton* (Hong Kong: Oxford University Press, 2002), p. 17.

旗界设立之初只准旗满人居住，至清中期逐渐旗汉杂处，旗地也渐渐出售给汉民。清初设旗界时，施行严格的旗汉分居政策。在归德门直街北至大北门直街的旗民交界之地，满汉八旗每两旗合设一官堆，各堆每班轮派两旗领催兵五名防守。[①] 又在旗界设置栅栏，满洲栅栏共 38 道，汉军栅栏共 53 道，每道每班派兵两名防守。[②] 但分居政策在清中期已渐失效。道光五年（1825），清廷准许八旗余丁出外谋生，旗界房屋始招汉人入住，"居民廉其值，间入居之。当咸丰乱时，八旗兵多死亡，租值益廉。自是归德门附近，及西北两门等，所居者，均不尽旗满人矣"。[③] 租住在旗界的汉人多是肩挑小贩，以及苦力、缝妇等下层劳动者。[④] 八旗的田庄、马场也大多数出售给汉人建置楼房。1907 年 10 月，清廷谕平满汉之界，凡各省属防旗民，停止粮饷制度，一律按口给田裁粮。但粤省根本无地可授。[⑤]

旗房招租、旗地出售的主要原因是八旗生计困难。旗兵领取的饷银、米粮并不宽裕，旗兵眷属不得不另寻谋生之道。其中从事手扎花灯的最多。旗人扎灯始于何时无从考证，但"居家店铺均于元旦至十五日悬灯，而灯皆为旗人所扎"，在清末已成"粤垣俗例"。[⑥] 据《驻粤八旗志》所载：

> 羊城灯市，以旗人所制为最伙且又最工。人物、禽鱼、花卉、器皿无一不备，多绫绢或蒲草为之，五色鲜妍，璀灿夺目。盖封印后兵有余闲，藉此稍获赢余，为新岁款接亲宾之需，亦承平佳事也。[⑦]

八旗每年有春秋两次操练，春操时间在年初开印后至五月十五日停操，秋操在七月十六日开操，至年底封印停操。[⑧] 封印的时间由钦天监择定，年

---

① 长善等纂《驻粤八旗志》卷 2《建置志》，第 23 页 a。
② 长善等纂《驻粤八旗志》卷 2《建置志》，第 24～29 页。
③ 牧公：《六十年广州社会稗史》，广东七十二行商报编印《广东七十二行商二十五周年纪念》，1931，第 25 页。
④ 《寄居旗界者无家可归》，《天趣报》1911 年 5 月 28 日，第 2 版。
⑤ 《论粤省旗民裁粮授地之难》，《广州总商会报》1907 年 10 月 18 日，第 1 页。
⑥ 《珠江鲤信》，《申报》1897 年 2 月 25 日，第 1 版。
⑦ 长善等纂《驻粤八旗志》卷 24《杂记》，第 10 页 a。
⑧ 长善等纂《驻粤八旗志》卷 5《经政略》，第 26 页。

初亦由钦天监择吉日开印。每年岁末封印至次年开印时间长短不等，短者旬日，长者可达期月。① 旗兵停操后另谋副业，制灯以营利，已得到上层军官和旗民士绅的普遍认可，为"承平佳事"。清末，旗人以小手工业谋生的趋势有增无减。除花灯外，新春时节孩童玩弄之物亦多出自旗人之手。② 生计窘迫也催生私售旗盐等不为官府准许的贸易。在西门口一带设摊或设铺售卖粤省旗盐已成惯例。官府以其"有碍引埠"，屡次出示限禁，却并无成效。③ 据1910年统计，居住在旗界的满汉八旗正户和附户合计3453户，男口和女口合计16048人。④ 辛亥革命后，旗界的房地产成为新政权召变的对象，旗民生活愈加窘迫。少量旗人参加巡警继续"当差"，有60多人去了邮政局工作，80多人到粤海关工作。其余大多数旗民沦为小商贩或小手工业者，从事"穿牙刷"、"上鞋底"和"织带"等手工艺制作。⑤

（三）合族祠

合族祠是明清以来广东各地乡村宗族在老城建设的一道独特风景。据黄海妍研究，合族祠是广东各地乡村宗族为到省城应考、诉讼、输粮、晋省的乡下同姓子弟提供居所而修建，让来自各地乡村的同姓宗族组织得以在不同的乡村与乡村之间建立起联系和往来。但从更深一层来看，它实际上是在城市中建立起来的跨地域的同姓士绅联盟。因而，合族祠实际是一个介于城乡之间的社会组织。⑥ 合族祠或称"书院"、"祖祠"、"家祠"、"宗祠"、"书室"、"书舍"等，并无一定名称。⑦ 据《广州城坊志》载：

> 先是两藩入粤，尽踞老城，以居藩兵。官舍民房，皆不得兴。康熙二十二年，削平藩乱，大中丞金讳镇、李讳士祯先后拜疏，请以大市街

① 任万平：《清代官印制度综论》，朱诚如、王天有主编《明清论丛 第1辑》，紫禁城出版社，1999，第307～308页。
② 《今年灯市不因国恤滞销》，香港《华字日报》1909年1月30日。
③ 《看张督能实行限禁旗兵卖盐否》，香港《华字日报》1911年3月1日。
④ 《旗满人户最近之实数》，香港《华字日报》1910年4月1日。
⑤ 汪宗猷编著《广州满族简史》，广东人民出版社，1990，第66～67页。
⑥ 黄海妍：《在城市与乡村之间》，生活·读书·新知三联书店，2008，第9、223页。
⑦ 黄海妍：《在城市与乡村之间》，第2页。

之东为官廨，余以奠民居。诏报可。维时郡之著姓纷纷购买，以建祖祠。①

　　由此可知，清康熙二十二年（1683）削藩后是兴建合族祠的一个高峰。合族祠地是由"著姓"购买，但文中并未说明谁是卖主。在《何氏族谱》抄录的屋契、铺契中可大致窥见端倪。何氏在嘉庆十三年（1808）购置流水井一所金姓大屋，改建庐江书院，此后不断置买店铺。在屋契、铺契中明确载有"官地，并无税载，不用过割"字样。② 据此推测，可能有几种情况：一是该地本为官府所有，铺屋业主通过向官府购地取得业权；二是该地为官府所有，铺屋业主通过占建官地取得业权；三是铺屋业主为避免交易中纳税过割，而将该地写作"官地"。无论是哪种情况，契据中写有"官地"字样就为日后的产权纠葛埋下了伏笔。

　　合族祠起初多在大市街以东，至清末已遍布全城。双门底、桂香街、马鞍街、仙湖街、西湖街、流水井、师古巷、担杆巷、惠爱街、大塘街、司后街、秉政街、豪贤街、大马站、草芳街等都有合族祠。③ 合族祠的建筑与祠堂相似，供奉数量众多的祖先牌位，提供房间给应试或到省城办事的宗族子弟居住。除了管理房舍外，置业和管业是合族祠的主要经营活动之一。

　　从合族祠的置契约可管窥省城的房产交易情况。例如，光绪八年（1882），区氏族人为创建区氏林石公祖祠，以凝远堂的名义向大成堂购买了位于大东门内芳草街尾幽兰巷相连的 23 间房屋。大成堂的上手是"西洋邵"，即法国天主教广州教区第二任主教绍斯。《区氏林石公祖祠谱》收录了大成堂向绍斯购房的契约。据契约载，这些房屋是绍斯以建教堂的名义向明德堂、明圣堂、明胜堂等购买，"今各友商议另择别地，将此地出账招人承买取"。④ 显然，绍斯能在城内自由购买多处房产，当与第二次鸦片战争后的政治局势有关。（见表 1-1）

————————————

① 黄佛颐编纂、仇江等点注《广州城坊志》，第 287 页。
② 何朝彦纂修《何氏族谱》（《羊城庐江书院全谱》），光绪二十年（1894）广州富文斋刻本，第 71a~90b 页。
③ 黄海妍：《在城市与乡村之间》，第 14~19 页。
④ 区作霖编修《区氏林石公祖祠谱》，第 10a 页。

表 1-1　芳草街幽兰巷 23 间房屋买卖情况

卖主	一手买主	二手买主	三手买主	四手买主	房屋描述
李殿卿	明德堂				深一进半,阔十七桁
胡征书	李宅				深一进半,阔三十二桁
胡学礼	李宅				深一进半,阔十五桁
罗亚润	廖宅				深一进半,阔十五桁
胡学礼	明圣堂				深二进,阔十五桁
胡学礼	李宅				深一进半,阔十七桁
陈聚星	廖宅				深两进半,阔平排两间
何江	明胜堂				(系当官揭)深阔尽界
黄居义	廖宅				深三大进,平排三段
陈聚星	明德堂				深一进半,阔尽界
王明	明胜堂				深一进半,阔十五桁
陈廖氏	明胜堂	西洋邵	大成堂	凝远堂	深二进半,阔尽界
释文辉	明胜堂				深尽界,阔二间半,每间十五桁
梁国宝	明胜堂				深阔尽地界
李黎氏	明胜堂				深一进半,阔十五桁
黄居义	李宅				深尽界,前阔四十五桁,后三十四桁
黄达、黄秩	李宅				深一进半,阔十五桁
陈黄氏	明胜堂				深阔尽界
汪张氏	李宅				深阔尽界
冯时行	李宅				深三进,阔二十一桁
薛秉刚	廖宅				深二进半,阔二十四桁
许秩	明圣堂				深阔尽界
张玉堂	明胜堂				深一进半,阔十九桁

资料来源：区作霖编修《区氏林石公祖祠谱》，第 10~11 页。

　　从表 1-1 及契据中交易过程的描述可见，省城的房地产具有较为成熟的交易模式。交易房屋的规模不一，其中深一进半、阔十五桁的单开间数量最多。这些房屋原本分属多个业主，经明胜堂、明德堂、明圣堂、李宅、廖宅等逐户购买，再转售绍斯，遂成"相连一大段，内无分隔"。北至豪贤街尾，南至安怀里，后墙至芳草街尾，东南至楞垣庵，东北至福胜庵。区氏凝远堂买受该地后，将民宅拆卸改建为祖祠，内外共分 48 间房。[①] 契约中写道："先招教内人等均不愿受，次凭中人引至大成堂看

———————————————

　　① 区作霖编修《区氏林石公祖祠谱》，第 1b 页。

合，依价迁足银三千二百大元，七二兑，所有签书、酒席、行契、利市均在价内。"[①] 即交易由中间人作证，并有完整的契约手续。大成堂向邵斯买房时，成交价为三千二百元（七二兑，合914两白银），而大成堂转手卖给凝远堂时，成交价为2400两白银，增值了1.6倍。[②] 因此，置产生利成为合族祠最常见的经营活动。许多合族祠明确在祠谱中规定"积有余赀，务要置业"。[③] 区氏林石公祖祠在建祠后，陆续在豪贤街尾买房一间，在馨兰巷买房四间，在承宣直街买铺一间。前述何氏庐江书院在嘉庆十三年建祠后陆续置业，至光绪二十一年（1895），在马鞍街、濠畔街、高第街、小新街、水母湾、旧部前、西炮台直街、贤乐里、泰康里等处均有商铺。又在府学东街买屋五间、铺三间，改建为"庐江别墅"。[④] 林氏双桂书院自雍正十三年（1735）始在担杆巷购买屋业，至光绪八年，共置房七间；又在双门底上街和惠爱街清风桥各置铺一间。[⑤] 苏氏武功书院在嘉庆至咸丰年间，先后买下庄宅、卢宅、李宅、何宅、章庄及大公馆一间等改建书院后楼及别业。[⑥] 除院址外，苏氏武功书院又在惠爱八约、十八甫、小东门直街、裳衣街、贤思街、五仙门等处置有10处物业。[⑦]

合族祠置产管业一般是长期的，买入后不再卖出。但产业的管理经营却往往掌握在长期居住在省城的少数人手中，成为引发各房之间矛盾和纠纷的渊薮。对合族祠支配权和有关利益的争夺一直延续到民国时期。[⑧]

二　新城

新城在明代是番商贸易之所，明中期筑起城墙后，商贸结构有所变化。在城墙庇护之下，也有官署设置于此，新城遂成亦官亦商之地。

老城外玉带河畔，利便舟楫往来，明清时期是繁华的商业街区。在中原

---

① 区作霖编修《区氏林石公祖祠谱》，第10a页。
② 区作霖编修《区氏林石公祖祠谱》，第13a页。
③ 《庐江书院各事务例款》，何朝彦纂修《何氏族谱》（《羊城庐江书院全谱》），第27a页。
④ 何朝彦纂修《何氏族谱》（《羊城庐江书院全谱》），第71a~90b页。
⑤ 林忠孝堂纂修《双桂书院志略》卷4，光绪九年（1883）忠孝堂刻本，第19~29页。
⑥ 苏鉴、苏体严纂修《广东苏氏族谱》（《武功书院世谱》）卷1，光绪二十五年刻本，第48~49页。
⑦ 黄海妍：《在城市与乡村之间》，第73页。
⑧ 黄海妍：《在城市与乡村之间》，第85、199、222页。

文人记述中，"粤产素多奇瑰之货，番禺为都会，商贾凑集贸迁，易以致富"。[①] 自宋代起，广州的外贸已经颇具规模，中外商船在毗连城墙的濠河穿梭往来。明代濠畔街一带成为番商贸易中心，据霍与瑕记载，"广州隔海不五里，而近乡名游鱼洲，其民专驾多橹船只接济番货，每番船一到，则通同濠畔街外富商，搬磁器、丝绵、私钱、火药、违禁等物"。[②] 明成化年间，为了方便番商、留驻广州的回兵及其家眷礼拜，濠畔街建起一座清真寺。商业与娱乐业相互促进，形成新城一片繁华胜景。玉带河水面宽平，花舫、酒艇往来湾泊便利，岸边建筑朱楼画树，名伶荟萃。濠畔街百货云集，楼宇轩昂，商贾辐辏。[③] 便利的水运，是新城商业繁盛的关键因素。明嘉靖四十二年，两广总督吴桂芳为加强防御，兴筑新城，"自西南角楼及五羊驿，环绕至东南角楼"。[④] 在玉带河上建东西两道水关闸门，水运自是受到限制。酒船、花舫迁移至珠江之上，南濠风月不再。清初，广州的外贸中心移至西关濒临珠江河畔的十三行，新城的商业结构随之发生变化。

新城在清代是广州与国内市场的接连点，客商云集。有徽商经营文房四宝，浙绍帮与金陵帮经营苏杭顾绣、名贵纱罗绸缎、金华火腿、绍酒等，山陕帮和四川帮运销药材、皮草等。客商帮所营商铺统称为"庄口"，兼具销售与货仓作用，前铺后仓，面积皆极深广，仓后直达濠水，便利舟楫转运货物。晋商"西号"和浙号银庄也多设于濠畔街方便客商资金周转。著名的"西号"有蔚长厚、义善源、源丰润、蔚泰厚、百川通、新泰厚、日升昌、大德通、忠诚信等。[⑤] 相应的，浙绍会馆、江苏会馆、湖南会馆、金陵会馆、山陕会馆、安徽会馆、新安会馆等均设在濠畔街西约。[⑥] 这些会馆建筑堂皇，占地广阔，规模宏大。每年新春时节，旅粤的各地官员、文人士绅、商人等聚集会馆团拜，大摆筵席。浙绍、山陕、

① 黄佐：《广州人物传》卷1，陈建华、曹淳亮主编《广州大典　第4辑　岭南遗书》第1册，广州出版社，2008，第130页。

② 霍与瑕：《上潘大巡广州事宜》，霍与瑕：《霍勉斋集》卷12，道光三年（1823）刊本，第30页。游鱼洲即河南鳌洲。

③ 屈大均：《广东新语》卷17《宫语·濠畔朱楼》，中华书局，1985，第475页。

④ 同治《番禺县志》卷14《建置略一》，《中国方志丛书　第48号》，第147页下栏。

⑤ 沈琼楼：《广州市濠畔街和打铜街的变迁》，《广州文史资料　第7辑》，广东人民出版社，1963，第1~5页。

⑥ 吴兴慈航氏编《广州指南》卷3《公共事业》，新华书局，1919，第4页。

湖广等会馆前照壁，均建有戏台，元旦至元宵，经常连台演剧。"各会馆银庄货庄后座临流之处，画舫蝉联，笙歌鼎沸，灯火荧煌，桥上朱栏，楼头绮户，一派豪华气象。"[1]

鸦片战争以后，五口通商，濠畔街的徽庄、金陵庄、山陕庄相继收束。新兴的客商帮是联系上海、天津的申庄和津庄，坐落在沙基、新基新兴街、西后街等处。加之玉带河淤塞严重，"两岸建为肆市，濠水淤浅仅通小舟，无复知有昔时繁丽矣"。[2] 新城商业结构再次发生变化。据格雷和克尔（Kerr）的记述，新城成为手工艺品的天下。（见表 1-2）

表 1-2　新城主要街道沿线商号及出售商品

街名	商铺及出售商品
状元坊	郭乐记(卖铜纽扣)、檀香木铺(来自南洋)、万成铜店和盏白布印花店、悦泰顾绣铺(欢迎洋人，价格公道)
太平新街	织造金银线
天平街	打造大理石雕，石材来自肇庆
大新街	玉器店，翡翠、珊瑚、天青石的饰品，珍珠、钻石；尖角灯笼，最有名的商铺叫信锦；铜或银耳环、发簪、项链及其他饰品；翠鸟羽毛编织的彩饰，羽毛来自爪哇和苏门答腊岛；鼓及其他打击乐器
元锡巷	象牙、檀香木雕刻，象牙雕刻的胸针、圆球、棋子、首饰盒等
小市街	天福金铺(金银首饰、耳环、项链、发簪等)，奇新马具店(马鞍、马勒、军装、头盔、箭筒、弓等)
濠畔街	来自山西、直隶、内蒙古、欧洲的皮毛，有印度豹、美洲豹、老虎的毛皮；家具；弦乐器；墙纸，绘有花鸟、蝴蝶的画，欧洲人买来装饰客厅和饭厅
华德里	皮革店，可以参观本地制革方法
小新街	制造小的神龛、画框、镶有贝母的托盘、代替花瓶的装饰品
三府前	打磨玉器珠宝饰品的商铺
玉子巷	制作象牙、龟甲及龟骨工艺品
高第街	鞋店、刺绣及衣箱店
聚贤坊	造西毡行(生产羊毛毡用于做鞋底)

资料来源：John Henry Gray, *Walks in The City of Canton*, pp. 290 - 296, 505；Kerr, *The Canton Guide*, pp. 11 - 12.

---

[1]　沈琼楼：《广州市濠畔街和打铜街的变迁》，《广州文史资料　第7辑》，第3页。
[2]　《修桥志善》，香港《华字日报》1895年2月25日。

新城筑起城墙后就不尽然是商贸之区，而是官商混居。各文职衙署在清初均设新城，削藩后陆续迁回老城。而新设置或移驻的衙署则留在新城。海关监督署建于康熙二十四年（1685），万寿宫建于康熙五十二年（1713），两广总督行署于乾隆十一年（1746）移驻。① 第二次鸦片战争结束后，总署废址被迫让与法国天主教兴建教堂。该教堂为哥特式建筑风格，由法国建筑师设计，广东揭西石匠蔡孝总管施工。因墙壁、柱子等全部用花岗岩砌筑，故俗称"石室"。石室工程浩大，1863 年奠基，历时二十五年，于 1888 年落成。② 无独有偶，官府新设的制造西式枪炮的机器局也坐落在新城。该局位于新城聚贤坊，由两广总督瑞麟和广东巡抚张兆栋在同治十三年（1874）奏请创建，"试办机器，仿外洋制造枪炮轮船各武备"。③ 格雷记述，该局依据欧洲风格建筑，"在围墙内，本地工匠在生产着后膛枪械"。④ 光绪十一年（1885），两广总督张之洞将之拓建为东西制造局。⑤ 光绪十三年（1887），又改建为广雅书局。⑥ 因其适宜的地理位置，广雅书局很快就成为官府接待外宾、官员闲暇聚会的场所。《粤海关十年报告》载其拥有一个大型接待厅和幽美的花园，是一个举行官宴活动的理想场所。1891 年 4 月，两广总督李瀚章将该书局铺陈华丽，用以接待到访的俄国储君（the Czarevitch）。⑦ 此后，每当有官吏过境、元旦团拜、官员升迁等事，广雅书局内便会有公宴之设。⑧

新城高第街一带也是清代盐商聚居之所。清初，盐务会馆建在清水濠，

① 梁廷枏纂《粤海关志》卷 7《设官》，沈云龙主编《近代中国史料丛刊续编 第 19 辑》，台北，文海出版社，1974 年影印本，第 435 页；仇巨川辑《羊城古钞》卷 3《祠坛》，第 1 页；同治《番禺县志》卷 15《建置略二》，《中国方志丛书 第 48 号》，第 153 页下栏。

② 汤国华编著《岭南历史建筑测绘图选集（一）》，第 199 页；《明稽章与广州圣心教堂》，雷雨田主编《近代来粤传教士评传》，百家出版社，2004，第 303 ~ 312 页。

③ 光绪《广州府志》卷 65《建置略二》，《中国地方志集成·广东府县志辑》第 2 册，第 101 页下栏。

④ John Henry Gray, *Walks In The City of Canton*, p. 504.

⑤ 《粤东近事》，《申报》1885 年 10 月 20 日，第 2 版。

⑥ 张之洞：《开设书局刊布经籍折》，苑书义、孙华峰、李秉新主编《张之洞全集》第 1 册，河北人民出版社，1998，第 614 页；《光绪十四年正月十四、十五日京报全录》，《申报》1888 年 3 月 15 日，第 11 版。

⑦ 见《穗石谈资》，《申报》1891 年 4 月 6 日，第 2 版；*China Imperial Maritime Customs*: *Decennial Reports*，1882 - 1891，p. 568。

⑧ 见《岭外音书》、《羊城春树》、《珠江风月》，《申报》1893 年 2 月 21 日，第 2 版；1895 年 2 月 10 日，第 3 版；1897 年 5 月 1 日，第 2 版。

乾隆五十五年（1790）改建为盐务办公之所，并立条约各埠轮值。① 盐商遂多聚居活动在高第街附近。赵一澩根据高第街许氏家族的房屋契据，勾勒出嘉庆年间盐商许家、金家、广西大盐商李家，及盐纲公所聚集在高第街北侧的图景。依据契书四界描述，自西向东依次排列顺序为：许家—倪家—李家（临全埠省馆）—盐纲公所（乾隆五十年设立纲局，嘉庆十七年改为盐运公所）。这些盐商宅第与盐商办公机构前至官街，后靠玉带濠，占地达1.9公顷以上。购房契约也展现了许家宅邸（后称"许地"）扩张的过程。许宜和堂于嘉庆十三年（1808）向倪珏等人购七开间五进深的大宅一所，奠定了许地的基础。道光年间，先后在其宅旁的居仁坊向关宅、曾松吟堂、金玉燕堂、赵宝荣堂、李树功堂等10多位业主购地，并于道光二十八年（1848），购置原李念德堂五开间七进深的临全埠。至此，许地规模宏大的格局已形成，重新按照三路大屋的格局新建以许氏宗祠为中心的东部祠堂和家宅。②

三　西关

西关在清代是广东的工商业中心，上西关密布织造"机房"，与下西关的全球商贸发展相得益彰，由此也催生了富商聚居的高级住宅区和繁盛的赌博、娼妓等娱乐业。

清初的一口通商和珠三角地区桑基鱼塘生产方式的发展使得广东成为重要的生丝产区，带动广州丝织业的发展。珠三角各乡所产的生丝通过纤细而坚牢的绸艇运往省城，"城乡来往均以傍晚联帮启行，舻浆呕轧，枪炮迭发，互为声援，破曙即至"。③ 机工织造纱罗绸缎之所，称为"机房"。雍正年间，西关的机房已不下数百家，《锦纶祖师碑记》载："郡城之西隅业蚕织者，宁仅数百家？"④ 至清末，广州约有机万余张，著名的机房有张联盛、

①　同治《番禺县志》卷15《建置略二》，《中国方志丛书　第48号》，第162页下栏。

②　赵一澩：《清末民国广州南城高第街区的形态演变》，硕士学位论文，华南理工大学，2012，第40~57页。

③　同治《南海县志》卷5《建置二》，《中国方志丛书　第50号》，第125页下栏。

④　《锦纶祖师碑记》，广州市文化局编《广州锦纶会馆整体移位保护工程记》，中国建筑工业出版社，2007，第151页。此资料由黄海妍博士惠赠，特此致谢。

黎伦福等。① 机房集中分布在上西关，包括第六甫、第七甫、第八甫、上九甫、长寿里、茶仔园、小圃园，北连洞坤坊、青紫坊、芦排巷等街巷。不少街巷即以织造为名，如锦纶大街、经纶大街、麻纱巷。②

　　丝织业按行组织，工人聚居于"馆"或"堂"。丝织业总行名为锦纶行，按照产品又细分为若干行，"放机行、朝蟒行、金彩行、宫纻线平行、牛郎行、杂色行、洋货三行、十一行、十八行、丝纱行、广纱行、绍纱行、三纱行、八丝行，缕析条分，各开门户，彼此执业，不能稍渝"。③ 按照雇佣关系，又分为东家行和西家行。东家行议事总所为锦纶会馆，位于下九甫西来新街。该馆创建于雍正元年（1723），至乾隆二十九年（1764）购置邓氏房屋扩建。会馆深两大进，左旁为厅、厨，右旁为横门，道光五年（1825）又添建西厅、后座。④ 各行均有议事之所，十一行在先师庙，十八行和西家公所同在龙津东瑞桂里，通纱行在第七甫孖庙，金彩行在康王庙附近。⑤ 清末，锦纶各行工人三四万人，聚居在"馆"或"堂"。曾在机房工作的老人回忆，此类堂馆在广州有四五十座，其中有一座规模较大，名为"丛信馆"。同馆的工友形成类似帮会的组织，设立拜案，公推大哥、二哥等名，共商议事，有事就通知大家"上馆"。馆内还聘有武术拳师教授工人武艺。⑥ 在行业争竞之际，人数众多的堂馆持械互斗时常在西关上演，甚至斗毙人命，互控公庭。1875 年，叙庆堂因涉械斗毙命，被官府查办，治以"拜会结盟之罪"。其余各堂赶紧在街道上标贴红纸，声称"素安本分，不过借神叙会，友谊同心，并无械斗之事，街邻可保"等语。⑦

　　上西关的纺织业与下西关的商贸相得益彰。纺织业的兴盛带动了印染、

① 黄国祥：《论机房亟图改良以挽利权》，《广州总商会报》1907 年 4 月 3 日，第 1 页。
② 曾昭璇：《广州历史地理》，第 387 页。
③ 黄国祥：《论机房亟图改良以挽利权》，《广州总商会报》1907 年 4 月 3 日，第 1 页。
④ 《锦纶会馆保存碑刻的初步研究》，《广州锦纶会馆整体移位保护工程记》，第 68～72 页。
⑤ 《广州工人参加三元里抗英斗争情况调查记录》，广东省文史研究馆编《三元里人民抗英斗争史料》，中华书局，1978，第 187 页。
⑥ 《广州工人参加三元里抗英斗争情况调查记录》，《三元里人民抗英斗争史料》，第 184～185 页。
⑦ 《辩械斗红书榜街道》，《申报》1875 年 11 月 25 日，第 3 版。

晒、浆缎、机具、制衣、制帽、鞋业、袜、绒线等相关织造行业勃兴。[①] 从事织造的小作坊夹杂在机房、民居之间，例如耀华坊"工艺成林，而燃料、车料等店与人家邻居栉比"。[②] 清中叶以后，织造与商贸相辅相成，下西关各街巷成行成市，一片繁盛。格雷记录了下西关各街巷的商贸情况，如表1-3所示：

表1-3　西关主要街道沿线商号或售卖商品

街道名称	商号名称/售卖货品
兴隆大街	批发零售来自孟买的棉布，售卖英国五金器具，合义猪油店，售卖鸭、鹅、鸟、鸽子、鹌鹑、野鸭、龟、蜥蜴、腌老鼠等的家禽店
溶光街	蛋市（永泰蛋铺，咸蛋在旁边的麦栏街出售）
Tai - Wo Sai Kai（太和西街）	数家茶叶工厂
槟榔街	槟榔及椰子，来自海南及马六甲；来自鹤山的茶叶
显镇坊	两三家商铺出售 Glue（标明 Glue 是从皮革中剥下来的，煮了晒干，用作肥田料）
杉木栏	福生布行、顺兴绳店、三益染房、合成面铺、同珍茶叶铺、永茂生烟铺、友信夏布铺、金纶新衣铺
白米街	宝兴瓷器铺（顾客以洋人为主）、怡昌瓷器铺
长乐街	金银纸扎、寿鞋、爆竹、蜡烛、寿帐、寿扇
登笼街	灯笼、蜡烛、锡罐材料、水管工、铜匠
从鸡栏转长乐街	木雕
朝圣门	焕香猫狗肉铺、太和及茂隆（鸦片烟寨）
十七甫	爱育堂（开设门诊）、元贞当铺
十八甫	伍家大屋、潘明呱大屋、李仲良大屋、古董店、棺材店
下九甫	仓沮祖庙、徽州会馆（标明为"绿茶茶商会馆"）、冯济时（中医）
西来初地	中式家具铺
庆云里	协记漆器店
华林寺	关帝庙、鞋里店
贤梓里	旧货墟，早上 5~6 点，又售当铺货、贼赃；茂林园（出租或售卖花卉）
永兴大街	仁信玻璃铺
福星街	另一"天光墟"

---

① 曾昭璇：《广州历史地理》，第 387 页。
② 《白昼火灾》，香港《华字日报》1895 年 6 月 6 日。

续表

街道名称	商号名称/售卖货品
长兴街	玉石匠、玻璃手镯（仿冒玉手镯，买家为帕西人和伊斯兰教商人，分别转到孟买和加尔各答卖给印度女人）
畴春洞	机房、猪鬃岗、珠冒岗（义冢，附近有财神庙、线香铺）
聚星园、珠秀坊	卖金鱼、乞儿头会馆、西禅寺
长寿里	卖妇女丝裙（边条在彩虹桥附近织造）、广隆玻璃灯铺
晓珠里	经常堆满曼彻斯特的货品
瑞兴里	祥茂蒲画扇铺
兰桂里	义昌、义兴：做珍珠贝母装饰
杨巷	泰源玻璃铺、宏盛玻璃铺、绣花丝鞋、烟枪（竹制或藤制，竹子来自桂林，藤条来自菲律宾、婆罗洲、马六甲）
桨栏街	宁波会馆、泰隆燕窝铺（来自苏门答腊、爪哇、婆罗洲）、保滋堂
新荳栏	裕成瓷器铺（出售各式"现代"瓷器、酸枝家具，价格较贵）
打铜街	银行（西人称之为 Lombard Street，本位于伦敦，是各大小银行和放款店所在）、胜隆丝绒铺、泰盛洋磁店（兼售铜器）
第八甫	义经（Eking）绣巾铺、永盛（Ehing）绣巾铺
眼睛街	玻璃画、玻璃灯笼、袋装日晷、罗盘

资料来源：John Henry Gray, *Walks in The City of Canton*, pp. 103 – 285.

格雷敏锐地注意到在西关出售产品的出产地与销售地之间的网络。西关的商贸呈现的是一幅全球货物流转的图景。来自东南亚的槟榔、椰子、燕窝、藤条，来自英国的五金器具、曼彻斯特的货物，以及来自印度孟买的棉布等直接在西关街市出售。来自国内的原料运抵广州加工后再出售，夏布来自新会，宝兴的瓷器来自江西景德镇，制造玻璃的原料来自英德，玉石来自四川，制纸扎的竹子来自广宁，制香的树皮来自增城，蒲画扇以宣纸或蒲草纸制成，而制宣纸的主要原料是一种大量种植在台湾的树木。商铺出售的商品也不限于本地消费，格雷注明了很多商品是出售给外国人的，如宝兴的瓷器，义昌和义兴的珍珠贝母饰品，义经和永盛绣巾产品，十八甫的古董店，等等。更有趣的是，格雷发现长兴街有不少工匠被雇佣来仿照玉石制作玻璃手镯，做工精美，真假难辨，故很受欢迎。居住在广州的帕西人和伊斯兰教商人遂大批购进，转售给孟买和加尔各答的印度妇女。① 这一点可以在粤海关货物出口记录上得到证实：自19世纪70年代起，玻璃手镯出口量稳步上升，从1872年的4485担，上升到1891年的16555担，价值白银300万两以上。② 程美宝认为，这恰好说明广东十三行虽在鸦片战争后顿然衰落，但中外贸易所奠定的商业基础在同治至民国年间仍一定程度上延续。③

商贸兴盛吸引不少富商大贾落户西关，在西关与泮塘之间形成东起宝华坊、西至多宝街的住宅区。据格雷所见，商铺老板每到晚上生意即将结束时，就会匆匆赶回通常位于城市较休闲区域的住家。④ 清中叶以后，西关宝华坊以东至泮塘一带陆续填筑成陆，富商大户纷纷迁往建房。清末逢源街、蓬莱新街一带已华屋云连，由《华字日报》所载可窥见一二：

（1）城西十六甫新辟街道，迩时最称繁盛。⑤

（2）近日荔矶荷沼，半填作绣陌香街，华屋云连，无复迷离烟水。……而半塘一带新填沙地距水已远，加以人烟稠密，尘浊熏蒸。⑥

（3）城西自十七八甫以阊阆之地改建货肆，而人家住宅俱迁聚于十五甫、逢源街等处，逢源街在西关迤西，与恩宁、半塘各乡接壤。⑦

（4）城西为水陆通津，而十五甫、逢源一带接壤泮塘，新建街道更为辽阔。……是处塘亩新填，未成街段，地如旷野，绝少关栏，而富户居家多作泉明之卜宅。⑧

（5）城西蓬莱新街为殷户荟萃之区。⑨

曾昭璇认为宝华坊住宅区大约形成于同治、光绪年间，采用十字交叉街

① John Henry Gray, *Walks in The City of Canton*, pp. 241 - 242.

② *China Imperial Maritime Customs: Decennial Reports, 1882 - 1891*, p. 555.

③ 程美宝：《破墙而出：清末民初广州西关地区景观的延续与变迁》，苏基朗主编《中国近代城市文化的动态发展》，浙江大学出版社，2012，第192页。

④ John Henry Gray, *Walks in The City of Canton*, p. 20.

⑤ 《同心之言》，香港《华字日报》1895年4月18日。

⑥ 《荔乡闲话》，香港《华字日报》1895年5月21日。

⑦ 《火警详述》，香港《华字日报》1895年9月6日。

⑧ 《夜劫遥传》，香港《华字日报》1895年9月12日。

⑨ 《白昼行劫》，香港《华字日报》1895年11月22日。

道系统，主街由南而北，宽度大约四至五米，住宅街道以东西向为主，宽度四米以下，整齐有序。清末，宝华坊模式向北扩张至耀华、宝源，向西至逢源、多宝，直连及泮塘。① 在一则卖房广告上可以看到房屋的样式：

> 启者现有新屋一连三便过，在第七甫大巷内仁厚里，东向。此屋是新开街屋，内走枨门、官厅、天井、神厅房，偏间倒朝房，楼上阶砖厅房，又倒朝房、晒书台，食井、屏门、满洲窗、双层神楼，俱是异样新款，门口石夹、石脚、石楣。如合意者请往第八甫恒隆布店，问刘乾生翁引看。②

广告中的房屋是三开间，两层楼，从房间数量和一个天井可判断应为两进。门口有石夹、石脚、石楣，门上有内走的趟枨门，"内走"一词意味着趟枨外应还有脚门。一楼的正间有一个官厅，一个天井，一间神厅房，偏间有一间倒朝房。二楼有一间厅房，一间倒朝房和一个晒书台。神楼是贯穿两层楼的双层神楼，位置应在官厅后，神厅房前。屋内还有一个食井，有屏门和满洲窗。虽难以判断"俱是异样新款"是指全间房屋的布局，还是指房屋的部分构件，但趟枨门、屏门、满洲窗等被视为是典型"西关大屋"的特征。可见，今天称之为"西关大屋"的建筑形式在当时已经出现了。

西关繁荣的工商业和密集的人口，刺激了休闲娱乐业的发展。妓馆、赌馆、烟馆、戏院、酒家、茶楼，散布西关大街小巷。"城西茶楼以十三行为最盛，层楼高耸，金碧辉煌，说饼品泉座上客常满。"③ 黄芝在道光年间就注意到：粤有三可患，娼妓、赌博与阿片也。④ 据何汉威的研究，道光至同治年间为了应对有增无已的军饷筹措，广东当局对赌博的态度从严禁转变为以抽取罚款方式放松。⑤ 这一政策的转变令赌博大行其道，娼妓行业也相应大盛。广州娼妓行业大致可分陆上的妓馆和水上的花艇。《羊城青楼竹枝

---

① 曾昭璇：《广州历史地理》，第389~391页。
② 《新款新屋出卖》，《安雅书局世说编》1904年2月27日，第27页。
③ 《茶酒肇事》，香港《华字日报》1895年9月19日。
④ 黄芝：《粤小记》卷4，吴绮等撰、林子雄点校《清代广东笔记五种》，广东人民出版社，2006，第436页。
⑤ 何汉威：《清末广东的赌博和赌税》，台北《中央研究院历史语言研究所集刊》第66本第2分，1995年，第507页。

词》提供了娼妓业分布情况，词云：

> 金沙滩过带河基，妓女无过价一厘。赌馆排场烟馆旺，打围烂仔笑微微。
> 晚景园来过景云，景云已过转洪恩。从前妓馆多如许，今日烟花无一人。
> 谷埠开铺不吝钱，中中价值是新田。黄金散尽家无悔，又向珠江放画船。[①]

　　词中所述的金沙滩、带河基、晚景园、洪恩里，均在上西关。妓馆分布大致上有一个从北向南迁移的过程，而花艇则从西向东迁移，这可能与沙面辟为租界带动沙基的商贸发展有关。19 世纪 80 年代，洪恩里设有娼寮 90 余间；带河基"娼馆密比如鳞"；金沙滩"有妓馆数家"，被称为"烟花泽薮中之下品，犹上海之小东门也"。[②] 19 世纪 90 年代后，妓馆的中心集中到接近沙面的塘鱼栏、大巷口、陈塘、新填地一带。[③] 而花艇则从西向东迁移，这可能与沙面辟为租界后带动沙基的商贸发展有关。花艇在乾隆至道光年间多集中于沙面，刘世馨记该处"妓船联集以千数"。[④] 沙面辟为租界后，花艇迁移至谷埠、水鬼凼（在谷埠上游）、迎珠街一带。《岭南杂事诗钞》载，"珠江妓艇本泊沙面，近年始迁泊谷埠，今又迁至南渡头"。[⑤] 这在当时的报刊也有反映，《申报》曾载谷埠"妓船鳞比"。[⑥] 水鬼凼有"妓船数十艘，如云之集，类皆烟花下品"。[⑦] 《广州城坊志》也记录有："娼楼妓馆，所在多有。吾粤附城以水面为优。水面数处，复以迎珠街为最。"[⑧]

　　妓馆、赌馆给管业者带来巨大的商业利益，故官府虽屡禁而弗止。洪恩里的妓馆为"南海林姓合族人"所设，带河基的赌馆娼寮则是潘、何、林、

---

① 羊城书院名老师：《羊城青楼竹枝词》，守经堂编《新增岭南即事》，转引自雷梦水等编《中华竹枝词》，北京古籍出版社，1997，第 2881～2883 页。

② 见《禁娼批词》、《穗石新谈》、《广州近事》，《申报》1879 年 12 月 8 日，第 2 版；1886 年 8 月 3 日，第 3 版；1889 年 10 月 21 日，第 2 版。

③ 见《珠江锦浪》、《南海竹枝》、《羊石调言》、《羊城碎锦》，《申报》1895 年 4 月 19 日，第 2 版；1896 年 6 月 27 日，第 2 版；1893 年 3 月 8 日，第 2 版；1894 年 2 月 12 日，第 2 版。

④ 《沙面纪事》，刘世馨《粤屑》卷 3，光绪三年上海申报馆仿聚珍版，第 2 页。

⑤ 陈坤：《岭南杂事诗钞》卷 3，陈建华、曹淳亮主编《广州大典　第 6 辑　如不及斋会钞晋石厂丛书》，第 311 页。

⑥ 《五羊淑景》，《申报》1893 年 4 月 26 日，第 3 版。

⑦ 《五羊劫案》，《申报》1895 年 10 月 18 日，第 2 版。

⑧ 黄佛颐编纂、仇江等点注《广州城坊志》，第 455 页。

李、徐等姓氏共同管业。① 妓馆的管理机构称"众人馆"，"实司花尉之衙署也"。② 妓馆与官府的关系相当微妙，上层官员视之为"匪徒渊薮"，是社会失序的表现，力图加以封禁；而下层的差役却视之为增收的途径，借陋规而默许妓馆营业。光绪四年，广州遭遇台风，洪恩里一带妓馆尽成瓦砾之场。广州府冯知府乘势禁止该处开设妓馆，并刊碑立石。但该知府很快就调任了，禁令形同虚设，"劣绅蠹役又违示索规，纵容弛禁，遂使颓垣败壁依然绣幕珠帘"。③ 光绪五年八月十五日，广协营兵向洪恩里妓寮索取费用，妓寮不允，双方发生冲突，营兵开枪击毙两人。④ 事件引起妓馆业主林氏家族的抗议。商人交纳陋规给官府差役以换取默许甚至保护，是常见的现象。广协营兵也加入索规，令商人颇为吃力。且营兵动辄开枪伤人，若不加以管治，林姓商人担心会令带河基一带的竞争对手仿效使用枪械。事态的发展很快就超出了林氏的预期，两广总督刘坤一对差役和营兵的作为极为愤怒，下令查封洪恩里娼寮。⑤ 金沙滩的妓馆、赌馆也曾一度被查封，但很快得以复业。⑥ 带河基一带的娼寮赌馆也是屡禁屡复。1886 年 8 月，两广总督张之洞据南海知县禀以带河基"潘、林、何三姓恃其族大，往往藐法逞凶"，拟"将赌馆毁去，改建营房，调抚标练兵在兹驻守"。⑦ 禁令只生效了不足一月，"匪徒无以为生，胆敢故违禁令，于初五日重理旧业"。保甲局委员率同地保兵丁前往驱逐，却不敌而退，"匪徒逞强抗拒，声势汹汹"。张之洞闻之勃然大怒，派兵前往将带河基房屋一律拆毁，永远不准起建。⑧ 这项禁令导致带河基改营赌业。1892 年前后，带河基"赌馆林立"，南海知县下令封禁却毫无成效。正如时人所言，"无如禁者自禁，开者自开"。⑨

① 见《营兵不法》、《穗石新谈》，《申报》1879 年 10 月 24 日，第 2 版；1886 年 8 月 3 日，第 3 版。带河基居民以潘、何两姓为主，还有林、李、徐等姓氏也参与赌馆娼寮管业。见《大战花丛》、《南海竹枝》，《申报》1892 年 6 月 20 日，第 2 版；1896 年 6 月 27 日，第 2 版。
② 《羊石谰言》，《申报》1893 年 3 月 8 日，第 2 版。
③ 《营兵不法续闻》，《申报》1879 年 10 月 25 日，第 2 版。
④ 《营兵不法》，《申报》1879 年 10 月 24 日，第 2 版。
⑤ 见《禁娼批词》、《穗石新谈》，《申报》1879 年 12 月 8 日，第 2 版；1886 年 8 月 3 日，第 3 版。
⑥ 《岭南杂志》，《申报》1887 年 1 月 13 日，第 1 版。
⑦ 《穗石新谈》，《申报》1886 年 8 月 3 日，第 3 版。
⑧ 见《粤东录要》，《申报》1886 年 8 月 19 日，第 2 版；《粤海秋鸿》，《申报》1886 年 8 月 28 日，第 2 版。
⑨ 见《珠江寒汛》，《申报》1892 年 11 月 15 日，第 2 版；《南海竹枝》，《申报》1896 年 6 月 27 日，第 2 版。

四 南关

清代，南关随河滩沉积和人工填筑，面积不断扩大。濒临珠江河畔的交通优势令南关商贸大兴，油栏、果栏、菜栏、咸鱼栏纷纷开设于此。谭敬昭《听云楼集·燕窝诗》云："喧阗珠桥市，杂沓海味街"，所描述的正是海味街上的贸易来往情景。[①] 张维屏《袖海楼诗》云："连云第宅太平沙，别出心裁第一家"，所见的乃是太平沙密集的房屋。[②] 据格雷和赫尔利（Hurley）的记述，南关商贸多集中在天字码头以西，所售商品大致如表1-4所示。

表1-4 南关主要街道沿线商号及出售商品

街道名称	商铺名称/出售商品
仁济大街	博济医局
油栏门街	铜器铺（打造各种铜器，铜来自云南）、永安做衣铺（出售新衣和故衣）
迎祥街	很多大商行，最重要的是昆美行和仍昌行（从事中介，适宜接待旅商，在此交易的旅商可以居住在商行内。交易的商品有来自苏门答腊和Sooloo的燕鲍翅，来自印度、Sechuen和暹罗的谷物，来自群岛和波斯海一带的花胶；来自暹罗的干贝；来自苏门答腊、婆罗洲和马六甲的胡椒；来自华南的咸虾；来自孟买和波斯湾的鱼翅；来自群岛和暹罗的鹿茸；来自华北的杏仁）
潮兴街	出售烟丝、水车、狗肉的商铺
石公祠街	潮州八邑会馆
会仙街	出售锣、钟的商铺，三四家出售庙宇的模型、游神时使用的神像等，铁铺、铜铺、木匠铺
果栏	水果铺［有橙、佛手柑、柚子、苹果、蒲桃、番荔枝、凤梨、梨、杨桃、柑橘、番石榴、枇杷、石榴、南瓜、大蕉、杏、桃子、李子、柿子、葡萄、芒果、香瓜、桑葚、荔枝、黄皮、枣椰、龙眼、杨梅、橄榄、椰子、胡桃、栗子、马蹄、花生，堪称广州城的"科芬园"（位于伦敦中部的一个蔬菜花卉市场）］
咸鱼栏	出售蓑衣

资料来源：R. C. Hurley, *The Tourists' Guide to Canton, The West River And Macao*（Hong Kong: Noronha & Co. , 1903），pp. 27 - 28. John Henry Gray, *Walks in The City of Canton*, pp. 466 - 470.

---

① 黄佛颐编纂、仇江等点注《广州城坊志》，第454页。
② 黄佛颐编纂、仇江等点注《广州城坊志》，第452页。

　　从表 1－4 可知，南关商贸以食品类居多，满足省城内外数量众多的人口所需。据宣统《番禺县续志》载，果栏、菜栏、东猪栏、东鱼栏各栏口是四乡农民与省城商贩交易的枢纽，而麦栏街、海味街、太平沙、增沙各盐馆则是全省盐业交易的枢纽。①

　　商贸兴盛使得侵占河道、填筑海坦的行为日益平常。一些士绅官员从培植风水、利便交通的角度出发，往往反对填海造地。嘉庆年间，海傍、新基一带，"豪民近复运沙石填筑送水日甚"，《羊城古钞》的作者仇巨川认为，此举"非省会所宜"，留心形胜者应该"清查勒碑永禁"。② 张之洞在 1889 年也曾记述"近年地方豪族，往往明目张胆，填筑河身，盖造房屋，动辄斗入河心数十丈"。③ 也就是说，商民有意识地填筑珠江河坦，是清末南关新沙不断延伸的重要原因。

　　南关水面湾泊众多船只，沿江疍民随着河沙淤积逐渐上岸建寮。湾泊于南关河面的主要有两类船只，一类是乡渡。据同治《番禺县志》载，天字码头有往新安—香港渡（5 艘）、往新安—长洲—大澳渡、往东莞—太平渡（2 艘）、往河南渡；五仙门有往新安—九龙—裙带路渡（5 艘）、往官渡头渡；珠光里有往新安—裙带路渡（5 艘）。④ 另一类是密布河面的疍艇，如迎珠街一带"俱浮家泛宅，鳞次栉比如巷曲，可通往来"。⑤ 居住在水上的人口众多，但关于他们的资料记载却相当匮乏。清代，不少疍户逐渐上岸建寮，其分布随着河岸线迁移。清初，一群疍民得到官府的准许，"永远准在东濠口湛塘海坦居住，充当解送秋审人犯差事"。⑥ 湛塘位于今万福路之南。道光十四年，喻福基《海天楼诗》云："才闻大屿蜂房结，又见增沙疍户宽。"黄佛颐在该诗按语中认为，这是始辟增沙以安置疍民也。⑦ 增沙又名新沙，在南关九菜栏旁。清末，竹横沙、小东门外鸡翼城、黄沙尾等"近海边沙洲一带多疍人结屋而居"，极为简易，以木枝搭盖，"板屋毗连"。⑧

①　宣统《番禺县续志》卷 12《实业志》，《中国方志丛书　第 49 号》，第 185 页上栏。
②　仇巨川辑《羊城古钞》卷首《舆图》，第 24 页。
③　张之洞：《修筑珠江堤岸折》，苑书义、孙华峰、李秉新主编《张之洞全集》第 1 册，第 672 页。
④　同治《番禺县志》卷 18《建置略五》，《中国方志丛书　第 49 号》，第 207 页上栏。
⑤　黄佛颐编纂、仇江等点注《广州城坊志》，第 455 页。
⑥　《千余人环诉杨令威逼迁居之惨状》，《申报》1910 年 7 月 14 日，第 12 版。
⑦　黄佛颐编纂、仇江等点注《广州城坊志》，第 455 页。
⑧　《东海红霞》、《火警两闻》、《篷内藏金》，香港《华字日报》1895 年 2 月 12 日、1897 年 10 月 4 日、1897 年 10 月 19 日。

五　东关与北关

省城东关和北关多山冈丘陵，无水运之利，故商贸不兴。明末清初，陈子壮家族在东关一带颇有势力。陈子壮在元运里建有洛墅，有池 10 余亩，塘三口。其堂兄陈子履建东皋别业，面积更为广阔，当中有一"蔬叶"大湖，环以芙蓉杨柳，有亭台楼榭之胜。[①] 两藩入粤后，东山一带曾为平王府马圈，蓄马逾万匹。驷马岗及马湟水诸处，皆为牧地，"禁民不得耕种者"。[②] 撤藩后东关成为军事操练、恤政、停厝及坟场所在地。

军事操练之所为东、北两较场。东较场于康熙二十二年定为旗兵合操之地。场南居中设演武厅，自厅后路边起，长一百一十三丈五尺；正东分中普济堂起至正西分中沟，宽一百二十八丈，周围四至四百零三丈九尺。[③] 该场是官府举行大型户外活动的主要场所。每年立春，广州知府偕同南番两县官员、下属各级官吏、士绅、耆老及随行的老幼妇孺，在锣鼓声中巡街过巷，抵达东较场举行盛大的迎春仪式。[④] 该场亦是武科省乡试之所，武生试馆和弓箭铺遂多开设于东门北直街一带。每界科考，弓箭铺生意极为畅旺。[⑤] 北较场在小北门外，原为旗兵练习鸟枪而设，故又称"枪场"。地势宽远，附近并无村庄，康熙三十年定为旗兵操演之所。南北长一百二十七丈七尺五寸（约 425.8 米），东西长六十八丈二尺五寸（约 227.5 米）。[⑥] 据格雷记述，旗兵不常在北较场驻营训练。[⑦]

东关亦是官府设置的恤政之所，女普济院（又称"女老人院"）、普济院、瞽目院、育婴堂和麻风院等均在东门外。女普济院创设于康熙六十一年，原址为黄华寺，创建时有房 71 间，后士民陆续捐建。清末共有约 240

①　黄佛颐编纂、仇江等点注《广州城坊志》，第 666 ~ 671 页。
②　樊封：《南海百咏续编》卷 1《名迹》，第 8 页。
③　长善等纂《驻粤八旗志》卷 4《建置志》，第 2 页 b。
④　John Henry Gray, *Walks in The City of Canton*, pp. 531 – 532.
⑤　《粤东杂录》，《申报》1885 年 11 月 13 日，第 2 版。
⑥　长善等纂《驻粤八旗志》卷 4《建置志》，第 4 页 b；樊封：《南海百咏续编四卷》卷 1《名迹·平王马圈》，第 8 页。
⑦　John Henry Gray, *Walks in The City of Canton*, p. 599.

间房舍，收养贫老妇女 340 人，并建有一座观音堂。① 普济院设立于清雍正二年，收养鳏独病男民，原建神殿、官厅、东西厨房 132 间，左右住房 112 间，后陆续添建房屋。至清末有 200 多间房舍，收容 60 岁以上无依老人约 178 人。② 瞽目院在大东门外北横街，设于乾隆十二年。据格雷记述，该院残破不堪，条件极为简陋，内住有 448 位盲人。③ 育婴堂由盐商创设，由此产生 "婴盐" 的名目。康熙三十六年，两广总督石琳、盐御史沈恺曾率同商人云志高等捐建育婴堂于西关第十甫。康熙五十一年，盐商请场商每包加盐一斤，埠商代买，纳羡于堂，称之为 "婴盐"。康熙五十八年，巡盐御史常保以场盐归官，取消了婴盐。乾隆二年，清远埠商叶松云等请将公捐银两发商生息，并仍请带销婴盐以襄公费，获得藩司和盐运司批准。乾隆七年，因房屋不敷，盐商沈宏甫等请于东山紫来里购买民地，另建新堂。堂址占地 20 余亩，共用工费银 9800 余两，建有七巷约 258 间房屋，另有医护房、药房、校舍、金花庙、坟场等。此后，盐运使每以育婴经费不敷为词，不断累加婴盐。乾隆十一年，盐运使朱介圭请准于每包带销婴盐一斤之外，再加带盐一斤，每拆正余盐一封，带销婴盐 20 包。至嘉庆八年，凡商人每封带销婴盐达 50 包之多。④ 麻风院坐落在东郊通往白云山的路旁。《羊城古钞》载院内有疯疾孤贫男妇 174 人，外江（即外省人）134 人，批恤 33 人。⑤ 麻风病的后裔多居住在筑横沙一带，是地遂有 "疯人寮" 之名。⑥

东关与北关外多停厝之所和坟场。停厝之所既有义庄、丙舍，也有寺、

① 道光《广东通志》卷 129《建置略五》，《续修四库全书　史部　地理类》第 672 册，第 74 页上栏；John Henry Gray, *Walks in The City of Canton*, p. 525。

② 道光《广东通志》卷 129《建置略五》，《续修四库全书　史部　地理类》第 672 册，第 73 页下栏；John Henry Gray, *Walks in The City of Canton*, p. 538。

③ 道光《广东通志》卷 129《建置略五》，《续修四库全书　史部　地理类》第 672 册，第 79 页上栏；John Henry Gray, *Walks in The City of Canton*, p. 523。

④ 道光《两广盐法志》卷 34《杂录》，于浩辑主编《稀见明清经济史料丛刊　第 1 辑》第 43 册，国家图书馆出版社，2008 年影印本，第 543～548 页；John Henry Gray, *Walks in The City of Canton*, p. 562。"封" 为嘉庆以后粤盐的单位，"每拆正余盐一封" 指盐商纳银拿引（含正盐和余盐）一封，正盐和余盐搭配销售，故称正余盐。粤盐情况由李晓龙博士告之，特此致谢。

⑤ 仇巨川辑《羊城古钞》卷 3《恤政》，第 47 页。

⑥《粤东火警》，《申报》1897 年 10 月 5 日，第 3 版。

庵，外国人均称为"City of Death"。棺木停厝不葬，有的是为了寻求风水宝地，有的是等待运送回乡。外省商人、官吏、旅客往往以会馆为单位，集资兴建丙舍，存放棺木。（见表1-5）地藏庵是较早在粤成立的丙舍之一，位于女普济院旁，原为浙江绍兴商人捐资建设，以为乡人停枢之所，"迨后各省侨寓官枢亦皆殡此"。乾隆二十年，两广总督杨应琚札饬盐运使范时纪劝谕盐商捐资修葺并捐设义冢，后又公捐银3000两发商生息，以为经久之计。该庵设有庄头经管，拥有至少550间房舍，并有义冢在东门外官山淘金坑一带。① 永胜寺亦是停厝之所，有194间房舍。格雷注意到，为防止盗匪来抢劫富人的随葬品，该寺两侧筑有高墙，墙上开设枪眼，并有警卫日夜看守。② 坟场亦多在东北关外。官府提供的公共墓地"漏泽园"，在大小北门外。③ 其他义冢多在东门外淘金坑、走马山、驷马岗、东山、塘尾、帽峰岗等地。④ 八旗茔地在东门外蟠松岗、驷马岗、官路、东碑亭、西碑亭，计地八十九亩零。⑤

表1-5　东关与北关外义庄、丙舍分布情况

地点	丙舍
大北门外	宁波会馆丙舍、江苏义庄、云贵义庄、两湖义庄、湖南义庄
北较场	江西义庄、四川义庄、福建义庄、桂省义庄
东门外地藏庵	浙绍会馆丙舍
东门外马草	山陕义庄、安徽义庄
东较场尾	杭嘉湖义庄

资料来源：吴兴慈航氏编《广州指南》卷3《公共事业》，新华书局，1919，第5页b。

　　东关与北关的居民多为贫民小户。东关南部附城近东濠、临珠江一带，清初已有不少街巷，如北横街、线香街、荣华坊、永胜街、三角市、糙米

---

① 见道光《两广盐法志》卷34《杂录》，于浩辑主编《稀见明清经济史料丛刊　第1辑》第43册，第587~589页；John Henry Gray, *Walks in The City of Canton*, p. 545。

② John Henry Gray, *Walks In The City of Canton*, pp. 540-542.

③ 道光《广东通志》卷129《建置略五》，《续修四库全书　史部　地理类》第672册，第79页上栏。

④ 同治《番禺县志》卷15《建置二》，《中国方志丛书　第48号》，第162页上栏。

⑤ 长善等纂《驻粤八旗志》卷3《建置志》，第35页a。

栏、永安横街等。① 张维屏曾记，"广州城货店，以小东门外永安桥区永利
酒店为最古"。② 1887 年，小东门外仁昌茶居起火，火势越过桥面烧至东边
的三角市、粤秀坊一带，烧毁铺屋不下百间。③ 这一时期，东关外也有一些
织造厂。永泰寺旁有家织造草席的大工厂，名为"茂和栈"。④ 百子桥一带
有昌隆洋席栈，居住附近的贫民多在该厂佣工。⑤ 草席在清末成为广州重要
的出口商品之一，主要运销美洲。北关亦是聚居贫苦小民。据盖勒特
（Valery M. Garrett）的研究，大北门最初是辟作从北京抵粤的官员进城的官
道；小北门则用于运输食水和建筑材料进城。⑥ 官员进城路线随水运条件发
生改变，特别是沿中国内海航行的轮船出现后，转向天字码头—永清门—大
南门—双门底的路线。大小北门外遂成为小手工艺者、外省流民、客民栖息
之地。大北门外双井街，"附近居民工艺成林，亦多种蔬菜以谋升斗者"。⑦
1889 年 1 月，两广总督张之洞曾委候补县令王寿民筹款，在大北门外与西
关高岗医灵庙之间兴修栖流所。⑧ "凡外省游民在此流落者，均许入所居住，
日间出外谋食，夜间栖宿其中。"该所在 3 月中竣工，建有房屋 40 余间，可
容 400 余人栖止，由候补通判谢澈尔管理诸事。⑨ 大北门外稍北有村名为三
家店，从前地方寥落，至清末"客民相聚，土屋成村。通衢之处有盖搭篷
茅，以待游山者评茶驻足"。⑩ 小北门外也多为贫民小户，村妇"挑汲山水
卖于城市，以博绳头"。⑪ 结屋而居的多是客民，"皆托工艺为糊口之计"，
如凿刻墓碑、看守义庄等。⑫

---

① 曾昭璇：《广州历史地理》，第 422 页。
② 黄佛颐编纂、仇江等点注《广州城坊志》，第 659 页。
③ 《穗垣火警》，《申报》1887 年 4 月 8 日，第 2 版。
④ John Henry Gray, *Walks in The City of Canton*, p. 556.
⑤ 《广州总商会报》1907 年 5 月 10 日，第 2 页。
⑥ Valery M. Garrett, *Heaven is High, the Emperor Far Away: Merchants and Mandarins in Old Canton*, p. 15.
⑦ 《北郭春光》，香港《华字日报》1895 年 3 月 4 日。
⑧ 《花埭嬉春》，《申报》1897 年 3 月 5 日，第 2 版。
⑨ 《岭南纪要》、《岭南春讯》、《珠江寒汛》、《花埭嬉春》，《申报》1889 年 1 月，第 3 版；1889 年 3 月 15 日，第 2 版；1892 年 11 月 15 日，第 2 版；1897 年 3 月 5 日，第 2 版。
⑩ 《贼扰山家》，香港《华字日报》1896 年 1 月 15 日。
⑪ 《妇警且狂》，香港《华字日报》1895 年 3 月 30 日。
⑫ 《命案两述》，香港《华字日报》1895 年 4 月 4 日；《灾及遗骸》，香港《华字日报》1887 年 1 月 6 日。

六　河南

河南位于珠江南岸，是一个四面环水的岛屿，隶属番禺县。《广东新语》载，河南之名始于东汉杨孚移洛阳松柏种宅前，"隆冬莹雪盈树，人皆异之，因目其所居曰：河南"。① 清代以来，河南腹地依靠农业种植和农产品墟市贸易形成一片乡村风貌。而近河一带随广州商贸日盛，逐渐开街辟巷，筑起商铺、行栈、货仓、酒楼，形成新兴"街市"。这种内陆乡村与近河街市并存的格局一直延续至民国时期。

河南马涌（今海珠涌）沿岸在明末清初已是村户比连，形成以瑶头（又名"窑头"、"瑶溪"）为中心的乡村群落。据《番禺河南小志》载，明代万历时河南有"十三村"，清初发展至"三十三村"，至道光时增至"四十八乡"，及晚清已有"七十二村"。② 这些村落以种植花卉和茶叶等经济作物而闻名。清前期，所植花卉主要为素馨，《广东新语》载，"（庄头）周里许，悉种素馨，亦曰花田"。花贩每日在"花渡头"将新摘素馨装载上舟，运至五仙门外登岸入城。素馨消费量极大，"城内外买者万家，富者以斗斛，贫者以升"。③ 清中后期，花卉品种增多，花市即设在庄头，前后各村数十里，多种植茉莉。④ 兴盛的花卉种植使得河南与邻近的花埭、芳村成为士绅游嬉赏玩之所，每年春初，"花埭花开集画船"。⑤ 河南另一主要作物是茶，《广东新语》载，"（河南）其土沃而人勤，多业艺茶。……每晨茶估涉珠江以鬻于城，是曰河南茶。"⑥ 道光《广东通志》亦载有珠江之南有茶树者三十三村，谓之"河南茶"。⑦ 瑶头多茶田，与隔山的石岗下形成茶市，

① 屈大均：《广东新语》卷2《地语》，第42页。
② 黄任恒编辑《番禺河南小志》卷1《乡村》，何耀光辑《至乐楼丛书　第三十六》，影印手抄本，1990，第35页。
③ 屈大均：《广东新语》卷27《草语》，第695页。
④ 黄任恒编辑《番禺河南小志》卷2《古迹》，何耀光辑《至乐楼丛书　第三十六》，第179页。
⑤ 张维屏：《听松庐诗略》卷上，陈建华、曹淳亮主编《广州大典　第10辑　学海堂丛刻》第1册，广州出版社，2008，第99页。
⑥ 屈大均：《广东新语》卷14《食语》，第384页。
⑦ 道光《广东通志》卷95《舆地略十三》，《续修四库全书　史部　地理类》第671册，第198页上栏。

"侵晨则荆钗布裙、筲笼箬笠咸集于此"。①

横跨马涌的汇津桥、利济桥、云桂桥（又名"小港桥"）因农产品贸易往来而成为河南的交通要道。康熙年间，"瓜蔬果蓏、香花茗芽之属，荷担而市于广州者，络绎不绝，而皆于小港之桥"。② 汇津桥、利济桥均位于瑶头，云桂桥位于小港。两地遂成为河南最重要的墟市和社会活动中心。嘉庆二十年，瑶头公和市重建倾圮已久的双洲书院，作为"上下十三村童冠会文之所"。③ 此后，双洲书院便成为河南各乡士绅集议会商之所。④ 汇津、利济和云桂三座桥梁亦成为区分河南腹地和近河一带的地标。

与河南腹地的乡村风貌截然不同的是，近河一带在清代随着商贸日益繁盛，形成新的"街市"。近河一带大致以海幢寺为中心。寺西的洲头咀、南岸、鳌洲、龙溪乡、安海、龙导尾、白鹤洲、漱珠岗等地得益于盐仓和行商落户，在清初发展最快。河南官渡头原设有 229 间盐仓，顺治十八年建新仓 144 间，雍正十二年又在鳌洲增建一所 3 层共 9 间的金家仓。⑤ 乾隆五十五年，改埠归纲，所有场盐，须统由公局商人先运赴省城，贮于河南金家二仓，再由水客运销。鳌洲遂成为食盐运销中心，大批盐船往来湾泊。⑥ 盐船、盐商推动了鳌洲以东漱珠桥的酒楼业发展，酒幔茶樯，往来不绝，"笙歌夜夜，不亚秦淮"。⑦ 因与十三行隔河相对，行商潘、伍两氏于清初迁居河南。行商潘振承于乾隆四十一年在龙溪乡井村建宅；行商伍秉鏞于嘉庆八年在龙溪乡东的安海溪峡购地建房。⑧ 潘、伍两氏在河南经营颇多，不仅建宅修桥，而且大肆修建亭台楼阁，营造园林景致，吸引不少文人士子渡河造访。在其影响下，不少富商大户定居河南，《广州城坊志》有"广州城隔岸

① 杨永衍编《瑶溪二十四景诗》，光绪三年刊本，第 1 页。
② 吴兴祚：《修建小港桥是岸庵碑记》，黄任恒编辑《番禺河南小志》卷 7《金石》，何耀光辑《至乐楼丛书 第三十六》，第 814 页。
③ 杨永衍编《瑶溪二十四景诗》，第 2 页。
④ 黄任恒编辑《番禺河南小志》卷 2《古迹》，何耀光辑《至乐楼丛书 第三十六》，第 54、59 页；同治《番禺县志》卷 16《建置三》，《中国方志丛书 第 48 号》，第 184 页下栏。
⑤ 道光《两广盐法志》卷 23《盐灶额盐煎晒附盐仓附谷仓》，于浩辑主编《稀见明清经济史料丛刊 第 1 辑》第 42 册，第 281 页。
⑥ 〔美〕亨特：《旧中国杂记》，沈正邦译，广东人民出版社，1992，第 23 页。
⑦ 俯芗：《论广州市海珠区在清代的全盛发展及其历史地理因素》，政协广州市海珠区委员会文史资料研究委员会编印《海珠文史 第 1 辑》，1986，第 11 页。
⑧ 曾昭璇：《广州历史地理》，第 412 页。

地名河南，富者多居之”的说法。^① 直到清末民国，潘、伍两氏仍是近河一带的大族，在地方颇具权势。

清中期，河南近河一带便利的水运吸引了不少从事外贸的工商业与从事茶丝贸易的洋商。乾隆至道光年间，近河一带是“广彩”重要的加工地，其产品遂有“河南彩”之名。美国旅行者希基（William Hickey）于乾隆三十四年参观河南的广彩加工场，描述说：“在一间长厅里，约200人正忙着描绘瓷器上的图案，并润饰各种装饰，有老年工人，也有六七岁的童工。”这种工场当时竟有100多个。^② 据民国年间刘子芬的《竹园陶说》记载，“河南彩”的原料是景德镇烧造的白瓷，运至粤垣，另雇工匠仿照西洋画法，加以彩绘，于河南开炉烘染，制成彩瓷，然后售与西商。^③ 不少从事茶丝贸易的帕西商人和洋商也设公司于河南。如 Jardine's（即英国怡和洋行），Rusell's（即美国旗昌洋行），Dent's（即英国颠地洋行，又称宝顺洋行），坐落正对白鹅潭的洲头咀一带。^④ 第二次鸦片战争期间，大部分外商暂居河南。粤海关、英国领事馆均短暂地设置在河南，战后始迁往沙面。但海关俱乐部一直留在河南。该俱乐部用以接待外贸中的低级官员，如观潮员、船舶抵达时的登船检查员、领事巡警等。^⑤ 沙面辟为租界后，仍有洋商留在河南。19世纪70年代坐落在河南的外商公司、旅馆有近30家，包括 Deacon & Co.（的件公司）；Hosse & Co.（希土公司）；Johannes, S. P.（佐宴公司）；Metta, E. N.（南记行）；Modadhoy, P. V.（马打杯）；Nye & Co.（弥公司）；等等。^⑥ 比较有名的外商旅馆是广州旅馆，位于鳌洲外街与金花庙之间。经营者是一位名叫罗萨里奥（A. F. do Rozario）的葡萄牙商人。^⑦ 近河一带也有大批长期与外商交易的商铺，如位于洲头咀的厚盛、吉记、利

---

① 黄佛颐编纂、仇江等点注《广州城坊志》，第688页。

② 冯先铭：《中国陶瓷史》，文物出版社，1982，第453页。

③ 刘子芬：《竹园陶说》，《东方杂志》第23卷第16号，1926年8月25日，第93页。

④ Valery M. Garrett, *Heaven is High, the Emperor Far Away: Merchants and Mandarins in Old Canton*, p. 111.

⑤ Valery M. Garrett, *Heaven is High, the Emperor Far Away: Merchants and Mandarins in Old Canton*, p. 111.

⑥ 见 *The Canton Directory and Anglo - Chinese Calendar for 1875 with Plan of Shamien*（Canton: Printed at he Customs Press），pp. 6 - 7。按，这些公司的中文译名为该文所载。

⑦ Valery M. Garrett, *Heaven is High, the Emperor Far Away: Merchants and Mandarins in Old Canton*, p. 122.

益、德茂、粤和、裕丰、益盛等木匠营造铺，昭记、福同、同和、相记、永记、和兴等男洗衣工行（washerman）。①

清末，河南近河一带的外贸更为多元化，住宅区也随着工商业发展不断扩大。鸦片战争结束了一口通商的贸易格局，行商制度随之瓦解，广州经济曾一度低迷。但随着新口岸的开辟、东南亚市场的开发，市场网络和规模不断扩大，广州的贸易格局日趋多元化。同治年间，洲头咀、白鹤洲、岐兴里等处出口洋庄蓬勃兴起。按商品不同，可分烟庄、茶庄、席庄、糖姜庄、凉茶庄等。凉茶庄如源吉林、王老吉等，每年皆有大宗货物运往美洲大陆和南洋群岛。② 生产草席的工厂亦多设在河南，《华字日报》载，"迩来粤省织席工作愈佳……是以贩卖出外洋者，生意日益昌盛。河南草席工作最多"。③《粤海关十年报告》中称河南"每年有越来越多的建筑包括仓库、席栈、分铺，还有造船厂、机械厂、煤场和船舶用品商店等。这方向的土地价值飙升，许多鱼塘和莲花池被填平建房。"④ 同治、光绪年间，白鹅潭东侧的大基头逐渐开发成富商住宅区，形态与西关宝华坊相似，以南北向大街和东西向住宅街道构成一片"十"字形正交街道系统。买地建房者多是出洋经商的获利者，《华字日报》载："河南大基头旧为荒田积潦，烟水茫茫。今则填成阡陌，交错街衢。近时在外□获利而归者，喜其地僻静，多于此营大厦□□郊，栋宇云连垣墉高拱，气象为之一新。"⑤

大体上看，清代河南的开发是建基于两种不同的商贸形式。内陆是以种植花卉和茶叶等农作物而形成的农业贸易，而近河一带大多与潘、伍两家行商所带动的对外商贸有关。不同的商贸形式带来的不仅仅是从业人员和贸易景象的差异，更重要的是形成了桥里、桥外不同的乡村基层权力体系。这种乡村基层社会权力体系一直延续至民国时期，成为影响广州城市发展的重要因素之一。

综上所述，不同的政治活动、经济活动和社会文化活动使晚清省城内外呈现多样化的人文与地理景观。在城墙内外官府可以管控的范围也明显有所差异。待到19世纪80年代末张之洞出任两广总督，试图通过兴建学校、军

---

① *The Canton Directory and Anglo - Chinese Calendar for 1875 with Plan of Shamien*, pp. 13 - 22.

② 沈琼楼：《广州市濠畔街和打铜街的变迁》，《广州文史资料 第7辑》，第12~13页。

③《席行雀角》，香港《华字日报》1895年7月29日。

④ *China Imperial Maritime Customs. Decennial Reports, 1892 - 1901*, pp. 183 - 184.

⑤《勇妾轰贼》，香港《华字日报》1895年3月2日。

工厂、道路等来发展教育、军事和工商业时，他首先要面对的问题是：地从何来？

第二节 张之洞主粤时期省城的新建设

张之洞于光绪十年至光绪十五年任两广总督，其间建树颇多，时人誉之为晚清"最有作为"的两广总督。周汉光认为，两广是张氏实际从事中国现代化设施建设的开端，"此后的一切设施，如采东西洋方法兴办实业、劝农桑、建都市、建工厂、筑铁路、办学校、定学务章程……是他从中法战争之后，在两广开始的"。[①] 张氏先后在广州规划建设了广东水陆师学堂、广雅书院、三元里火药局、广东枪弹厂、广东钱局、珠江堤岸天字码头段等。这些建设是如何实现的呢？本节试图探讨这些建设的社会背景、建设情况及其所反映的 19 世纪八九十年代省城的一些变化。

一 张之洞的建设计划及其社会背景

张之洞在广州规划了学校、军工、经济三方面的新建设。这些规划的实施是在广州经济地位下降的背景下，由趋新的官员、士绅和商民共同推动的，并对广州日后的城市建设产生深远的影响。

张之洞规划的各项建设源自御敌强国的迫切需求。光绪十年闰五月十六日，张之洞抵达广州。时值法越战事紧迫，清廷内部主战、主和两派激辩已近两年。大体上看，自第二次鸦片战争后，高层官员和开明士绅御敌强国的愿望越来越强烈。张氏在《到两广任谢恩折》中明确表示要整顿财政和军事，以"自强"来抵抗法国入侵，"惟有澄清吏道，固结民心，综核财源，修明军实，以简静为驭繁之要领，以自强为柔远之本源"。[②] 张氏上任后即以举办团练、筹备海防、填塞内河、增筑炮台等种种军事调度为急务。战事平靖后，他在《筹议海防要策折》中提出"储人材、制器械、开地利"等

---

① 周汉光：《张之洞与广雅书院》，台北，中国文化大学出版部，1983，第 14 页。

② 张之洞：《到两广任谢恩折》，苑书义、孙华峰、李秉新主编《张之洞全集》第 1 册，第 237 页。

三方面改革计划，用以摆脱财政和军事上的困境。"储人材"指仿效西方各国开设水师、陆师学堂，培养军事人才。"制器械"指开设制造枪械、弹药、行炮、水雷的军械厂，自制枪械。张氏认为广东在这方面有天然的优势，"粤工多习洋艺，习见机器，于造枪、造弹、造药、造雷，皆知门径。香港素多铁工，尤易招致"。"开地利"指聘请外国矿师勘探煤铁矿藏，招商试炼。张氏认为福建的穆源、古田、安溪，及广东惠州、清远等地皆产善铁。广东的商人"艳此利者颇多，集股亦易"，故在省城设立矿物局（又称"矿政局"），招商试办。在张氏看来，这三者相济为用，"有人材而后器械精，有煤铁而后器械足。有煤铁、器械，而后人材得以尽其用。得之，则权利操诸我；失之，则取予仰于人"。这三策在广东又"尤为要策"，"大抵外洋入华，必以粤海为首冲"。① 明显的，张氏是希望在广东试行学习西方的制度，培养人才、发展经济、增强国力，以摆脱外国的控制。虽然该折在上奏后"留中"不交办理，但张氏此后主持的建设基本以之为蓝图，具体如下：

（1）学校：1887 年 6 月，将位于黄埔的博学馆改建广东水陆师学堂；在西村创建广雅书院。

（2）军工：1885 年 1 月，在三元里创设火药局；8 月，将新城聚贤坊机器局改建东制造局，增步军火厂改建西制造局（1888 年 3 月，东制造局归并西制造局，称"机器局"）；1887 年 5 月，在石井创建枪弹厂；1889 年 7 月，筹建石门枪炮厂（未成）。

（3）经济：1887 年 2 月，在黄华塘创建广东钱局；1889 年 7 月，修筑珠江堤岸；8 月，拟在河南设织布局（移设武昌）；9 月，拟在河南凤凰岗筹设炼铁厂（移设武昌）。②

这些建设计划明显受到著名趋新人士郑观应的影响。郑氏在 1880 年出版的《易言》中，就有仿效外国创机器局、聘外国技师开矿等主张。③ 1883

---

① 张之洞：《筹议海防要策折》，苑书义、孙华峰、李秉新主编《张之洞全集》第 1 册，第 307～313 页。

② 苑书义、孙华峰、李秉新主编《张之洞全集》第 1 册，第 272～674 页；《粤海音书》，《申报》1885 年 1 月 20 日，第 2 版。

③ 郑观应：《易言》，夏东元编《郑观应集》上册，上海人民出版社，1982，第 61～170 页。

年，兵部尚书彭玉麟调郑氏赴粤，协助赴港购械，考察南洋各国军情、商情要政。是年冬，郑氏力主仿效英、德、美、法、俄五国培养水陆军人才之法，禀呈醇亲王奕譞、李鸿章、彭玉麟、张树声"设水陆军学堂节略"，建议"用泰西储才之法，于沿海适中之地设一水师大学堂，各省皆设一陆军学堂"。又主张"设技艺院，使所需船械等件不待外求"。①　他在新加坡考察之际，向张之洞上时事五策，并呈《美国水陆军制工艺学堂章程》、《清查沙田议》、《边防管见》和《罚赌款规》等策。②　在计划中，除石门枪炮厂未建成、织布局和炼铁厂随着张氏调任移设武昌外，其余建设计划基本得以实现。这既是张氏强硬的政治作风推动的结果，也是当时广州经济下滑的社会背景促使趋新的官员、士绅、商民共同求变的结果。

广州经济地位下降，是促使官商力求改变的主要原因。鸦片战争后，广州失去了垄断对外贸易的辉煌时代，不得不面临新的竞争环境。1860年北方口岸的开放已使部分贸易从广州转向北方，致使四年间广州贸易价值减少33%，税收减少50%。③　贸易量下降使得广州的商业结构发生改变，一是广州与内地的贸易联系逐渐减少。以茶叶贸易为例，1861年汉口开埠后，内地各省份的茶叶流入汉口，广州茶叶贸易量逐年下滑。19世纪60年代后期，广州茶商终于意识到要用自己的茶叶来供应外国市场，于是开始种植茶叶。至19世纪70年代，广州茶叶贸易逐渐恢复，而不再依靠湖南、湖北的供应。④　二是香港的天然良港及自由贸易优势，使省港两地商贸密切相关。一方面，以香港为中转站削弱了广州的经济地位，引发商人间的冲突。大量稻米、棉花、木材等商品被运至香港，再换用民船直接运往广州周围的乡村。乡村的土产也直接运往香港，无须经过广州。广州中转站地位的削弱令商人愤愤不平。1867年11月，广州商人曾组设棉花行业公会，限制商人只能购买进口至广州的棉花，不得直接在香港购买。粤海关副税务司詹姆斯·布朗认为，这是因为"中国人渴望增加本地财富、提高本地的地位，并使

①　《郑观应年谱简编》，夏东元编《郑观应集》下册，第1538页。
②　《郑观应年谱简编》，夏东元编《郑观应集》下册，第1540页。
③　《1866年广州口岸贸易报告》，广州市地方志编辑委员会办公室等编译《近代广州口岸经济社会概况——粤海关报告汇集》，暨南大学出版社，1996，第18页。
④　《1871~1872年广州口岸贸易报告》，《近代广州口岸经济社会概况——粤海关报告汇集》，第65页。

大部分生意从香港转移至本地"。两地商贸竞争日益激烈。① 另一方面，广州商人越来越依赖于香港的"免税仓库"。大量商贩到香港购买各种货品，或与洋行签订合同到香港取货。② 19 世纪 80 年代，广州的商贸一直疲滞不振。1883～1885 年中法战争期间，河海航道封锁，商贸路线被阻。为了应付沉重的军饷，官府不断加征苛捐杂税。1885 年夏天，西北两江的灾难性洪水使情况更加糟糕。此外，由于外汇兑换率不停波动和受到香港股票市场投机活动的影响，广州市面一片萧条。③ 至 1888 年，广州商务仍无起色，最大宗的丝茶贸易亦不佳，"去年茶市平平，丝则亏折殊甚。新正后各丝行先后闭歇，贸易艰难于兹可见"。④ 因此，发展经济、振兴商业关系着官商的切身利益。

官绅、商民遂成为新建设经费的捐助者。广东当局对新建设并没有相应财政预算及人力资源，故张之洞通过发动官绅、商民之力来完成其设想。他曾劝令文武官绅暨盐埠各商分年捐资用于造兵轮及购炮械。其法以三年为率，集银 80 万两，从 1886 年起至 1888 年底止。广东当局用此款在福建船厂及自造了 10 艘兵轮。后张氏再劝商续捐三年，拟将之用作建造石门枪炮厂。⑤ 广雅书院的建造费用由顺德青云文社、省城惠济仓各绅、爱育堂各董事及诚信堂、敬忠堂各商捐赠。诚信堂和敬忠堂为闱姓赌商。据何汉威研究，中法战争后广东当局的赌博政策从局部到全面弛禁，其中最早开禁的就是闱姓。1884 年 11 月，张之洞、彭玉麟等电奏清廷，请暂弛闱姓赌禁，借济饷需。弛禁主要依据一为借以挽回利权，一为杜绝索规。翌年 4 月，两人又上折力陈厉行赌禁之不切实际，又从财政角度力言弛禁势在必行。清廷从"熟权利害"角度默许支持弛禁，弛禁闱姓遂水到渠成。⑥ 1885 年 1 月，诚信堂商人张荣贵和敬忠堂商人杨世勋获得闱姓承办权。⑦ 此后，闱姓商人在

---

① 《1867 年广州口岸贸易报告》，《近代广州口岸经济社会概况——粤海关报告汇集》，第 31 页。

② 《1871～1872 年广州口岸贸易报告》，《近代广州口岸经济社会概况——粤海关报告汇集》，第 66 页。

③ *China Imperial Maritime Customs: Decennial Reports, 1882－1891*, pp. 544－546.

④ 《珠海春潮》，《申报》1888 年 3 月 4 日，第 2 版。

⑤ 张之洞：《筹建枪炮厂折》，苑书义、孙华峰、李秉新主编《张之洞全集》第 1 册，第 674～675 页。

⑥ 何汉威：《清末广东的赌博与赌税》，台北《中央研究院历史语言研究所集刊》第 66 本第 2 分，1995 年，第 516～521 页。

⑦ 《闱姓批词》，《申报》1885 年 1 月 29 日，第 2 版。

广州甚为活跃。1887年初，张氏奏设广东钱局，预算购地、造成、购机器等费需30余万两。但苦于"粤省库款支绌，无可拨动"，遂令诚信、敬忠两堂代向富商挪借此款应用。① 这从侧面说明赌商在当时已具备一定的经济实力与社会认可。敬忠堂也与顺德青云文社、仁锡堂西商、省城惠济仓绅士等一起捐助开办了广雅书局。②

　　从行政实践层面上看，在张氏上任前，广东官员就已有仿效西方设置机器局和实学馆，只是成效未尽如人意。机器局位于新城聚贤坊，由两广总督瑞麟和广东巡抚张兆栋于同治十二年奏设，候选员外郎温子绍（1833~1907）任总办。③ 该局旨在"仿外洋制造枪炮轮船各武备"。刘坤一在两广总督任上也盛赞该局生产的格林炮价廉工巧，"即外国人见者亦莫不钦服"。④ 但《捷报》指出该局并不成功，"所仿制的后膛枪放射弹子仅及五十码"。⑤ 该局最受赞誉的是成功仿制了两艘蚊子船。蚊子船是李鸿章向英国税务司订购的一种铁甲快船，船身长十丈余而宽度不足三丈，配备有五万多斤的重炮。⑥ 光绪五年12月底，刘坤一上奏建议在黄埔船坞仿制蚊子船。国内尚无制造这种快船的经验，刘氏直言"仿造此项蚊子船事属创始，诚不敢信确有把握"。⑦ 为说服官方投资制造，温子绍自行捐资制造了一艘蚊子船。该船于1881年底完工，赐名"海东雄"。其大小丈尺皆仿照英国款式，但

① 张之洞：《购办机器试铸制钱折》，苑书义、孙华峰、李秉新主编《张之洞全集》第1册，第525~528。该款后由善后局陆续筹款归还，见同书第677~680页《开铸制钱及行用情形折》。

② 张之洞：《开设书局刊布经籍折》，苑书义、孙华峰、李秉新主编《张之洞全集》第1册，第614页。

③ 光绪《广州府志》卷65《建置二》，《中国地方志集成　广东府县志辑》第2册，第101页下栏。温子绍，字砚园，出生于顺德县龙山乡小陈涌一个官宦世家。祖父温汝适，嘉庆间曾任兵部侍郎；父亲温承悌，曾官刑部主事。温子绍自幼有巧思，年轻时钻研西方机械技术，不仅善于制作，而且工于设计，30岁时在社会上已小有名气。见《机械名师温子绍》，李有华、张解民编《顺德历史人物》，广东人民出版社，1991，第274~278页。

④ 刘坤一：《复黎召民》，《刘忠诚公（坤一）遗集　书牍卷之六》，沈云龙主编《近代中国史料丛刊　第26辑》，第6217~6218页。

⑤ 《广州通讯》，《捷报》1874年11月12日，转引自孙毓棠编《中国近代工业史资料　第1辑　上册（1840~1895）》，科学出版社，1957，第457页。

⑥ 刘坤一：《筹备蚊船以固海防折》，《刘忠诚公（坤一）遗集　奏疏卷之十五》，沈云龙主编《近代中国史料丛刊　第26辑》，第2092页。

⑦ 刘坤一：《筹备蚊船以固海防折》，《刘忠诚公（坤一）遗集　奏疏卷之十五》，沈云龙主编《近代中国史料丛刊　第26辑》，第2092页。

船身外壳改用木制，船上配英国暗士蔼郎炮一尊，重 12 吨。该船以煤为燃料，时速为每小时 36 里。曾出使美、日等国的公使郑玉轩参观该船后，赞其为华人自制轮船中的特创，驶行海面足以称雄。① 但张之洞上任后发现蚊子船不能出远洋，即便在内河也因其炮身过重、船体不坚而不便，"炮笨船脆，受敌则不固，运驶则不灵"。② 郑观应更作诗讽刺机器局"所成各器俱旧式，价高粗笨有何功"。③ 可见，创建新式枪械厂迫在眉睫。而实学馆是光绪六年由两广总督张树声和广东巡抚裕宽奏设，招收学生学习西洋语文和算法。该馆位于长洲岛的于仁船坞地段，在黄埔海关宿舍之西，有 25 名学生。④ 经费来源于前任总督刘坤一于光绪三年捐赠的 15 万两白银。张之洞到任后曾亲往学馆查看，认为"该馆生徒学业尚堪造就，改名博学馆"。1886 年 3 月，广东当局公开招选学童 15 名入读博学馆。⑤ 此事一度引起热议，《申报》连发论说两篇，赞扬粤东发风气之先，并讨论西学与海军关系等问题。⑥ 张氏认为该馆最大问题是经费不足，学生人数有限，且"有关兵事诸端，未能肆及"。基于"近日海防要策，首重水师兵轮，次则陆军火器"的考虑，张氏将博学馆改为水陆师学堂。⑦

此外，海外归侨对这一时期经济政策的制定也产生一定影响。19 世纪六七十年代，海外归侨开始投资广州，仿效西方创设近代工商业。其中最具有影响力的是澳洲归侨何崑山。何崑山又名献墀，英文名 Amei，南海西樵山人。据冼玉仪研究，何氏早年在香港接受教会学校教育，1858 年赴澳洲，逐渐成为当地华人团体与澳洲当局争取权益的代言人。1868 年何氏回国，活跃于省港两地，是香港东华医院的绅董，也是创设多种新兴工商业的领头人，包括投资保险公司、开矿、投资铁路、投资电报线路及自来水公司等。⑧ 1882 年，何氏鉴于羊城水泉不洁，易生疾病，人烟稠密，一遇到火灾

---

① 《钦使阅船》，《申报》1881 年 11 月 18 日，第 1~2 版。
② 张之洞：《试造浅水轮船折》，苑书义、孙华峰、李秉新主编《张之洞全集》第 1 册，第 317 页。
③ 郑观应：《赠广东制造局总办温煖园观察》，夏东元编《郑观应集》下册，第 1339 页。
④ 见《招选学童》，《申报》1886 年 3 月 4 日，第 2 版；*China Imperial Maritime Customs*: *Decennial Reports*, *1882 - 1891*, p. 575.
⑤ 《招选学童》，《申报》1886 年 3 月 4 日，第 2 版。
⑥ 见《上海宜仿粤东设西学议》，《申报》1886 年 3 月 13 日，第 1 版；《论广东招选学童事》，《申报》1886 年 3 月 20 日，第 1 版。
⑦ 张之洞：《创办水陆师学堂折》，苑书义、孙华峰、李秉新主编《张之洞全集》第 1 册，第 575 页。
⑧ 见 Elizabeth Sinn, *Ho Amei and his Life between Guanghzou and Hong Kong*（1850 - 1900），为 2012 年 9 月 28~30 日在中山召开的"省港澳大众文化与都市变迁"会议的发言稿，未刊。

则延烧百数十家，故而设想引来白云山的泉水供饮用和灭火。他从香港聘请英国工程师柯则域到广州勘测。柯氏查勘后认为白云山的水不足供应城内外所需，建议在增埗建水局，并称该处水质比英国泰晤士河的还好。据此，何氏拟设"羊城源源水局"，编著《粤垣源源水局议》及招股文书。① 官府对新兴工商业也有一定支持，两广总督张树声曾同意派员查看。后因有人恐破坏风水，又恐易于投毒及使城中水井废弃等，而未办成。② 1884 年前后，何氏在香山潭州投资开银矿。矿工和机器来自英国，由高级工程师康德拉（Mr. Candler）管理。同时在香港大屿山开采方铅矿，供潭州银矿提炼白银之用。粤海关税务司贺壁理（Alfred E. Hippisley）认为，何氏开矿之举对中国的有关企业影响甚大。③ 1886 年 3 月，何氏为其已故父母各捐 1080 两以助军饷，张之洞赞其"实属急公可嘉"，准其在本籍建坊，给予"急公好义"字样。④

　　可见，国力衰落、经济状况不佳使得官绅、商民有了共同求变的需求，给新建设的实现提供了必要的基础。这些建设在广东全省乃至全国产生了深远影响。广东水陆师学堂在 1903 年与鱼雷局合并，改建为武备学堂，其址后成为黄埔军校的校址。⑤ 广雅书院在 1902 年改为两广大学堂，1903 又改为高等学堂，民国后多次改制，时至今日仍是广州最重要的中学之一。⑥ 广东枪弹厂在岑春煊任内扩建为广东制造军械局，后更名"石井兵工厂"，是华南最具规模的军械工厂。广东钱局在 1906 年更名"度支部造币粤厂"，归部直辖，1910 年又改"度支部广州造币分厂"，为全国重要的铸币机关之一。⑦ 而修筑堤岸计划直接促成了新政时期长堤的修建，改变了广州的城市空间格局。

---

① 何崑山：《粤垣源源水局议》，光绪八年宝森阁铅印本。
② 《粤事述闻》，《申报》1883 年 1 月 5 日，第 2 版。
③ 《1885 年广州口岸贸易报告》，《近代广州口岸经济社会概况——粤海关报告汇集》，第 294 页。
④ 《张之洞等片》，《申报》1886 年 3 月 4 日，第 9 版。
⑤ 见《穗垣杂志》，《申报》1902 年 6 月 20 日，第 2 版；《粤海涛声》，《申报》1903 年 1 月 21 日，第 2 版。
⑥ 周汉光：《张之洞与广雅书院》，第 303~305 页。
⑦ 宣统《番禺县续志》卷 4《建置志》，《中国方志丛书　第 49 号》，第 88~90 页。

二　新建设带来的新变化

19 世纪八九十年代的宏大社会背景为张之洞主政时期的新建设提供了必要的思想观念、经济基础和实践经验，而新建设带来的不只是建筑形式的革新，其在制度运作、生产方式及城乡关系等方面都带来新的变化。

首先，新建设突破了城墙局限，分布在城外近郊水运便利之区。城内地价昂贵，居民稠密，"无可设局之地"，故而新建设选建在城外近郊。因地价相对低廉，新建设占地甚广，规模恢宏。广东枪弹厂占地 31 亩，有公务厅、一座机器大厂、储料库、发料库、各生产工序房舍及工匠住房等二三十间。[①] 广东水陆师学堂占地 47 亩余，集讲堂、校园、宿舍、操场、机器厂及铸铁厂于一体。[②] 广东钱局占地 82 亩余，主体建筑为辗铜片厂和造银元厂，四周环绕工匠住房、官员办公房、洋工匠楼房等。[③] 广雅书院占地面积达 124 亩，四周有屏墙和护城河围绕，主体建筑有礼堂、会客厅、冠冕楼、清介堂、斋舍 200 间，还有莲韬祠、岭学祠、监院室及亭台池沼等附属建筑，"洵极书院之大观"。[④] 水运便利对新建设选址至关重要。广雅书院址在源头村，因该村"距北门六七里，距增步里许，距城距河既不甚远，而非尘嚣所到，颇于书院相宜"。[⑤] 广东钱局建在黄华塘是因其地贴近东濠，可开挖濠河相通。疏浚东濠是钱局于 1887 年 7 月兴工后的第一项工程。[⑥] 枪

---

① 张之洞：《创设枪弹厂片》，苑书义、孙华峰、李秉新主编《张之洞全集》第 1 册，第 558～559 页。

② 张之洞：《办理水陆师学堂情形折》，苑书义、孙华峰、李秉新主编《张之洞全集》第 1 册，第 729～730 页。

③ 《图说》，广东钱局编《广东钱局银钱两厂章程》，光绪年间刻本。

④ 见刘伯骥《广东书院制度沿革》，商务印书馆，1938，第 107 页；周汉光：《张之洞与广雅书院》，第 314～317 页。

⑤ 王兴瑞：《张文襄与广雅书院》，转引自周汉光《张之洞与广雅书院》，第 309～310 页。张之洞在为广雅书院选址时，判断地点优劣及是否适宜之最重要标准是地势，即俗称"形势宗"的风水学说。该学说注重山川水势，"山有斜正妍丑，水有朝抱分飞，地有方圆破碎，路有环绕冲射，田塍有向背斜穿，沟渠有迎注倾泻，必皆逐伴体察，形势既得，然后格以罗经，局乘生旺，气辨纯清，此为一定之法"。见姚文田《阳宅辟谬》，陈建华、曹淳亮主编《广州大典　第 7 辑　思进斋丛书》第 1 册，广州出版社，2008，第 833 页。

⑥ 《珠海新凉》，《申报》1887 年 8 月 22 日，第 2 版。

炮厂拟设在石门，也是因该地"后依山麓，前临北江，地势深奥，近内水运亦复利便，于建厂甚为相宜"。[①] 鉴于河南的水运便利与邻近税关、厘局的地理优势，张氏拟购地设织布局与炼铁局，并先后于 1889 年 3 月、7 月在英国订购机器设备。[②] 后张氏调任湖广总督，两局亦随之移设武昌。

其次，新建设引用西式机器，并力图在建筑和工厂运作上也仿照西方。新建各厂的机器均购自外洋，军工机器购自德国，民用机器则购自英国。广东枪弹厂安设的两幅机器购自上海的德国泰来洋行，能造毛瑟、马梯呢、士乃得、云者士得等四种枪弹。张之洞极为推崇德国的毛瑟枪和克虏伯后膛炮。在筹设石门枪炮厂时，他致电委托出使德国大臣洪钧与柏林力拂机器厂洽商，拟购铸造新式连珠毛瑟枪及造克虏伯过山炮各机器全副。在民用机器方面，张氏推崇英国产品。1886 年，他奏准购机试造制钱后，特向出使英国大臣刘瑞芬咨询订购机器事宜。光绪十三年四月初三日，刘瑞芬代张氏在伦敦与伯明翰的喜敦厂（Messrs. Ralph Heaton & Sons，中文文献记为"喜敦厂"）签订了定购铸造铜钱兼铸银钱机器的合同。机器包括铸造一元银币、五毫银辅币、二毫银辅币、一毫银辅币、五分银辅币和铜辅币的所有设备。[③] 织布局和炼铁厂的机器也购自英国。1889 年，张氏先后委托刘瑞芬订购布机 1000 张，以及英国谐塞德公司铁厂生产的熔铁炉等。[④]

在购进机器之余，新建设的厂房布局及建筑模式均仿西式。广东钱局即由英国设计师绘制蓝图，由中国工匠建筑。[⑤] 1888 年 5 月，伦敦的 *The Graphic* 画报刊登了一幅名为《位于广州的新皇家造币厂》的图片。该图可能是喜敦厂为广东钱局设计的建筑蓝图。斜坡屋顶、高高的尖塔楼和主体楼房上加开的小窗屋，是 19 世纪英国常见的建筑设计风格。（见图 1-2）在实际建设上，广东钱局位于厂区中间的辗铜片厂和造银元厂的主体建筑可能完全按照这一设计建设。在该局的《图说》中特别注明"各项厂屋工程均

①　张之洞：《筹建枪炮厂折》，苑书义、孙华峰、李秉新主编《张之洞全集》第 1 册，第 676 页。

②　张之洞：《拟设织布局折》、《筹设炼铁厂折》，苑书义、孙华峰、李秉新主编《张之洞全集》第 1 册，第 685~686、706~706 页。

③　*China Imperial Maritime Customs: Decennial Reports, 1882-1891*, p. 578.

④　张之洞：《拟设织布局折》、《筹设炼铁厂折》，苑书义、孙华峰、李秉新主编《张之洞全集》第 1 册，第 685~686、704~706 页。

⑤　*China Imperial Maritime Customs: Decennial Reports, 1882-1891*, p. 577.

照英国尺建造"。① 在主体建筑外，厂房四周则是一圈中西结合的建筑群。（见图1-3）东南角办公区包括有正门一座、大厅一座、明瓦亭、后楼房、办公房两座、随丁住房、厨房、洋楼一座、厨师住房及厕所。建筑的样式和用料极讲究，房屋的石柱、木柱下均用花篮式石墩，檐口均有花板，檐下均用栏口石，屋内和廊下铺方砖，面墙用东莞水磨豆青砖砌成，玻璃被大量用作窗户和屏门。"洋楼"是一座二层的楼房，楼上三面放置飞来椅，楼下三面束腰墙上镶玻璃窗。位于办公区右旁的是一座小花厅，左旁是守门护勇卜房、储煤厂、水龙房、储水池。四周还分布着八排工匠住房、安勇驻房及坑厕。洋工匠居住的楼房在西北角。其布局与"洋楼"不同，第一层楼中间前部为大餐厅，后部为楼梯。两偏间为浴室和帮佣的住房。楼上两偏间用作卧室，设置有煤炉。② 这种设计显然更符合西方人的生活习惯。钱局主体建筑占地4亩余，粤海关税务司雷乐石（Ls. Rocher）称之为世界上最大的造币厂。③

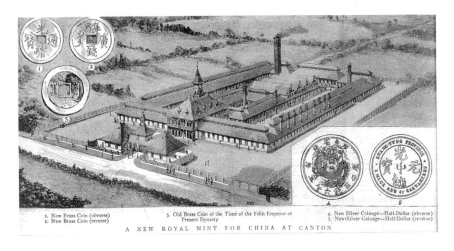

图1-2 位于广州的新皇家造币厂

资料来源 "A New Royal Mint for China at Canton," *The Graphic*, 37（964）（May 19, 1888），p. 524.

---

① 《图说》，《广东钱局银钱两厂章程》，第7页。
② 《图说》，《广东钱局银钱两厂章程》，第2~7页。
③ *China Imperial Maritime Customs：Decennial Reports，1882－1891*, p. 546.

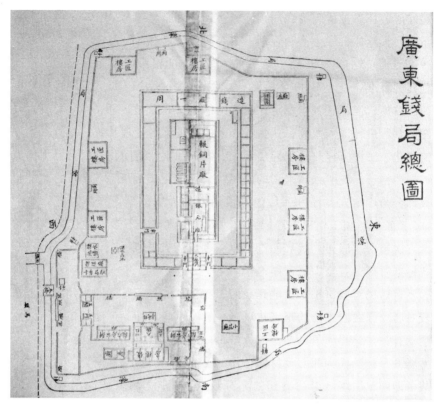

图 1 - 3　广东钱局总图

资料来源：《广东钱局银钱两厂章程》。

广东钱局聘用洋工程师协助工作，率先引进了近代工厂生产和管理制度。1888 年，爱德华·怀恩（Edward Wyon，1837 ~ 1906）受喜敦厂委派，率领一名总出纳、一名轧片机师、一名印花机师和一名制模师抵达广州，开始安装各项设备。爱德华·怀恩来自英国著名的怀恩家族。该家族自 1811年起之后 80 年，有 9 人在英国皇家造币厂担任币章雕刻师，其中有 3 人担任总雕刻师。怀恩自 1857 年进入喜敦厂工作，曾先后监造过缅甸、哥伦比亚等国家的造币厂。[①] 1889 年 3 月，钱局所有厂房及附属建筑落成，设备亦

---

① 见孙浩《浅说协建广东钱局的爱德华·伟恩与雕刻广东七三番版的艾伦·伟恩——在华外籍人士小传（一）》，《中国钱币》2005 年第 3 期。The Obituary for Edward Wyon, *The Birmingham Daily Post*，1906 - 08 - 24，来源于 http://jerseycoins.com/wyon/EdwardWyon.htm，浏览日期：2012/10/30。

安装完成。怀恩被留聘为钱局顾问，协助处理日常事务。① 广东钱局隶属广东布政司管辖，日常生产和管理由蔡锡勇、薛培榕和怀恩三人负责。钱局于1889年5月25日开炉试铸，第一批铸造出来的银币因表面有英文字母而未获朝廷的批准。直至1890年7月，新货币才开始发行。此后，钱局又更改过两次铸模，但产量基本稳定，每天约能产270万枚硬币。② 科大卫对钱局总图和章程进行深入研究，认为钱局采用的是集中管理和统一核算。生产工序流程化、工种多样化、管理层级化、财务和审计透明化、对劳动力和原材料控制严格等，说明钱局采用的是现代企业的生产制度。③ 钱局的技工和工人大部分是广东人。怀恩评价他们很勤奋并听从命令，有些人堪称能工巧匠。④ 工匠生活和工作都在局所之内，每日鸣汽笛上下工。现代标准时间的概念首次被引入广州。钱局的汽笛声一度成为省城唯一的"钟点机关"，即西式标准时刻，直至广三铁路通车。⑤

乡村居民对城市扩张占地建设的态度并不统一，有赞同兴建者，也有激烈反对者。张之洞主持的军工建设多在省城西北郊外，可能与该处活跃的团练活动有关。鸦片战争以来，以社学形式组设的团练在省城近郊迅速发展，石井墟升平社学成为西北乡村间合作的关节点。据魏斐德研究，在第二次鸦片战争期间，团练已得到清廷的充分认可。⑥ 张之洞上任即出《劝办团练示》，要求地方官与士绅合办团练。⑦ 他还请在籍大绅李文田、叶衍兰等出面"联络各局之贤士大夫，激劝各乡之父老子弟，同心戮力，报国安乡"。⑧

---

① The Obituary for Edward Wyon, *The Birmingham Daily Post*, 1906 - 08 - 24, 来源于 http://jerseycoins. com/wyon/EdwardWyon. htm, 浏览日期：2012/10/30。*China Imperial Maritime Customs: Decennial Reports, 1882 - 1891*, p. 579.

② The Obituary for Edward Wyon, *The Birmingham Daily Post*, 1906 - 08 - 24, 来源于 http://jerseycoins. com/wyon/EdwardWyon. htm, 浏览日期：2012/10/30。*China Imperial Maritime Customs: Decennial Reports, 1882 - 1891*, p. 579。

③ 〔英〕科大卫：《工厂制在中国的引进》，氏著《近代中国商业的发展》，周琳、李旭佳译，浙江大学出版社，2010，第115~133页。

④ *China Imperial Maritime Customs: Decennial Reports, 1882 - 1891*, p. 579.

⑤ 《划一钟点》，《民生日报》1912年9月2日，第4页。

⑥ 〔美〕魏斐德：《大门口的陌生人：1839~1861年间华南的社会动乱》，王小荷译，中国社会科学出版社，1988，第190~194页。

⑦ 《劝设团练示》，《申报》1884年9月5日，第9版。

⑧ 张之洞：《咨李学士举办团练》，苑书义、孙华峰、李秉新主编《张之洞全集》第4册，第2407~2408页。

张氏在石井建枪炮厂时也曾说，"地居省城后路，较为稳便"。① 可见，军工业设于西北部并非偶然的选择。但是乡民对于新建军工厂却心有疑虑。

以三元里火药局为例。1884 年底，佛山火药局起火引发爆炸，彻底焚毁，炸死百余人。② 时处军情紧急之际，广东当局急需觅地重建火药局。1885 年 1 月，城北三元里乡某姓上呈官府"愿献地七亩以为建局之所"。总督张之洞"嘉其诚"，立刻派员前往勘察地址。《申报》评述此举是"深明大义"。③ 但乡民献地，实际上与争夺水运有关。省城西北郊外各乡村间依赖水运与外界连接。物产经水路由驷马涌、澳口涌运至省河，故供上落货物的码头、水埠等的设置极为重要。争夺码头、水埠往往引发各乡村之间械斗。三元里乡与瑶台乡就因争夺码头，而经年累月对簿公堂。因此，三元里乡民献地建局是希望借官府之力，挖掘一条深濠直达村前，"以泄前恨"。瑶台乡民对三元里乡民之举愤愤不平，并且担心火药局一旦发生爆炸会殃及池鱼，遂联呈要求火药局移建。④ 广东巡抚倪文蔚为此亲赴三元里平息事端。⑤ 然而，火药局建成后，与三元里乡民的关系却不佳。1885 年 9 月，火药局发生失窃事件，认定是乡人所为，拘押乡中父老数人。乡人"怨谤顿生"。十几位乡绅到南海县署递呈，请求保释父老，"跪求半日之久，仍未允准"。⑥ 此后，火药局又发生类似的失窃，南海县县令亲往履勘，却未能侦查出结果。⑦ 乡民与火药局交恶，影响到乡人使用火药局的水埠。三元里乡因争水埠又多次与邻近乡村发生械斗。张之洞对此极为不满，令差役拘捕该乡 12 人。前往求情具保的耆老更被按察使于荫霖逐之门外。⑧ 这令乡民对官府充满怨愤，故后来广东当局在石井墟兴建枪弹厂时，为免乡民阻挠，

① 张之洞：《创设枪弹厂片》，苑书义、孙华峰、李秉新主编《张之洞全集》第 1 册，第 558 ~ 559 页。

② 《穗石要谈》，《申报》1885 年 1 月 7 日，第 3 版。

③ 《粤海音书》，《申报》1885 年 1 月 20 日，第 2 版。

④ 《岭南谈屑》，《申报》1885 年 2 月 6 日，第 2 版。8 年后，火药局爆炸的担忧不幸应验。1893 年 5 月，火药库被雷击中引发爆炸，"竟致附近五处村庄房屋无一瓦全"。相距不远的祠庙"屋宇悉数倾颓"，并压伤多人致毙。见《书粤督军李制军奏建造鱼雷厂屋船澳后》，《申报》1893 年 7 月 25 日，第 1 版；《岭南品荔》，《申报》1893 年 7 月 31 日，第 2 版。

⑤ 《岭南秋雁》，《申报》1885 年 8 月 18 日，第 2 版。

⑥ 《岭南雁帛》，《申报》1885 年 9 月 18 日，第 2 版。

⑦ 《穗垣近事》，《申报》1886 年 1 月 10 日，第 2 ~ 3 版。

⑧ 《粤事述新》，《申报》1886 年 7 月 11 日，第 2 版。

番禺县县令会同营统带兵勇前往弹压。①

广东钱局兴建时也遭遇乡民反对。1887年，广东当局在黄华塘圈地准备建设钱局时，附近乡民群起反对。乡民们担心田地被侵占后，无法从事耕种生产，妨碍生计。7月5日，张之洞至天字码头近日亭，迎接新任左都统兴存。数百名乡民结集在近日亭向张氏递呈舆图，请求将钱局移建别处。督抚两院商议后，决定照时价多加三成补偿被占用的菜园、谷地。② 没有资料显示乡民是否获得了补偿，但广东钱局顺利地兴工了。

大体上说，新建设改变了省城空间利用的格局，城墙以外的广阔郊区为新建设提供了充足的空间，利于引进西式机器、建筑形式，以及生产管理的制度。广东钱局日后成为官办企业的模板，岑春煊主粤时期创设的自来水公司、广东士敏土厂，基本延续了广东钱局的运作模式。乡民对于新建设的复杂态度，昭示着新政时期城市建设即将面临的种种问题。

三　仿效沙面的筑堤计划

除了上述的新建设，张之洞还主持修筑了一段珠江堤岸。要了解这段历史，必须先看看沙面在19世纪中后期的开发建设。在沙面辟为租界后，英法两国运用网格规划划分地块，次第兴建堤岸、教堂、领事馆、道路、住宅、公园等设施，洋行、银行等机构纷纷进驻。相邻的沙基也因之商贸大兴。在这样的背景下，商人提议仿效沙面建筑堤岸，得到了张氏的支持。张氏试图通过建筑珠江堤岸，来达到与沙面相抗衡的目的。

（一）19世纪中后叶沙面的建设

沙面在第二次鸦片战争后被填筑为岛，作为外国人的租借地（Concession）。③

① 《粤事汇纪》，《申报》1886年10月28日，第2版。
② 《粤省兰缄》，《申报》1887年7月16日，第2版。
③ 外国人在华建立的租界分 Concession 和 Settlement 两种，其华洋管辖权限有所差别。Concession 意为借租地统由外国管辖，中国人不得居住，如广州沙面和汉口的英租界；Settlement 意为居留地，准许外国人在限定地界租买地基，建房居住，华洋杂居，中国政府保留司法及道路、桥梁等管辖权，如宁波口岸。见张之洞《致总署（光绪二十一年九月初五日丑刻发）》，苑书义、孙华峰、李秉新主编《张之洞全集》第8册，第6673～6674页。

沙面又称"中流沙"，原是西关南面珠江河岸上的河滩地，在清中叶是湾泊妓艇的风月场所。《粤屑》有记："沙面妓船鳞集以千数，有第一行、第二行、第三行之目。其船用板排钉，连环成路如平地，对面排列，中成小港，层折穿通……架木成板屋，为廊为房，为厅为堂，高阁台榭毕具，又若亭若馆若苑不一名。"① 第一次鸦片战争时，士绅捐资在沙面兴建西安、西固两炮台，以抵御英军。第二次鸦片战争期间，十三行商馆焚毁，大部分外国商旅暂居河南，他们急需觅地作为新居住地。有人希望回十三行旧址，有人则提议迁移至花地，最终由"广州委员会"领袖巴夏礼定址在沙面。原因大致有三：一是毗邻西关的主要商贸之所，及富商大贾、买办居住地，贸易交往便利；二是靠近澳门航道、河南航道，安全并适于深水巨轮湾泊，1000吨的商船可从沙面直抵黄埔；三是夏季有不间断的清凉季风吹拂。② 1859年下半年，原住在沙洲上的疍民被驱逐，西安、西固两炮台被拆毁，沙面地基填埋工程开始。先从水底用花岗石把沙面周围垒成椭圆形，填上沙土，地基高出水面一丈余；再在北部开挖一条河涌（即"沙基涌"），使沙面成为四面环水的小岛，全岛面积334亩。工程耗时两年，耗资共32.5万墨西哥元，英国出资80%，法国出资20%。租借面积亦与之相对应，英国占264亩，法国占66亩。③ 1861年9月3日，英法两国官员分别与两广总督劳崇光正式签订《沙面租界条约》。英界每年纳地租396元，法界每年纳地租1500文。④

英法两国采用当时殖民地常用的网格规划划分地块出售，并分别颁发土地产权契证。1861年9月3日，英国驻广州领事将英租界划成82块（lot），除留部分用以建设教堂和领事馆，其余向外国人公开拍卖。每块土地约27m×43m，价格3500~9000元。⑤ 凡投得土地者，由英驻广州领事以英女王名义发给契证，称为"皇契"。其内容如下：

---

① 《沙面纪事》，刘世馨《粤屑》卷3，第2页。
② N. B. Dennys ed. , *The Treaty Ports of China and Japan*（London：Trübner And Co. , Paternsoster Row. , Hong Kong：A Shortrede And Co. , 1867），p. 132.
③ 杨颙：《沙面租界概述》，《广州文史资料 第44辑》，广东人民出版社，1992，第31页。
④ 杨颙：《沙面租界概述》，《广州文史资料 第44辑》，第31页；《广东财政说明书》，第108页。
⑤ N. B. Dennys ed. , *The Treaty Ports of China and Japan*, p. 132.

（1）开投时间：1861 年 9 月 3 日

（2）出租人：英国女王代表驻广州领事馆罗伯逊

（3）规定义务：1、承租人照订定期限内，按年于 9 月 3 日缴纳地租。管理使用期限为 99 年。2、缴纳一切应负担之费用及课税。本地如转租或准中国人在该屋加建或入内居住，则租约废弃失效。①

"皇契"持有人如转移时，不另发转移契纸，只在原契上加注及签署。法租界共分 24 块地，每块约 27m×42m。基于普法战争失利后的经济压力，法国人于 1888 年才开始经营沙面法租界。除建露德圣母教堂、领事馆及法国东方汇理银行广州分行外，其余地块在 1889 年 11 月 6 日公开拍卖。凡投得土地者，由法国驻广州领事代表法国政府发给地契，如业主转移则另有转移契证。地契内容如下：

（1）开投日期及见证人；

（2）开投地段及有限期为 99 年；

（3）开投地段名称（分段编号）及面积；

（4）开投过程：公开宣布投卖的条件及办法，规定底价，以唱价方式竞投；

（5）当事人、见证人及领事兼书记签字。②

沙面英租界建设自 1865 年始，至 1870 年前后基本完竣。沙面填筑完成的头三年，岛上只建设了一座教堂、牧师住所及三座住宅。其他是用竹子或泥土搭建的临时住房。原因是有些承租人（land render）离开了广州，另一些则是在贸易前景低迷的情况下不敢投资兴建房屋。他们情愿在河南租住中国人的房屋，尽管一所房屋的租金平均高达约 500 元/年。但在他们看来，河南的房屋因没有南向季风而相当闷热，既不舒适，也不方便。英国领事馆在河南洲头咀设立了近四年，1865 年才在沙面重新建设。该馆位于沙面正中，占 6 个地块，总面积 75870 平方英尺（约 7048.6m²）。整个建筑由许多

① 杨颙：《沙面租界概述》，《广州文史资料　第 44 辑》，第 32 页。

② 杨颙：《沙面租界概述》，《广州文史资料　第 44 辑》，第 33 页。

独立建筑组成，包括领事署、副领事署、公共办公室、初级官军住宅、监狱、巡捕房等。英国领事馆的兴建带动了私人业主在沙面的建设。[1] 1867 年 8 月，一位法国旅游者记录说，在英租界到处是规模很大的商店和门面极为讲究的漂亮住宅，可是法租界则连一间茅草屋也看不见。[2] 至 1870 年前后，沙面英租界的各种公共设施、楼堂馆舍已基本竣工。外国洋行、工厂、银行等机构纷纷迁入办公。其中英商洋行势力最大，共有怡和、太古、宝顺、仁记、义记、广昌、架记、广南等 13 家洋行。美商有旗昌洋行和琼记洋行，德商有鲁麟洋行和禅臣洋行，法商开设有利名洋行。[3] 英租界建设的火热，直接刺激了法租界土地拍卖的畅旺。

沙面英法租界各自成立工部局负责公共建设和维护。沙面采用的是主次道路纵横正交、环岛道路相连的道路系统。主干道宽 100 英尺（约 30.5 米），次干道宽 80 英尺（约 24.4 米），东西走向；另有 5 条南北走向次道路，沿路栽植榕树。岛屿四周以花岗岩筑堤，并筑东西两桥连接沙基大街，又在英国领事馆前开辟公共花园。[4] 英租界的建设与维护资金有两个来源。兴建公共花园、种植树木等费用，来源于"花园基金"（Garden Fund）的利息。"花园基金"是中国政府赔偿原位于十三行的"行商花园"（Factory Garden）被毁的费用。英国驻广州领事馆则每年从每个承租人处征收 20 元，以支付修路、巡捕、看桥人的费用。"花园基金"的管理者每年由承租人来选举。[5] 这种管理模式极为有效，沙面的公共设施建设和维护极佳。1886 年德国人艾克思纳如此描写自己的所见："枝叶繁盛的林荫道，碧草如茵的网球场草地，美丽的花园，维护很好的行人道，建筑优美的、由宽廊环绕着的住宅，点缀了这个小岛。在这里，有欧洲人的事务所和住宅，有领事馆，有一个国际俱乐部，同一个小教堂；整个地方是一片田园风光。"[6] "花园基金"的存在使得英法两工部局的运作不同。据房建昌考述，1913 ~ 1928 年，

---

① N. B. Dennys ed., *The Treaty Ports of China and Japan*, pp. 133 – 134.
② 袁东华编《广州租界史大事记》，《广州文史资料　第 44 辑》，第 201 页。
③ 袁东华编《广州租界史大事记》，《广州文史资料　第 44 辑》，第 201 ~ 202 页。
④ 汤国华：《广州沙面近代建筑群》，华南理工大学出版社，2004，第 1 页。此资料由汤国华教授惠赠，特此致谢。
⑤ N. B. Dennys ed., *The Treaty Ports of China and Japan*, p. 134.
⑥ 〔德〕H. 施丢克尔（H. Stoecker）：《十九世纪的德国与中国》，乔松译，生活·读书·新知三联书店，1963，第 21 页。

英租界工部局（Shameen Municipal Council）的董事成员包括有洋行经理、粤海关税务司、医官、救火队队长、秘书、巡捕房督警长等，总董（Chairman）由洋行经理充当；而法租界工部局（Conseil Municipal de Shameen）的总董由法国驻广州领事充当，董事只有一位或两位洋行经理。[①]也就是说，英租界工部局基本是由洋商主持，而法租界工部局则由法国政府主持。

至19世纪后叶，沙面的建设已初见规模，洋行、工厂、住宅、道路、公园陆续完工。1877年，格雷太太（Mrs. Gray）称赞沙面的房屋雄壮，整体布置美轮美奂。[②] 1887年，英国驻广州领事向沙面所有外商提议，共同组织一个广州俱乐部（Canton Club），内辖球场、剧场、游泳场等娱乐设施。[③]这些都使得广州的官商看到规划建设的重要性，在日后的城市建设中，沙面为广州提供了仿效的模板。

（二）沙基与沙面的商贸联系

沙基泛指沙基大街（英文文献记为 Canal Road，今六二三路）及相邻的新基渡头、联兴街、源昌街一带。沙基大街与沙面隔岸相对，分为上街和下街，东接新基，西通米埠。联兴街、源昌街一带为原十三行商馆所在地。地理位置上的优势使得沙基与沙面有着紧密的商贸联系。

沙基的米粮、杂粮贸易与沙面洋行的轮运、码头、仓库联系紧密。光绪年间祥林调查称，"粤城向分七十二行，而以银行、丝绸行、布行、米行、豆行、麦面行为最著"。[④] 其中米行、豆行、麦面行集中分布在沙基，与西邻米埠形成省城米粮贸易市场。据陈春声研究，广州作为省城，既为本地居民和流动人口提供粮食供应，也是周围农村地区的粮食贸易中心，又发挥着全省米粮集散中心的功能，还是省际和国际米粮贸易中心。[⑤] 米埠位于黄沙海旁，是一个不及沙面 1/6 的小岛。起初疍民船户搭盖木架于其上以通贸

① 房建昌：《广州沙面英法租界工部局人物考述》，《广东史志》2002 年第 4 期。
② Mrs. Gray, *Fourteen Months in Canton* (London：Macmillan and Co. , 1880)，p. 6.
③ 袁东华编《广州租界史大事记》，《广州文史资料　第 44 辑》，第 203 页。
④ 祥林：《广东实业调查报告概略》，转引自陈春声《市场机制与社会变迁——18 世纪广东米价分析》，中山大学出版社，1992，第 76 页。
⑤ 陈春声：《市场机制与社会变迁——18 世纪广东米价分析》，第 76 ~ 81 页。

易，19世纪80年代，米埠多次遭遇火灾，毁坏殆尽。1888年初，由商人联名请准筑地重建，大兴土木。[①] 此后米埠岛上米行群集，埠前湾泊各类转驳船只，成为省城米粮批发贸易中心。[②] 沙基一带原以经营猪糠为主，名曰“糠米行”。猪市亦设在沙基金利埠，称“西猪栏”。[③] 光绪末年，洋米进口渐增，沙基米商转以出售洋米为主，改称“米糠行”。[④] 由于当局向广西米谷征重税，加之轮船运输便利，广东米粮进口日益依赖于扬子江流域和南洋一带。[⑤] 米粮贸易重心遂日益向沙基转移。贩售杂粮的三江帮亦齐集于沙基。“三江帮”是一种习惯称谓，源自这些商人经营的范围是古代的三江地区（长江一带，古吴越地区）。省沪间轮船航线开通后，三江帮以上海为中心采购麦子和花生，并深入至花生产地长江流域、山东一带，再转运回广州销往省内各乡村。这样，三江帮经营的地域日渐扩大至华北及东北地区，在各省设立办庄，采购商品也扩大至所有杂粮类农产品。商品以售给榨油店、豆业店、腐竹店及酱园等为大宗。[⑥]

米粮贸易、三江帮依赖于轮船运输，而行走外洋、沿海口岸航线的轮船公司及其附属的码头、仓库多由沙面的轮船公司和洋行经营。沙基一带在19世纪60年代中后期已成为轮船的湾泊地。1865年，省港澳轮船公司（The Hong Kong Canton and Macao Steamboat Company）向广东当局永租沙基一段地基建造码头，用以停泊轮船。每年租银500两，由英国领事馆送交南海县衙查收。[⑦] 该公司每天有2艘轮船往来省港之间，次年增加为3艘。[⑧] 太古轮船公司（China Steam Navigation Co.）与省港澳轮船公司最初为竞争关系，1877年两家公司签订合作合同，联营省港间航运。1881年太古洋行

① 《岭南杂记》，《申报》1888年2月28日，第2版。

② 吴兴慈航氏编《广州指南》卷1《总纲》，第3页a。

③ 见《羊城饯岁》，《申报》1901年2月13日，第3版；John Henry Gray, *Walks in the City of Canton*, pp. 641-642。

④ 广东省银行经济研究室编印《广州之米业》，1938，第4页。

⑤ 《1881年广州口岸贸易报告》，《近代广州口岸经济社会概况——粤海关报告汇集》，第260页。

⑥ 郭泽农：《广东三江帮的兴起、繁荣及衰落》，《广东文史资料　第21辑》，广东人民出版社，1965，第56~58页；《广州之米业》，第53页。

⑦ 《英商轮船码头不允加租》，《申报》1911年4月7日，第11版。

⑧ 《1867年广州口岸贸易报告》，《近代广州口岸经济社会概况——粤海关报告汇集》，第42页。

在沙面设立分行。两家公司在省港线的客运和货运上"处于压倒的优势"。[①]
怡和轮船公司（Indo-China S. N. Co.）于1886年在沙面设分行，后在芳村
大涌口购地建怡和仓，先后兴建9座货仓，2座码头仓库，占地面积132
亩。[②] 1904年后，太古洋行在河南白蚬壳购地兴建3座码头、20座货仓，
俗称"太古仓"，占地面积比怡和仓要大。三江帮的货运依赖太古、怡和或
招商局轮船，货物贮存基本在太古仓。[③] 轮船招商局的码头设在沙基。19世
纪80年代，招商局租用美国旗昌洋行在沙基的地产设置码头。该局有往来
省澳的轮船1艘，往来省沪的轮船2艘。[④] 频繁的航运使沙基成为货物检验
的最佳地点。粤海关设立后，海关验货厂即设在新基渡头，"船只出入尤
多"。[⑤] 省城土丝厂、省河豆厘厂先后设于沙基。省河补抽局开办后，归并
了土丝、豆厘厂，成为广州最大的厘金收取地点，以抽收进出口轮船货物厘
金为大宗，港澳华渡轮船、拖渡次之。[⑥]

　　沙基的丝庄掌控广东的生丝贸易，但也受制于沙面洋行。丝庄是五口通
商后在华洋商人之间经营生丝贸易的中间商，在沙基、西关杨巷开设最多。
丝庄依附沙面洋行，操纵生丝出口。丝厂所生产的生丝，须经丝庄介绍，才
许售予外商出口，丝庄从中收取8‰的佣金。故大多数丝庄直接经营或投资
于丝厂，而在经营上依附于沙面洋行。[⑦] 以广州公证行为例可以看到丝庄与
洋行的关系。丝容易吸水，生丝受潮通常会使重量发生明显变化。广州出口
生丝重量的变化率为8%～18%，这就必然引起买卖双方有关重量的争论而
可能招致买方索赔，公证行（Condition House）遂应运而生。欧洲在19世
纪初就出现了公证行。其任务是查明生丝含水量，从而决定"公证"重量。
1881年6月6日，广州公证行开业，由克那夫（Mr. Knaff）任经理，对每

① 聂宝璋编《中国近代航运史资料　第1辑（1840～1895年）》上册，上海人民出版社，
　　1983，第516～517页；莫应溇：《英商太古洋行广州分行》，《广州文史资料　第44辑》，
　　第71～73页。
② 杨颢：《沙面租界概述》，《广州文史资料　第44辑》，第39页。
③ 郭泽农：《广东三江帮的兴起、繁荣及衰落》，《广东文史资料　第21辑》，第60页。
④ 费维凯：《中国早期工业化——盛宣怀（1844～1916）和官督商办企业》，虞和平译，中国
　　社会科学出版社，1990，第143～144页。1902年该码头土地由善后局收回，仍租给招商
　　局。见《广东财政说明书》，第107～108页。
⑤ 《羊城近事》，《申报》1896年4月13日，第2版。
⑥ 《广东财政说明书》，第220～221页。
⑦ 郭今吾主编《经济大辞典　商业经济卷》，上海辞书出版社，1986，第711页。

包出口生丝固定收费 0.75 元。[①] 这引起丝庄的反对。1882 年丝季开始，华商达成互相协议，不按公证重量销售。每家交付 1000 元押金，作为严格执行协议的保证。但这个脆弱的协议维持时间不长，至丝季末期，已有不少商家中止了协议，并恢复按公证重量出售。[②] 可见，丝庄实际上受限于洋行制定的"出口标准"。

三江帮、丝业贸易促进了本地银号的发展。清代，省城主要的金融机构是"西号"和"银号"。"西号"是山西大票号的分支机构，多设于濠畔街，以山陕会馆为活动中心。其主要业务包括票证兑换、公款汇寄，及向候补和新任官员贷款，贷款利息相当高。"银号"是本地专营存放款项及汇兑的金融机构，以西关珠巷连珠里忠信堂为会馆。[③] 鉴于三江帮与丝业贸易需要大量流动资本，不少银号开设在沙基。银号借款无须抵押、手续简便，比外商银行更受华商的青睐。与银号往来最大者首推丝业，从农历六七月起至岁底止，各丝厂需款购买原料及支付缫丝厂工资等，"向银号告贷之款极大"。广东丝业以顺德一带最为发达，银号经营者也以顺德人居多。[④] 与银号通融资金仅次于丝业的是三江帮，各商号在购买北方货物时都经银号进行汇款。通常采用的是，先通过银号购买港单，将资金汇往香港，再由香港购买申单，转汇至上海的钱庄，并存放在钱庄，作为随时支付采购所需贷款之用。三江帮各商号在省内的进款也多存放在银号内。[⑤] 1890 年前后，广州约有 70 家银号，资本 2 万 ~50 万元不等，其中有些还拥有为省库和各种税收机关代收税捐的特许权。[⑥]

可见，沙基的米粮贸易、三江帮商人、丝庄、银号均与沙面洋行联系紧密。沙基的商贸虽有受制于沙面洋行的一面，但两者更多的是相辅相成，颇有"一体相连"的意味。外商和教会直接在沙基购地置产。颠地洋行曾在

---

① 《1881 年广州口岸贸易报告》，《近代广州口岸经济社会概况——粤海关报告汇集》，第 262 ~264 页。

② 《1882 年广州口岸贸易报告》，《近代广州口岸经济社会概况——粤海关报告汇集》，第 274 页。

③ 区季鸾编著、黄荫普校正《广州之银业》，国立中山大学法学院经济调查处，1932，第 4 ~13 页。

④ 区季鸾编著、黄荫普校正《广州之银业》，第 190 ~193 页。

⑤ 郭泽农：《广东三江帮的兴起、繁荣及衰落》，《广东文史资料 第 21 辑》，第 62 ~63 页。

⑥ *China Imperial Maritime Customs: Decennial Reports, 1882 – 1891*, p. 572.

毗连沙基的杉木栏、菜栏街及太平塘置地共 39 亩余，后转卖友和堂。但承租商仍将之视为洋产。① 1875 年前后，有 3 家外国洋行设在沙基大街。② 真光书院、美国长老会的格致书院等 11 间教会学校亦先后在沙基一带开办。③ 更为重要的是，沙面、沙基的一体商贸催生了一大批趋新的本地商人群体。在清末广州商界甚为活跃的粤商自治会，其领袖陈建基（即陈惠普）是银号商人，其他领袖如黄景棠、黄焕庭等也都在受西方影响的最新变化中获利。④ 而辛亥革命后成立的商团，其领袖岑伯著是丝厂主，继任团长陈廉伯是汇丰银行买办，均与沙面密切相关。

（三）仿照沙面建筑堤岸

沙面整齐的堤岸，井然有序的规划，催生了张之洞的建筑珠江堤岸计划，以期发展经济，与沙面抗衡。虽然该计划最后落实建成的堤岸不过寥寥数百米，但这种新型的土地开发模式却深受官商推崇。

珠江筑堤计划带有明显的民族主义色彩，兼具发展经济、开发土地和对抗沙面等多重目的。1888 年，建业堂等商人多次上禀两广总督张之洞，请求承筑堤岸，"以弭水患而利民生，并请捐缴巨饷三百余万元"。⑤ 据《申报》载，商人计划将东沙基至西沙基的河边沙滩填筑成实地，宽二十余丈（约 66.7 米），然后在堤上建行栈，堤外设码头，并在堤上开筑东洋车路。⑥ 可见，筑堤虽以"消弭水患"为名，实际却是一整套土地开发方案。由于缺乏资料，笔者无法确定建业堂商人的具体身份，但可以肯定的是，他们必定与沙面商贸有一定的联系。筑堤造地以扩展城市空间，在香港和澳门早已有实践经验。港英政府自 1851 年填文咸海旁起，将填海视为开拓土地资源

① 《迫拆沙基骑楼之交涉》，香港《华字日报》1908 年 12 月 22 日。

② *The Canton Directory and Anglo – Chinese Calendar for 1875 with Plan of Shamien*, pp. 6 – 7.

③ 见 John Henry Gray, *Walks in the City of Canton*, pp. 642 – 643; *Canton Christian College. Ling Naam Hok Hau: Its Growth and Outlook* (New York: Trustees of the Canton Christian College, 1919), p. 8; 杨颐《沙面租界概述》，《广州文史资料 第 44 辑》，第 42 页。

④ Michael Tsin, *Nation, Governance, and Modernity in China: Canton, 1900 – 1927*, pp. 26, 37.

⑤ 张之洞：《札东善后局筹议省河堤岸》，苑书义、孙华峰、李秉新主编《张之洞全集》第 4 册，第 2564 页。

⑥ 《穗垣纪事》，《申报》1888 年 12 月 1 日，第 2 版。东沙基位于东濠口湛塘一带；西沙基指沙基大街至新基一带。

的重要途径。^① 澳门自 1863 年起由当局下令填海造地。^② 因此，商人的计划得到张之洞的支持。他在《札东善后局筹议省河堤岸》中说：

> 查省河北岸，自洋人建筑沙基（应为沙面——引者注），地势增高，堤基巩固，马路宽广。而我与毗连之处，街市逼窄，屋宇参差，瓦砾杂投，芜秽堆积，不特相形见绌，商务受亏，而沿河一带填占日多，河面益窄，再逾十年后，为患将不可胜言。若果坚筑长堤陡岸，界限分明，永断私占，涤瑕荡秽，无河流淤塞之患。利一。宽修马路，康庄驰骋，货物盘运，无迂回转折之劳。利二。广拓街市，阛阓大启，贸迁日臻繁盛。利三。增造马〔码〕头，中国官轮、兵轮、商轮皆可停泊，各乡渡船皆有依止，舟车上下便易。利四。广修栈房，凡各路货物，俱可移至省门屯储。利五。旁开横涌多处，轻舠小艇，避风有所。利六。深浚东、西两濠，载出泥沙，填筑堤身，建桥其上接连马路。利七。而堤岸高广，街衢清洁，设小车以便来往，募壮丁以资巡缉，置机器船以浚泥淤，种树木以咨荫息，安电灯以照行旅，开华商美利之源，壮海表蕃昌之象，其为利，尤不可殚述。^③

可见，张之洞视开发堤岸为对抗沙面外国人的重要经济和政治手段。这是"师夷长技以制夷"在经济领域的延伸，与郑观应的"商战"思想也有联系，即引进外国的城市规划方法、建筑技术、交通工具来发展商业，进而达到争回利权、摆脱外国人之目的。沙面严谨的网格规划，有序的主次道路系统，使毗连的广州街道相形见绌，"街市逼窄，屋宇参差，瓦砾杂投，芜秽堆积"。道路不整不仅有碍观瞻，更会损害商业发展。而规划堤岸的街道、房屋、码头，寄托着发展经济的宏愿，"商务自必日见兴起"。张之洞提出的"七利"，实际是参照沙面所做的整体改革规划。即建堤立界，不得侵占；堤上修马路，行小车，设巡缉，种路树，安电

---

① 何佩然：《地换山移：香港海港及土地发展一百六十年》，商务印书馆，2004，第 50 页。
② 邓开颂、余思余、陆晓敏：《澳门沧桑》，珠海出版社，1999，第 193~194 页。
③ 张之洞：《札东善后局筹议省河堤岸》，苑书义、孙华峰、李秉新主编《张之洞全集》第 4 册，第 2565 页。

灯，建栈房；堤外建码头湾泊各类船只。这些改革涉及土地和码头管理、交通方式、警察巡察、道路管理、建筑商铺等各方面，正是日后新兴的市政管理部门为之奋斗的目标。在一定程度上，可以说，近代的市政观念已然潜滋暗长。

为减少侵占河坦者不愿筑堤的阻力，张之洞提出承认侵占者的地权及沿岸码头、商铺的产权，以获取沿河居民的支持。在地权上，"一、凡侵占填筑之户，但须清丈明白，呈验契据，均宽其私占、私填之罪，不再追缴旧租。一、造有房屋者，非实有大碍，不令拆毁。?［倘］必须撤去，乃照修理原价给银"。在产权上，"一、马［码］头挑抬之利，仍归原主。一、沿岸原系何铺户生理，修筑宽平之后，仍行租给原铺，断不令他人占夺。若原铺不愿租地开设，方许别人承领"。① 这意味着官府承认私人侵占河坦土地是合法的。该原则公布后立刻引起更多的侵占行为，"乃查知两岸市民，自前年闻有筑堤之议，辄敢纷纷私行填占，非止一区"。② 1889 年 6 月，张之洞札示广东巡粮道督、南番两知县及监修堤岸的各员，亲往省珠江两岸沿河一带，逐段彻底勘察，以杜绝侵占。"如有数年之内，填筑官河者，无论何等绅民，一律勒令停止。所填之地，觉［倘］于水道尚无大碍，竖立界碑，全行充公，作为官地，不准填筑之人，建立管业。如于水道实有窒碍者，即行督令挖拆，不容稍有含混。"③

按照张之洞的规划，堤岸由"南关自天字码头起，东至东关东涌尾止，西至沙面止，又越沙面之西旧名西炮台，西至横沙止"。堤岸东西全长一千八百多丈，一律筑成石堤，堤高一丈，堤上共宽五丈二尺，石坎厚三尺，堤帮一丈三尺。堤岸修成后在堤上筑三丈宽马路，马路内筑六尺铺廊，铺廊内修行栈，以便商民交易。④

堤岸的建造可能学习了香港填海所用的部分技术。堤岸首段工程自

① 张之洞：《札东善后局筹议省河堤岸》，苑书义、孙华峰、李秉新主编《张之洞全集》第 4 册，第 2566 页。
② 张之洞：《札粮道查禁填占官河》，苑书义、孙华峰、李秉新主编《张之洞全集》第 4 册，第 2587 页。
③ 张之洞：《札粮道查禁填占官河》，苑书义、孙华峰、李秉新主编《张之洞全集》第 4 册，第 2587 页。
④ 张之洞：《修筑珠江堤岸折》，苑书义、孙华峰、李秉新主编《张之洞全集》第 1 册，第 672～673 页。

1889 年 3 月兴工，从南关天字码头筑起，东西共长一百二十丈（约 400 米）。建造方法为"（堤内）层列木桩，入土丈余。堤外砌长方石块，纵横十层，高以一丈为率。石底铺以红毛泥，石缝攃以铁锭石礅之，内以土和灰沙舂筑坚实，务令巩固平整"。① 其法与香港填筑海堤的"堆石法"（pierre perdue）的部分技术极为相似。何佩然指出，港英政府自 1850 年开始利用欧洲兴建海堤的堆石法来平整海岸线。堆石法的建筑特色是海堤靠海一面的倾斜度为 2∶1，而靠陆地一面则为 1∶1，堤基用每块不少于八立方尺约 0.23m³ 的大石建成，石与石之间的空隙填以碎石。堤基以上的堤壁用方石建造，为使海堤更坚固，全部工程用三合土及黏土黏合剂代替石灰，海堤与沿岸之间的海床填满沙石，可辟作海旁的道路。这种筑堤方法可提高海堤防御台风的能力，是日后香港填海的楷模。② 除去海堤靠海一面的建造方法外，珠江堤岸的建造与之极相似。省港间商人、工匠的密切往来有助于建筑技术的流传。

通过修筑堤岸，官府成功地掌控新填地和码头的产权。1889 年 10 月，新堤岸修筑完竣，堤上马路宽平，排立行栈，街衢清洁，气象恢宏，吸引大批商人领地建铺，甚至使得西关房地租一再减价与之抗衡。③ 堤岸前新建官轮大码头，"以大木桩列下水中，上铺坚厚木板作丁字式，长十一丈（约 36.7 米），前宽三十丈（约 100 米），后宽六丈（约 20 米），前泊兵轮，后为小艇湾入避风之所"。④ 新筑堤岸如张之洞所愿，带来了良好的经济效益，使官府"租丰税旺"。官府每年在堤岸收到的地租和码头租数额可观。堤岸上马路宽平，沿路植树，风景优美，"沿堤种树装点，海波映带岸上"。⑤ 倪俊明誉之为"广州城市建设史上第一条由中国人修建的近代化马路"。⑥ 1891 年 3 月，商人在堤上开设同乐戏园，"每

---

①　张之洞：《修筑珠江堤岸折》，苑书义、孙华峰、李秉新主编《张之洞全集》第 1 册，第 673 页。

②　何佩然：《地换山移：香港海港及土地发展一百六十年》，第 57 页。

③　张之洞：《珠江堤岸接续兴修片》，苑书义、孙华峰、李秉新主编《张之洞全集》第 1 册，第 749 页。

④　张之洞：《珠江堤岸接续兴修片》，苑书义、孙华峰、李秉新主编《张之洞全集》第 1 册，第 749 页。

⑤　《长堤禁赌》，香港《华字日报》1895 年 2 月 9 日。

⑥　倪俊明：《广州城市道路近代化的起步》，《广东史志》2002 年第 1 期。

尝散场游人极形拥挤",两旁的果摊、粥肆生意兴旺,场面极为热闹。①

首段堤岸带来的经济效益,使官商更加意识到开发堤岸的商机。一方面,张之洞强调堤岸必须由官府来办理,不愿让利于商人。他在《珠江堤岸接续兴修片》中说,堤岸关系重大,必须由官府出面来规划建设,"查泰西各国富强之术,工为其基,商为其用,官任其事,商营其利。所有开设埠头、经营贸易,皆系官为规画主持"。在他看来,商人办理堤岸可能产生工程草率、争夺兴讼、引起垄断等诸多问题,"一则必致工程草率,体式参差,桥涌减少,铺面猥杂,搅碍全局;二则徒见小利,必致与沿河铺民水滨渔艇苛求争竞,构讼生端;三则租赁居奇,以全省商民之开源,据为数家垄断之利薮。种种流弊,万不可行"。张之洞并未明说的一个重要原因,是新增土地的产权问题。只要堤岸工程由官府投资兴建,官府就有权出售新填地。故而,他提出必须将堤岸工程明白立案,全部归官办,"不容商棍干预搅扰"。② 另一方面,越来越多的商人欲争夺承办筑堤工程。李瀚章继任两广总督后,筹集资本禀请续筑堤岸的商人"殊有此争彼夺之势"。③ 然而,负责此项工程的善后局秉承张之洞的观点,坚持官办主张,"仍由官筹款兴办,免使利益为商人所侵"。④ 该局却一直未能筹足资金,堤岸工程遂被搁置,直至新政时期才被重新提起。

大体上看,天字码头段堤岸的修建是新政时期大规模兴筑长堤的开端。张之洞将开发城市土地与发展民族经济相联系的观念,及对长堤的整体规划、对产权问题的处理方式等在日后得到官方的继承。修筑堤岸的成功使得原本疍民聚集的篷寮之地具备了更高的商业价值。填坦造地在珠江河畔屡禁不止。例如,1891 年番禺县县令颁布禁止在花地河面私筑房舍、填阻花地河道的示谕,并将此谕刻碑立于花地河口。⑤ 至新政时期,广东当局的城市建设即是围绕着堤岸的兴建逐渐铺开。

---

① 《岭南寒景》、《穗垣杂事》,《申报》1891 年 1 月 14 日,第 2 版;1891 年 3 月 4 日,第 2 版。《长堤禁赌》,香港《华字日报》1895 年 2 月 9 日。

② 张之洞:《珠江堤岸接续兴修片》,苑书义、孙华峰、李秉新主编《张之洞全集》第 1 册,第 749～750 页。

③ 《穗石谈资》,《申报》1891 年 4 月 6 日,第 2 版。

④ 《穗垣杂事》,《申报》1891 年 3 月 4 日,第 2 版。

⑤ 《严禁私筑房舍填阻花地河道示谕碑》,冼剑民、陈鸿钧编《广州碑刻集》,广东高等教育出版社,2006,第 1208～1209 页。

小　结

综上所述，晚清省城的城厢格局悄然发生着改变。老城的将军署和巡抚署的部分土地被侵占，建起英法领事府；旗界中旗人、汉民日益杂居；合族祠担当着各乡村宗族在省城投资置产的角色。新城历经多次商业结构变化，从繁华的番商贸易中心，到连接广州与国内市场的纽带，再到手工艺商品中心。上西关是纺织工厂所在，连接珠江三角洲的蚕桑产地；下西关承继十三行的外面贸易，联系着全球商贸的流转。繁盛的工商业，吸引富商巨贾兴建高级宅邸，促进娱乐业从西关之北向南迁徙。随着浮沙渐增，南关成为海鲜与蔬果类商品的集市。东关与北关的山丘有坟场、义冢分布，居住着贫民小户。河南近河一带因盐仓与伍、潘两家的落户而发展，其便利的水运日益吸引着多元化的外贸工商业。

城墙内已不能满足官府创设新的军事、经济、教育等部门之需求，这些新建设移向了近郊。张之洞推动广东当局学习新技术，利用外国先进机器、建筑形式、生产和管理方式，尝试在经济和政治上抵抗外国的入侵。他赞同商人的提议，模仿沙面规划、筹资和修建珠江堤岸，促使官商接受新式的土地开发方法。将城市土地开发与民族经济相联系，为日后官府大规模开发土地找到合理、合法的依据。在建设中，可以看到不同绅商的身影，如郑观应、与沙面联系紧密的沙基商人、海外归侨、赌商等。他们或为新建设出谋划策，或提供建设资金，均对新建设有所助益。这些革新促进了民众对新事物的接受，将使广州的物质面貌与社会生活发生转变。借用粤海关税务司雷乐石（Ls. Rocher）的话来说，"根据西方人的理解，所有这些，无疑是在前进的道路上迈出的步伐"。[1]

---

① *China Imperial Maritime Customs*：*Decennial Reports*，*1882 - 1891*，p. 546.

第二章

新政时期广州城市的开发（1901～1911）

　　自 1901 年起，清政府在政治、经济、军事、文教四个方面推行"新政"，各大城市引进西方城市管理和建设制度，出现了"近代城市革命"。周锡瑞指出中国城市在交通运输、商业、建筑风格、公共空间、媒体、政治管理和控制结构、公共关系，甚至社会关系和文化习俗领域，都发生了基本模式相似的变化。因为它们源于同样的外国模式。① 仿照租界工部局成立专门的城市建设部门或制订城市规划，对城市开发影响深远。例如，上海在 1895 年已出现南市马路工程局，后又设立督办吴淞开埠工程总局等负责局部城市建设的机构。至 1905 年底，成立上海城厢内外总工程局，负责办理所有马路、电灯及警察事宜。② 北京于 1903 年由路工局开始修建马路、沟渠。③ 同年，天津由袁世凯批准开发河北新市场，规划兴建马路、铁桥及新街市等。④ 济南在 1904 年由袁世凯和周馥奏准开商埠，设工程局专司筑路、建厂及一切修造之事。⑤

　　广州经历同样的城市开发过程，在号召"振兴商务"的大背景下，兴筑

<hr />

①　Joseph Esherick eds. , *Remaking the Chinese City*: *Modernity and National Identity*, *1900 – 1950*, pp. 1 – 7.

②　张仲礼主编《近代上海城市研究》，上海人民出版社，1990，第 628～635 页。

③　《示修马路》、《京师琐谈》、《修建马路移辟市场》，《申报》1903 年 8 月 21 日，第 2 版；1903 年 9 月 7 日，第 3 版；1906 年 3 月 22 日，第 3 版。

④　李森：《近代天津城市规划布局的演变》，天津社会科学院历史研究所、天津市城市科学研究会合编《城市史研究　第 11～12 辑》，天津古籍出版社，1996，第 63～64 页。

⑤　《外务部议复直隶袁宫保等奏开济南商埠折》、《山东巡抚奏济南城外自开商埠先拟办章程折》，《申报》1904 年 5 月 30 日，第 2 版；1905 年 5 月 7 日，第 10 版。

铁路和马路、改良街道和建筑、开设街市、开辟商场等被视为发展民族经济的途径。1901年起广三铁路、粤汉铁路、广九铁路陆续兴工。在官商提倡下，1903年广东当局设堤工局负责建设长堤，张之洞的珠江堤岸计划得以实现。广州经历第一次大规模城市形态的变化——在珠江沿岸筑起长堤。运用西式技术修筑的马路和堤岸，沿岸湾泊各类船艇，马路上整齐的路树，高架的电线和路灯，奔跑着的人力车，高楼崇阁的西式建筑，使得长堤形成别具一格的新空间，充满当时外国的物质文化。长堤西接粤汉铁路，将省城与辽阔的内陆市场相连；东连广九铁路，联系着省城与香港。优越的地理位置，使之在筑成后成为广州的新交通和商业中心。一个如此庞大的工程，在清末官府资金不甚充裕，统治力量亦不甚强大的情况下，如何得以实现？本章试图探讨影响长堤兴建的各种背后势力，及其相互关系。长堤的兴建使"改良城市"的呼声日益高涨，促使官府试图以同样模式开发东郊外的川龙口和大沙头，结果却不了了之。本章亦试图通过对两地开发过程的论述，探讨阻碍城市扩展的因素。

第一节　兴建长堤之争端

长堤是指东起川龙口（该地名今不存，大致位于今白云路与东川路之间），西至黄沙沿珠江河岸线修筑的堤岸。（见图2-1）其始建于1900年，竣工于1914年，是清末广州城市空间扩展的主要公共工程。主体工程在筑成后分别称为"东堤"、南关堤岸及"西堤"。[①] 20世纪20年代，长堤是广州的交通中枢和商业中心。长堤将铁路、马路、水路三大运输系统相连，沟通了广州的东西两端。东接广九铁路，连接东山、沙河；西至沙基、沙面，直通至黄沙粤汉铁路车站；沿线又有各类码头供船舶"群相寄碇"。便捷的交通有利于商业发展，东堤聚集酒楼、妓院等声色娱乐场所，南堤遍及鱼栏、蟹栏、生果栏、咸鱼栏等大宗批发贸易，西堤是各类公司、百货、酒店的所在地，更是"红男绿女"喜好的休闲娱乐场所。[②]

---

① 在习惯上，东堤和西堤之间的堤岸也统称为"长堤"。见吴兴慈航氏编《广州指南》卷1《总纲》，第3页。

② 刘再苏编《居游必携广州快揽》，世界书局，1926，第5~6页。

图 2 - 1　20 世纪 20 ~ 30 年代广州长堤

资料来源：麦胜文先生收藏。此图由麦胜文先生惠赠，特此致谢。

兴筑长堤延续的是张之洞整体开发土地的理念。新政时期，长堤分三步建设，首先兴筑的是黄沙段，1900 年由商人发起，后归并粤汉铁路公司办理；其次兴筑的是南关堤岸，1903 年由广东当局成立堤工局负责；最后建设的是沙基段，1910 年由堤工局邀请一家英国工程师组成的商行建造。杨颖宇在《近代广州长堤的兴筑与广州城市发展的关系》一文中梳理了兴筑长堤的起源、过程及其对广州城市的影响，勾勒出近代长堤的梗概。[①] 然而，在官府财政紧张、行政管理权限不清的情况下，由谁来开发及怎样建设长堤是颇具争议的，其中牵涉官府、商人、乡绅、居民及外国人的利益，情况相当复杂。只有探讨各段堤岸背后的形成因素，才能更好地理解长堤何以形成这般样貌。

一　"见利思争"：黄沙堤岸的兴筑

黄沙堤岸的兴筑与粤汉铁路的倡建密切相关。工程初由宏兴公司承筑，

---

① 杨颖宇：《近代广州长堤的兴筑与广州城市发展的关系》，《广东史志》2002 年第 4 期。

但其利之所在立刻引来粤汉铁路公司的争夺和黄沙乡绅的阻挠，加之黄沙鱼栏反对搬迁，堤岸最终划归铁路公司办理。

　　黄沙坦地在粤汉铁路确定兴工后开始倍受关注。黄沙位于沙面之西，濒临珠江，与西关仅隔柳波涌。该处隶属南海县安利司管辖，是疍民、船户搭棚建寮之地。19 世纪 90 年代，阛阓渐盛，"铺户人家墙楼栉比"。① 当地居民有开修船铺和鱼栏的疍户、有戏班和龟鸨的眷属、有开杉店的铺户，时人称之"良莠杂处"。② 河岸散布着仓库、鱼栏，岸前水面密集长筏、舢板和疍艇。光绪二十四年（1898）和光绪二十六年（1900），盛宣怀和伍廷芳先后分别代表清政府先后与合兴公司签署合同，粤汉铁路兴工在即。③ 消息传出，铁路所经的黄沙、芳村附近一带吸引大批商人投资置地，且有"多多益善之势"。④ 如能在黄沙建堤，沿堤泊船起货，能极大缓解珠江河岸的拥挤，"于商情大为方便"。⑤ 投资商敏锐地觉察到黄沙堤岸潜在的巨大商机，"将来开街建铺，另设码头，为湾泊外洋轮船，俾以收回权利"。地方政府支持商人的投资，认为"有益地方，大兴商务，而增国帑"。⑥ 1900 年 3 月，一群商人以"卢少屏"的名义组设宏兴公司集资 30 万元，请筑黄沙堤岸，获得两广总督李鸿章批准。工程东至米埠，西至大坦尾止，共长五百余丈，南北长数十丈不等。筑成后每年缴纳官租 5000 两。⑦

　　但堤岸工程受到多方的阻力，首先，铁路公司以堤岸为铁路"必经之地"为由，欲将堤岸改由该公司办理。1901 年 5 月 2 日，铁路大臣盛宣怀发咨文给两广总督陶模。其内容有三：第一，除卢少屏承筑的黄沙水坦五

① 见《吴吉临控刘学询豪恶六款据实条陈清折续》、《蛇噬童手》、《雨中火警》，香港《华字日报》1895 年 6 月 22 日、7 月 3 日、7 月 6 日；《南海新秋》，《申报》1896 年 9 月 9 日，第 2 版。

② 《抢匪即擒》，香港《华字日报》1895 年 10 月 11 日。

③ 宓汝成编《近代中国铁路史资料》中册，沈云龙主编《近代中国史料丛刊续编　第 40 辑》，台北，文海出版社，1989，第 501～503、511～515 页。

④ 《先求旺地》、《河南树界》，香港《华字日报》1901 年 6 月 28 日、1902 年 1 月 7 日。

⑤ 《光绪二十七年广州口华洋贸易情形论略》，《近代广州口岸经济社会概况——粤海关报告汇集》，第 401 页。

⑥ 《商利大兴》，香港《华字日报》1901 年 3 月 27 日。

⑦ 见《粤海春涛》，《申报》1900 年 3 月 25 日；《商利大兴》，香港《华字日报》1901 年 3 月 27 日。

百丈外，长堤其余一千二百余丈，"应归铁路公司承筑，勿令他商承办，以免将来建路时于大局有所窒碍"；第二，如果卢商办理黄沙不善，"应请仍归铁路承办，勿被他商挽承，免误要工"；第三，如果铁路公司需用黄沙坦地，每年只分缴官租，"该商不得因公司需地过多，致生事执，亦不得高抬地价，欲收回填筑成本"。① 可见，盛氏对堤岸"势在必得"，试图控制整个长堤工程。他以一种"施恩"的态度，准许卢商办理黄沙堤岸。条件极为苛刻：不补回工本，只分缴官租，不得高抬地价，稍有不善即收归。他令粤汉铁路总董张振勋与广东当局交涉。张氏遂活跃在省城，与各方协商铁路事宜。至 1902 年初，卢商被不断禀控，筑堤工程受阻，陶模命广东善后局、南海知县会同张振勋商酌如何统筹兼顾。② 同时，宏兴公司分裂为两派，相互控诉。3 月，士绅余棠熙出面，秉着"两商工本固不可亏，铁路工程又不可碍"的原则调处各方。③ 经过协商，铁路公司做出让步，补回宏兴公司筑堤成本。8 月，盛宣怀特派陈希贤、何其坦来粤，会同洋工程师李治等到黄沙勘验，并由粤汉铁路总公司发还卢商 8 万元。④

其次，黄沙地方乡绅"恐堤成将有水患"，阻止堤岸建设。1900 年堤岸兴工之际，黄沙上游九十六乡士绅黄嘉礼等以"阻塞海道"为由反对兴工。黄嘉礼是南海县人，登光绪甲午（1894）科进士，官授知县。⑤ 他一直活跃

---

① 《宪札照录》，香港《华字日报》1901 年 5 月 23 日。
② 《事待和衷》，香港《华字日报》1902 年 1 月 13 日。张振勋（1840~1916），号弼士，广东大埔人。青少年时赴南洋谋生。从 19 世纪 60 年代起，张氏经营垦殖、橡胶、锡矿和航运业，30 多年间，成为南洋华侨首富。他先后在南洋各埠独资或合资创办裕和公司、亚齐公司、裕兴公司、笠旺公司、日里银行、万裕兴轮船公司、东兴公司等。1892 年，张氏被清廷委派为槟榔屿首任领事，1894 年升任新加坡总领事。同年，张氏在烟台投资 300 万元创办张裕酿酒公司。1898 年，张氏获李鸿章委为粤汉铁路帮办，次年升总董；1899 年又被委为广东佛山铁路总办。1903~1904 年，清廷赏张氏以一品顶戴，补授太仆寺正卿，任命他为商部考察外埠商务大臣，兼办闽广农工路矿事宜。1907 年，张氏被任命为督办铁路大臣，管理粤汉铁路事宜。他先后在广东开办了佛山裕益机器制砖公司、广州亚通机织厂、开建金矿公司、惠州福兴玻璃厂、雷州机械火犁垦牧公司等。见《张振勋和他的事业》，汪敬虞编《中国近代工业史资料 第 2 辑（下）》，科学出版社，1957，第 993~1003 页。
③ 《调处筑坦》，香港《华字日报》1902 年 3 月 13 日。
④ 《给价承坦》，香港《华字日报》1902 年 8 月 8 日。
⑤ 宣统《南海县志》卷 10《选举表》，《广东历代方志集成 广州府部（14）》，岭南美术出版社，2000 年影印本，第 236 页下栏。

在省城，在反对黄沙筑堤事件上充当主要角色。① 支持堤岸建设的两广总督李鸿章又调任，工程遂中止。1901 年 4 月，两广总督陶模以筑堤"有益地方"，准予继续办理。② 随着堤岸动工，乡绅的反对愈演愈烈。黄嘉礼以堤成"田禾必至被浸"等语，唆使附近乡民。他雇请雅瑶、大沥等处乡民数百名，各执灯笼大书"南番清花四邑乡民"字样，拥至黄沙海旁抛掷砖石不准各船艇盘运泥沙登岸，并致伤一人。南海知县大为恼火，派出差役抓捕了九名乡民。③ 攻击随即转向宏兴公司本身。有人质疑承商卢少屏的身份不实。公司的股东出现分裂，相互控诉。该公司最初由东莞举人卢邬岐发起，以其弟卢少屏的名义向官府备案。公司列名的股东包括卢邬岐、卢少屏、叶德谦、叶翰谱、蒋焕章、黄瑞云、易兰池、郭冰壶、陈殿波、钟瑞符、吕瑞廷等人。不久郭冰壶引新会人卢炳南入股，顶冒卢少屏的名字，引起卢邬岐的不满。公司事务又多为叶德谦等人处理。卢邬岐愤而向南海县控诉卢炳南冒名、叶德谦把持公司事务，并控蒋焕章、黄瑞云未交股本。④ 公司的"内忧"鼓舞乡绅加大攻击力度。南海县属浔峰河荣局绅举人招嘉哲等控卢少屏填河舞弊，请派员踏勘，以免水患。⑤ 番禺慕德里局绅举人黄廷章等也以其"有碍水利"禀藩辕，请令停筑。⑥ 至 1902 年 1 月底，筑堤工程已有停止之势，而控告者仍"纷纷未已"。

---

① 由于资料欠缺，笔者尚未查清黄沙上游九十六乡的范围。但出面参与反对的县包括番禺、南海、三水、花县和清远。见《秉公勘坦》，香港《华字日报》1902 年 1 月 18 日。堤岸拨归粤汉铁路后，"而各乡舆论，仍以水患为忧，日筹抵制之策"。黄嘉礼可能仍起主要作用，这引起官府的不满。岑春煊任内借大沙头掳妓案以"庇盗"罪名革去黄氏的功名，并发南海县永远监禁。直至 1908 年黄氏才获释。见《堤局预防水患》，《广东日报》1904 年 5 月 31 日，第 2 页；《有请开复黄嘉礼功名者》，香港《华字日报》1909 年 8 月 4 日。

② 《商利大兴》，香港《华字日报》1901 年 3 月 27 日。

③ 《黄沙筑坦汇闻》，香港《华字日报》1901 年 10 月 23 日。

④ 《筑坦意见》，《安雅书局世说编》1901 年 9 月 24 日，第 38 页；《父为子辩》，《安雅书局世说编》1901 年 12 月 4 日，第 77 页；《冒名事败》，《申报》1901 年 10 月 26 日。卢邬岐，东莞人，名铭勋，号邬岐。光绪戊子（1888）科顺天中式，内阁中书，考取总理衙门章京，改选道用。见民国《东莞县志》卷 47《选举表》，《中国地方志集成　广东府县志辑第 19 册》，上海书店出版社，2003 年影印本，第 453 页下栏。叶德谦后积极投资建设堤岸，在泮塘、筑横沙一带均有其投资身影。见《请将官坦修筑街道》，香港《华字日报》1913 年 2 月 26 日；《查勘河道》，《广州民国日报》1923 年 12 月 19 日，第 7 版。

⑤ 《又控筑坦》，香港《华字日报》1902 年 1 月 10 日。

⑥ 《纷纷阻筑》，香港《华字日报》1902 年 1 月 16 日。

但官府却不认同"水患"之说。李鸿章批黄嘉礼等人是"见利思争"。① 陶模也认为，"如果实于水道有碍，该举人等何以早不具禀？直至卢少屏等同伙涉讼之后，始据各该绅士陆续禀攻。其为各有偏袒，互相争利，可以想见"。② 在官府看来，"水患"之说只是试图阻挠商务的幌子，乡绅禀请多被批斥驳回。

再次，黄沙鱼栏反对搬迁。黄沙河坦随珠江河沙沉积形成，界限和地权模糊，岸边的鱼栏、商铺向不赞同筑堤，"舆情未协"。陶模在准办堤岸时，曾令"将该处河旁沿途铺户将契呈验，如需要填筑之地，若非官荒，则酌量补回地价"。③ 可见，契据是补价的唯一标准，无契的河坦将被视为"官荒"。于是土地纠纷就在所难免。筑堤伊始，八和会馆司事古大福控告筑堤侵占了会馆步头。④ 此后，番禺慕德里局绅举人黄廷章等又控告宏兴公司多占土地，与原案不符。⑤ 而该公司试图搬迁鱼栏，更激起民众反抗。清末鱼栏悉聚黄沙，粤海关的报告载："该市场是一大批竹木小屋，建在打入水中的木桩上面。"⑥ 据 20 世纪 20 年代的统计，该处鱼栏共 13 家，占水埠九十余丈（约 300 米）。⑦ 宏兴公司起初"搭丁字浮桥数十丈，以便往来，复许鱼栏搭篷暂作买卖"，后决定令其搬迁，待堤岸工竣，再择地租与鱼栏营业。1901 年 11 月 16 日，杨崇勖、陈勉畬等鱼栏业主率怡怡、利贞、合和、安满记等店发动罢市。⑧ 南海知县裴景福软硬兼施，要鱼栏开市。他在示文中说：

　　　　黄沙鱼栏数家上下码头本是官地，当堤岸兴筑之时，理应迁让……倘一味恃强，以为罢市可以挟制官长，本县亦有两层办法：一

① 《又阻筑堤》，《安雅书局世说编》1902 年 1 月 3 日，第 78 页。
② 《筑坦近闻》，香港《华字日报》1902 年 1 月 29 日。
③ 《商利大兴》，香港《华字日报》1901 年 3 月 27 日。
④ 《批示筑坦》，香港《华字日报》1901 年 10 月 8 日。
⑤ 《原案不符》，香港《华字日报》1902 年 3 月 5 日。
⑥ 《粤海关十年报告五（1922~1931）》，《近代广州口岸经济社会概况——粤海关报告汇集》，第 1098 页。
⑦ 《呈为泮塘未照原案筑好万难迁往饬粤路查照原案办理暂缓催迁事》（1926 年 11 月 8 日），广州市档案馆藏，档案号：4-01/11/329-6-170。
⑧ 《南海县正堂示》，《安雅书局世说编》1901 年 10 月 23 日，第 38 页。

准如渔船自行上街出卖，并由差勇随时保护，如有人阻挠索诈，即行拿究；二准无论军民人等，有愿开设鱼栏者，本县即发给示谕，并派勇弹压，或在黄沙或在近城江岸，准其即日择地开设，以期便民。现在屡奉朝旨力行新政，不啻三令五申，建筑码头振兴商务，亦新政之大端。况黄沙系奉督抚宪饬办之案，无论如何阻挠均势在必行。而该鱼栏竟顽因至此，其中必有主谋为首之人，俟本县访查得实，当惩办一二，以儆效尤。[①]

在裴氏看来，鱼栏所在为官地，让建堤岸是"理所当然"。他用准渔船上街及换商开鱼栏来威吓罢市民众。鱼栏遂在 3 天后复业，但坚持不搬迁。直至堤岸归并铁路公司，鱼栏仍在营业。铁路公司与粤海关理船厅多次想令鱼栏搬迁而不得。[②]

可见，宏兴公司面对众多"见利思争"的对手，惨遭失利。有雄厚资金和政治背景的铁路公司独占鳌头。该公司获得黄沙坦地开发权后，以"按契偿价"收购附近"阻碍轨道"的民房，进行扩建。[③] 这样，黄沙堤岸比原拟建筑面积增大了好几倍。1905 年前后，堤岸从粤汉火车站头沿路修筑，直达畔塘海口。堤上筑花岗石路面，华洋商人竞相买地建洋房、货仓，"地价陡涨"。[④] 有趣的是，直至 20 世纪 20 年代，市政厅填筑黄沙如意坊一

---

① 《示平挟制》，《申报》1901 年 11 月 1 日，第 9 版。
② 黄沙鱼栏的搬迁颇费周折。据《民生日报》，1913 年 5 月，粤汉铁路公司备价购买鱼栏所在河坦，粤海关理船厅也称渔船屯泊导致米埠前及沙面西边河道淤塞，故请广东当局迁徙鱼栏。当局试图将鱼栏搬迁至泮塘，制定《泮塘新街市规则》。但搬迁计划未能实现。据李颖明研究，1921 年 5 月，广东全省公路处称黄沙鱼栏为官产，需缴价承领，粤路公司出中争承，在双方为业权争执不下之际，理船厅再次"献议"孙科将鱼栏搬迁至泮塘。1923 年 9 月，市政厅制定《广州市迁拆黄沙鱼栏办法》，但搬迁仍延而未办。1924 年 12 月 1 日，黄沙鱼栏一带发生大火，粤路公司乘机收回该地。但此次搬迁又遭遇粤路公司逼迁、粤路与市厅争执筑路、泮塘坦地业权纠纷、鱼栏业主不愿搬迁等问题。至 1927 年 3 月黄沙鱼栏始迁往泮塘营业。《拟饬鱼栏迁地》、《泮塘新街市规则》，《民生日报》1913 年 5 月 10 日，第 7 页；1913 年 5 月 20 日，第 3 页。李颖明：《黄沙鱼栏搬迁与 1920 年代广州的官商关系》，硕士学位论文，中山大学历史学系，2009，第 11~45 页。
③ 《按契偿价》，香港《华字日报》1902 年 9 月 8 日。
④ 《新堤兴盛情景》，香港《华字日报》1905 年 9 月 16 日。《粤海关十年报告三（1902~1911）》，《近代广州口岸经济社会概况——粤海关报告汇集》，第 966 页。

带堤岸时，遭遇的阻力竟如出一辙：附近乡村仍以"水患"为词反对筑堤；铁路公司争夺河滩的业权、干预堤岸内建筑；鱼栏一再反对搬迁。[①]

二　堤岸与航道：南关堤岸的兴建

鉴于黄沙堤岸的各种争端及新填地权的考虑，广东善后局自行筹款，成立堤工局办理南关堤岸。其范围从西关德兴街起，至鸡翼城外川龙口一带。粤海关以"未免阻碍航道"为由介入堤岸线的设计，故南关堤岸是华人工匠按照西方人的规划所建。而官办堤岸的种种弊端令工程延续七年之久。

堤工局成立后，招商承筑、划定界线、饬水陆沿线民居和船户迁避等事宜陆续展开。1903年正月，广东当局设堤工局于南关大巷口，专司长堤之事。总办委员是候补知县杨荫廷，其他委员包括蔡康为、沈牧麟、钱局洋监工怀恩等。[②] 1903年2月初，杨荫廷与陈联泰、冯润记订立承筑合同。[③] 陈联泰是清末广州著名的机器厂。19世纪30年代，南海西樵人陈淡浦创建陈联泰号于广州十三行新豆栏街，经营制衣针和修理机器。19世纪70年代，陈联泰开始经营缫丝机器业务。1876年，陈淡浦子瀍川将店铺搬至十八甫，改称"陈联泰机器厂"，其规模不断扩大。1900年前后，该厂拥有天字码头联泰东栈、河南联泰南栈、惠安煤栈等物业，工人近200人，自制江永、江汉、江电、江明、江利、江元、江飞等小火轮船八艘，经营多种机器制造业

---

①　见《商量筑堤》，《广州民国日报》1924年1月26日，第7版；《总商会为鱼栏请令》，香港《华字日报》1921年5月26日，第2张3页。《函粤路公司请饬粤路工程处及路警对于工务局办理黄沙海坦有人擅自建铺十间一案得干涉由》，《广州市市政公报》第216号，1926年3月10日，第14~16页；《鱼栏大火后之建筑问题》，《广州民国日报》1925年9月16日，第10版；《呈为泮塘未照原案筑好万难迁往饬粤路查照原案办理暂缓催迁事》（1926年11月8日），广州市档案馆藏，档案号：4-01/11/329-6-170。

②　《堤岸请款》，《岭东日报》癸卯年二月初二日；《委兼堤差》，《岭东日报》癸卯年二月二十一日。《岑云帅批查堤岸》，《岭东日报》癸卯年六月初七日。杨荫廷，字左槐，山西人，拔贡，曾于光绪十三年、十六年任番禺县县令，光绪二十年任南海县县令。见宣统《番禺县续志》卷13《官师志》，《中国方志丛书　第49号》，第197页上栏；宣统《南海县志》卷9《职官表》，《广东历代方志集成　广州府部（14）》，第230页上栏。

③　《堤岸请款》，《岭东日报》癸卯年二月初二日。

务。主事人包括陈启猷、陈远猷及其子陈允燎、罗耀庭等。[①] 冯润记位于老城内马鞍街，是清末广州著名的建筑公司，与广东当局关系密切。此后，其陆续参与承建广东士敏土厂、两广总督署的改建等工程。[②] 陈联泰承办堤岸自堤东之川龙口起至堤西源昌街止，共长八百七十余丈，估价 25 万余两。冯润记在米埠承建可泊轮船的堤岸，计长四十余丈，宽十丈，估值 3 万5000 余两。[③] 筑堤工程于 1903 年 3 月 19 日正式兴工，分为 10 段，依据河道的宽度分别填宽十至五十丈（见表 2 - 1）。堤工局颁布《筑堤章程》，凡拆卸房屋均给予一定补偿，疍户用松桩木板搭成的篷寮则补偿搬迁费用。[④]同时，令水练、保正等通知沿河界内停泊船只迁避。[⑤] 西关段、南关段、米埠段先后兴工，1904 年 1 月，德兴街至谷埠首段即将告竣，时人估计长堤"大约春灯时节可告成功"。[⑥]

表 2 - 1　1903 年堤工局所定长堤各段填筑宽度

地段	填筑宽度
川龙口迤西长 78 丈(约 260 米)	15 丈
川龙口迤西长 78 丈再西至观音庙水界止	29 丈
观音庙水界起至东濠口止	45 丈
东濠口起至红庙止，即今八旗水师操场桩界之东和平桥涌口	50 丈
八旗会馆桩界起迤西至官煤局码头止	20 丈
官煤局码头起至水步头旧堤基止	50 丈
旧堤基增沙步头起迤西至靖海门步头止	10 丈
靖海门步头起迤西至源昌街珠江火船码头边止	15 丈
同德大街起至米埠外环绕而至黄沙止	40 丈

资料来源：《堤址情形》，《岭东日报》癸卯年二月十九日。

① 陈滚滚：《陈联泰与均和安机器厂的概况》，《广东文史资料　第20辑》，广东人民出版社，1965，第 146～151 页。
② 见《奏办广东士敏土厂公文始末纪略》，宣统二年（1910）六月本厂刊本；《粤省督抚两署之今昔观》，《申报》1911 年 9 月 13 日，第 11 版。
③ 《堤岸请款》，《岭东日报》癸卯年二月初二日。
④ 《筑堤章程》，《岭东日报》癸卯年二月十六日。
⑤ 《堤工劝谕》，《岭东日报》癸卯年二月二十八日。
⑥ 《堤岸将成》，香港《华字日报》1904 年 1 月 9 日。

很快粤海关以"为防有碍航道"为由，介入堤岸线的规划。海关管理港口的权限始于船钞部（Marine Department）的设立。1868 年，海关总税务司赫德创设船钞部，由海事税务司管辖。该部的工作包括：设置灯塔、浮标和标桩，配置引水人，及设置理船厅（Harbour Master）管理船舶停泊秩序等。赫德将中国沿海划分为北、中、南三地段，各指派一巡查司（Divisional Inspector）专司船钞部的工作。南段巡查司驻福州，监督厦门、淡水、台南、潮州、广州等港口的理船厅。广州设二级理船厅一员，负责监督港口引水、持照引水、灯塔看守、巡港吏等人员的工作。① 1870 年底，理船厅的管理权转到海关税务司手中。1881 年，海事税务司改为巡工司（Coast Inspector），行政和管理事务权限大为削减，成为技术负责人，是理船厅的技术顾问和最终技术权威。第一任巡工司是原南段巡查司美国人毕士璧（Bisbee）。② 1901 年，英国人戴乐尔（William Ferdinand Tyler，1865～1928）接任巡工司，加大疏浚和管理河道力度，将建设和革新助航设备推入鼎盛时期。③

在此背景之下，粤海关也加强了对珠江河道的管理。1901 年底，鉴于省城河道"民船蜂囤蚁集，拥挤殊甚"，粤海关应各国领事之请，制订扩拓河道章程。该章程试图规范船只停泊，以期能湾泊更多轮船。例如，规定沙面水道只容泊洋船，原停靠沙面前的香港渡移泊到海珠前。该章程也获得广东当局批准。时任税务司马根称其极有成效，"今各船湾泊已次序秩然，有条不紊，河面上大为改观矣"。④ 1902 年 9 月 5 日，中英签订《中英续议通

---

① 见"Circular No. 10 of 1868, Marine Department"，*Documents illustrative of the Origin, Development and Activities of the Chinese Customs Service*，*Volume I：Inspector General's Circulars, 1861 to 1892*（Shanghai：Statistical Department of the Inspectorate General of Customs, 1937），pp. 86‒95。此资料由李爱丽副教授惠赠，特此致谢。

② 〔英〕魏尔特：《赫德与中国海关》，陈养才、陆琢程、李秀风等译，厦门大学出版社，1993，第 400～407 页。

③ 陈诗启：《中国近代海关海务部门的设立和海务工作的设施》，《近代史研究》1986 年第 6 期。戴乐尔，1865 年出生于英国，青年时作为后备军官随英国"中国舰队"来华，后转入赫德主持下的中国海关，长期在缉私舰船上服役。1894 年受雇进入北洋舰队，亲历了黄海海战、威海保卫战等。北洋舰队覆灭后，他返回海关任职，1901 年接替毕士璧（Bisbee），成为巡工司，长驻上海。此后任职至 1920 年才回国。他记录在华经历的 *Pulling Strings in China* 一书于 1929 年出版。见〔英〕戴乐尔《我在中国海军三十年（1889～1920）——戴乐尔回忆录》，张黎源、吉辰译，文汇出版社，2011。

④ 《光绪二十七年广州口华洋贸易情形论略》，《近代广州口岸经济社会概况——粤海关报告汇集》，第 408 页。

商行船条约》（又称《马凯条约》），其中第五款规定："中国允于两年内除去广东珠江人工所造阻碍行船之件。又允准将广州口岸泊船处整顿，以便船只装载货物。既整顿之后，允为设法随时保持，其工程归海关办理，而经费由华英两国商人照卸装货物抽捐充用。"① 粤海关据此获得更多管理省城河道的权力。一方面，在戴乐尔指导下，粤海关飞虎巡船管驾官夏立师督拆了中法战争时期设置的长洲木栅、沙路铁闸、大石闸等。② 另一方面，时任粤海关税务司梅尔士为免长堤筑成有碍航道，请马根制定了《省河商船泊界新章》（又称《广州口船只停泊起下货物章程》，1904 年 7 月颁布，共 32 条，以下简称"新章"）。③ 新章所定省河泊船之界限为：

南界由绥精［靖］炮台中心对正东起至对正西止，西界由五层楼对南偏西六十六度起横河而过至大坦尾之两边止，东界由天字码头正南对至河南军工厂止，黄埔泊船之界由第三沙滩之峰西北对至六步滘之东小岗为东界或称为下界，又由土瓜之南沙峰对至北边一漏滘，又由新洲头东边直至大沙之北岸为西界或称上界。④

新章极大地扩展了粤海关的管辖范围，成为粤海关管理广州河道的主要依据。新章不仅规定驶入泊界的船只须由"指泊吏"指示停泊，而且规定在泊界建筑须呈报，"凡商人欲于口内停泊趸船，或西关扁，或打桩入水，或搭盖篷厂，或侵占河道，须先绘图贴说，呈报海关，再由该管官员或领事官察核，方准举行"。⑤ 换句话说，在泊界河岸建筑均须呈报粤海关。

这也是粤海关介入珠江堤岸规划的依据，筑堤线不得不改弦更张。1904

---

① 《中英续议通商行船条约》，奉天交涉署编印《约章汇要》，1927，第 119 页。
② 该工程从 1904 年 10 月开始兴工，由粤海关飞虎巡船管驾官夏立师督理，归巡工司节制。工程包括拆卸长洲木栅、沙路铁闸、洪福市桥闸、大石闸、琶洲闸、猎德江闸等，由一家中国公司和一家由英国工程师组成的香港商号承包，至 1905 年 8 月竣工。见《光绪三十年广州口华洋贸易情形论略》、《粤海关十年报告三（1902～1911）》，《近代广州口岸经济社会概况——粤海关报告汇集》，第 432、966～968 页。
③ 马根曾于 1901 年出任粤海关税务司，1904 年已由梅尔士担任粤海关税务司。《省河商船泊界新章》，《岭东日报》光绪三十年六月十五日。
④ 《省河商船泊界新章》，《岭东日报》光绪三十年六月十五日。
⑤ 《省河商船泊界新章再续》，《岭东日报》光绪三十年六月十七日。

年 9 月，戴乐尔认为堤工局所定堤线过宽，须将界线缩小。这令堤工局大感为难。因为一旦堤线改小，则所余地段不敷开设马路之用。而博济医院、五仙门一带沿河的业主又不肯让地辟路。① 故总办杨荫廷大力反驳修改堤线。11 月，岑春煊派洋务处委员温宗尧、堤工委员等，会同关巡工司重勘堤岸界线。新界线实际是由戴乐尔所设计。他在回忆录中写道："一些无计划的工作已经展开了，但我现在将其系统化，并建造了一堵弧形的、长达数英里的江堤。"② 该堤岸线在 1907 年德国营造师舒乐测绘的《广东省城内外全图（河南附）》中可以清晰地看到。（见图 2 - 2）新规划与堤工局原规划不符，"自其昌街至谷埠加宽二丈，谷埠以东渐次缩窄"，导致已填筑砌礴的堤岸段须毁拆返工。③ 德兴街首段须拆八尺，油栏门外谷埠迎珠街一带即将竣工的堤段，须拆埋十丈。承筑商又以此举增加工程量，要求增加工价。④

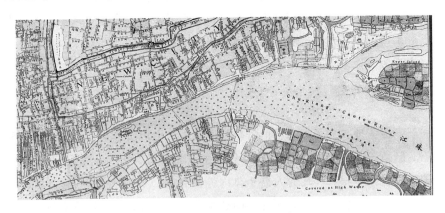

图 2 - 2　长堤主体工程示意

资料来源：《广东省城内外全图（河南附）》局部，广州市规划局等编《图说城市文脉：广州古今地图集》，广东省地图出版社，2010，第 28 页。

财政匮乏和技术上的缺陷，使得长堤拖延至 1910 年夏才得以竣工。财政匮乏始终困扰堤岸兴建。1903 年 7 月，两广总督岑春煊率军征剿广西叛

①　《堤岸让地为难》，香港《华字日报》1904 年 9 月 22 日。
②　〔英〕戴乐尔：《我在中国海军三十年（1889～1920）——戴乐尔回忆录》，第 127 页。
③　《堤岸重勘界线》，《广东日报》1904 年 11 月 3 日，第 2 页；《堤岸界线之更正》，《广东日报》1904 年 11 月 5 日，第 2 页。
④　《又拆已筑堤岸》，《岭东日报》光绪三十年十一月初十日；《堤岸须拆》，香港《华字日报》1904 年 12 月 28 日；《堤岸近事姑纪》，《广东日报》1905 年 1 月 9 日，第 2 页。

乱，提调筑堤经费作为军饷。堤工局只好"随筑随卖"以便周转工费。①
《堤岸价值章程》将堤成后的马路、码头分别划分为三等，按照地段兴旺程
度，定价出售。② 商人领地一度踊跃。但善后局随即提高地价，这极大地打
击了商人领地的热情，"以至领地者观望"。③ 由于技术上的缺陷，1905 ~
1906 年发生多次堤岸坍塌。粤海关税务司梅尔士抱怨，原本为利便交通的
堤岸工程，反为河道带来损害，影响河道的可航性。④。至 1906 年底，仅完
成工程的一半，却已用银 80 余万两，是工程预算费用的两倍多。⑤ 两广总
督周馥将之归咎承商陈联泰舞弊。该厂司事陈远猷、陈允燎、罗耀廷被拘
押，所有店铺、货栈、轮船一律被查封。⑥ 1907 年 10 月，继任总督张人俊
大力整顿堤工局，任道台朱咸翼为会办，另设帮办、提调、副提调兼总监
工、文案、收支、收发等各一员。⑦ 朱氏上任后令工师考察各段堤身、堤
脚，分别坚固浮松、勘丈堤岸、领地及监修工程等陆续展开。⑧ 1908 年 3
月，新商同兴公司将各段同时开筑。⑨ 然而，在没有专业工程师监督的情况
下，工程坍塌仍时有发生。⑩ 堤工局因此饱受舆论诟病，全然是"不裁何
待"、"背章贪利"和"腐败"的负面形象。⑪ 1910 年夏天，南关堤岸告竣。
时人对官筑堤岸失望至极，认为"中国官场只图成功，不图善后。恐他日

---

① 《填筑长堤近闻》，《岭东日报》癸卯年六月初八日。

② 《堤岸价值章程》，1903 年 8 月 24 日。

③ 见《堤岸地段加价》、《承地前后异词》、《商人请办长堤》，香港《华字日报》1904 年 6 月
14 日、8 月 31 日、11 月 12 日。

④ 《光绪三十一年广州口华洋贸易情形论略》，《近代广州口岸经济社会概况——粤海关报告
汇集》，第 442 ~ 443 页。

⑤ 《1906 年广州口岸贸易报告（译文）》，《近代广州口岸经济社会概况——粤海关报告汇
集》，第 455 页。

⑥ 《承办堤岸商店被封》，香港《华字日报》1907 年 1 月 22 日。《堤工之牵涉案》，《中国日
报》1907 年 2 月 20 日，第 2 页。

⑦ 《朱道整顿堤工办法》，香港《华字日报》1907 年 10 月 25 日。《广东财政说明书》，第 749 ~
750 页。

⑧ 《朱道整顿堤工办法》，香港《华字日报》1907 年 10 月 25 日。

⑨ 《批斥阻误堤工商人》，香港《华字日报》1908 年 3 月 23 日；《堤工告竣之希望》，香港
《华字日报》1908 年 4 月 24 日。

⑩ 《新堤坐塌》，香港《华字日报》1908 年 12 月 16 日。

⑪ 《堤工局不裁何待》，香港《华字日报》1911 年 1 月 14 日；《堤岸篷寮被火》，香港《华字
日报》1911 年 8 月 3 日；《堤工局腐败岂止一炉》，香港《华字日报》1911 年 10 月 4 日。

又瓮积崩裂，漫无修理也"。①

　　大体上看，南关堤岸可视为"中外合作"的产物。粤海关为保证航道畅通，将管理航道之权扩大至河岸建筑，进而担任起规划堤岸线的角色。自此，凡关涉河堤建设均需呈报粤海关。原本由堤工局完全掌控的堤岸，转变为按照西方人的规划来建设。而筑堤的种种弊端，令工程长达 7 年之久。官办堤岸之无效率，令商人及沙面的外国人大为失望，进而增加了沙基堤岸兴筑的难度。

三　中外交涉：沙基堤岸的修筑

　　长堤竣工后，另一段沙基堤岸的修筑被提上日程。沙基堤岸指源昌大街轮船码头起西至沙面涌口段，长约一百八十丈，又称"第七段堤岸"。外国人对于广东当局筑堤缺乏信心，沙基的洋人业主一再要求工程必须处于有力的管理之下才能进行建造。② 且该处中外产权交错，行政管辖权模糊不清，中外双方交涉颇多，工程进展极为缓慢。

　　沙基涌管辖权是筑堤前中外双方多次协商的首要事项。1910 年 4 月30 日，《华字日报》载："省城堤岸近西一带至今尚未兴筑，系因沙基内河所阻碍，迭经当道与外人磋商，迄无成议。"③ 沙基涌是填筑沙面时人工开凿出来的河涌。在相当长的一段时间，该涌的管辖权模糊不清。1904 年，沙基巡防第八营管带杨洪标以"稽查沙基水埔货船及各小艇为名"，向涌内湾泊的船只收取船牌费，供沙面修治街道之用。④ 此后，沙基涌的船只牌照由沙面工部局颁发，而由巡防营代收费用。据《广东日报》载，各船艇牌照费为：大沙艇 2 元，小沙艇 1 元，大货艇 4 元，小货艇 3 元，大乡艇 10 元，小乡艇 5 元，油豆火水丝艇 15 元。⑤ 因此，沙

---

① 《堤岸工成》，香港《华字日报》1910 年 6 月 28 日。

② 《1906 年广州口岸贸易报告（译文）》，《近代广州口岸经济社会概况——粤海关报告汇集》，第 455 ~ 456 页。

③ 《展筑西堤之规划》，香港《华字日报》1910 年 4 月 30 日。

④ 《勘丈赎回官地》，香港《华字日报》1910 年 8 月 9 日；《饬查杨苏私卖官地案》，香港《华字日报》，1910 年 9 月 30 日。杨洪标，字植生，与外国人交往甚密，其子杨苏为教友。

⑤ 《省河船牌费表》，《广东日报》1904 年 4 月 26 日，第 1 页。

面可以借巡防营之力干涉沙基事务，而巡防营也乐于以此为借口勒索商家。"由是沙基店铺建一骑栈、盖一天遮，某弁以阻碍沙面为词，无不尽情讹索而后已。"[1] 在一定程度上，沙面与沙基巡防营达成了一种互惠互利的关系。1909 年 9 月 1 日，沙基合隆栈糠米店的货艇与停泊在沙基涌的沙艇发生冲突，第八营勇包庇沙艇，殴伤合隆栈司事，砸抢合隆栈铺面。[2] 此事引发沙基铺户的巨大愤慨和商人的普遍关注。沙基上下街全体商店联名上禀两广总督袁树勋，要求"所有沙基涌内船只牌费改归水巡征收，不使该防营借口洋人，干涉沙面以外之事"。[3] 但广东当局迟迟未能解决该事。

粤商自治会的介入为广东当局增加了谈判的筹码。邱捷指出，粤商自治会的创办人陈建基（又名"陈惠普"）、李戒欺等是争取粤汉铁路商办的"风潮主动人物"，1907 年借着反对英国攫夺西江缉捕权成立了"粤商自治会"。该会常常出面维护商人的利益，在保护西江缉捕权、抵制日货、澳门勘界等事件中起到重要作用。[4] 1910 年 3 月，粤商自治会将沙基涌案列入自治会大会讨论事项。在会议上，米行、豆行、油行、丝行暨沙基上下街各代表依次陈述，提出广州官府曾设"新涌委员会"管理沙基涌，认为船只牌照本应由中方颁发，"今各艇复收取外人牌照，受人所愚，此等所为要皆华官放任前沙基大营劣，弁办事糊涂，有以致之想，非英法政府之所许。应即联请督院早日与英法领事和平交涉，据理声明"。[5] 换句话说，商人们认为沙基涌的管辖权应由广东当局收回，之前的混乱是由巡防营所致，与沙面的英法政府无关。

商人关注的不只是民族主义问题，更考虑到其切身利益。商人坚决要求官府收回船牌费征收权，担心的是巡防营随意勒索。4 月的自治会大会上，再次议决"（沙基新涌事）由本会禀请督辕责成水巡局切实编号换

---

[1] 《沙基上下街上袁督禀稿》，香港《华字日报》1909 年 9 月 9 日。

[2] 《第八营勇酿事详述》，香港《华字日报》1909 年 9 月 3 日。

[3] 《沙基上下街上袁督禀稿》，香港《华字日报》1909 年 9 月 9 日。广州水巡警局开办于 1906 年正月，由水师提督统率，设正局及东、北、西三路分局并抽收牌费处。《广东财政说明书》，第 491 页。

[4] 邱捷：《辛亥革命时期的粤商自治会》，《近代史研究》1982 年第 3 期。

[5] 《自治会廿四日开大会议》，香港《华字日报》1910 年 3 月 8 日。

牌，不得放弃责任"。① 粤商自治会关注此事缘自其主要领袖与沙基关系密切。钱曾瑗（Michael Tsin）指出，自治会会长陈建基是银号商人，其他领袖似乎也都是在广州受西方影响的最新变化中的获利者。② 沙基恰好是丝庄、银号等对外商贸最集中的区域。陈建基在营勇肇事发生后就曾以商董身份上禀袁树勋，要求严惩肇事者。③ 代表商人利益的香港《华字日报》对该事件的持续追踪报道，本身也说明事件对商人的重要性。在舆论压力下，沙基涌船牌费在1910年12月"由大吏收回，由地方官管辖"。④ 借此，广东当局收回沙基涌及沙基水闸的管辖权，沙基堤岸得以顺利兴工。

此后中外交涉的尚有滩地业权和码头迁移等问题。堤工局与沙面当局于1910年4月达成协议。工程委托给一家由英国工程师组成的兴华洋行，7月兴工，订期10个月完工。⑤ 但遭遇滩地所有权及码头迁移问题，工程一再延误。沙基巡防第八营管带杨洪标私占沙基东水闸脚，建筑了一座木屋，售给法国人。该处恰好是堤岸必经之地，广东当局大为恼火。7月底，水师提督李准批示南海县，饬杨洪标之子杨苏将该地赎回。⑥ 广东当局与法国领事馆交涉近一个月后，以3万元赎回该地。这笔钱由承办老新城、南关缉捕经费商人万鸿图代缴。⑦ 缉捕经费是番摊赌税的代称。⑧ 何汉威指出，随着谘议局出现，民情舆论大张。总督袁树勋在舆论压力下，提出分步禁赌日程。彩票定于1909年底停售、闱姓将1910年定为截止限期；而赌饷最大宗的番摊与山铺票，则因库款不足，迟迟未禁。⑨ 万氏代赎沙基水闸地表面上是为"以免丧失土地"，实际上极可能与继续承办缉捕经费有关。随后，省港澳

---

① 《自治会初五日大会议》，香港《华字日报》1910年4月16日。

② Michael Tsin, *Nation, Governance, and Modernity in China: Canton, 1900 – 1927*, pp. 26, 37.

③ 《袁督澈究第八营弁勇闹事之批词》，香港《华字日报》1909年9月14日。

④ 《沙基小艇改由华官管辖》，香港《华字日报》1910年12月13日。

⑤ 《议裁并省城堤工局案》，《广东谘议局第二次常年会议报告》（1910年），第90页。

⑥ 见《勘丈赎回官地》、《饬查杨苏私卖官地案》，香港《华字日报》1910年8月9日、9月30日。

⑦ 《沙基水闸木屋已缴价赎回》，香港《华字日报》1910年8月26日。

⑧ 1900年，两广总督李鸿章令分路举办缉捕，责各营推广番摊赌规，名为"缉捕经费"。官府设缉捕经费总局，分地招商承办。见《广东财政说明书》，第261～262页。

⑨ 何汉威：《清末广东的赌博与赌税》，台北《中央研究院历史语言研究所集刊》第66本第2分，1995年，第531～532页。

轮船公司及招商局的码头不愿迁移。[①]堤工局会办朱咸翼与沙面英商、上海招商局进行了多次交涉。

有意思的是，正是由于这些交涉事务，堤工局幸免于被裁撤的命运。1910年10月，因行政职权不清、贪污腐败等问题，谘议局议员莫伯渖提出《议裁并省城堤工局案》。其依据是基于行政、财政权限的统一，包括四点：第一，堤岸为道路工程，应归巡警道行政科管辖；第二，堤工局不应拥有独立财政权，应归藩司或度支司；第三，堤工局人员冗繁，耗费过大，难以列入省预算案；第四，延误建筑、骚扰商民，导致民怨纷腾。因此，莫氏认为在法理和民怨上，堤工局已"不得不裁"，故建议或将之归并巡警道，财政收入归并财政公所；或是移交劝业道。提案获大多数议员赞成，"录案呈报"总督张鸣岐。[②]张鸣岐却拒绝了提案，札复文曰：

> 惟地段最繁盛、交涉最烦难者第七段工程，计一百八十余丈。于本年四月间，经堤工局与兴华洋行大班熙露磋议明白，订立合约10个月完工，并订明倘有意外及工人罢市兼交涉等件不入限内。计自七月兴工起至今，打桩、挖沙等工尚未及半。再该段内有洋商码头两座，迭经前宪袁照会英领事饬拆，迄今尚未定议。又有招商局码头两座，现堤工局会办朱道咸翼方至上海，与该局磋商。第七段工程交涉之事甚多，且系堤工局与洋商订立合同办理之件，若骤易经手，恐难接洽。即使立即归并，亦必仍须委员办理，所省亦属有限。应俟该局第七段工程完竣后再行提议。[③]

可见，张氏保存堤工局的依据主要是该局正在处理对外交涉，不宜换人。与洋行签约筑堤，与英领事洽谈拆卸码头，及与招商局磋商，"若骤易经手，恐难接洽"。有了张氏的支持，堤工局得以继续运作，但其交

---

①　《粤海关十年报告三（1902~1911）》，《近代广州口岸经济社会概况——粤海关报告汇集》，第965~966页。

②　《议裁并省城堤工局案》，《广东谘议局第二次常年会议报告》（1910年），第90页。

③　《议裁并省城堤工局案》，《广东谘议局第二次常年会议报告》（1910年），第90页。

涉事宜却未见成果。堤岸不得不分段建筑，留出缺口让轮船码头及海关验货厂与岸上衔接，严重妨碍工程的连续性。1911年后期局势动乱，工程不得不暂停。[1] 1911年底，堤工局收归广东军政府管理。[2] 1912年8月，堤岸工程归并民政司办理，堤工局退出历史舞台。[3] 至1914年沙基堤岸才竣工。[4]

总体而言，沙基段堤岸可谓是在中外双方交涉声中兴建起来的。广东当局在无力收回沙基涌管辖权之际，粤商自治会等商人舆论的加入为之增加了谈判的筹码，由此堤岸得以在中外妥协之下动工兴筑。后续的滩地产权、码头迁移等问题，无不显示看似独立的沙面，实际上却拥有广州一部分土地产权，进而对广州城市建设有着实质性的影响。

1914年长堤工竣，除黄沙段外，还修建了一条从沙面直达广九铁路大沙头终点站的马路，路宽50英尺（约15.2米），全长2.25英里（约3621米）。据1919年出版的《广州指南》载，"（长堤）东接东川马路，西迄沙基，延亘约六里，堤前即珠江。堤之东西两端，后部各有二马路。堤上车马毂接，楼阁高耸，各种新商业胥在于此。邮政局、粤海关均在西堤之西濠口，有大新公司，岭南卖物场、劝业场等，皆贩卖环球物品而兼营饮食店、游戏场也。水师公所，无线电台，均在堤之中部。堤之东端，曰东堤，为酒馆妓寨之聚集处"。[5] 可见，长堤自落成就成为广州新兴商业的聚集之所。

而通观长堤之兴建，却是各种势力相互妥协的结果。长堤兴建对扩展广州城市空间的重要性和迫切性，得到地方官府、商人和外国人的共同认可。但兴建过程，却根本不似张之洞修筑天字码头段时那么简单。河坦地看似"无主"，商人势力、地方乡绅、中央政府及外国势力等却可以通过各种不同的途径来施加影响。黄沙是粤汉铁路首站，铁路公司对堤岸势在必得；附近乡村士绅也对之"虎视眈眈"；而黄沙鱼栏也视河滩为"己物"，反对搬

---

① 《粤海关十年报告三（1902~1911）》，《近代广州口岸经济社会概况——粤海关报告汇集》，第965~966页。

② 《堤工局总办马镛桂通告》，香港《华字日报》1911年11月16日。

③ 《堤地限期换照》，《民生日报》1912年8月7日，第4页。

④ 《粤海关十年报告四（1912~1921）》，《近代广州口岸经济社会概况——粤海关报告汇集》，第1011页。

⑤ 吴兴慈航氏编辑《广州指南》卷1《总纲》，第3页a。

迁让建。南关堤岸本由堤工局掌控，但粤海关将管理航道的权力扩大至河岸建筑，堤岸线由巡工司测绘制定，堤工局遂变为按照其规划来建筑堤岸。此后历届广东当局在开发堤岸时，均在一定程度上受到粤海关的制约。沙基堤岸的兴筑则处处均需中外交涉，从沙基涌管辖权到滩地产权，再到码头迁移，反映出沙面对广州城市建设的影响力，也再次印证了城市土地产权之复杂性。

第二节　新城市观念及其实践

新政时期，中国各大城市几乎都出现一些学习西方建设现代城市的趋向。诸多学者已经关注到这一趋势，城市改良者响应中央和地方政府的新政措施，以西方城市为模式对中国城市进行改造。[①] 在广州，沙面与香港为官商提供了良好的可仿效模式。传统的街道、建筑、市场已被视为"落后"，改良街道、改良建筑、建设新式街市、开辟商场等观念日趋盛行，城市空间利用形式的转变被赋予带动经济发展、步入"文明"的宏愿。这些观念的实践遭遇种种曲折，实践的结果也未尽如提倡者所料。鉴于城墙内无地可供拓展，官商日益希望在东郊外划地，实施马路、商场、房屋相配套的大规模规划建设。然而，东郊的土地开发触及乡村居民的产权，川龙口和大沙头的开发遭到乡民和绅士的反对。城市向外扩展，实非易事。

一　"改良城市"观念的兴起

新政时期"改良城市"的观念与"振兴商务"息息相关。柯必德认为，

[①]　见 David Buck, *Urban Change in China: Politics and Development in Tsinan, Shantung, 1890 – 1949* (Madison: University of Wisconsin Press, 1978), chap. 3; Kristin Stapleton, *Civilizing Chengdu: Chinese Urban Reform, 1895 – 1937*, chap. 6; Di Wang, *Street Culture in Chengdu: Public Space, Urban Commoners, and Local Politics, 1870 – 1930* (Stanford: Stanford University Press, 2003), chap. 4; Peter J. Carroll, *Between Heaven and Modernity: Reconstructing Suzhou, 1895 – 1937*, chap. 2。

在 19 世纪的政治经济思想中，已经出现商务与工政社会角色的扩张。① 为推动工商业发展，广州官员、绅商首先设立各种非官方或官方的工商业机构。光绪三十一年四月二十八日，广州商务总会（即广州总商会）创立于新城晏公街。该会由广州七十二行商董禀请两广总督岑春煊、商务大臣张振勋咨商部设立，号召"提倡农工路矿各种实业，次第劝办，挽回利权"。六月二十七日，商部核准，并札派左宗蕃为总理、郑观应为协理、黄景棠为坐办。② 光绪三十二年十一月十二日，农工商局在新城一德社天后宫开办。③ 光绪三十三年，各省奉旨设置劝业道一员，职掌兴办农工商业及推广船、路、电、矿各事宜。光绪三十四年，劝业道署设在新城五仙门内关部前街粤海关监督旧址，并将农工商局裁并劝业公所，设在劝业道署东。④ 七月十三日，由两广总督张人骏奏准，钦谕候补道陈望曾（1853～1929）出任广东劝业道。⑤

陈望曾是广东官场极为热衷振兴商务的官员之一。陈氏，字省三，号鲁村，福建台湾县人，改籍侯官县，由附生中式，同治庚午科举人，甲戌科中式贡士。光绪十一年报捐知府，委署韶州府知府。光绪十三年，分发广东试用知府。陈氏极善官场政治，与两广总督、广东巡抚关系打得火热。光绪三十年，两广总督岑春煊奏请陈氏署广州府知府。光绪三十一年，广东巡抚张人骏继续奏请陈氏署广州知府。光绪三十二年，岑氏又保荐陈氏为粤海关关务处提调。光绪三十四年，两广总督张人骏奏保陈氏署广东劝业道，赞其通达民情，有为有守，"举凡民生利病、工商实业靡不加意讲求。如开办官银钱局、创设蚕丝工艺各学堂及劝工陈列所、自来水公司，均能措置裕

① Peter J. Carroll, *Between Heaven and Modernity: Reconstructing Suzhou, 1895 - 1937*, p. 31.
② 见《黄景棠改委商务坐办》、《商部乙巳年纪事简明表六续》，《申报》1905 年 8 月 17 日，第 4 版；1906 年 2 月 28 日，第 4 版。宣统《南海县志》卷 6《建置略》，《广东历代方志集成 广州府部（14）》，第 172 页下栏。《东方杂志》第 1 卷第 12 期，光绪三十年，第 154 页。
③ 宣统《南海县志》卷 6《建置略》，《广东历代方志集成 广州府部（14）》，第 172 页下栏。
④ 宣统《番禺县续志》卷 4《建置二》，《中国方志丛书 第 49 号》，第 86 页上栏；宣统《番禺县续志》卷 12《实业志》，《中国方志丛书 第 49 号》，第 170 页上栏。
⑤ 见《十三日奉》，《申报》1908 年 8 月 10 日，第 2 版；《粤督请补劝业道》，《申报》1908 年 9 月 30 日，第 12 版。

如"。① 陈|氏上任后即发布"通筹全省实业"的示谕，号召"生长其间者、见闻较确或学识优长留心时务之士、夫或更事素多富于经验之商人"条陈创办实业的建议。又聘请美国大学毕业的农业和矿业人才，创办农事试验场附传习所，创办矿务学堂附化验所，"以资实地习练，而备分设场所之用"。② 此后，凡有利"兴商"的城市建设也多由广东劝业道主管。

广州官商在报刊上发表鼓励工商的各种言论，"改良城市"成为改良者提倡的重要主题。新政时期，广州官商先后创办的报刊有近百种，在报刊上传播商业信息、开拓商业市场的作用得到充分肯定。③ 改良城市的观念通过报刊媒介向公众传播。其中最具代表性的是《商工旬报》（1907年7月20日第4期起改名《农工商报》，1908年12月14日第55期起改名《广东劝业报》）。该报由江宝珩（笔名"侠庵"）、江猷（笔名"壮庵"）等创办和主编，主旨在于讲明"生财好法"，提倡奖励农工实业。江宝珩是光绪年间花县的一名在学生员，曾游学日本，考察实业。④ 1907年6月，侠庵在《商工旬报》创刊号中提出"振兴商务最要着手之三项"，文曰：

> 一是划出城厢内外为市区（此非市头之市，乃合城厢内外统为一市——此为原注）；
>
> 二是改良交通，如街道、河渠、邮政、电话等；
>
> 三是举办有裨商工之事，如工艺厂、劝工场、卖菜街市、博物馆、动植物园、公花园、戏园、娼院等。⑤

---

① 见中国第一历史档案馆编《光绪朝朱批奏折》第5辑，中华书局，1995，第237～238页；第20辑，第131页；第21辑，第199页；第74辑，第869～871页。《两广总督张人骏奏保陈望曾补授劝业道折》，《政治官报折奏类》第286号，光绪三十四年七月十七日，第11版。

② 《劝业道通筹全省实业》，《申报》1908年11月17日，第11～12版。徐丽飞认为陈望曾对清末广东农业教育发展有独特的贡献。陈氏创建的广东蚕业学堂兴盛一时，广东农林试验场及其农林讲习所发展为广东公立农业专门学校及其后之国立广东大学农科。见徐丽飞《陈望曾与清末广东农业教育》，《岭南文史》2013年第3期。

③ 蒋建国：《报界旧闻：旧广州的报纸与新闻》，南方日报出版社，2007，第122～129页。

④ 黄汉纲：《科普先驱江宝珩与〈农工商报〉》，荔湾区政协文史委编《荔湾风采》，广东人民出版社，1996，第169页。

⑤ 侠庵：《羊城市面改变之大观》，《商工旬报》第1期，1907年6月21日，第4页。

首先，侠庵提出设市区的概念。他特别指出，这个"市"并非传统意义上的市场，而是行政建置上的"市"。"市"的意义在此已发生了改变，被赋予了现代"市"的含义。这应是他游学日本学习来的新观念。其次，改良交通方式和通信方式，再及举办生产、娱乐消费之事业。这些提议与广东当局鼓励工商的政策正好契合。光绪三十四年九月，劝业公所拟办报刊，借助报刊舆论之力"浚发民智、振兴实业"。因开办官报"费用既繁，且主笔亦难其选"，故在1908年秋，劝业道与侠庵等商订，将《农工商报》厘定体例，增加门类，改名为《广东劝业报》，附属于劝业公所。① 该报因而成为官商宣传发展工商业的重镇。

侠庵等一直将改良街道视为发展商业的关键所在。该报先后刊登《羊城街道改良论》、《羊城改良街道不可缓》和《改良广州街市政策》等文章。② 在他们看来，省城街道狭窄卑小，"全不配文明街市之气象"，而文明街市应该像香港、沙面那样"道平如砥，市政厘然。行人各不相浑，杂游于其间者，神清气明。而官事、民事、商务实大受其益"。③ 换句话说，他们认为街道的整洁平整有助于人的精神面貌的提升，进而有益于公共事务、个人事业和商业发展。张石朋在《羊城改良街道不可缓》中更疾呼"道路者国体之所在也，吾人身性命之所在"。在时人的论述中，道路是创建新的地方与国家秩序的重要场所。④

由此，构成传统街道景观的建筑、行人、贸易、街道的管理、筑路的方式，均被视为不利于街道改良而必须进行相应的改造。而改造的参照物正是以香港和沙面为代表的西方城市制度。张石朋认为，跟香港、沙面相比较，广州"街道如巷、行人如鲫"，已经到了"令人生厌"的地步。他认为建筑形式不合是广州街道不良的重要原因，提倡仿照香港铺户建筑骑楼。其文曰：

① 《广东财政说明书》，第740页。
② 侠庵：《羊城街道改良论》，《农工商报》第4期，1907年7月20日，第4页；张石朋：《羊城改良街道不可缓》，《广东劝业报》第61期，1909年3月12日，第1～8页；侠庵：《改良广州街市政策》，《广东劝业报》第67期，1909年5月10日，第1～4页。
③ 侠庵：《改良广州街市政策》，《广东劝业报》第67期，1909年5月10日，第1页；张石朋：《羊城改良街道不可缓》，《广东劝业报》第61期，1909年3月12日，第1页。
④ Peter J. Carroll, *Between Heaven and Modernity: Reconstructing Suzhou, 1895 - 1937*, p. 81.

一铺积未合宜也。香港铺户，无论大小，莫不有骑楼；省城铺户则无之。于是不得不设天篷，以账蔽铺面。二者之利弊，不可同日语。骑楼占地不多，既可以便行人，壮观瞻，而无碍于道路。天篷以木板，或明瓦为之，占地既多，常遮遍街道。阳光、空气被他阻隔，道路因而不洁。试观城内之惠爱街、西门外之第几甫一带，无论天色阴晴，常觉暗。阳光缺少，道路潮湿异常。常迨至雨时，则檐溜点滴，尤不便于行人。何一非天篷之为害也？或者以天篷为招火患，犹其余事耳。虽然天篷之设，所以代骑楼者也。苟不改良铺积，则骑楼一日不能设；骑楼不设，则天篷一日不可无。所以改良铺积，关系于道路不少也。况夫商务之盛衰，每视铺面之装煌为比例，改良铺积亦乌可缓图哉。[①]

在张氏看来，传统广州商铺建筑搭建天篷是街道不洁、发生火灾的主要原因。而建筑骑楼可以一举多得，既能解决人行路的通行问题，也能解决街道的卫生清洁和防火问题，进而促进商业发展。这样，改良建筑形式具备了利便交通、改善街道卫生、消防及发展经济的多重意义。此外，随街摆卖的小贩及鱼盘、肉抬、果摊、菜市等更是不利于街道改良，文曰：

一街市未建设也。街市之设，所以处置零星买卖，及鱼盘、肉抬、果摊、菜市者也。今试问城内繁盛之街道，莫如双门底及广府前矣。惟街市未设，双门底之下，继以南门口之市场，广府前之下，继以清风桥之市场，喧哗杂踏，泥泞载途，行者厌之不宁。惟是无论何地，凡往来稍众之街道，莫不遍地小贩，零星散置。既碍道路，而果摊、食物等市，所有吐弃之余，随手散布，盈街盈巷。虽千百清道夫，其能实行清洁耶？苟能择适中之地，建设多数、广大街市。所有零星小贩，及鱼盘、肉抬、果摊、菜市一律迁入。嗣后无论大街小巷，不得仍前任意开设。则街道易于改良矣。不观乎藩宪衙前之余地乎。旧日摊贩林立，地

---

① 张石朋：《羊城改良街道不可缓》，《广东劝业报》第 61 期，1909 年 3 月 12 日，第 1~2 页。文中多次出现"铺积"一词，据导师程美宝教授提示，"积"可能是粤语借词，来自英文 chart，即设计图之意，那"铺积"可能意为店铺的设计图。岭南古建筑研究所主任汤国华教授亦证实，粤语称建筑图纸为"积"（或写为"则"），称建筑师为"画则师"。

方黑暗秽恶，不可言喻。今则豁而清之，天地为之开朗，行人为之畅快。苟能处处如此整顿，则羊城街道不让香港、沙面也。然非建设街市，而后乌能豁而清之也哉。乃者，巡警局屡有建设街市之议，落成尚需时日，甚不可缓图也。①

张氏认为随街摆卖造成街道人多拥挤，卫生清洁堪虞，而解决的办法是设立街市，集中安置零星小贩及鱼盘、肉抬、果摊、菜市等，避免市场与商业街道混处。街道秩序已然进入政府的管辖范围，具体的承担者则是巡警。近代巡警是新政时期各大城市主要的管理机构，"巡警者，民政之主要机关也"。② 广州巡警初创于1900年，由绅士易学清、郭乃心等组织"西关巡警总局"。1903年，省城创立官办的"巡警总局"，此后章程日渐完备。1907年，巡警总局禀请分科办事，"民间公共桥梁道路路灯电话一切公益物保护之事"和"净洁卫生事宜"为其中的两个科。③ 故设立街市、管理街道皆在巡警的管辖权限之内。他进而提出要仿照外国引进管理道路的规章，明确街道的产权归属，文曰：

> 一路制未修明也。考外国道路之制有所谓国有路、公有路者，其中又分为头等路、二等路、三等路者，各有一定广阔，不得随意以故道路厘然。永无侵占道路之弊，即有之稽查亦易。我广州则不然，街巷千百，既无国有、公有之名，亦无一等、二等、三等之制，住民偶有建筑侵占官路，莫可稽查。铺户堆积货物往往阻碍要路，不以为怪。凡此皆路制未修明之弊也。近者巡警新章，凡商民改建铺户，均令退让数尺，以广街道，法诚美矣。但未声明国有、公有以及各等路制，犹未尽善，当道者曷一图之。④

张氏提倡制定管理道路的规章，并提及要区分道路的土地产权以明确管

---

① 张石朋：《羊城改良街道不可缓》，《广东劝业报》第61期，1909年3月12日，第2~3页。

② 《广东财政说明书》，第487页。

③ 何文平：《清末广东巡警的创建与官绅关系》，《中山大学学报》（社会科学版）2006年第5期。

④ 张石朋：《羊城改良街道不可缓》，《广东劝业报》第61期，1909年3月12日，第4页。

辖等级；按马路等级规定宽度，以防止侵占街道，并且应该由巡警来监管。其首次提及需要区分道路为"国有"与"公有"。道路一直被视为公有，但"公有"的范围却从未被明确界定过。这个问题在近代城市土地开发中持续出现，成为政府与民众争竞的焦点。

最后，在张氏看来广州整齐的石板路俨然已不及西式马路，他提出仿照柏林、巴黎、纽约的筑路方式，铺设灰沙，环植花树，下设疏渠。其文曰：

> 一建筑道路之法全未讲求也。考外国道路，以德京柏林为最广洁，法京巴黎次之，美之纽约市以环丽著称。皆道阔数十丈，植花树二数行，岁耗费数十万。此非我中国、非广州所能望及。然我国秦始皇时，道路之善往史称之（见汉贾山《至言》不赘）。今虽不精美，亦不可不求一较为完善之方法。按工程家言，道路以灰沙为上，而石板次之。我羊城大小街道，多砌石板，外观似颇整齐。惟去水之法，全未筹及。其他或道路高低不平，或石板大细混集，易致不洁，此不可不改良者也。或曰广州道路，未尝无去水之设备，六脉渠贯通城内外是也。应之曰，六脉渠之能否通而不塞？今姑勿论就令贯通无淤，而路上去污物未除，石板之疏孔无数，能保其长此通而不淤乎？不讲求建筑道路之方法，虽曰设疏渠，公所无济也。[1]

张氏的言论代表了清末趋新的城市改良者的共同看法，而通过改良建筑形式、改建街市、改建街道等，则可以构建起现代卫生观念。杜丽红指出，卫生观念在清末渐入人心，成为具有民族自觉意识的知识分子、官员以及舆论界的共识，政府开始将卫生视为自身的职能之一。[2] 而改善卫生的背后，是基于通过推动经济发展、塑造公共意识、重整社会秩序等建立现代国家行政制度的考量。改良城市的具体做法实际上已经在不同的领域得到官员和绅商的推行，只是成效往往不尽如人意。故而，舆论界呼吁改良的声音此起彼伏。

---

① 张石朋：《羊城改良街道不可缓》，《广东劝业报》第 61 期，1909 年 3 月 12 日，第 5 页。
② 杜丽红：《制度与日常生活：近代北京的公共卫生》，第 23 页。

（一）改良建筑形式

随着长堤和粤汉、广九铁路的兴建，广州的地价陡增，房屋租金上涨，带动建筑热潮。据《粤海关十年报告三（1902～1911）》载，人们要求居住更大更好的房屋，建筑材料随之涨价。砖头每万块售价从白银38两涨至65两，瓦片每万张从白银25两涨到36两，木桁从每根5角涨至1元，石头从每丈白银2分4厘涨至3分6厘。① 改良建筑形式被纳入官方制定的规章中。

堤工局在1904年起规范长堤建筑形式，但成效甚微。1903年8月24日，香港《华字日报》刊载《堤岸价值章程》，广东当局拟仿照沙面的棋盘式街道规划房屋、马路和码头。"省城新筑堤岸沿海一带，余地或数丈、或十数丈、或数十丈不等，将来起建铺户。闻拟仿照洋界棋盘款式，每间五十七桁为度。"② "桁"指架在屋架或山墙上用以支承椽子或屋面板的横木，用于衡量房屋的进深，圆形断面的桁与桁的间距一般为0.4～0.5米，长方形断面的桁与桁的间距一般为0.3米。③ 每间房屋"五十七桁"，即每间房屋深16.8～28米。1904年初，堤工局发布告示要求堤岸建筑必须符合定制格式才准建造，"堤内各段所有批领之地，无论建作如何，必先绘图呈局，核明与定制格式相符，始准起造；倘有不合格式，虽工竣亦须改拆"。④ 目前没有材料显示何为"定制格式"，从报刊所见当时商人推崇的改良建筑主要有两种：一是洋式骑楼，一是上海院子。⑤ 如西关大巷口、上陈塘一带妓院发生火灾后，商人修复房屋"须更易基址，改良建造"，"各家建造略仿洋式各建骑楼"，新填地"自改仿上洋院子"。⑥ 又如1905年初，长堤首段筑成，商人争相购地建铺，连带附近德兴街至谷埠一带横街也地价陡增，"其

---

① 《粤海关十年报告三（1902～1911）》，《近代广州口岸经济社会概况——粤海关报告汇集》，第984页。
② 《堤岸价值章程》，香港《华字日报》1903年8月24日。
③ 据岭南古建筑研究所所长汤国华教授介绍。
④ 《领地须知》，香港《华字日报》1904年1月27日。
⑤ 可能指19世纪60年代上海早期的石库门，一般为联排的二层楼砖木结构建筑，进大门后有一小块称为"天井"的空地。参见冯绍霆《石库门：上海特色民居与弄堂风情》，上海人民出版社，2009，第19～22页。
⑥ 《娼家改筑》，香港《华字日报》1904年3月19日。

接连堤地之处多数已改建新式屋宇，上建层楼略如上洋虹口横街住宅院子之式"。①"定制格式"的要求可能未得到严格执行。1909 年，建筑在长堤的广东汽水公司被狂风吹塌，压死多人。堤工局"痛过思痛"，再次出示规章，要求"凡购领堤地建铺，务须先行绘具图说呈明。其已启工建筑者，亦须工料坚固方准，否则定行督拆"。②

在官商大力提倡之下，堤工局可能曾颁布过长堤须建造骑楼及准建骑楼的路宽限制等方面的规定。1912 年 7 月，民政司司长钱树芬计划整顿长堤交通，就曾说："沿堤铺户，建筑之初并不建设骑楼，已属有违定章。"③换言之，在此之前已有"定章"要求建筑骑楼。而堤岸工程在1912 年 8 月归并民政司办理前，一直属堤工局管理。④ 1913 年，民政司土木课在规划西堤二马路时提出不得建筑骑楼，所依据的也是堤工局的"旧章"。⑤

倡建骑楼虽未能得到大多数人的响应，但西式建筑在广州却日益流行。如钱树芬所见，长堤不少店铺不只没有建筑骑楼，还一如既往在铺屋外钉挂檐篷，一遇风雨，沿途淅沥。⑥ 同时，粤海关税务司庆丕（Paul H. King）发现改建西式门面的商店越来越多，"在广州城内，许多新建筑物在不断建造中。值得注意的是，旧式建筑的商店正在被按西方设计的两面门窗临街的商店所取代"。⑦ 这种改建风潮也见于长堤。1909 年，省港澳慈善总会从西关文园搬迁至长堤如意茶居，将中座修改为办事公所，改设西式门口，以利便交通。⑧ 1910 年长堤竣工，沿堤的西式建筑陆续建成，"长堤马路一带，由东至西，建筑房屋甚多，且多属西式，所余空地有限"。⑨ 建筑骑楼虽然未得商人青睐，但后来因各种更实在的理由而得以实现。

---

① 《附近堤地涨价》，香港《华字日报》1905 年 3 月 21 日。"上洋"即"上海"。
② 《购领堤地建铺者须知》，香港《华字日报》1909 年 10 月 4 日。
③ 《长堤宜整顿矣各街又如何》，《民生日报》1912 年 7 月 17 日，第 4 版。
④ 《堤地限期换照》，《民生日报》1912 年 8 月 7 日，第 4 版。
⑤ 《再续五月五日省议会速记录》，《民生日报》1913 年 5 月 12 日，第 10 版。
⑥ 《长堤宜整顿矣各街又如何》，《民生日报》1912 年 7 月 17 日，第 4 版。
⑦ 《1907 年广州口岸贸易报告（译文）》，《近代广州口岸经济社会概况——粤海关报告汇集》，第 473 页。
⑧ 《慈善会西式门有碍风水之可笑》，香港《华字日报》1909 年 9 月 30 日。
⑨ 《宣统二年广州口华洋贸易情形论略》，《近代广州口岸经济社会概况——粤海关报告汇集》，第 508 页。

（二）建设新式街市

在清末广东的报刊文献中，"街市"指的是由一栋或几栋建筑物组成的集中贸易之区。新式街市则意味着建筑物往往仿照外国建筑形式或布局风格。规模小的街市类似于今天所说的菜市场，如 1905 年 6 月，按察使沈瑜庆计划在城内建街市十所；1906 年 1 月，某商人拟仿香港街市规式，在城西观音桥附近旷地开设新街市；1906 年 3 月，南海捕厅同少尹奉县谕将厚玉巷改建街市；1907 年筹办街市被纳入巡警职责范围，旗界、南门街、小北、河南等先后有筹设的计划。① 规模大的街市则包括马路、商铺及其附属的建筑，几乎等同于"商场"，两个词常常混用。第一个由官府建成的大规模新式街市坐落在长寿寺旧址，其缘由为极具戏剧性的"长寿寺毁学案"。

长寿寺原名长寿庵，在西关旧顺母桥故址，明万历三十四年由巡按御史沈正隆建为慈度阁、妙证堂，禅房前后有地 8 亩。僧人大汕苦心营建半帆循廊、绘空轩、半帆并池、怀古楼、离六堂等景致，"水木清华、房廊幽窈如吴越间寺"。南海县县令刘延元又拨了白云山的废寺田 34 亩以供香火。② 至清代，长寿寺与光孝寺、大佛寺、华林寺、海幢寺并称省城"五大丛林"，是官绅喜好雅集的名胜之地。③ 因此，该寺僧人与不少官绅关系密切。到清末，长寿寺一再遭遇危机。1881 年 10 月，因妇女入寺烧香，长寿寺被怀疑藏污纳垢，附近民众冲进寺内打砸焚毁，造成巨大破坏。此事虽被官府判定为乱民滋事，但在舆论上却是一片声讨长寿寺的声音。妇女进入寺庙烧香引发了长久存在的道德问题讨论，长寿寺僧被视为不守清规戒律、勾引妇女的

---

① 《条陈改建街市》，香港《华字日报》1905 年 6 月 17 日；《组织新市场近述》，《岭东日报》光绪三十一年十二月二十二日；《厚玉巷改建街市》，香港《华字日报》1906 年 3 月 21 日；《旗界开办街市之擘画》，《广州总商会报》1907 年 8 月 22 日，第 2 页；《禀设河南菜市》，《广州总商会报》1907 年 8 月 30 日，第 3 页；《南门街禀建街市之批词》，《广州总商会报》1907 年 11 月 19 日，第 3 页；《集议倡办小北街市》，《广州总商会报》1907 年 11 月 29 日，第 3 页。

② 道光《广东通志》卷 229《古迹略十四》，《续修四库全书　史部　地理类》第 672 册，第 718 页下栏。

③ 例如康熙二十三年，王士祯南下祭告南海，与屈大均、陈元孝、胡嵩孩、程衍祖、黎方回等人流连诗酒，敦握手之欢，赏览光孝寺、长寿庵、五羊观诸胜。嘉庆二十年广东布政使司曾燠及其幕僚在长寿寺举办了一次修禊雅集。参见同治《番禺县志》卷 33《列传二》，《中国方志丛书　第 48 号》，第 463 页上栏；姜伯勤：《清代长寿寺园林雅集与广府文化及琴道——〈曾宾谷先生长寿寺后池修禊图〉初探》，广州市文物博物馆编《广州文博》，文物出版社，2007，第 12～30 页。

淫僧典型。《申报》连日刊载事件始末及评论文章，评述官府碍于寺僧与巨绅交结之情而处置不公。① 这一事件甚至被改编为戏剧《火烧长寿寺》，由广东钧天乐名班在一天茶园演出。② 长寿寺的名声因此大受影响。

新政时期，长寿寺也如同其他寺庙一样被借用兴办学堂。"长寿寺祖堂，已借为时敏初级小学校地，半帆亭又借为伍铨萃住宅，又为伍之新会学务公所，即其方丈内地，亦可借为伍铨萃接收会议路权电信处，而东偏又可借为巡警六局，西偏隙地，又可借为农工商会阅书报处，及俱乐部。"③ 可以说，长寿寺内有多方势力，其中最重要一支为文澜书院士绅伍铨萃；另一支是以李戒欺、潘金牲、黄景棠等为首的农工商会绅商。④ 伍铨萃，字荣建，号叔葆，籍贯广东新会，世居省城西关，为广雅书院肄业生，梁鼎芬高弟。光绪十八年进士，钦点翰林院庶吉士，散馆授编修，1901 年任广西乡试主考。1902~1903 年，他以丁忧归，借住在长寿寺的蝶影园。1904 年，搬迁至该寺半帆亭。⑤ 他也参与创办新学和商业类的活动，曾在寺内开设新会学务公所和接收会议路权电信处，亦可称为"绅商"。⑥ 1904 年底，绅商筹议争夺粤汉铁路路权时，绅商欲借寺之半帆亭为会议地，伍氏"首出而抗阻"，更有报道指其与官府密谋开彩票以筹路款。⑦ 又传言，绅商曾公议借长寿寺祖堂或女堂为公所，商之与伍氏，伍氏以"寺门以法事为重"为

① 见《众怒烧寺》、《焚寺呈控》、《论粤东长寿寺案办理情形》、《论焚寺罹刑事》，《申报》1881 年 11 月 26 日，第 2 版；1881 年 12 月 8 日，第 1 版；1881 年 12 月 27 日，第 1 版；1881 年 12 月 28 日，第 1 版。

② 《一天茶园上记》，《申报》1889 年 12 月 19 日，第 5 版。

③ 《长寿寺老秃驴狼狈》，《广东日报》1905 年 2 月 24 日，第 1 页。

④ 农工商会成立时间与组织情况不详，出面活动的是李戒欺、潘金牲、黄景棠等人，潘、黄两人同时也是广州总商会的坐办。他们后来都加入了 1907 年成立的粤商自治会。见李衡皋、余少山《粤商自治会与粤商维持会》，《广州文史资料 第 7 辑》，第 21~29 页。

⑤ 见顾廷龙主编《清代朱卷集成（76）》，台北，成文出版社，1992，第 423~432 页；江庆柏编著《清朝进士题名录》中册，中华书局，2007，第 1242 页；钱实甫主编《清代职官年表》第 4 册，中华书局，1980，第 2991 页；姜伯勤：《清代长寿寺园林雅集与广府文化及琴道——〈曾宾谷先生长寿寺后池修禊图〉初探》，《广州文博》，第 28 页。

⑥ 据邱捷研究，清末广东主要社会团体的头面人物，大概都是"绅商"。但这些团体属于什么"界"，社会上是有大致共识的。"绅"与"商"的对流、联合非常普遍，形成一个人数颇多且在社会上有很大影响的"亦绅亦商"的群体，但"绅"与"商"的界限与竞争也是很明显的。见邱捷《清末文献中的广东"绅商"》，《历史研究》2001 年第 2 期。

⑦ 《宣布伍铨萃四大罪恶》，《广东日报》1905 年 2 月 29 日，第 1 页。

由加以拒绝。后来的报道视之为"庇僧之铁证也"。①

伍铨萃与农工商会绅商的矛盾在设立商业学校时彻底爆发，酿成"毁学案"。1905 年 2 月，农工商会欲借该寺铁汁堂，开办"商业公立学校"。寺僧不允，由伍铨萃出面向官府请求让学校另外择地。商业学堂则置之不理，在得到总商会批准后，强行开学。双方遂发生激烈冲突。2 月 26 日，该寺数十僧人毁烂学堂匾额、校具，抢掠图书、仪器。27 日，又雇人拆毁农工商会俱乐部。传言这两件事皆由伍氏策划，"祖僧毁学"。② 事件引起轩然大波，李戒欺等绅商自称"学界中人"与伍氏互相禀控，搅动整个广东士绅精英阶层。时敏学堂、述善堂、商业学堂等绅董连日在时敏学堂开会，定以商业学堂、时敏小学校联名向广东当局呈控，要求"责令长寿寺僧赔偿校具，让出地方，以凭再设学堂"。又以"全省学堂学生"名义发出一道公禀及数起电文，分别发送给在梧州剿匪的两广总督岑春煊、北京管学大臣、商部、翰林院以及东京两粤留学生，务求远近皆知"伍铨萃主使之罪"。③ 革命派报刊《广东日报》连日报道"毁学案"，大肆攻击伍氏"目无商会，目无粤吏、目无商部、目无清廷之绝怪恶潮"，将之与丁仁长、陈如岳并称"阻学三魔鬼"。④ 伍铨萃则致电北京戴鸿慈、伍廷芳等人，禀诉黄景棠等耸动"学界"，又有某志士愿为之作证。⑤

---

① 《贼绅伍铨萃又狡辩祖僧毁学事矣》，《广东日报》1905 年 3 月 18 日，第 1 页。

② 见《伍铨萃祖助寺僧闹学之详情》，《广东日报》1905 年 2 月 28 日，第 1~2 页；《伍铨萃祖僧毁学之大风潮二志》，《广东日报》1905 年 2 月 29 日，第 2 页。

③ 《伍铨萃祖僧毁学之大风潮三志》，《广东日报》1905 年 3 月 3 日，第 1 页。

④ 贯公：《对待伍铨萃祖僧毁学之问题》，《广东日报》1905 年 3 月 3 日，第 1 页；援亚：《阻学三魔鬼丁仁长陈如岳伍铨萃之比较》，《广东日报》1905 年 3 月 4 日，第 1 页。丁仁长（1861~1926），字伯厚。光绪八年中举，翌年中进士，入选翰林院庶吉士。历任贵州乡试正考官、顺天乡试同考官、日讲起居注官等。1897 年，主掌越华书院。1902 年，以广府学宫明伦堂首席身份，创办教忠学堂，任监督。1903 年，任广东存古学堂监督。陈如岳（1842~1914），字峻峰，号镇南，广东南海大富堡莲塘乡人。幼从学于朱九江，研习经史论著及八股文。同治十一年中举，光绪九年中进士。历任翰林院编修。后辞官归里，批注古籍，教育子弟，兼营陈太吉酒庄。曾为"莲香楼"题牌匾。见广州市地方志编辑委员会编《广州市志　卷 19　人物志》，广州出版社，1996，第 186 页；朱哲夫：《陈如岳与陈太吉》，政协南海市文史和学习委员会编印《南海文史资料　第 2 辑》，1983，第 51~53 页。

⑤ 《伍铨萃与寺僧毁学后举动》，《广东日报》1905 年 3 月 4 日，第 1 页；《贼绅伍铨萃之最近运动》，《广东日报》1905 年 3 月 13 日，第 1 页。

　　鉴于事件的恶劣影响，岑春煊下令查封长寿寺，以儆效尤。起初，该事件由南海知县主理。南海知县傅汝梅与伍铨萃为同年。他亲到该寺谒见伍氏，又召集绅董商讨善后，意图大事化小。后在管学大臣张百熙及商务部大臣压力下，两广总督、广东巡抚札学务处、商务局会同办理，委派朱之英、崔丙炎两人彻查该案。[①] 3月13~14日两日，两委员召集各方人等到南海县署当面对质。[②] 两委员既不愿得罪潘金娃等绅董，也不愿得罪伍铨萃。故将责任归咎寺僧，令其赔偿商业学堂及农工商会俱乐部共2700元，并割菜园及寺后房屋数间。[③] 对此，各方均不满意，绅董一再要求严惩伍氏主使之过；伍氏四处申辩无果，不得不举家离省避祸。岑春煊也大为不满。他判断潘金娃等绅董、伍氏、寺僧均有责任，且案件影响恶劣，"寺僧纠众毁学，固已共见共闻。此风一开，办学者将有所畏惧。学者且日以多，于兴学大有妨碍"。[④] 在岑氏看来，寺僧聚众毁学确凿无疑。这在全国大兴学堂的背景下，俨然是政治性错误。若不严惩，无以彰显兴学之意。因此，岑氏下令查封长寿寺充公，滋事僧徒分别惩责驱逐。

　　于是，一座近300年历史的寺庙被拆毁，在其旧址上建起了一座受时人青睐的新式街市。长寿寺查封后，"学界问题"变成"经济问题"，其地产引来各方觊觎。长寿寺地产众多，租簿多达117册，附近"文兴里、福源里等街屋宇半属寺僧管业"，又有田地坐落在增城。[⑤] 对如何处置寺产，广东当局内部也有分歧，学务处欲在寺内开设实业学堂，省城电话局又想在该处设分局。又有商人集资数十万欲承领该寺及其铺产，开街建商场。[⑥] 西关人烟稠密，商贸兴盛，岑春煊认为若将该处开辟街市，必能获得最大的经济效益。于是，岑氏下令将该寺拆卸变卖，款项拨充优级师范学堂，寺址改建为街市，原租寺产的铺户缴价领回产业，由道台温宗尧和南海知县刘鸣博任改建监工委员。寺庙拆卸后，监工委员张贴《长寿寺改建商场之示文》，其

①　《呜呼贼绅伍铨萃危矣》，《广东日报》1905年3月14日，第1页。
②　《研查贼绅伍铨萃毁学证据汇闻》，《广东日报》1905年3月15日，第2页。
③　《赔款割地后之农商工会》，《广东日报》1905年3月16日，第1页。
④　《岑督批长寿寺毁学案》，《广东日报》1905年5月16日，第1~2页。
⑤　见《焚寺呈控》、《查封长寿寺余闻》，《申报》1881年12月8日，第1版；1905年6月27日，第3版。《长寿寺田产之估价》，《唯一趣报有所谓》1905年8月22日，庄部第3页。
⑥　见《长寿寺之末路》，《唯一趣报有所谓》1905年6月9日，庄部第3页；《长寿寺经济问题》，《广东日报》1905年6月9日，第2页；《觊觎长寿寺》，香港《华字日报》1905年6月10日。

文曰：

> 长寿寺屋宇业经一律拆平，现请工程师绘图划分街衢、铺户，务使四通六辟，头头是道。东将围墙拆平，通天巷出第七甫；西将三拱门左右铺拆平，通吉星里、福星街；北将围墙及小铺拆平，通洪寿大街；南将华帝庙拆平，通德星里；又将都府庙拆平，通小圃园。其余凡有可通之处无不尽行开通，四周开走马大街，中开棋盘街、十字街，铺户略仿香港、上海建筑洋楼，以兴商场而开风气。况此间为西关中心点，众所争趋，其兴盛可翘足而待。本省城厢居民稠密而街道逼狭，往来行人肩摩踵接至以为苦，故今日此地务为文明建设，以为他日各街改良之嚆矢。①

在广东当局看来，新式街市需要有四通八达的十字马路，需要模仿香港、上海建筑西式洋楼，这样才称得上是"文明建设"，而广东当局亦欲使之成为街道改良的开端。消息传出，敏锐的商人立刻闻到了商机。一位梁姓商人拟利用开路的优势，在寺旁的福星里玉器墟一带，仿照墟廊形式创建土货陈列所。"闻赞成者甚为踊跃，不日即备价领地开办矣。"②

然而，建筑形式与商业兴盛没有必然联系，新街市未能如愿地振兴商务。1906 年 5 月，长寿寺前一段已建成洋楼数间，其余各段由承建工匠陆续兴工，已初具规模。记者相当看好街市前景，认为"西关繁盛之区当以此为巨擘也"。③ 1906 年 9 月，新街市行将竣工，布局完全按照西式格局。时人描述，该建筑"中路拱形，两旁设明渠以泄水。上有拱篷，独立遮街。高于铺瓦数尺，以便空气流通。其直街铺户，则合掌共二十间，前后均可出入。复有巷铺户三间。各铺均建楼，亦殊广阔"。④ 然而新建筑却不合商人的理想，未能吸引资本流入。商人考虑更多的是实际成本问题。该处地价定为每井 150 两，共地 1700 余井。商人认为定价过高，且建铺的图形不合丈

---

① 《长寿寺改建商场之示文》，《广东日报》1905 年 11 月 2 日，第 1~2 页。
② 《长寿墟拟设土货陈列所》，《广东日报》1905 年 11 月 4 日，第 2 页。
③ 《长寿寺商场工程》，香港《华字日报》1906 年 5 月 2 日。
④ 《长寿街市之形式》，《东方报》1906 年 9 月 23 日。

尺，因此"裹足不前"。① 1907 年 2 月，广东当局不得不减少租项以广招徕。德和公司出价最高，租得长寿街市试办。② 几个月后经营毫无起色，德和公司一再呈请退办。当局不得不靠巡警"禁止在附近之顺母桥、大巷口、长寿里等处街边摆卖鱼菜"来加以维持。③ 1911 年 3 月 13 日，据《华字日报》报道，长寿街市规模太狭，不合街市之用，有李姓商人愿缴饷将街市改建影画戏园，得到当局批准。④

寄托着发展商业宏愿的新街市，就这样成了消费娱乐的场所。这座戏院被命名为"乐善戏院"，是民国时期广州最负盛名的戏院之一。更有意思的是，关于长寿寺的种种戏剧性情节，再次被改编成广东改良时事新戏《自由女滚水渌和尚，岑宫保督拆长寿寺》，1909 年在上海上演。其广告云该剧最初是在香港上演，盛况空前，"观者人山人海，已有招接不暇之势。即蒙绅商学界暨闺阁名媛同声叹赏，誉传中外"。⑤ 直至 1911 年，这部改良剧仍是上海粤剧戏班"夜演出头"必演的热门剧目。⑥ 已拆毁的长寿寺以这种娱乐化的形式留存在了人们的记忆里。

（三）开辟商场

如前所述，沙面和香港为广州官绅提供了利用外国先进规划理念和建造技术的橱窗，通过整体规划以开辟商场在官商中逐渐得到实践。"商场"一词与街市相似，指由仿照西式建设的马路、建筑物及其附属的设施所组成的贸易之区。"开辟商场"被视为商战"最要之利器"。⑦ 与街市不同的是，"开辟商场"常常等同于"自开商埠"。在清末"自开商埠"指的是中国政府自行开辟华洋贸易的区域，允许外国人居住，提供

① 《地段待领》，香港《华字日报》1905 年 11 月 21 日。
② 《西关新街市定期开市》，香港《华字日报》1907 年 2 月 28 日。
③ 《警局维持新设街市之政见》，香港《华字日报》1907 年 6 月 1 日。
④ 《街市将易戏园》，香港《华字日报》1911 年 3 月 13 日。
⑤ 《重庆戏园》，《申报》1909 年 12 月 30 日，第 7 版。
⑥ 见《重庆合记戏园》、《鸣盛公记梨园》、《粤班活趣戏园》、《鸣盛梨园》，《申报》1910 年 5 月 27 日，第 7 版；1910 年 9 月 29 日，第 7 版；1911 年 3 月 7 日，第 7 版；1911 年 9 月 3 日，第 6 版。据中山大学历史人类学中心粤剧粤曲文化工作室的谢少聪先生介绍，"夜演出头"是指戏班晚上正式的演出。
⑦ 驾侯：《芳村商场成败之问题》，《广东日报》1904 年 7 月 14 日，第 1 页。

的设施和优惠政策与约开商埠一样，但管理权完全归中国政府。① 因此，"开辟商场"不只是一种经济活动，当中牵涉华洋的土地产权、司法和行政管理权限等。1903 年，著名绅商黄景棠（1870～?）计划开辟芳村商场，以争利权。

黄景棠，字诏平，祖籍广东新宁。其父黄福（1837～1918）于 1853 年赴新加坡、马来亚一带，后经商致富。景棠儿时随父长于南洋，但接受传统中国文化教育，青年时期与弟一起归国寻求功名。1897 年考取拔贡，1898 年入京朝考，授知县，辞不就，回广州后开始经商。此后黄氏参与商办铁路、兴办学堂及慈善救济等活动，是广东商界的活跃人物。黄氏曾任广州总商会坐办，两次被选举为粤汉铁路公司副办，在商界很有地位。其妻马励芸是名儒马朴卿的孙女，曾参与创办私立公益女学、坤维女子学堂。黄家在荔枝湾畔筑有小画舫斋，时邀诗人、名流聚集酬唱，名噪一时。②

芳村一带具有优越的水运条件，在新政时期吸引不少外商和教会投资置产。芳村位于珠江后航道的右岸，与河南隔河相对，水运便利。在清代，芳村及其相邻的花埭（又称"花地"）同属番禺县茭塘司。③ 花埭以产花木闻名，卖花成墟，名园众多，连带附近的芳村成为粤人喜爱的赏春踏青、佳节泛舟之所。④ 清末，花埭是湾泊进口米船之地，米栈林立。芳村河岸一带则聚集着临河结肆贩卖竹木料的商铺和造船作坊。⑤ 第二次鸦片战争后，外国教会、商行逐渐在芳村、花地一带买地建教堂、医院、工厂和码头。据《粤海关十年报告二（1892～1901）》载，德国信义会（the Berlin Mission）在花地之南买下几口池塘，填平后建起了教堂、学校和房屋。1900 年，德商瑞记洋行（Messrs. Arnhold, Karberg, & Co.）在附近建火水油库和蓄油槽。存放在这里的

---

① David Buck, *Urban Change in China: Politics and Development in Tsinan, Shantung, 1890 - 1949* (Madison: University of Wisconsin Press, 1978), p. 51.
② 见邱捷《黄景棠和他的倚剑楼诗草》，《近代史研究》1996 年第 6 期；曹思彬等：《广州近百年教育史料 广州文史资料专辑》，广东人民出版社，1983，第 74 页。
③ 同治《番禺县志》卷 3《舆地一》，《中国方志丛书 第 48 号》，第 21 页下栏。
④ 《穗垣近事》，《申报》1885 年 7 月 3 日，第 2 版；《探春败兴》，《申报》1892 年 2 月 22 日，第 2 版；《珠海冶春词》，《申报》1893 年 3 月 11 日，第 3 版。
⑤ 见《花埭清游》，《申报》1891 年 6 月 23 日，第 3 版；《粤峤春声》，《申报》1892 年 2 月 9 日，第 2 版；《木植被焚》，《申报》1895 年 1 月 3 日，第 2 版。

火水油被分装成小罐，分销全省各地。① 自此，花地一带逐渐成为煤油存储之地。1904 年 11 月，威北轮船公司（Hamburg – Amerika Linie）代理人德商禅臣洋行开始在花地填砌石矶，前建码头仓库。② 1905 年，美孚洋行建筑煤油池 5 处、货仓数间，约能存储煤油 350 万加仑（约 1325 万米³），同时制造白铁罐。1906 年，林记（Langkat）石油公司在修一个长 320 英尺（97.5 米）的码头，并在建仓库。③ 据《粤海关十年报告三（1902～1911）》描述，沿着花地岸边，从花地涌依次是德国教堂、亚细亚石油公司产业、威北轮船公司产业及美孚石油公司产业。在花地对面的白蚬壳，是粤海关及太古洋行产业。④

　　在这样的背景之下，黄景棠拟在芳村设公司开辟商场与外人争利。1903 年 8 月，粤汉铁路广三支线通车，首站芳村石围塘一带吸引大量购地者，"除上下市之外，所有菜畦、池岸、荒地、深林均已一律分竖标识以便建筑"。⑤ 1903 年 10 月，黄景棠以"家族合资"成立"华兴公司"，向两广总督岑春煊禀请将芳村所置田亩开辟商场。岑春煊并不同意，他在批示中表示，"查芳村为水陆要冲，地势极佳，开辟商场自属振兴商务，保全利权之策。惟兹事体重大，条理纷繁，断非公司权力所能及，所请碍难准行"。⑥ 很明显，岑氏认为开辟商场"兹事体重"必须由政府出面办理。黄景棠不甘心，结集广仁等五善堂拟再设"华庆公司"具禀。从资料上看，"华庆公司"只是"华兴公司"改头换面后的名称，实际上仍是黄氏的家族企业。岑氏仍不赞同。在他看来，开辟商场必须由政治机关来组织，治安、公堂、捕房无一不是以政治权力为后盾。只依靠公司聘请的巡勇、律师，"以辑奸禁暴，排难解纷"是不现实的。⑦ 商场牵涉的政治与外交更是公司所无法处理的。不过，岑氏也认可自辟商场的紧迫性和必要性，"本部堂到

---

① *China Imperial Maritime Customs：Decennial Reports，1892 – 1901*，p. 196.
② 《洋商砌石矶之请自办》，《广东日报》1904 年 11 月 28 日，第 2 页。
③ 《光绪三十一年广州口华洋贸易情形论略》，《近代广州口岸经济社会概况——粤海关报告汇集》，第 443 页；《1906 年广州口岸贸易报告（译文）》，《近代广州口岸经济社会概况——粤海关报告汇集》，第 456 页。
④ 《粤海关十年报告三（1902～1911）》，《近代广州口岸经济社会概况——粤海关报告汇集》，第 966 页。
⑤ 《铁路旺地》，香港《华字日报》1903 年 9 月 6 日。
⑥ 《岑云帅批黄绅景棠禀云》，香港《华字日报》1903 年 10 月 23 日。
⑦ 《批论商场》，香港《华字日报》1903 年 11 月 4 日。

省之日，即深见沙面之膨胀，已又访闻外人购地之众，故尤旁皇于自辟商场之万不缓"。① 因此，芳村商场在官商意见并不一致的情况下开始兴工。

随后，商场遭遇附近竹木店抗迁，进展缓慢。1904 年初，黄景棠带同洋人、差勇到芳村商场地段要求沿河一带的竹木店铺搬迁，商民不愿，双方爆发冲突。② 和生、何昌等竹木店将黄景棠告上公堂。据《广东日报》载，"初有数店已领价他迁，复有讼棍黄□□从中怂恿，坚以无地可迁为词，乃至相持不下"。一时间，流言四起，有人甚至怀疑"善后局员觊觎其地，故向黄商所定章程寻隙，借为充公之计"。③ 这场官司前后持续一年多，争执的焦点是搬迁费用，商民不满黄景棠只支付寥寥数十元的搬迁费，要求其补偿顶受铺位和填筑等费用。在清末，广东商铺有铺底顶手的商业习惯，即上手铺客与下手铺客之间交接商铺时，由下手铺客支付给上手铺客一笔费用，数额往往比铺租还要高。但这一点在诉讼中却没得到番禺县县令柴维桐的认可，"至称顶受铺位填筑等费，尔等当日批约，既未载明，事后空言，未足凭信，况呈词既称与黄景棠批租，自无顶受之事，现在只是迁让，招牌生理具在，账项仍可照收，不得并计索补"。在柴维桐看来，黄景棠所给搬迁费用确实过少，而竹木商铺也是"抗官缠讼"。故"谕饬黄绅，务须优给迁费，以期两得其平，尔等务即刻日觅迁，毋得始终抗延"。④ 这看似不偏不倚的判决，恰好是官府并不支持黄氏的体现。所谓的"优给"是没有标准的，"两得其平"更是难以达致的目标。因此，黄景棠不得不寻求更高层政府的支持。

1905 年，黄景棠向清廷商部呈请为芳村商场立案。1905 年 6 月，张弼士向商部禀请开黄埔商埠，黄景棠借机请张煜南将组设"华庆公司"开设芳村商场一事代禀商部请先立案。⑤ 在禀文中，黄氏再次强调开设芳村商场是为与沙面相抗衡，以争取商部的支持。其文曰：

　　　　该处称对沙面，左接花地，右通河南鹅潭，渟蓄于中，海线宽绰，

---

①　《续录批论商场》，香港《华字日报》1903 年 11 月 5 日。

②　《沙面对河芳村》，《中国日报》1904 年 3 月 12 日，第 3 页。

③　驾侯：《芳村商场成败之问题》，《广东日报》1904 年 7 月 14 日，第 1 页。

④　《芳村竹木店之给费饬迁》，《广东日报》1905 年 1 月 12 日，第 2 页。

⑤　《拟开华庆公司呈请立案》，《申报》1905 年 6 月 19 日，第 3 版。

实□珠江之冠。近日洋人于该处附近购置沿海各地，纷纷建货仓、筑码头，三面皆成洋场。其未为洋人所得者，仅此一隅之地。职道逆料该地为西商所必争用，是不为利诱、不为势移，□然自存泊于今日。倘筑为商场定可与沙面争衡。①

随同禀文，黄氏递交了章程二十四条、地基图样一张、合同底稿一纸，请求商部注册立案，并请行知粤东督抚饬令地方官妥为保护等。② 黄氏的目的非常明显，即通过商部立案以得到广东当局的认可。虽然商部并未立刻批准其立案，但这份咨文通过报刊广为流传，芳村商场的开辟已成既定事实。据 1906 年粤海关记录，黄景棠的华庆公司在芳村购地约 126 亩，计划投资80 万元修筑长 2480 英尺（约 755.9 米）的堤岸，将之辟作商场，发展成华洋杂处的商住区。③ 至 1911 年，两广总督张鸣岐正式为芳村商场奏请立案并获得批准，"现当经始，布置井然，规模闳远，实于通商鸠众有裨，请予立案。下部知之"。④

该商场由香港建筑行规划建设，招商广告也在省港两地刊载。据《申报》载，该商场的"其图式为香港著名画师柯厘伦治及贪麻士君所绘，马路阔四十尺，楼阁轩爽，沟渠洞达，一切货仓、街市、公花园、巡捕房、医病房、议事堂、电灯、水管，靡不组织完备"。⑤ 香港著名画师柯厘伦治及贪麻士君，是指 Leigh & Orange 建筑行（又称"理及柯伦治机器司绘图行"）。该行始于 1874 年英国建筑师丹备（William Danby，1842~1908）和会计师夏普（Granville Sharp，1825~1899）在香港创办的 Sharp & Danby。1881 年，丹备与夏普拆伙，1882 年前后与建筑师理（R. K. Leigh）合伙开办丹备及理机器司绘图行（Danby & Leigh），承接土木工程、建筑设计和测绘业务。1890 年，曾在港英政府工务署工作的工程师柯伦治（James Orange，1857~1927）加入该行，行名更改为 Danby, Leigh & Orange。1894

---

① 《商部行请查复商场之咨文》，《申报》1905 年 8 月 10 日，第 9 版。
② 《商部行请查复商场之咨文》，《申报》1905 年 8 月 10 日，第 9 版。
③ 《1906 年广州口岸贸易报告（译文）》，《近代广州口岸经济社会概况——粤海关报告汇集》，第 456 页。
④ 《清实录　第 60 册　附宣统政纪》卷 48，中华书局，1987 年影印本，第 862 页下栏。
⑤ 《芳村商场业已奏咨立案》，《申报》1911 年 2 月 8 日，第 1 张第 4 版。

年，丹备退出该行，行名更改为 Leigh & Orange，中文名为理及柯伦治机器
司绘图行。理和柯伦治先后在 1908 年和 1910 年退休，该行由其他合伙人以
原名续办。该行是当时极具影响力的建筑行，曾设计香港许多著名建筑，如
Queen's Building（1899）、Marble Hall（1901）、Prince's Building（1904）及
香港大学的 Main Building（1912）等。[①] 聘请 Leigh & Orange 做规划设计，
表明黄景棠对芳村商场的经营颇费心力。商场铺屋面向省港两地的商人销
售。1913 年，黄景棠在各报刊登告白，招商买受芳村埠"贵重洋楼铺屋地
段"，并在芳村、香港文咸东和昌金铺设办事处。[②]

　　目前尚未有资料显示，芳村商场最终的样貌如何。但上下芳村涌之间至
今仍留一段长 600 多米的长堤，堤上存有"黄余庆堂界"、"黄余昌堂界"
和"黄佐堂界"等石刻。[③]

　　从上可见，改良城市的趋势日益盛行。广州官商视新式马路、改良建
筑、新式街市、开辟商场等为发展商务的手段，亦为"文明"城市所必备。
1906~1907 年，周馥在任两广总督期间批准了一系列新建设的请求，包括
开辟川龙口商场、展筑长堤至黄埔、批准刘庆祥成立"省河铁桥有限公
司"、填筑河南堤岸、扩宽城内惠爱大街和双门底上下街等。[④] 杨颖宇认为，
这是近代广州第一个全面的城建方案。[⑤] 然而，这些建设由农工商局、堤工
局及某些绅商分别提议，并非全盘统筹的结果。在推行过程中，如何筹资、
由谁负责实施、建设后如何管理和经营等问题常常引发纠葛。尤其是官商对
资金数额巨大的大规模投资建设项目往往意见不合，难以协调。当涉及土地

---

① 见黄㮾《晚清寓华西洋建筑师述录》，汪坦、张复合主编《第五次中国近代建筑史研究讨
论会论文集》，中国建筑工业出版社，1998，第 172 页；Tony Lam Chung Wai, "From British
Colonization to Japanese Invasion: The 100 Years Architects in Hong Kong 1841 – 1941, " *Hong
Kong Institute of Architects Journal* 45（2006），p. 45。

② 《省城芳村埠告白》，香港《华字日报》1913 年 3 月 18 日。

③ 见《芳村长堤兴筑》，陈泽宏、胡巧利主编《广州近现代大事典》，广州出版社，2003，第
117~118 页；陈建华主编，荔湾区文物普查汇编编纂委员会编《广州市文物普查汇编　荔湾
区卷》，广州出版社，2006，第 59 页。

④ 见《周督欲向东堤振兴商业》，香港《华字日报》1907 年 1 月 5 日；《兴筑河南堤工之办
法》，香港《华字日报》1907 年 4 月 22 日；《展拓马路之规划》，香港《华字日报》1907
年 5 月 22 日；《整顿街道续闻》，香港《华字日报》1907 年 5 月 27 日；《河桥公司》，《商
工旬报》第 1 期，1907 年 6 月 21 日，第 2~4 页。

⑤ 杨颖宇：《近代广州第一个城建方案：缘起、经过、历史意义》，《学术研究》2003 年第 3 期。

产权时，普通民众的利益更可能面临巨大损失，使得问题更加复杂。川龙口与大沙头的开发就是明显的例证。

二　抗迁风潮：川龙口的开发

川龙口（该地名今不存，大致位于今白云路与东川路之间）毗连东濠口，在大沙头对面，近河而贴近省城，地理条件优越。习惯上，近河一带称"下川龙口"，稍北称"上川龙口"。该地原为番禺学宫产业，1906年由善后局拨款购置。开发川龙口起初与建设铁路、促进商人投资东堤有关，官府试图将之开辟为公园和戏园，筑路连接至东堤。两广总督周馥计划将之改为商场，设新市局收购附近土地。当地居民大力反对搬迁，最终计划不了了之。

下川龙口开发与东郊外铁路兴建有密切联系。1905年，督办闽广农工路矿大臣张振勋为联络南洋闽广侨商，规划广厦铁路。他拟先筑广州东门外至黄埔段（称"广埔铁路"），并开辟黄埔商埠，意在"振兴商埠"。[1] 他计划在川龙口建车站，饬善后局将该处新填河堤，预留一丈五尺（约5米）以备铺设轨道。[2] 两广总督岑春煊并不赞同，他认为"（川龙口一带）其间人烟稠密，房屋栉比，并有教堂、医院错处，地方极为繁盛。舆马尚形挤拥，何况火车？堤岸环绕省城，若轨路居中横亘往来，尤觉不便"。[3] 当时川龙口一带尚未开发，实难称"繁盛"。如前所述，岑氏认为开辟商场一事须由政府来组织，对张氏越过广东当局而直接请示商部的做法，极为反感。他指出"（建路开埠）在在与地方有密切之关系"，请商部转告张氏，"嗣后如有兴办事件，与地方有关系涉者，均应请将详细办法先行会商妥洽。然后举办，庶昭慎重"。[4] 延迟至1906年，张氏制定广埔铁路招股章程，并在靖海门外设办事处。商部亦将该铁路正式立案。[5] 但岑氏仍以该路段"多与居

---

[1] 《商部奏陈筹办广埔铁路事宜折》，《岭东日报》光绪三十一年十二月初九日。
[2] 《岑督咨复张太仆公文》，《岭东日报》光绪三十一年六月十九日。
[3] 《岑督咨复张太仆公文》（续），《岭东日报》光绪三十一年六月二十日。
[4] 《岑督咨复张太仆公文》（续），《岭东日报》光绪三十一年六月二十日。
[5] 《广埔铁路章程提要》，《岭东日报》光绪三十一年十二月初八日；《商部奏陈筹办广埔铁路事宜折》，《岭东日报》光绪三十一年十二月初九日。

民有密切之关系"，恐铁路有碍居民，加以反对，又提出由谁征收黄埔商埠的税收等敏感的问题。① 后岑氏着手筹办广九铁路，下川龙口遂成为广九铁路的首站所在地。②

这一站在广九铁路通车时被命名为大沙头站。1905 年 8 月，岑春煊将筹办广九铁路提上日程。③ 1906 年 5 月，岑氏与英国人订立初步合同，请外务部和商部核议。④ 1907 年初，清廷外务部与中英公司订立合筑广九铁路的正式合同。在沙面原德康行（Deacon hong）内设局办公，由道台魏汉为执行董事，法兰克·格罗夫（Frank Grove）任总工程师。在中外工程师及职员的联合勘定下，广九铁路确定以东濠桥东的川龙口为起点，经增城、东莞至石龙为第一段建筑工程。⑤ 该公司以七折的价格，向堤工局购买川龙口一带新填地。⑥ 1908 年 6 月 1 日，广九铁路开始施工；1909 年 4 月 7 日，举行奠基礼；1910 年 12 月 6 日，广九铁路开始通车，中西政界及大绅商、省港报记者咸集大沙头总车站，站内则设会场宴请各界人士。⑦

上川龙口的开发，始于堤工局为吸引商人投资东堤而筹建公园、戏院。1903 年，堤工局招商承领长堤各段，东濠口迤东一带（筑成后称"东堤"），地段冷清，无人承领。堤工局总办杨荫廷建议发展娱乐业，由官府出资建设花园、戏院、酒楼、饭馆，出租给商人，收取租金；若官方无款，则改为招商承办。⑧ 色情行业可振兴商务在当时颇受官府肯定，"娼妓一流，自表面观之固为分利之辈。然商办之地，客贾辐辏，苟有勾栏之处为豪商富

---

① 《岑督咨询广埔铁路办理情形》，《岭东日报》光绪三十一年十二月十四日。
② 《农工商部咨请查勘广厦路线》，《申报》1907 年 6 月 5 日，第 12 版。
③ 见《粤省督抚电争广九铁路权利》，《申报》1905 年 8 月 2 日，第 4 版；《筹办广九铁路》，《申报》1905 年 12 月 26 日，第 3 版。
④ 《广九铁路之草合同》，《申报》1906 年 5 月 29 日，第 3 版。
⑤ 广九铁路管理局编印《广九铁路旅行指南》，1916，第 9 页；《1907 年广州口岸贸易报告（译文）》，《近代广州口岸经济社会概况——粤海关报告汇集》，第 469 页；《广九铁路已开始测勘》，《广州总商会报》1907 年 10 月 14 日，第 3 页。
⑥ 《新辟东堤商场续闻》，香港《华字日报》1908 年 10 月 5 日。
⑦ 《粤海关十年报告三（1902~1911）》，《近代广州口岸经济社会概况——粤海关报告汇集》，第 978 页；《张督广九路垫（奠）基礼祝文》，香港《华字日报》1909 年 4 月 10 日；《广九铁路行开车纪盛》，《申报》1910 年 12 月 14 日，第 1 张第 4 版。
⑧ 《领地利益新章》，《岭东日报》光绪三十年九月十七日。

贾征歌选舞之场，亦可促商埠之繁盛"。① 柯必德指出其主导的思维在于：如果光顾高级妓院、挥金如土的有钱人能够被新道路开发区吸引的话，那么这一地区的商业将会兴盛起来。② 杨荫廷的建议得到善后局认可，出示鼓励商人成片领地，"承领五千井以上者，照新定价值八五折收缴；至万井以上者，按八折收缴"。③ 曾有商人为之所动。1905 年 8 月，职商罗宏发、张福祥等组设"联兴公司"，请承东濠口起至八旗会馆的新堤地 1600 余丈。④ 但该公司因周荣曜贪污案波及而拆伙，领地遂作罢。⑤ 1906 年 6 月，东濠口堤岸将告竣，仍无人领地。陈望曾时任官银钱局提调署广州知府，决定先由官府在临近东濠口堤岸的川龙口，建花园一所、戏院一所，"以为之倡"。⑥

善后局遂拨款向番禺学宫明伦堂士绅购置川龙口。陈望曾在给岑春煊的禀文中提到，开设公家花园有益于卫生、有益于民智、有益于商务、有益于财政，"兼此数益广东地面似不可无一公花园矣"。花基、园内外设施需建设经费 16 万元。陈氏建议钱款由官银钱局拨用，待公园建成交由官银钱局管理，年终余利归善后局支用。陈氏预计"该园获利必厚"。岑春煊批准陈氏的禀文，分行广东布政司、善后局查办。⑦ 1906 年 7 月，陈望曾带同工匠划定上川龙口以西、东濠口以东约 52 亩为"官立公园地界"。⑧ 公园计划于 8 月兴工，拟按照一位名为"冠山"的人所献的设计图建造，可直达长堤，另辟一条马路连接至沙河。⑨ 戏院同时兴工，由建筑商公益号承建，耗资 2

①《广东财政说明书》，第 270 页。

② Peter J. Carroll, *Between Heaven and Modernity*: *Reconstructing Suzhou*, *1895 – 1937*, p. 67.

③《领地利益新章》，《岭东日报》光绪三十年九月十七日。

④《请承堤地之设施》，《游艺报》1905 年 8 月 19 日，第 2 页。

⑤《东堤地段又易新商》，《广东日报》1905 年 11 月 11 日，第 2 页。《周库书与商场之关系》，香港《华字日报》1905 年 11 月 13 日。周荣曜，字东生，其父以海关库书起家，咸推粤东豪富。周荣曜历任粤海关库书之职。1905 年七月，周荣曜入京拟奉出使比利时国大臣，两广总督岑春煊参揭其积欠粤海关款 200 余万，故收回出使成命，又查抄其家产。除周氏兄弟的家宅外，凡有周氏股本的商店、工厂亦一律被查封，广州商场为之震动。如位于增源的宏远公司造纸厂，周氏为大股东，案发后官府接收改为官商合办，改名"增源纸厂"。1907 年，小说家黄世仲（又名小配）以周氏案件为原型著小说《廿载繁华梦》。见《查封周东生家产续闻》、《周东生家产查抄再续述》，香港《华字日报》1905 年 10 月 9、10 日；《广东财政说明书》，第 304 页。

⑥《酒馆娼寮花艇须知》，香港《华字日报》1906 年 6 月 25 日。

⑦《粤督准设公园札文》，《申报》1906 年 7 月 29 日，第 2 张第 9 版。

⑧《公家花园已勘丈竖界》，香港《华字日报》1906 年 7 月 16 日。

⑨《兴筑公家花园近闻》，香港《华字日报》1906 年 8 月 20 日。

万余两，至 1907 年 2 月落成，称"东关戏院"，移交农工商局招商认饷。① 由于欠缺经费及官员调动，公园却迟迟未能动工。

周馥继任两广总督，拟将公园地改建商场，并设"新市局"收购附近土地。周馥（1837～1921）跟随李鸿章办洋务长达 30 余年，擅长处理复杂的技术问题和管理财政预算。1902～1904 年在山东任巡抚时，他曾规划济南火车站周边的城区计划。该计划初由袁世凯提议，旨在建立一个由中国人管理的供外国人居住和经商的特别城区，提供包括健全市政、警察保安制度在内的公共服务设施。该计划对济南城市发展影响极大，包德威（David Buck）称，"由他开启的发展势头，使济南成为中国人控制城市发展的非同寻常的典型"。② 1907 年初，清政府民政部要求各省"迅速筹设博物院、万牲园、公家花园三项，以期开民智，而利民生"。③ 但周馥认为，公园固然为"开人智识之要务"，川龙口一带却更适宜开辟马路、兴市造屋，"以便商民而兴商利"。④ 故他将川龙口划分为两部分：川龙口以西、东濠口以东地方约 100 亩，包括公园地址"留作商铺之地"，由堤工局招商承领；川龙口以东至猎德涌口止则辟作商场，设立"新市局"，主管勘界、绘图、购地、兴工等事务。⑤ "新市局"隶属农工商局，广东布政使胡湘林为督办，广州知府陈望曾为帮办，番禺知县柴维桐为提调。⑥

新市局的收地计划遭当地居民大力反对。1907 年 5 月，新市局在川龙口华佗庙内设立"验契处"，另有报道称该局设"收契所"于紫洞艇上。⑦ 无论"验契"还是"收契"强调的都是契据，这是土地产权所有的唯一证

---

① 《欲承川龙口戏院者看》，《广州总商会报》1907 年 2 月 20 日，第 5 页。
② 见汪志国《周馥与晚清社会》，合肥工业大学出版社，2004，第 107～123 页；〔美〕包德威：《李鸿章与袁世凯对山东巡抚周馥施政方针的影响》，郭大松译，郭大松、刘溪主编《开放与城市现代化：中国近现代城市开放国际学术研讨会论集》，山东人民出版社，2011，第 6～20 页。
③ 《拟催各省筹建公园》，《广州总商会报》1907 年 3 月 21 日，第 3 页。
④ 《周督欲向东堤振兴商业》，香港《华字日报》1907 年 1 月 5 日。
⑤ 《公园地址准商缴价承领》，香港《华字日报》1907 年 1 月 15 日；《檄行筹设商场新市局》，香港《华字日报》1907 年 3 月 22 日；《札催购地开辟商场》，《申报》1907 年 4 月 3 日，第 12 版。
⑥ 《新市局拟归农工商局节制》，《广州总商会报》1907 年 4 月 16 日，第 3 页。
⑦ 《新市局购地伤迁几致生事》，《广州总商会报》1907 年 5 月 6 日，第 2 页；《川龙口商场购地之风潮》，《申报》1907 年 5 月 13 日，第 3 版。

明。土地业主只有缴验契据，才能"核给价值"。然而，居住在东关外的多是贫农小户。居民对于验契购地充满疑虑，"居民鉴于前官场发还地价之弊，不无疑虑，纷纷上禀乞恩"。知县柴维桐却批斥他们"希图阻挠，殊属不合"。① 居民与新市局的矛盾在 5 月 4 日（农历三月二十二日）彻底爆发。省港沪各报竞相报道，内容不尽相同，从中可见当时舆论对于这一事件的看法。最先做出报道的是《广州总商会报》，5 月 6 日该报刊登《新市局购地饬迁几致生事》一文曰：

> ……讵应辟作商场之东山大街、百子桥东一带无知居民等，陡于月之廿二日晚，鸣锣集庙，一时妇女百数辈，相率往新市局，希图豁免搬迁，哗抗不已，几酿事端。旋经巡警局暨广州协、番禺县各宪闻报，立派勇役驰往弹压。②

从报道可见，川龙口一带居民"鸣锣集庙"，男女数百人前往新市局闹事，被赶来官府兵勇镇压。《广州总商会报》的立场明显倾向官方，强调的是"无知居民"陡然抗迁，"哗抗不已"。香港《华字日报》立场有所不同。5 月 10 日该报以《新市局哄闹之情实》为题刊登据称是实情的报道，其文曰：

> ……廿二日下午五句钟，局员均已返寓，只留小委二员在东濠口座船。突然传到该管地保，饬即分传业主。地保以无力为辞，小委怒其顶嘴，罚跪船头。岸上围观，误为拿人。以讹传讹，愈聚愈众，将石向座船乱掷。委员始惧，将地保释去，以平众怒。又虑有干大委谴责，遂潜逃至岸，张大其词，用电话分告文武衙署，硬指居民纠众毁舟，请兵弹压。现在当道已查悉情形，大约该小委难免办理不善之咎也。③

---

① 见《新市局哄闹之情实》，香港《华字日报》1907 年 5 月 10 日；《新市局购地饬迁几致生事》，《广州总商会报》1907 年 5 月 6 日，第 2 页。

② 《新市局购地饬迁几致生事》，《广州总商会报》1907 年 5 月 6 日，第 2 页。

③ 《新市局哄闹之情实》，香港《华字日报》1907 年 5 月 10 日。

可以说，香港《华字日报》的立场是倾向居民的，其报道中小委员是一副蛮横无理、欺压百姓、夸大其词、推卸责任的嘴脸。居民在事件中是无辜的受害者，被硬指"纠众毁船"而遭镇压。《申报》的观点与之又不同。5 月 13 日，《申报》刊登《川龙口商场购地之风潮》一文，直指事件的罪魁祸首是新市局委员柴维桐，文曰：

> ……兹闻二十一日周督亲诣新市局地方查看时，该处居民拟联名拦舆递禀，呈诉苦情。不料委员柴维桐由百子桥北之小径，导周督至龟岗，所过之处俱无居民。而户口殷盛之内街，则并未经过，故此禀未能呈递。乃翌日，柴委员反饬局役到百子桥东纷纷拿人……于是人心大愤，顷刻之间集众至千余人，齐往收契所，要求释放。是时，收契所权设于紫洞艇，泊在猪栏口，收契委员闻耗，斩缆逃去。当时东关巡警不数弹压，遂遍发电话于番禺广协。未几，各兵驰至，许将所拿之人明日释放，众始散归。现闻该处居民已联结团体，以图抵抗，每人先收挂号银一毫，共收得银二千余元，以为办理此事之经费。①

这一报道明显也是倾向居民，认为官府办理不善，无端抓人，造成人心大愤。其祸首是高层官员，而非小委员。记者在文后评述道："夫开辟商场，所以兴利也。今不闻利民而反扰民，岂非办理不善者之过乎？"

三份报刊报道的差异表明，虽然报界舆论在大趋势上都赞同开辟商场，但对实施方式却有争议。有主张激进者，亦有主张缓和者。特别是涉及老百姓的切身利益时，报界普遍持有同情的态度。尽管报道各异，但可以肯定的是，居民对于征地一事极为不满，而官府则调动巡警和军队进行了镇压。

居民为何反对征地？从百子桥东约、紫来四约、东山大街、瓦窑大街等处居民联合在《广州总商会报》刊登的告白，可窥见端倪。文曰：

> 惟查该处共七约，计户六百余间，贫民约数千口，多借约内昌隆洋

---

① 《川龙口商场购地之风潮》，《申报》1907 年 5 月 13 日，第 3 版。

席栈工作，及或借灰窑等项生理，佣工度活。聚居已久，甚少他徙。且查省垣城厢内外，地非广，近复增设学堂、巡警，及车衣、革履等店，已无隙地，焉能再插入数百户口？倘或勒迁，势必栖身无地，觅食无门，数千生灵，尽填沟壑。即各铺赊款，亦无凭追讨，则血本无归，贻累不知胡底。现约内老少男女，自闻命后，或皆寝食俱废，痛哭流涕，惊惶万分。当查川龙口迤东一带，田地增购尚易，若稍为变通，于理公私两无妨碍。①

这一告白反映了诸多信息。第一，受争议的征地区域有七个约，居住六百多户上千人口。"约"是一种街坊组织。贺跃夫指出，在晚清的广州一个建有街闸的自卫街坊单位（称为"约"、"里"或"巷"等），即是一个自治的"更区"，建有更馆，由薄暮时打一轮"落更"的大鼓起，到次日早晨"散更鼓"止，街闸关闭，禁止人通行。② 上述《广州总商会报》报道也提到，川龙口居民为抗迁而"鸣锣集庙"。邱捷指出，所谓"集庙"是指居民在街区的庙宇中集合议决处理本街区的事务。③《申报》报道也提到居民已联结团体，集资以图抵抗。告白还提到，商铺与居民之间有着一定的商业信用关系，"各铺赊款，亦无凭追讨"。显然，这一区域的居民有着一定的社区认同、共同利益及商业信用系统。

第二，该区域居民多是昌隆洋席栈或灰窑雇佣的工人。他们可能多是受工厂吸引而来工作的，极可能没有房屋或土地的产权。拥有土地产权的唯一证明是契据。契据有红白之分，"红契"指的是向投官纳税后有官府钤印的契据；"白契"是指未纳税的契据。杨国桢指出，"红契"及其所附的官文书是具备完全的法律文本；"白契"在实际生活中也具有产权证明的性质，是一种不完全的文本。在打官司时，"白契"的产权证明效力便受到影响，甚至被否定。④ 川龙口征地案中情况正是如此，新市局征地补偿的标准是"凡缴验红契，照时值估价"；如果没有契据或只有白契，即被视为占住官

---

① 《广州总商会报》1907年5月10日，第2页。
② 贺跃夫：《晚清广州的社团及其近代变化》，《近代史研究》1998年第2期。
③ 邱捷：《清末广州居民的集庙议事》，《近代史研究》2003年第2期。
④ 杨国桢：《明清土地契约文书研究》，第74页。

地，"酌给迁筑费"。①

　　第三，新市局并没有安置搬迁的计划。可以说，当时官府只负责收地，而没有后续的搬迁安置的概念。原来的居民应该搬到哪里并不在官府的考虑范围之内。相似的情况一再发生。1910 年 7 月，东濠口湛塘海坦改建为东堤二马路，承建商张壮猷和番禺知县杨恕祺逼迫该处居民搬迁。在强拆房屋之余，日夜派差拿押，致使五人丧命。② 案件最终由巡警道刘永滇札广州府，转饬番禺县"妥置湛塘蛋户"。③ 但具体如何安置就不得而知。

　　抗迁风潮爆发后恰逢广东各地起义迭发，当局不得不更加谨慎地应对征地。1907 年，同盟会先后发动两次起义。5 月 25 日，余丑、陈涌波聚众千余人发动潮州黄冈起义。④ 6 月 2 日，陈纯、林旺、孙稳等集合少数会员在惠州七女湖起义。⑤ 两广总督周馥频繁调动军队赴各地镇压起义。因此，周氏对于川龙口的抗迁事件态度极为谨慎。他亲到现场视察，见百子桥拆屋将及千间，批斥新市局委员"不恤民艰，乱行圈人，实属任意妄为"。在周氏看来，如果动辄拆毁民居，势必会招致祸患。因此，他要求广东布政司"嗣后圈取民地，必须具禀查明确须拆卸者，方准购取"。⑥ 这导致征地进展极为缓慢。川龙口居民毫无搬迁之意，即便是领过新市局补偿地价的居民，仍"多屡催不迁"。

　　周馥卸任后，开辟川龙口商场计划付之东流。早在 5 月 25 日潮州黄冈起义之际，清廷深恐周馥难以胜任剿匪之责，遂命其开缺，拟令岑春煊返粤为两广总督。⑦ 岑氏以病体未愈推脱，遂改由张人骏出任两广总督。周氏同家眷于 7 月初乘坐庆利轮船离开广州。⑧ 开辟川龙口商场计划遂被搁置，新市局归并于堤工局。光绪三十四年十一月，堤工局勒令该处住户 20 日内搬

---

① 《新市局哄闹之情实》，香港《华字日报》1907 年 5 月 10 日。
② 《杨令将焉置此拦舆泣诉之蛋妇》，香港《华字日报》1910 年 7 月 9 日。
③ 《札府饬县妥置湛塘蛋户》，香港《华字日报》1910 年 7 月 14 日。
④ 冯自由：《丁未潮州黄冈革命军实录》，氏著《革命逸史》第 5 册，新星出版社，2009，第 876 页。
⑤ 冯自由：《丁未惠州七女湖革命军实录》，氏著《革命逸史》第 5 册，第 884 页。
⑥ 《此时始恤民艰耶》，香港《华字日报》1907 年 6 月 20 日。
⑦ 《清实录　第 59 册　德宗实录（8）》卷 572，第 572 页下栏。
⑧ 《卸任粤督抵沪》，《申报》1907 年 7 月 8 日，第 5 版。

迁，若不搬迁，即将前领屋价缴还。不料居民既无力缴还屋价，也不肯搬迁。最终只能由堤工局酌量收取房租，按每屋价百元，月收租银六毫。广东劝业道设立后，新市局移交劝业道管辖，屋租收入也移充劝业经费。1909年，该项屋租收入为四百四十九两六毫。[1] 新任总督张人骏并不看好开发川龙口，认为"徒以工巨费大，缔造维艰，非刻期所能成立"。他更看好川龙口旁边的大沙头岛。[2] 于是，广东当局的土地开发计划转向了大沙头。

三　购地风波：大沙头的开发

广东劝业道于1909年向番禺四司册金局士绅购置大沙头，拟辟为"华侨归栖之所"。大沙头，又名"海心沙"，是与川龙口隔涌相对的一个岛屿。岛上是一片围田，宽广700余亩。该地原为番禺四司册金局的公产，故四司绅民拟筹资自筑商场，大力反对官府购地。广东当局也未能筹集到开埠经费，大沙头开埠遂遥遥无期。

番禺县分治省城的区域称"捕署"，其余区域分设沙湾、茭塘、鹿步和慕德里四个巡检司管辖，称"四司"。明清时期，科举考试制度森严，层级繁复，士子读书应考，科费负担极大。捐资助考的宾兴组织陆续出现，成为士绅参与地方政务的一种形式。光绪四年，因"司铎造呼名之册纸贵，三都新生筹印卷之资，家徒四壁"，在籍士绅潘亮功、谢佩熙、许其光、梁肇煌等发起捐资"册金"。番禺知县徐世琛、茭塘司巡检于沆、行商梁纶枢、士绅陈希献等，以及捕署和四司的各乡宗族纷纷响应。[3] "册金"原指童生入学后参加每级科考缴纳的报名费，在此等同于"印金"。"印金"又称"束修"或"印卷金"，是指新取录的文武生员赠送给学官的礼金，具体名目包括印金、印朱、贽仪、书斗、办公费、印红费等。[4] 同治四年，顺德新青云文社开始代送新生印金，随后香山、石城、饶平、揭阳、高要、茂名、信宜、化州、钦州、德庆、和平及英德等地先后成

---

① 《广东财政说明书》，第111~112页。

② 《札道购回沙头开辟新市广东》，《申报》1909年5月25日，第12版。

③ 同治《番禺县志》附《番禺册金案》，《中国方志丛书　第48号》，第682页上栏；宣统《番禺县续志》卷20《人物志三》，《中国方志丛书　第49号》，第269页。

④ 见拙著《从捐资助考到地方公共事务：清中期至民国广东宾兴组织研究》，第10~11页。

立了致送印金的组织。① 番禺册金在倡建时以县为单位，但在运作中极强调"捕署"和"四司"地域的区分：资金筹集由"乡城分股劝捐"，资金经营上"司捕各筹生息"，在资金使用上更明确区分"司属印金由司款汇交，捕属印金由捕款按送"。② 因此，四司册金局和捕署册金局是两个不同的士绅组织。捕署册金局位于文明门外东横街三贤祠。光绪六年，士绅詹瑞云等重修三贤祠，在捕署所收册金款内拨银 210 两。嗣后将三贤祠的中座改为捕署册金局办事处，供考生报名查对捐册之用。光绪十九年，三贤祠扩建房屋作为捕署册金局士绅议事集会之地。③ 相比之下，四司册金局的组织运作情况则非常模糊。这为日后大沙头归属的争端埋下了伏笔。

番禺四司册金局购置大沙头时发生"一田两主"纠纷，故留下了案件记录。大沙头是珠江河流冲积而成的一个岛屿，四周筑土作围，以绕其田，故称为"围田"。④ 据《番禺册金案》载，番禺四司共有 380 余个乡的氏族参与捐题册金，捐资近 2 万两。光绪六年，册金局以四司"育秀堂"和茭塘司"培英堂"合股的名义买受潘荣阳等十堂大沙头围田，价银 17500 两。其中育秀堂值五股，培英堂值一股，合六股。随后发生"一田两主"的纠纷。士绅高翔翎等向番禺知县投称：此田名为"海心沙"，系高姓祖遗物业，被潘荣阳等瞒领，已经相互打官司多年。围田与沙田相似，随河水冲击新沙渐长，耗时甚长，容易引发纠纷，在官府登记纳税成为拥有围田所有权的重要依据。经番禺知县袁祖安查实，此田确是"一地两名"和"一田两税"。潘荣阳堂等以"大沙头"之名向官府登记熟田及草水白坦，共纳税七顷六十四亩余；而高锡额堂祖遗"海心沙"编在大石六图一甲高锦业等户，共纳民坦税五顷九十四亩五分。高翔翎等称，"今册金局置为公产不敢控争。惟恳补回工筑本银，将原税拨归公产究纳"。于是，知县袁祖安劝令潘荣阳等堂将卖价内拨出银 5000 两给高族作工筑本银，得到潘高两姓同意。遂将潘荣阳等堂所承大沙头田坦税注销，四司册金局照高锡额堂的税额完成过割归户。⑤

---

① 见拙著《从捐资助考到地方公共事务：清中期至民国广东宾兴组织研究》，第 64 页。
② 同治《番禺县志》附《番禺册金案》，《中国方志丛书 第 48 号》，第 682 页上栏。
③ 宣统《番禺县续志》卷 5《建置志三》，《中国方志丛书 第 49 号》，第 105 页下栏。
④ 宣统《番禺县续志》卷 12《实业志》，《中国方志丛书 第 49 号》，第 170 页。
⑤ 同治《番禺县志》附《番禺册金案》，《中国方志丛书 第 48 号》，第 681~682 页。

《番禺册金案》完整地记录了册金局设立的缘由、册金局章程及各级官府的批示，大沙头"一田两名"案件的番禺县判词，以及捐题经费名单，后被收录到同治《番禺县志》中作为附录。这说明该案对倡建官绅、捐资的各乡村宗族而言极为重要。值得注意的是，购买大沙头的以四司"育秀堂"和茭塘司"培英堂"为名，资金是由四司各乡村宗族或个人捐资而来，捐款数额差别极大，少的只有一二元，多的却有一二百两。①

1909年大沙头火灾后，广东劝业道向四司册金局士绅购置大沙头，拟辟为"华侨归栖之所"。长堤兴工后，珠江河面的花艇被迫向东迁移。1904年7月，粤海关税务司会同堤工局划定花艇泊界，"由电灯公司之东便烟囱起，划一直线，至东炮台止，为各紫洞艇聚泊之处。其靖海、迎珠各艇须在东濠口湾泊，不得过在濠口迤西"。② 实际上是将花艇驱泊至东濠口以东的大沙头河面。1909年1月30日晚，停泊在大沙头的花艇发生火灾，几乎焚毁殆尽，烧毙、溺毙三四百人。③ 火灾之惨烈震惊中外，使得当局决定禁绝妓艇。两广总督张人骏下令"嗣后河面不准再有一名娼妓寄居舟中，亦不准游人在舟招妓、侑酒"。④ 这项禁令促进了东堤的开发。水师提督李准、千总李世桂等人组设了广东置业公司，购买下东堤大片土地，建设码头、戏院、酒馆、妓馆、书楼及公园等。⑤ 妓艇随即也上岸，搬迁到东堤。与此同

---

① 《番禺四司册金公产印示》，出版地不详，1911，第2~3页。
② 《定泊花舫界线》，香港《华字日报》1904年7月8日。
③ 《大沙头火劫详情》，香港《华字日报》1909年2月2日。
④ 《大沙头火灾后之筹备》，《申报》1909年2月16日，第2版。妓艇在1912年底由广东省警察厅规复。见《娼妓复业之先声》，《民生日报》1912年11月15日，第5页。
⑤ 见《东堤辟建商场公园》，香港《华字日报》1909年9月25日；《置业公司开辟商场之大计划》，香港《华字日报》1909年10月5日；《置业公司将产业抽签开彩》，香港《华字日报》1915年12月29日，第1张2页。李准（1871~1936），字直绳，号默斋、任庵，四川邻水人。1899年任粤洋水师统带，1902年兼统巡防营。1905年以记名总兵衔属广东水师提督，1909年实授，成为清末广东武将中最有影响力的一员。李世桂（？~1914），江苏人，武员出身，历任广州城守右营右哨千总、广州协右营都司等，以番摊赌商身份闻名。1900年，粤省番摊赌规获准改名为由武员承征的缉捕经费，后由惠泰公司张永图等商办。李氏借职务之便，居中把持，多收私规中饱，触及当局利益。当局遂设缉捕经费总局，改为官督商办。1904年，李氏因侵吞番摊赌饷等罪无力缴纳罚款而潜逃南洋。张人骏任两广总督时，念及其过往劳绩，并经其下属多方游说后，李氏获宥回国。见闵杰编著《晚清七百名人图鉴》，上海书店出版社，2007，第263页；宣统《南海县志》卷9《职官表》，《广东历代方志集成　广州府部（14）》，第232页上栏、234页上栏。何汉威：《清末广东的赌商》，台北《中央研究院历史语言研究所集刊》第67本第1分，1996年，第74~75页。

时，有商人向劝业道建议，开辟大沙头，"建造市场、铺屋、公园，并开辟
马路、筑桥，与川龙堤岸相接，四通八达，直与沙面东西对峙，蔚为大
观"。总督张人骏深以为然，令劝业道陈望曾与广州知府、南番两知县邀集
四司册金局士绅，商议购地事宜。① 1909 年底，经四司册金局士绅卢维庆等
51 人签名，将大沙头卖与广东当局。② 长堤兴筑后，吸引大批海外归侨在长堤
置产，建设百货公司、商场、酒楼、旅馆等。故而，陈望曾将大沙头规划为
"华侨归栖之所"，以吸引更多归侨来粤投资。由洋工程师燕啰义测量绘图，拟
将"该坦地再为填筑，四面则砌石筑堤，中央建一大公园，东西则建市场店
铺"。③ 袁树勋接任两广总督后，将之命名为"海新埠"，"以示海外归来耳目一
新之意"。④

　　以卫家炬、凌鹤书等为首的四司绅民则大力反对官府的购地交易。1910 年
初，番禺四司绅民举人卫家炬、凌鹤书、陈乾初，以及耆老李穗田等人在东沙
基设"公议堂"聚议，反对变卖大沙头。官府多次抓人封堂，仍屡禁不止。⑤
阻卖者并非反对开辟商场，而是主张筹款自筑，"如谓兴筑其利较丰，则我
四司属岂竟无力举办，奚必让与他人？前经集众公议，主自行集款兴筑者，
实居多数"。他们自称"业主自筑大沙头围者"，抄录《番禺册金案》，编成
《番禺四司册金公产印示》发行。在引文中，"业主自筑大沙头围者"直斥
卢维庆等士绅贪墨公产，"不料今日破坏公产者，不在工商力田之人，而□
在簪缨缙绅之列，入词馆者有其人，登甲榜者有其人，领乡荐者有其人，功
名愈显，则贪心愈炽，手段愈辣。必欲弃此公产而后快心"。⑥ 与此同时，

① 《札道购回沙头开辟新市》，《申报》1909 年 5 月 25 日，第 12 版。
② 《收买大沙头围案不准破坏》，香港《华字日报》1910 年 1 月 25 日。卢维庆，广东番禺人，
　光绪二年由附生中举人，光绪十八年壬辰科进士，曾任翰林院散馆编修、福建候补道。幼
　年家境不好，后与南洋富商黄陆佑结儿女亲。见《宫门抄》，《申报》1903 年 11 月 18 日，
　第 9 版；朱保炯等编《明清进士题名碑录索引》，上海古籍出版社，1980，第 2852 页；李
　文：《我所知道的南洋华侨黄陆佑》，《中华文史资料文库　第 19 卷　华侨华人编》，中国
　文史出版社，1996，第 218 页；罗功武：《卢维庆》，高明市政协文史资料研究委员会编印
　《高明文史资料　第 9 辑　罗功武遗稿〈粤故求野记〉选辑》，1995，第 40 ~ 42 页。
③ 《大沙坦开辟商场之计划》，香港《华字日报》1910 年 3 月 10 日。
④ 《兴筑海新埠之计划》，《申报》1910 年 5 月 3 日，第 11 版。
⑤ 《甚知官威可畏也》，香港《华字日报》1910 年 3 月 10 日；《不肯变卖公产被押不释》，香
　港《华字日报》1910 年 11 月 4 日。
⑥ 参见《番禺四司册金公产印示》。

广东当局资金不足，无款兴筑工程。该工程预计须费 30 余万元，劝业道多方筹措，只筹得善后局挪借新市局款 11 万余元，其余款项无着。① 一时间讼牒纷纭，"希图商办者，则以官家中变失信为词，反对官买者，则以绅士串同洋商耸听"。②

官民纷争引来北京农工商部对大沙头的兴趣，在广东当局、粤籍京官等力争之下才确定由粤省地方自行筹办。1910 年 10 月，自称"港商"的邵辑卿"借公愤、华侨等名义"向北京农工商部呈请，将大沙头商场改为商办。10 月底，农工商部派候补参议魏震、司员外郎关文彬等人到大沙头会勘。③卫家炬等四司绅民和卢维庆等士绅纷纷递交呈词。卫家炬等一再强调"绅民资赎自筑"。而卢维庆等强调册金局绅对大沙头的主权。与卢氏关系密切的省城大绅也出面支持卢氏。邓华熙以"广东地方自治研究社"之名上呈，称该地"属册金局公产，主权属之正绅，内地商民且不得干涉，何有华侨"。谘议局议长易学清称，"近日风气嚣张，事涉竞争，非假托华侨，即藉词公愤，据之事实则大谬不然。若不稍加整饬，将无可办之事"。④ 但魏震的查勘结果却大出广东官商所料，竟是"拟改官筑为部筑"，并拟"派江苏劝业道李哲浚，以参议候补，来粤督办"。消息传出，粤籍京官李家驹、谭学衡等联名向农工商部力争，特别要求不得由外省官员办理，且须将"此项营业所得之余利，仍全数提归广东地方，创办实业，以符原案"。⑤ 在舆论压力下，农工商部又提出"由部会同地方官办理"。两广总督张鸣岐则称该案"不过二三好事之辈，假公营私，其实并无可争之理由，原无所谓官与商争"，婉辞拒绝了农工商部的提议。⑥ 至 1911 年 1 月，大沙头才奏定由粤省地方自行筹办，"惟其余利拨归地方绅董，以兴办广东实业"。⑦

然而，四司绅民不愿放弃大沙头产权，广东当局亦无款兴工，大沙头开

①　《开筑大沙头之无款》，香港《华字日报》1910 年 6 月 11 日。

②　《请拨大沙头兴筑经费》，香港《华字日报》1910 年 8 月 1 日。

③　《咨行派员来粤查勘大沙头案折片》，香港《华字日报》1910 年 10 月 20 日；《魏震会勘大沙头情形》，香港《华字日报》1910 年 11 月 1 日。

④　《大沙头案须候部决》，香港《华字日报》1910 年 10 月 31 日；《建筑大沙头新埠无商办之望矣》，香港《华字日报》1911 年 1 月 3 日。

⑤　《关于大沙头开埠余利案之要电》，香港《华字日报》1910 年 12 月 30 日。

⑥　《建筑大沙头新埠无商办之望矣》，香港《华字日报》1911 年 1 月 3 日。

⑦　《大沙头案余利准兴实业》，香港《华字日报》1911 年 1 月 11 日。

埠遂被搁置。1911年1月3日，两广总督张鸣岐乘船抵粤时，凌鹤书等率番禺四司绅商耆老千余人，雇船百十艘湾泊在八旗会馆前，每人手持书写着"四司公产乞恩赎回"字样灯笼，等候拦舆递禀。① 其明确的反对态度，一方面令官府在没有充足资金保证下，不敢贸然兴工；另一方面也吓退了其他投资商。3月，张鸣岐以大沙头官办延缓，拟招商承筑，并保证"官任保护"。② 但是没有商人回应。于是，大沙头仍由劝业道批租给佃户郭同济等人继续耕种，每年缴租银3772两。③ 大沙头开埠案无形中已不了了之。有意思的是，大沙头开埠在创办地方实业中始终占据重要位置。1911年3月，谘议局议决禁赌后，两广总督张鸣岐提交善后议案，计划五项开辟利源事业，其中包括兴筑大沙头商埠。广东当局据该计划公开募集地方公债，筹设殖业及储蓄银行。④ 8月，南洋富商张鸿南（1861~1921）回粤，广东绅商各界在华林寺召开欢迎茶会。张鸿南称有意先办殖业银行，"次则倡办大沙头及黄埔各商场，为安集归国华侨之聚点"。⑤

大沙头开埠的争端在于公产的地权应归谁所有。卢维庆等册金局士绅愿意出卖，而卫家炬等为首的四司绅民却不愿意卖。虽然地方官府从中央政府处争得了大沙头的筹办权，但部分绅商反对的舆论压力也令官府无法忽视。领导这次争夺的四司绅商深孚众望，广东光复之初，四司绅商推举凌鹤书为番禺治安局局长、卫家炬为副局长。该局自称得都督府核准，办理全县行政、征收丁粮等事务。⑥ 有趣的是，在政权更迭之际，大沙头归属之争再次

---

① 《番绅拦舆禀赎公产》，香港《华字日报》1911年1月6日。

② 《大沙头招商承办》，香港《华字日报》1911年3月28日。

③ 《大沙头围仍旧批租》，香港《华字日报》1911年6月5日。

④ 见《募集地方公债筹设殖业及储蓄银行案（续）》，香港《华字日报》1911年3月22日；《张督宣布禁赌善后之政见》，《申报》1911年3月30日，第10版。

⑤ 《各界欢迎张鸿南纪盛》，香港《华字日报》1911年8月31日。张鸿南，号耀轩，广东梅县松口人。其兄张煜南（1851~1911），号榕轩。张氏兄弟与张振勋关系密切，是19世纪末20世纪初荷属东印度的著名华侨实业家和地方侨领。他们从19世纪70年代起开始经营种植园等业，产业不断扩大，先后被荷印当局委任为棉兰（Medan）地区的华人雷珍兰（Lieutenant）、甲必丹（Captain）和玛腰（Major）。张煜南于1895年被清政府委任为驻槟榔屿副领事，开始走上仕宦之途，张鸿南则主要从事实业活动。1904年4月，张氏兄弟创办潮汕铁路公司，张煜南出任董事长。见温广益主编《广东籍华侨名人传》，广东人民出版社，1988，第68~76页。

⑥ 《番禺治安局开办》，香港《华字日报》1911年12月18日；《治安局竟有征收钱粮权》，香港《华字日报》1912年1月7日。

上演。1912 年 1 月 21 日，卫家炬等召集四司各乡代表 700 余人在番禺学宫集议，议决收回大沙头自筑自办。① 25 日，四司团体邀请政界及各界，在东堤东园公开谈判。《华字日报》载，副都督陈炯明当场答允，将大沙头公产交回四司管业。四司全体鼓掌，三呼"都督万岁！大沙头万岁！"② 但随后，广东警察部称"都督于议政厅宣言，并无允将大沙头归四司收回之事"，并声明"此地实为军政府所有"。③ 番禺四司代表陈言刍等试图通过司法途径夺回产权，被高等审判庭批斥驳回。④ 同时，广东军政府拟借款兴筑大沙头。⑤ 但舆论并未能平，番禺四司代表香港侨商车茂轩等，屡次电称"官绅串卖大沙坦地，誓不承认"。也电称："大沙头坦地粤吏定期招筑，形同强夺，侨民愤激，乞电止筑。"⑥ 在舆论压力之下，广东军政府的大沙头开埠计划终成"画饼"。

　　"改良城市"之风过后，省城面貌发生了局部有限的改变，但这点点滴滴的改变却预示了以后的发展。虽然商铺未大量改建骑楼，但西式建筑在广州日益盛行，其中以 1910 年落成的谘议局最具代表性。该局主楼仿西方古罗马式的议会大楼形式，高两层，前圆后方，大厅屋顶为半球形，建筑整体气势轩昂。⑦ 虽然新街市的铺式未必合商人所愿，但新式街市短暂地建立在了长寿寺的原址。整体规划建设商场、马路、建筑等理念已渐入官商之心。虽然川龙口和大沙头的开埠计划均以失败告终，但从政府的角度看，政府已经成功地掌握了两地的土地所有权。更为重要的是，"改良城市"的种种提倡，在民国时期也得到历任市政当局的延续。

---

① 《番禺人争筑大沙头》，香港《华字日报》1912 年 1 月 22 日；《番禺四司团体会集议》，香港《华字日报》1912 年 1 月 23 日。

② 《大沙头物归原主》，香港《华字日报》1912 年 1 月 27 日。

③ 《大沙头实为军政府所有》，香港《华字日报》1912 年 2 月 1 日。

④ 《重提私卖大沙头案》，香港《华字日报》1913 年 4 月 3 日。

⑤ 《借款兴筑大沙头》，香港《华字日报》1913 年 4 月 30 日。

⑥ 《大沙头案仍咨民政长办理》，香港《华字日报》1913 年 10 月 20 日。

⑦ 1909 年 4 月，两广总督张人骏在东较场旁购买金姓旷地约 30 亩，用于建造谘议局。该局建造费用约为 11 万元，工程由各商分承，日夜赶筑，拟赶在 9 月 1 日谘议局正式成立前完工。但工程未能如期完工，9 月 1 日谘议局开幕礼是在旧抚署的工业学堂举行的。见《张督亲往勘视谘议局地址》、《建筑谘议局办法》、《袁督切责筹办谘议局之疲玩》、《广东谘议局开会选举议长纪事》，香港《华字日报》1909 年 4 月 14 日、1909 年 4 月 28 日、1909 年 8 月 19 日、1909 年 10 月 16 日。

小　结

综上所述，在发展民族经济的旗号下，官商提倡模仿西方建设马路、街道、街市、建筑、商场等，成为官商开发土地的合理依据。在推行实践中，无不涉及谁拥有土地所有权，及谁有权力去开发土地、更变土地用途的问题。如何去界定谁拥有土地所有权？官府使用的判断标准是"缴验红契"。这就把一大部分没有契据或只拥有白契的居民排除在所有权范围之内，是"占住官地"。所以，黄沙鱼栏、川龙口、湛塘坦地的居民，或被勒迁，或遭强拆。当地的居民当然不可能认同官方的标准。他们集合请愿、抗议，即便官府勒迁，也拒不搬迁。更复杂的是，有些土地的产权不能简单地用红契或白契来判断。以大沙头为例，购置土地的资金是集体捐资的，曾经捐资的人都可以自认"有权"。因而，以卢维庆为首的番禺四司册金局士绅签名卖地的行为，遭到卫家炬等四司绅民的坚决反对。所谓的"香港侨商"和"旅美侨商"或许只是曾经捐资的四司各乡的宗族成员。但他们的抗议却是导致大沙头开埠失败的重要原因。

谁有权开发土地这个问题也相当复杂。在没有一个明确的市政部门的前提下，理论上说，由两广总督、广东巡抚、善后局、劝业道、堤工局等组成的广东当局，拥有组织开发广州土地的权限。但从兴建长堤、开发川龙口和大沙头的案例中可以看到，其权限常常受到制约。粤汉铁路公司、粤海关、沙面的英法领事、北京农工商部，都能在行政上对广东当局施加影响。地方乡绅、当地居民通过呈递、请愿、抗议等方式，也会对广东当局施政产生舆论压力。种种制约令广东当局在土地开发道路上举步维艰，而广州的城市建设也正是在这样的背景下曲折行进。

第三章

军政府时期的土地产权与城建计划
（1912～1920）

    辛亥革命后至广州市市政厅成立前，广东政局动荡，先后有三种军事势力轮流职掌广东军政府（以下简称"军政府"）。广东和平"光复"后，拥护孙中山的革命党人第一次在广东建立政权，组设广东军政府。不足两年，革命党人便遭到拥护袁世凯的军事强人龙济光的驱逐。至 1916 年底，以陆荣廷为首的桂系军阀在"护国"名义下，驱逐龙济光，开始了桂系军阀对广东的统治。

    广东军政府成立之初，以孙中山为首的革命党人首次提出与土地产权相关的政策。孙中山认为民族、民权两革命已经成功，今后将致力于推行民生主义，试图在广东实行平均地权。这成为军政府财政部门提出"换契"案的一个合理依据，土地产权的合法性由此开始变更。军政府接管了清时的衙署及其产业，称为"官产"。官产与民产的界线模糊不清，在确定哪些是或不是"官产"时备受居民争议。新成立的省议会对如何处理官产也常常提出与军政府不同的意见。与此同时，军政府延续清末"改良城市"的种种提议，计划拆城筑路、整顿长堤、续筑沙基段和兴修西堤二马路等城建工程，却遭到以总商会为首的商民的反对。本章试图探讨的问题之一是在新政权成立之初，广东军政府如何尝试推行改变土地的合法性以树立自身的政治权威，以及省议会、商人团体在此期间与军政府的互动关系。

    桂系军阀主粤时期拆城筑路得以实施。当时广东军队云集，派系纷争，军政府和省政府的财政困乏。在这样的背景下，由军政府支持的市政公所完成了拆城筑路，由此广州的城市形态发生第二次大变动。虽然市政公所旨在

"管理广州市交通、卫生、经界、登录及其他关于市政一切事务"，[1] 但该公所存在时间不过三年，"专主拆城筑道"，"其他一切市政，尚未大备"。[2] 从档案、报刊等资料上来看，一方面，市政公所建设资金不足，拆城筑路计划的提出原本就是缓解财政困难的一项措施；另一方面，市政公所也没有得到广泛的社会支持，拆城筑路计划遭到商民的强烈抗议和抵制。本章试图探讨的问题之二是在这样复杂的政治和社会背景下，市政公所是如何将拆城筑路付诸实施的。

第一节　广东军政府成立初期的城市 土地与城建计划

辛亥革命后，广州成为广东军政府驻地，是直隶于都督府的独立市区。1911 年 11 月 10 日，广东光复，由胡汉民就任都督组设广东军政府，下设军政、财政、司法、外交、交通、实业、教育等七部。[3] 时任副都督的陈炯明在《治粤政纲》中宣布，"取用东西各国市区独立制度，宜划出省城及河南铺户别为区域，直隶于都督府，不分隶南番两县"。[4] 这就在行政层面上确立了广州的独立地位。全省警务公所改称"广州市警察厅"。[5] 虽然当时尚未建立市政制度，但是在军政府的行文中均以"市区"或"广州市"来表述省城内外的空间范围。由此，广州成为新政权实践改造社会的各种新政治理念的试验场。在涉及土地产权和城市建设方面，孙中山希望在广州实践平均地权，而军政府各司则改建前清官署使之符合革命气象，工务司及民政司先后提出拆城筑路、整顿长堤、兴筑西堤二马路、改良街道、开辟大沙头商场等城建计划。但新政权财政困乏，关涉土地的措施往往沦为解决财政困难的手段，因此招致商民的大力反对。平均地权为"换契"案提供合理依

---

① 《广州市市政公所章程》，赵灼编《广东省立单行法令汇纂》第 1 册，广州光华书局，1921，第 94 页。

② 《广州市市政厅纪略》，《广州市市政概要》，广州市市政厅总务科编辑股，1922，第 1 页。

③ 余炎光、陈福霖主编《南粤割据——从龙济光到陈济棠》，第 20 页。

④ 《陈副督宣布治粤政纲》，《申报》1911 年 12 月 13 日，第 1 张第 4 版。

⑤ 《公安局报告书》，《广州市市政概要》，第 3 页。

据，但换契未能起到平均地权之效。变卖前清官署及其产业成为地方政府和中央政府的财政收入来源之一。城建计划同当时军政府的其他社会改造计划一样，以失败告终。

值得注意的是，新政权由同盟会—国民党中政治上最接近孙中山的人物执掌，实行立法、行政、司法三权分立制度。因此，新成立的省议会对军政府的决策有着一定的影响。同时，清末以来不断壮大的商人力量也对军政府施政有巨大影响力。何文平指出，表面上看，民国初年革命党人在广东的社会改造是新旧知识体系的碰撞与较量，但其根源是地方精英反抗革命党人的政治排挤。① 这提醒我们，城建计划的失败不能简单地解释为地方势力"顽固保守"，不愿改革，而要将更大的社会和政治背景纳入探讨范围。

一 "平均地权"与更换新契

重新确认土地产权是新政权树立合法性权威的措施之一。孙中山"平均地权"的倡议为广东军政府财政司更换新契提供了合理的依据。"换契"指的是军政府收取手续费后，将清代房地交易契据更换为民国新契，是民国初年各省普遍推行的一种财政措施。② 新契的合法性、税率等问题引起省议会与军政府的争论。实践中，更换新契只为军政府增加一些财政收入，并未起到平均地权之效。

平均地权是孙中山推行民生主义的最主要内容。1912 年 4 月 1 日，在南京同盟会会员饯别会的演说中，孙氏认为民族主义和民权主义俱已达到，今后将致力于民生主义的社会革命。在他看来，"若能将平均地权做到，那么社会革命已成七八分"。而推广平均地权之法，则要借助新政府成立时的更换契约。"开办之时，必将各地主契约换过，此实历代鼎革时应有之事。主张社会革命，则可于换契约时少加变动，已足收效无穷"。③ 他试图在广

---

① 何文平:《知识冲突还是政治反抗——广东地方精英对民初革命党人社会改造的抵制》，《社会科学研究》2009 年第 4 期。
② 贾士毅:《民国财政史》，商务印书馆，1917，第 195~205 页。
③ 《在南京同盟会会员饯别会的演说》，《孙中山全集》第 2 卷，中华书局，1982，第 318~326 页。

东首先推动平均地权，以为各省之楷模。自 1912 年 4 月 25 日起，他在粤一
个多月时间里，多次出席欢迎集会、宴会，发表讲话、演说，或接受记者访
问，宣讲自己关于民生主义、社会政策等方面的主张，或解答有关民生主
义、平均地权的疑难。一时间，孙中山的思想言论充盈广东舆论界，引领舆
论导向，左右广东城镇上层社会的思维。[1] 在 1912 年 5 月 4 日的演讲中，他
提倡民生主义，革新需财，"必须实行税契及平均地权之法"[2] 前辈学者对
平均地权的内容、思想来源及内涵、意义等研究论著颇多，兹不赘言。[3] 据
孙氏的演说，平均地权的步骤如下：

（1）自行报价：有业之家，有税亩多少，值价若干，自行呈报。

（2）照价纳税：国家按业主自报地价抽税，值百抽一。

（3）照价收买：当国家需地时，如开铁路、建工厂等，随时可照
地契之价收买。

（4）涨价归公：业主自报地价登载户籍，此后地价之增加，咸为
公家所有，私人不能享有其利。[4]

孙中山用"照价纳税"和"土地国有"来概括上述步骤。"土地国有"
不是指全部土地归属国家，而是指国家可以照价购买铁路、公路、工厂及其
他公共发展计划的用地。他试图改变前清照面积分上中下三等的土地纳税

---

① 丁旭光：《孙中山与近代广东社会》，广东人民出版社，1999，第 307 页。

② 《孙中山先生演说词》，《民生日报》1912 年 5 月 6 日，第 3 页。

③ 国民党视"平均地权"为孙中山主要思想之一，在 20 世纪 20 年代末起开始大力宣传，产
生了一批推广平均地权的著作，如刘宝书《平均地权》（太平洋书店，1928）；向绍轩：
《平均地权初步之商榷》（太平洋书店，1929）；李健人：《平均地权的理论与实践》（泰东
图书局，1929）。著名地政学家萧铮也先后著有《平均地权之理论体系》、《平均地权本
义》、《平均地权之理论与实施》等，并长年主持国民党政府的地政工作。1997 年陈太先、
魏方为萧铮写传略，"为孙中山平均地权奋斗一生"。20 世纪 80 年代以来，历史学界也有
不少关于平均地权的论著，如谢刚《论孙中山的"平均地权"》，《历史研究》（1980 年第 4
期）；张磊：《论孙中山的民生主义》，氏著《孙中山论》（广东人民出版社，1986，第 281~
323 页）；〔美〕史扶邻：《孙中山的早期土地政策——"平均地权"的起源与意义》，高申
鹏译，《中山大学学报论丛》（1992 年第 5 期）；杨天宏：《孙中山"土地国有"思想内涵
辩》，《四川师范大学学报》（社会科学版）（1992 年第 6 期）；关晓红：《孙中山早期"平
均地权"纲领若干问题再探》，《历史教学》（1996 年第 9 期）；等等。

④ 《孙中山全集》第 2 卷，第 321、355、522 页。

法，并取消厘金、盐税等，改征单一地税。① 美国学者史扶邻（Harold Zvi — Schifferin）指出，孙氏的平均地权是针对城市，而非农村。像伦敦、纽约、上海、香港等城市，由于城市化、工业化及交通发达，地价陡增，孙氏看到这一问题，因此，他认为应在工业发达之前，开始实施土地改革方案。② 故而，广州是孙氏推行"平均地权"的重镇。1912 年 6 月 9 日，孙氏邀请记者、省会男女代议士研究地价抽税问题。但话题很快转到省议会与政府的权限上面。代议士周孔博指出，省会为临时性质，又为舆论攻击，通过之案件，政府向不照办。财政司司长廖仲恺称，"此案为政府交议，若省会通过，无不举办"。这引起谢公伟、李思辕更多反驳，大意谓："政府欲办之事件，则利用省会，省会议决事项，均置之脑后，岂省议会代议士尽为政府傀儡乎？"夏重民以"超出讨论范围"打圆场，但仍有议士以争立法权为言。③ 这场争执，预示了军政府与省议会在换契问题上的权限之争。

　　"平均地权"为军政府财政司提出"换契"案提供了依据。据邱捷的考证，军政府成立之初遭遇巨大财政危机，关税、田赋、厘金等税收大宗难以保证，财政收入只能依靠借款、捐款、发行公债和纸币等途径解决。④ 1912 年 6 月 12 日，都督府向省议会提交"换契"案。财政司司长廖仲恺在议会陈述，"换契"是见效最快的缓解财政困难的办法。廖氏认为，"查历来朝代变更，必改税契。……外国所取得之土地，无论由占领，由攘夺，或由战争结果，无不从事于换契者。……诚以换契之后，官厅即任保护，所谓权利义务，皆从此发生也"。也就是说，"换契"是新政权承认土地合法性的依据。此外，廖氏认为孙中山提出的"土地国有"必须"先从租税

①　《在广州报界欢迎会上的演说》，《孙中山全集》第 2 卷，第 356 页。

②　〔美〕史扶邻：《孙中山的早期土地政策——"平均地权"的起源与意义》，高申鹏译，《中山大学学报论丛》1992 年第 5 期。

③　《地价抽税之研究（续）》，《民生日报》1912 年 6 月 11 日，第 4 页；《在广州行辕与各界的谈话》，《孙中山全集》第 2 卷，第 372～373 页。临时省议会成立于 1912 年 12 月 6 日，运作至 1913 年 2 月省议会才正式成立，故临时省议会议员被称为"代议士"。见余炎光、陈福霖主编《南粤割据——从龙济光到陈济棠》，第 22～23 页。

④　邱捷：《广东军政府初期的财政状况》，氏著《孙中山领导的革命运动与清末民初的广东》，广东人民出版社，1996，第 283～300 页。

着手，而欲整顿租税，又必以换契为前提"。① 《民生日报》记者也大力鼓吹，"换契一事，即为改正地税之初级手续，改正地税，又为平均地权之最要方法"。②

省议会关心的是新契的合法性和费率问题。首先，新契的颁布者是中华民国政府还是广东地方政府？代议士周耀光认为："如以中华民国名，则税率应归中央定之；若以广东政府名义，诚恐将来中央又颁税率，吾民岂不多一扰累乎？"其次，是费率问题，按照都督府的议案，"卖契定为值百抽二，典契收百分之一"。代议士普遍认为这一费率过高，议会与廖仲恺相互争辩。代议士李伯垣一针见血地指出，"此案不过改换契纸，将旧有之契，改发新照，而从中收其手数料，实非税契案，不过欲增加收入之额之手续，换言之，一筹款案耳"。③ 也就是说，"换契"的实质是征收一次性手续费以筹款。廖仲恺坚持"换契"是改正地租的前提，并希望通过"换契"来达到清丈沙田，以增加财政收入的目的。最终，省议会议决以"广东政府"名义换契，并注明以后不用再换，费率则仍需研究。④ 6月24日，省议会颁布《省会议决换契章程》，共12条，文曰：

> 第一条 广东人民所有之不动产，经前清政府印给之旧契，一律由中华民国广东政府换给新契。
> ⋯⋯
> 第十一条 本简章如有添改时，须经省会议决，方能执行。
> 第十二条 本简章经省议会议决，由都督公布之日，发生效力。⑤

章程确定省议会对换契的决定权。此前，因军政府恢复征收房捐未交省议会议决，令部分代议士大为不满。⑥ 而"由都督公布"一项，则保留了军

① 《省会提议换契案》，《民生日报》1912年6月14日，第5页。
② 《换契与民生主义之关系》，《民生日报》1912年6月24日，第3页。
③ 《省会提议换契案（续）》，《民生日报》1912年6月15日，第5页。手数料是指个人以其事烦行政处理者，府县向其收取的酬金。手数料制度是日本近代地方杂收入之一。《广东财政说明书》，第10页。
④ 《省会提议换契案（续）》，《民生日报》1912年6月15日，第5页。
⑤ 《省会议决换契章程》，《民生日报》1912年6月24日，第5页。
⑥ 《规复房捐不交议之质问》，《民生日报》1912年6月24、25日，第4页。

政府与省议会的协商空间。章程规定费率为断卖契照原契价征 6‰，典按契照原契价征 3‰，远远低于都督府的提案。都督胡汉民不得不与省议会多次磋商。胡氏拟"舍旧契之定价，改填时值之新价"，而省议会认为"恐官民两方，皆无确定标准"；胡氏拟提高费率，但省议会认为征收过重。① 双方咨文来往多次，各自做出一定妥协。《换契简章》（共 13 条）于 1912 年 7 月 10 日正式颁布。不动产业主申报以原契价为标准，费率为"断卖契照原契价值缴纳千分之十换契金，典卖契照原契价值缴纳千分之六换契金"。② 新契的式样是由财政司制定的三联式，由业户按照原契填写地址、产价各项，中联由业户存底，上、下联交给财政司与县政府或警察区署留底。（见图 3 - 1）

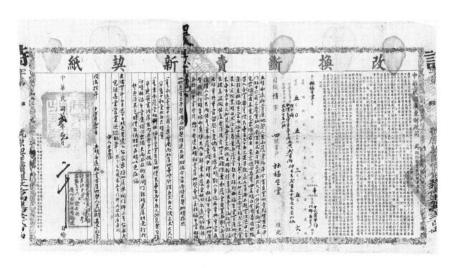

图 3 - 1　《改换断卖新契纸》（1913 年 1 月 20 日）

资料来源：刘自毅女士的收藏。此资料由刘自毅女士惠赠，特此致谢。

图 3 - 1 为 1913 年一份《改换断卖新契纸》业户存底的中联部分，契纸的右栏为《换契简章》及换契方法，中栏右为业户地址、原契价、应交换契金额等，中栏左是缮就原契的内容，左栏为财政司印章。

广州换契的实施由警察办理，见效明显。简章规定，换契期限以交

① 《换契案之咨文》，《民生日报》1912 年 6 月 28、29 日，第 4 页。
② 《换契简章公布实行》，《民生日报》1912 年 7 月 10 日，第 4 页。

到各该县出示通告之日起，计满 6 个月为限，逾限将征收罚款。省城及河南划为广州市，不隶南海、番禺两县，故广州市警察界内之不动产由警察各区署办理。^① 业户先在各区署领取申报书，逐一填明后，连同应缴的换契金和契纸费，呈缴区署验收。然后领取空白三联新契纸，填写中间联，并将原契产价在新契纸上下骑缝处填写明白，粘连原契呈交区署。由区署将文件与金额解交财政司，由司加盖印章，最后发回业户。^② 简章公布后，财政司多次派发传单，催换新契。1913 年已初见成效，"（广州）每日投税契价收入五千余金，县属及商埠繁盛区域，尚未计入。统计此项契价收入，为数不资，实足为财政收入之一大宗"。^③ 至 2 月，"凡在警察段内，现约换有九成"。^④ 总商会代表商人多次请求延展换契的期限。^⑤

有意思的是，受到孙中山"平均地权"宣传的影响，不少业户填报的税契金额比原契价高得多。《华字日报》载，"其城厢内外各公地就近之房屋，则竟多有较原价加多一倍报税者，以防国家照价收买。其超过之额，实出人意料之外"。^⑥ 也就是说，孙中山"平均地权"的宣传并未达到平均地权之效，反而使得业户提高产价，"以防国家照价收"。

大体上说，"换契"的实际效果是为军政府增加了一笔数额不多的财政收入。据邱捷研究，孙中山离粤后，军政府被社会治安和财政问题弄得焦头烂额，实行民生主义的试验并没有进行下去。^⑦ "换契"只是一项增加财政收入的措施，与征收地税、整顿租税并无关系。值得注意的是，"换契"原是新政府在征收一笔费用后对清代不动产产权合法性的承认。北京政府在民国初年颁布《划一契纸章程》，当中明确规定"所有旧契不呈验者，于诉讼时不能作为凭据"。^⑧ 但在当时纷乱的政治环境下，广东军政府本身的合法

① 据刘自毅女士藏 1913 年 1 月 20 日《改换断卖新契纸》。
② 《财政司催换新契传单》，《民生日报》1912 年 9 月 17 日，第 4 页。
③ 《税契之踊跃》，《民生日报》1913 年 1 月 11 日，第 5 页。
④ 《广州市税契换契情形》，香港《华字日报》1913 年 2 月 21 日。
⑤ 《商会请展换契期限》，香港《华字日报》1913 年 3 月 21 日。
⑥ 《广州市税契换契情形》，香港《华字日报》1913 年 2 月 21 日。
⑦ 邱捷：《〈民生日报〉及其对民生主义的宣传》，氏著《孙中山领导的革命运动与清末民初的广东》，第 223 页。
⑧ 贾士毅：《民国财政史》，第 196 页。

性就遭质疑，所以"换契"所得收入额始终未尽如当局所愿。至 1913 年 3 月，"换契"所得仅 20 余万元。[①] 除广州市外，"其余各县，几若罔闻"。[②] 为鼓励民众"换契"，财政司不得不应议员林正煊等提议，将费率降低为"断卖值千抽六，典按值千抽三"。[③]

二　改建衙署与同署办公

为符合新兴的政治氛围，广东军政府将前清衙署改建为西式建筑，营造出一片省城新景观。仿照西方行政制度的"同署办公"再次被提出，在陈炯明支持下得以实现。据报载，同署后行政效率确有提高，倍受赞誉。

军政府成立后，各机关纷纷进驻前清衙署，其接管亦体现出历代衙署相沿的特点。（见表 3－1）军政府要员多是留学欧美或留日的青年学生。[④] 为营造一种崭新、革命的新气象，他们将衙署改建为西式建筑。教育司司长钟荣光（1866～1942）改建前清提学司署，开风气之先。钟荣光，字惺可，广东香山人，光绪二十年举人。以擅长八股文闻名于时，曾在广州设馆授徒。1896 年，钟氏加入兴中会，创办《博闻报》、《可报》和《安雅报》等报刊，宣传革命。在此期间钟氏与办洋学堂的外国人相识，接触西学较多，并皈依基督教。1899 年，钟氏受聘于格致书院（The Canton Christian College，1900 年改称"岭南学堂"，1927 年改称"私立岭南大学"），任汉文总教习。1904 年岭南学堂迁建河南康乐村后，陆续兴筑教室、宿舍、图书馆、会堂，包括马丁堂（Martin Hall）、怀士堂（Swasey Hall）、格兰堂（Great Hall）等大型西式建筑。[⑤] 钟荣光一直见证着校园建设的发展。他就任教育司司长后，遂将提学司署大规模改建。他在署前建筑一座西式大门楼，拆卸照壁，内砌一圆形花坞。署内建一座八角形喷水池、一座音乐亭。

---

① 《三月四日省会议案》，《民生日报》1913 年 3 月 7 日，第 5 页。
② 《林正煊提议减轻换契金额议草》，《民生日报》1913 年 4 月 26 日，第 6 页。
③ 补换契者仍照"断卖值千抽十，典按值千抽六。"见《五月二十一日省议会速记录》，《民生日报》1913 年 5 月 26 日，第 5 页；《都督咨复省文二件》，《民生日报》1913 年 5 月 31 日，第 6 页。
④ 余炎光、陈福霖主编《南粤割据——从龙济光到陈济棠》，第 20～21 页。
⑤ 见 *Canton Christian College*，*Ling Naam Hok Hau：Its Growth and Outlook*；参见岭南大学同学会编印《钟荣光先生传》，1967。

除保留一座号舍作为纪念外，其余号舍全部拆卸，辟作游嬉场，安设秋千架等设施。大堂改筑演说堂。后座改建为运动场，上书"广东大会堂"，供附近学校学生使用。主体改建工程在 1912 年 8 月竣工。时人赞叹，"观其种种形式，广东大小官厅，皆在望尘不及之列"。[①] 特别是博物馆、音乐亭、运动场诸建筑，被视为"足壮全省学界之观瞻"。[②]

表 3-1　广东军政府接管的清代衙署

	清代	广东军政府
城内	总督署	都督府、外交司、陆军司、参谋处
	布政司署	财政司
	提学司署	教育司
	按察司署	司法司、民政司
	盐商公所	实业司
	督练公所	陆军第一师、军械局
	番禺县衙	番禺民政长
	南海县署	南海第二初级裁判所及检事局
	广雅书局	广东图书局
城外	水师公所	海军司
	省河六门缉私所	警察厅

资料来源：《本城衙署局所学堂寺院一览表》，《民生日报》1912 年 8 月 12 日，第 11 页。

在教育司署的影响之下，西式建筑一时间成为革新之象征。警察厅厅长陈景华改建原省河六门缉私所，在头门加建洋楼，洋楼上以灰筑"广东警察厅"横额。在头门外铁栏杆内，满植绿草，中留一条用水泥和石子铺砌的甬道。洋楼之前，摆列盘花。记者称，"经此修饰，教育司署又不能专美于前矣"。[③] 实业司改建自盐商公所，工程浩大，装潢簇丽。[④] 同盟会也将八旗会馆收归改建，仿教育司署在馆前余地建一八角鱼池，其两旁则建西式高

① 《化臭腐为奇神》，《民生日报》1912 年 7 月 3 日，第 4 页；《教育司署之大观》，《民生日报》1912 年 8 月 10 日，第 5 页。
② 锈：《教育司署之今昔观》，《民生日报》1913 年 7 月 12 日，第 7 页。
③ 《警察厅改建新门面》，《民生日报》1912 年 11 月 15 日，第 5 页。
④ 见《实业司迁署》、《实业司克期迁署》、《实业公司迁往新署》、《国税厅将迁往实业司》、《民生日报》1912 年 7 月 10 日，第 5 页；1913 年 3 月 6 日，第 3 页；1913 年 3 月 18 日，第 3 页；1913 年 7 月 16 日，第 3 页。《多少民膏筑得成》，香港《华字日报》1913 年 3 月 19 日。

楼圆阁，四面围墙镶以水波形铁枝，两旁遍种花竹，门外车路环植杨柳，"前面襟江带河，舟车如织，亦东园一亚景也"。① 影响之所及，商人团体也改建办事公所。1913 年 5 月，商团在西瓜园所建俱乐部，占地 700 余井，四周筑西式短垣，东西边建洋拱两座，内除操场、游憩、办事所外，添植名花异卉以纵游观。②

　　同时，仿照西方实行"同署办公"也被提出。"同署办公"在清末不只是行政效率的问题，更是督抚集权的象征。1907 年东北三省改设行省，总督徐世昌创同署办公制。据沈乃正研究，时人认为"同署办公"有四大优势：（1）可免禀谒及公文往返费时失事；（2）上下行文公牍均须由总督核定或巡抚代核，可免巡抚、司道与总督之龃龉倾轧；（3）办公有一定时刻，公事不致积压；（4）废除堂署体制之拘束。沈乃正认为，"同署办公"能增进行政效率是毋庸置疑的，但同时会造成督抚高度集权。因此，"同署办公"牵涉一个更为重要的政治问题，即应否集权于最高长官之总督或巡抚一人，或中央各部应否对省中各司直接监督，以牵制督抚。中央与各省府对此事的争执颇大。③ 1911 年 7 月，两广总督张鸣岐同司道筹议，决照新官制"同署办公"，拟参酌东北三省总督署的规模，将旧抚署改建为新的总督署。新总督署中座为督署眷室及办公室，附属民政司、度支司、交涉司、提法司、提学司、劝业道各办事处，至督练公所、统计处，亦附于内。两边则为东西两库，周围环以卫兵室。衙之四至，西便至卫边街止，东便横连街，北连后楼房，南直达惠爱街，"规模之宏大当为全国衙署之冠"。④ 这一规划被清廷否决，"司道府同署办法，诸多未便，难以照准"。⑤ 1912 年初，广东军政府计划将都督府移迁旧藩署，并将旧广府改建一公署，予军务、财政、

① 《八旗会馆改旧观》，《民生日报》1912 年 12 月 25 日，第 6 页。
② 《商团建筑俱乐部》，《民生日报》1913 年 5 月 14 日，第 6 页。
③ 沈乃正：《清末之督抚集权、中央集权与"同署办公"》，《社会科学》第 2 卷，1936 年，第 311~342 页。
④ 《新督署规模之宏大》，香港《华字日报》1911 年 7 月 19 日。1905 年裁撤广东巡抚，1906 年前学务处委州同陈涛在旧抚署开办高等工业学堂。1909 年，谘议局筹备处曾短暂开办于旧抚署。1911 年初，曾有人提议将旧抚署开街辟路，建设为"模范第一市"。见《广东财政说明书》，第 610 页；《知会绅士到谘议局》，香港《华字日报》1909 年 2 月 8 日；《拟建模范第一市之宏愿》，香港《华字日报》1911 年 4 月 19 日。
⑤ 《改建督署□□前议作准》，香港《华字日报》，1911 年 7 月 28 日。

民政各部同署。① 计划又因中央诸事未定而搁置。

陈炯明在任民政长后，将同署办公付诸实施。北京政府成立后，以清末外官制为底本，参考美国、法国、葡萄牙等欧美国家制度，划分军民两制。1913 年 1 月 8 日，北京政府颁布《暂行省官制》，要求民政长与属下四司同署办公。广东当局没有足够宽敞的衙署，欲将旧抚署重新改造。② 但改建因财政困难而无法施行。1913 年 7 月 4 日，陈炯明就粤都督兼民政长职，重新划分军政和民政的办公场所，"为军民两政分立办事之基础"。他令内务、财政、实业、教育四司附设于民政长公署（即都督署），"以符同署办公之制"，并裁汰各司冗员。③ 他致电奉天、湖北两省，索取合署建筑图式，以便依式改建。④ 原在都督署的军事部门外迁，为四司让地。新布局为内务司、财政司设在旧水师行台，教育司设在旧宪兵司令部，实业司设在庶务处。每司建会客室一座、饭厅一座、藏卷室一座。⑤

迁署虽引起各司的不满，但同署之后的行政效率却备受赞誉。一方面，各司署改建耗费不菲，不愿迁移。廖仲恺乘公署调动之际，将位于长堤的实业司改为国税厅署，实业司中人"大有鹊巢鸠居之感"。⑥ 审计处迁往教育司署，不俟该司迁出，竟欲先行迁入。⑦ 另一方面，为免裁汰，办事人员纷纷运动，希冀保全。各司长以办公不敷用，裁留两难，陈请通融。陈炯明大为恼火，饬令各司将留任人员履历送府核准，以免"萧艾杂进，淆乱政途"。⑧ 至 7 月 20 日，四司先后迁入都督署，21 日开始办公。《民生日报》大赞行政效率提高，"因冗员裁汰后，办事人员，各有专责，非如前此之相互推

① 《迁□都督府规画》，香港《华字日报》1912 年 1 月 23 日。
② 《同署办公之变通办法》，《民生日报》1913 年 4 月 2 日，第 3 页。
③ 《陈督接任后之规画》，《民生日报》1913 年 7 月 7 日，第 3 页。
④ 《陈都督对于同署办公之商榷》，香港《华字日报》1913 年 7 月 10 日。
⑤ 见《实行四司同署》、《四司同署之划定》、《四司合署汇闻》，《民生日报》1913 年 7 月 9 日，第 3 页；1913 年 7 月 10 日，第 3 页；1913 年 7 月 14 日，第 3 页。原在督署的第一司令部迁往护军使署，审计分处、陆军审计处迁往教育司署，都督府庶务处迁往前陆军司署。
⑥ 《国税厅将迁往实业司》，《民生日报》1913 年 7 月 16 日，第 3 页。随后因广东军政府与北京政府断绝关系，省议会提议将国税厅名义取消，裁撤国税厅筹备处，一切事宜仍归财政司办理；实业司署遂改设广东省银行。见《裁撤国税厅》，《民生日报》1913 年 7 月 21 日，第 6 页；《广东省立银行之筹备》，《民生日报》1913 年 7 月 22 日，第 6 页。
⑦ 《各衙署变更近情》，《民生日报》1913 年 7 月 14 日，第 3 页。
⑧ 《四司合署汇闻》，《民生日报》1913 年 7 月 14 日，第 3 页。

诿。凡文件来往，可直达民政长，只须三四日即能解决，无前此转折之繁"。①

可见，广东军政府接收前清衙署之后，仿照西式改建司署和实行"同署办公"，力求在视觉效果上，达到更新"政治气象"之效。至少在趋新的民众看来，军政府的举措是成功的。改建司署引起趋新的商人团体的模仿，"同署办公"的成效亦得到肯定。不可忽视的是，其所做的改建工程并非另外觅地，而是建筑在前清的衙署之上。这种前政权的遗产被称为"官产"，是新政府的财政和土地来源之一。

三　开投公产与官地民建

广东军政府称前清官府遗留下的各种文武官局署及其群房、田地、围塘等不动产和土地为"公产"，龙济光主粤后改称"官产"。② 除少量留用外，其余均由军政府公开拍卖，时称"投变"或"召变"。投变官产是军政府临时财政收入之一大宗。但界定何为"公产"或"官产"往往引发政府与民众的纠葛。省议会对政府变卖大宗官产往往也持不同意见。巨额财政需求更是导致投变民产现象迭出。

广东军政府成立后迫切需要清查公产以缓解财政困难。1912年1月底，广东军政府财政司设清查公产局，负责清查未缴的公款和公产，并鼓励举报私占公产，"首告私占公产二成充赏"。③ 也就是说，军政府实际上无法确定前清官府究竟有多少不动产和土地。在财政司看来，这是由于经过辛亥革命的政权更迭，"经历兵燹，官产卷籍散失不全"管理机关更替，造成"五裂四分，散漫无归"。因此，财政司一方面制定调查表，要求省内各署局厂所填报所管官产情况；另一方面布告招人举报，以凭彻查。④ 在"二成充赏"的利益诱惑下，举报公产者络绎不绝。1912年10月，因举报者众，财政司曾令暂停举报。⑤ 然而，各署局厂所各怀私利，并不配合财政司的清查。例

---

① 《四司合署要闻》，《民生日报》1913年7月22日，第6页。
② 在本小节"公产"与"官产"意思相近，笔者尽量采用时人的用词。
③ 《首告私占公产二成充赏》，香港《华字日报》1912年1月20日；《清查公产局章程》，香港《华字日报》1912年1月31日。
④ 《广东省查变官有不动产地章程》，九耀坊真平，1915，第1页b。
⑤ 《举报公产者可以止矣》，《民生日报》1912年10月17日，第5页。

如，官银钱局拥有大量产业，却一直未交财政司统一管理。① 因此，"奖励举报"很快就得以恢复。在一定程度上，举报成为政府调查官产的主要途径之一，在此后历次颁布的官产条例中都得到保留。至 20 世纪 20 年代前期，妄报官产引发市民极大的恐慌。

财政司采用调验契据的方法来核查被举报官产。前清官府承认的税契、藩司颁发执照等契据成为辨别公私产业的唯一证据。凡被举报为官产，业主向财政司缴纳上手印契、本身红契或印照以待查验。如是私产，则由财政司在缴到印契上加盖"完全私产"的戳记；如是公产，则由该司公开召变。② 1913 年 8 月 29 日颁布的《省河公产公地投变章程》规定，"省河完全公产公地，除政府留用外，其余无论现在有无营业，以及有无人居住，其价值在五百元以上者，一概宣布定期公投"。③ 显然，"完全公产公地"指的是完全由官府所有的不动产和土地。实际情景却往往比较复杂。

很多房地的产权归属本就不太清晰。首先，在清代省城的房屋契据中常常会写明"官地，并无税载，不用过割"字样。④ 这可能意味着三种不同情况：一是该地本为官府所有，铺屋业主通过向官府购地取得业权；二是该地为官府所有，铺屋业主通过占建官地取得业权；三是铺屋业主为避免交易中纳税过割，而将该地写作"官地"。无论是哪种情况，契据中写有"官地"字样就成为是"公产"的证据。其次，清代官府或胥吏也会将官署余地出租以获利。例如，巡抚署相连有不少"群房"，一部分是由巡抚署公租给商民居住，每年收租银 403 两余；另一部分群房及其余地则被吏役侵占，私租给贫民小户及锅铁、磁器、药酒等铺店。1906 年，提学司于式枚在抚署旧址开办高等工业学堂，只收回附近铺屋 70 余间。其他群房地"由民间集资修建上盖，税契管业，或递相转卖"，无法收回。⑤ 又例如，旧藩署头门内的库厅巷，"在前清时，各房书以其地逼近藩署，遂建造上盖，在此住眷。

---

① 《广东省查变官有不动产地章程》，第 2 页。
② 《广东省查变官有不动产地章程》，第 16 页。
③ 《省河公产公地投变章程》，《民生日报》1913 年 9 月 1 日，第 7 页。
④ 何朝彦纂修《何氏族谱》（《羊城庐江书院全谱》），第 71～90 页。
⑤ 见《广东财政说明书》，第 73、96 页；《公产不容民占》，《民生日报》1912 年 9 月 7 日，第 5 页。

讵年代湮远，遽然投税，踞为己业，且有转售出外者"。① 这类原本可能属于官有的房地在转租、转售后，产权多次变更，难以简单归类为"公产"还是"私产"。

财政司统称这类产业为"官地民建"，要求业主限期缴价领回，引发业主的普遍抵触。在清代省城房屋交易习惯中，"房"与"地"并不分割，契据上载明"上盖连地"字样。这意味着当买受房屋后，业主同时也获得了土地的产权。不少铺屋交易年代久远，突然被宣布为"公产"，于是业主纷纷抵触，呈词财政司。② 该司批斥业主们是"公私不分"，要求"官地民建"的业主须于一个月限期内到该司领回产业（称"补价"）。如果逾期不领，则由财政司开投铺屋，酌量给回上盖价款。补价后，财政司在契据上"加盖印戳"为凭，而业主拿着印戳的契据可到主管的警区，请其撤销公产，或改换公地牌志。③ 换句话说，缴纳一定的费用后，军政府即承认"官地民建"是合法的。

财政司通过"公产"控制了不少房地资源，投变公产逐渐成为军政府的重要财政来源。大量商人请承公产推动财政司清查公产的力度。自 1912年底陆续有商人给财政司递呈，要求承领公产。例如，光华医社董事郑豪等呈请拨东山庙前龟岗公地建设留病医院；商人詹季稚报承卡房一间；商人李成等请承小新街旧高州公馆；商人古尧生请承西关洞天茶馆相连铺尾公地；合成公司商人邓荣芳等承领川龙口桥脚公产铺地 11 间；商人蒲松请承租西门内卡房 2 间。④ 财政司对呈请一律派员会同警察厅前往调查，如确系公产，则准于领地。除留用为新行政官署外，有少量官产被指定用途。譬如，民间占建城基一带官地留为拆城开辟马路之用；八旗官产指定为拨充八旗生计之用。⑤ 其余公产均由军政府投变。据统计，胡汉民、陈炯明任都督时期，公产投变达到 40.5 万余元。⑥

① 《旧藩署内之黑暗地狱》，《民生日报》1913 年 7 月 29 日，第 6 页。
② 《公产之輾轕纷纷》，《民生日报》1912 年 10 月 26 日，第 5 页。
③ 《关于公产輾轕之业户须知》，《民生日报》1913 年 4 月 3 日，第 6 页。
④ 见《财政司批》，《民生日报》1912 年 12 月 6 日，第 4 页；1912 年 12 月 11 日，第 3 页；1912 年 12 月 17 日，第 8 页；1913 年 1 月 23 日，第 8 页；1913 年 4 月 3、4 日，第 5 页。
⑤ 《广东省查变官有不动产地章程》，第 17、24 页。
⑥ 《广东省查变官有不动产地章程》，第 4 页。

　　不过，省议会对军政府投变大宗公产常常持有异议。广东临时省议会于1911 年 12 月 6 日成立，1913 年 2 月组织正式省议会，拥有核查军政府财政的权力。① 1913 年初，财政司与教育司提议召变全省学田，所得价款购买地方劝业有奖公债，并将所得利息作为各县立学校经费。省议会议员王家灏认为，"查各属学田，原系地方公有财产，责成县知事清理，作为县教育之基本财产，每年征租济用"，并强调学田系地方财产，应否处分宜由议会议决，非官厅命令所可独任。大多数议员赞成王氏意见。② 在此压力下，都督胡汉民下令取消召变学田。旧藩府两署未能变卖也与省议会质疑政府召变程序不当有一定关系。1912 年 11 月，因征库筹款一事，广东省临时议会通过决议将旧广东布政司署和广州府署（简称"旧藩府两署"）变卖。③ 1913 年5 月底，由同盟会员黎孝渊组织的兴华合资公司出资 70 万元，买下旧藩府两署及附近各店铺，计划开马路建商场。④ 省议会议员陈世恩等质疑政府未能公开招投，有失公允，议决由省议会备文咨请都督请其缓办，待省会拟定变卖公产专章咨会照办。⑤ 财政厅厅长廖仲恺一方面因"恐不得公平之价值"而决定不卖该地；另一方面，廖氏兼任中央国税厅厅长，而国税厅即

---

① 余炎光、陈福霖主编《南粤割据——从龙济光到陈济棠》，第 22～23 页。

② 见《四月十日省议会速记录》，《民生日报》1913 年 4 月 14 日，第 6 页；《四月十日省议会速记录（续）》，《民生日报》1913 年 4 月 15 日，第 7 页。地方劝业有奖公债由广东军政府在 1912 年 7 月发行，总额 1000 万元，利率 8 厘，偿还期限在 10 年后，并设抽奖活动鼓励购买。见《地方劝业有奖公债章程》，《民生日报》1912 年 7 月 2 日，第 5 页；《地方劝业有奖公债章程（续）》，《民生日报》1912 年 7 月 3 日，第 4 页；《地方劝业有奖公债章程（再续）》，《民生日报》1912 年 7 月 4 日，第 5 页；《地方劝业有奖公债章程（三续）》，《民生日报》1912 年 7 月 5 日，第 5 页。

③ 《六月二日省议会速记录》，《民生日报》1913 年 6 月 7 日，第 5 页。1912 年 11 月 3 日，俄国与外蒙活佛私订"库伦协议"，其中有俄国扶助蒙古"自治"，编练蒙军，不许中国军队入境及华人移植蒙地等侵害中国主权的条款，消息传出，举国哗然。11 日，50 多个团体在北京湖广会馆集会，反对"库伦协议"，将救蒙会改名为"征库会"。见陈定炎、高宗鲁《陈炯明在二次革命时期的活动》，海丰政协常委会文史资料研究委员会编印《海丰文史第 13 辑》，1995，第 92 页。

④ 《承买旧藩署及广府署》，香港《华字日报》1913 年 5 月 28 日。黎孝渊，字仲实，时敏学堂毕业生，后赴日留学，加入同盟会。因参加伐俄义勇队被开除学籍，遂回国参加革命活动。见龙裔禧《参加同盟会、辛亥革命回忆片断》，《连县文史资料　第 4 辑》，1986，第1～10 页。

⑤ 《六月六日省议会速记录》，《民生日报》1913 年 6 月 13 日，第 5 页；《粤省会讨论行政公署变卖公产》，《申报》1912 年 6 月 12 日，第 6 版。

驻在旧藩署办公。故廖氏明确要求胡汉民取消变卖之议。① 《民生日报》的社评对廖氏大加讽刺："人民之窃议省会之质问所注意者非在卖与不卖也。实以变卖之手续未合，恐不得公平之价值耳。今廖厅长因是而不卖以解释人疑。廖厅长果欲解释人疑也，何不公开召变善价而沽之乎？"② 最后，政府退还黎氏保证金 10 万元，另拨 4 万元为赔偿。舆论又为之哗然，大呼"白捞四万元"。③

龙济光据粤后，公产被纳入北京政府财政部管理范畴，改称"官产"。1913 年 7 月，北京政府财政部设清查官产处，颁布清查官有财产章程，调查官有建筑物及土地。其中以屯田、沙田、旗地、营地、废署、官房为大宗。④ 广东公产事项，遂归隶财政部的国税厅筹备处管办，统一称为"官产"，由附属机关清佃沙捐总局兼办。1914 年，财政司、国税厅筹备处改组为财政厅，附设清查官产处（简称"官产处"）专责清理官产。同年，国税厅筹备处、民政长制定查变官产章程，经财政部批示修正，于年底正式颁布《广东省查变官有不动产地章程》（1914 年 12 月 31 日）。⑤ 该章程包括规定官产、规定官地、应归登记保存之官产、调查手续、举报官产、判别官私、承领、承租、加补税契、接拨、编绘造报等 12 章。可以说，该章程在总结胡陈时期军政府清查公产经验基础之上，对官产、官地重新定义，并提出今后的工作设想。章程规定官有不动产包括以下：

> 规定官产
> 甲官款所建的官产
> 一全省文武各衙署局所以及附属之官厅、差馆、卞房、官堆、档房、炮台、箭道、马圈、兵房、炮房、药库、碉楼以及所管营田一切产业。

---

① 《旧藩署当不变卖》，《民生日报》1913 年 6 月 14 日，第 3 页；廖仲恺以财政司司长职兼任国税厅厅长，见《廖仲恺之官运》，香港《华字日报》1913 年 4 月 9 日。

② 《朝三暮四之旧藩署》，《民生日报》1913 年 6 月 16 日，第 7 页。

③ 见《兴华公司索赔偿》、《白捞四万元》，《民生日报》1913 年 6 月 18、19 日，第 6、3 页；《白捞四万元》，香港《华字日报》，1913 年 6 月 20 日。

④ 贾士毅：《民国财政史》，第 589 ~ 597 页。

⑤ 《广东省查变官有不动产地章程》，第 1 ~ 27 页。

二社坛庙宇。

前项社坛庙宇系指官款建造确为国家官产者而言，其民间捐款建造系为地方公产者，不在此例。

乙凡有由官没收及一切荒废无主各项官产

一查封各项房屋、铺户、田地。

二封存赌盗、会门及烟犯等项产业。

三原系从前各文武衙署局厂处所办公房舍，而一二奸民预行投税印契以为侵占，虽执有红契仍应一律收归官产。

……

规定官地

甲纯属官地

各属州县藉田、学官学田、绿营营田及炮台、药库附近之官田、池塘，向由民间缴租批耕者。

乙占造官地

一文武各衙署附近余地，并照墙、箭道、较场、马圈、炮台左右官地及内外城基一带由民间私自侵占建造，从未缴纳租项者。

二各官塘、濠涌、海坦由民间私自占筑而地址，从未缴纳租项者。

丙原租官地建造而上盖未经投税之产

一文武各衙署附属之官厅、差馆、下房、官堆、群房、档房、马圈、兵房、炮台、药库、碉楼及衙署照壁并箭道等处余地，向由民间租地自行建盖，而无上手红契，及经税印契暨租地印照者。

丁原租官地建盖而上盖已经投税之官地

一各官地由民间承租建造上盖，其上盖税有红契，由前行政官厅收租给油串者。①

由上可见，官产将原本笼统的"前清衙署所有"细分为各种具体的产业，且明确将官署余地、无主的濠涌和海坦等纳入官产的范围。这无疑是对房产和土地的一种重新定义分类。政府由此宣称拥有"官产"和"官地"

① 《广东省查变官有不动产地章程》，第12～13页

的所有权，对坐落在省城的官产可以饬警区及调查员分头调查，一经核实为官产即可将之投变。在最后一章《编绘造报》中，提出要将官产按照警察十二警区编号登记，制定价值和地租一览表，重新编辑契照。更重要的是，该章提出要更改契据内容不统一、面积和地段不详的弊病，"应仿照洋人田土司办法，将省城划分为十数区，每区冠以字母，并勘明该区宽深面积若干，详列图册"。① 这说明，制定该章程的人对西方土地制度有所了解，并希望借查变官产来重新编辑分类土地册籍，建立新的管理官产办法。这也意味着执行新章程需要耗费大量的人力和财力资源。

当时政治和社会背景并没有提供相应的条件，随着北京政府要求上缴的召变金额巨大，投变民产的案件频发。据时任财政部参事的贾士毅估算，广东沙田给照升科约可收入 3000 万元，普通官产值 400 多万元，大沙头、士敏土厂归部直辖可收 560 万元，统计全省官产收入可达 4000 万元。② 因此，在财政部看来，广东是上缴召变官产收入的大省。据统计，自 1913 年 8 月龙济光督粤至 1914 年 5 月，召变官产所得就达 63 万余元。③ 1915 年，财政部饬令广东官产处每月最少要上缴 16 万元。④ 该处不得不加重悬赏鼓励举报，"官产变价后，提出百分之八或百分之五给举报人充赏。其从前侵占官产，并未纳租者，果能自行禀明，亦得享他人举报领赏之例"。⑤ 1915 年底，财政部还特派黄专员为该处总办，以保证上缴数额。其任内 8 个月，变卖官产得款达 136 万元。⑥ 结果使得"投变民产的案件层出不穷"。⑦

可见，在巨额财政需求前提下，建立新的官产管理方法希望渺茫。在胡陈督粤时期，虽然召变公产会遇到官地民建等纠纷，但在大宗公产交易中，政府行为是受到省议会监督和制约的。政府召变的程序不当，极可能遭到省议会的反对。官产被纳入北京政府直辖办理之后，政府以之为增加收入的重要途径，监督和制约化为乌有，情景遂陷入一片混乱状态。

① 《广东省查变官有不动产地章程》，第 24 页。
② 贾士毅：《民国财政史》，第 601 页。
③ 《广东省查变官有不动产地章程》，第 4 页。
④ 《官产处每月最少要十六万元缴部》，香港《华字日报》1915 年 11 月 12 日，第 1 张 2 页。
⑤ 《又悬赏招报官产》，香港《华字日报》1915 年 11 月 9 日，第 1 张 2 页。
⑥ 《黄专员亦变卖官产之能员也》，香港《华字日报》1915 年 12 月 27 日，第 1 张 2 页。
⑦ 《投变民产之辗辘》，香港《华字日报》1916 年 11 月 21 日，第 1 张 3 页。

四　城建计划与商人抵制

广东军政府延续清末仿照西方改良城市的理念，将城市建设视为改革"满清旧污"之举，先后提出拆城筑路、整顿长堤、兴筑西堤二马路、改良街道、开辟大沙头商场等城建计划。大多数计划因缺乏资金和商民支持，以失败告终。商民不合作并不是因为对城建认识不足，而是不满政府单方面制定的政策。

广东军政府工务司负责各项建设工程，其主要领导人与工程师均有留洋背景，视城市建设为政治革新之象征。1911 年 12 月，广东军政府设工务部，"凡道路、水利、公共工程等项均归其范围"，聘程天斗为工务部长（北京政府成立后各部改称"司"，工务部改为工务司）。[①] 程天斗（1891～?），香山县人，幼年赴夏威夷，先后于 Mill Institue 及 Oahu Collage 接受基础教育。1906 年赴美，先入史丹佛大学，后毕业于芝加哥大学。[②] 程氏曾计划拆城筑路、兴建菜市、疏通渠道等。但他任职不足半年就匆匆离职，其计划未能施行。1912 年 7 月，工务司归并民政司（1913 年 2 月 28 日，奉临时大总统令各省行政官厅的民政司改称内务司）土木课。[③] 时任民政司司长为钱树芬，字浣香，东莞县人，北洋大学堂肄业，曾在日本东京帝国大学读法科，后赴美国在芝加哥大学取得哲学学位。回国后，钱氏被选为参议院议员。在南京时，副总统黎元洪曾聘其为外交司司长，钱氏未就。后参议员改选，钱氏转就广东民政司司长职。[④] 1912 年 7 月，民政司三水人陈赞臣为土木课课长兼总工程师。陈氏早年在美国留学，归国后曾任粤汉铁路技师长。1914 年 2 月陈氏转任广三铁路工

① 《添设工务部》，香港《华字日报》1911 年 12 月 16 日。

② 黄俊铭：《清末留学生与广州市政建设（1911～1922）》，汪坦、张复合主编《第四次中国近代建筑史研究讨论会论文集》，中国建筑工业出版社，1993，第 183 页。

③ 《程天斗可以还乡矣》，《民生日报》1912 年 7 月 1 日，第 5 页；《民政司改称内务司》，香港《华字日报》1913 年 2 月 28 日。

④ 1912 年 5 月原民政司司长黎国廉因病辞职，23 日，钱树芬出任民政司司长。见《新任民政司钱树芬》，《民生日报》1912 年 5 月 23 日，第 4 页；《新司长之履历》，《民生日报》1912 年 5 月 24 日，第 4 页。

程师。[1]　土木课改聘伍希吕为总工程师。伍氏原名家齐，河南安海伍家的后人，少年赴美学习工程学，并加入同盟会。[2]　留学西洋或东洋的学业背景，使得钱树芬等人极为重视城市建设。在他们看来，广州市街道不宽、菜场不设、频年疠疫流行，于交通、卫生诸多障碍。更重要的是，他们视这种城市景观象征着前清统治的遗毒："满清旧污，长此不扫，宁不贻新建民国羞哉！"[3]　于是，他们整顿长堤、兴修长堤第七段和西堤二马路，并计划进行改良街道、修筑永汉路、兴筑河南堤岸和填筑大沙头等工程。

广东军政府成立之初，就提出了拆城计划。清末，士绅易学清、梁鼎芬等人就曾提议拆城。[4]　后因 1910 年 2 月发生新军起义，为安全计，官府决定保留城墙。[5]　新政权成立后，城墙无疑是前清统治的最显著象征物，"满清官吏藉城自卫，故虽明知其害亦终不忍弃除，此实地方之大障碍，而亦我全省人民之不幸事也！"[6]　1912 年 1 月，广东军政府布告拆城筑路计划。从政府角度来看，拆城工程有三大目的。首先，是为了利便交通。《民生日报》曾登评论《忠告不愿拆城之商民》，以东堤为例，指出交通利便为商业"第一紧关"，劝导拆城。[7]　其次，是为了安置解散的民军。据余炎光等人研究，辛亥革命之际从广东各地进入广州的民军有 50 多支队伍，约 14 万人，对社会治安和财政支出造成巨大困扰。胡汉民与陈炯明、朱执信商讨后，决定除将少数民军编入正规军队以外，大多数就地遣散。[8]　大型工程无疑能为这些散兵游勇提供就业机会，进而减少对社会秩序的冲击。最后，是为了增

---

① 见《任用陈赞臣为土木课课员》，《民生日报》1912 年 7 月 5 日，第 4 页；田原天南编《清末民初中国官绅人名录》，沈云龙主编《近代中国史料丛刊三编　第 80 辑》，台北，文海出版社，1995，第 415 页；陈家铭、刘涛：《广三铁路的修筑及其组织管理》，三水市政协文史资料研究室编印《三水文史资料　第 18~19 辑》，1989，第 127~130 页。

② 韩峰：《伍希吕和司徒彼得》，李齐念主编《广州文史资料存稿选编　第 9 辑　社会类》，中国文史出版社，2008，第 214 页。

③ 《胡都督函请省会集决改良街道文》，香港《华字日报》1913 年 2 月 24 日。

④ 《清实录　第 60 册　附宣统政纪》卷 16，第 308 页下栏。

⑤ 见 Edward J. M. Rhoads，"Merchant Associations in Canton," Mark Elvin and G. William Skinner eds., *The Chinese City Between Two Worlds*, p. 114。1910 年夏，因省城各城堞和炮房年久失修，多倒塌朽烂，将军增祺商准督院派员勘估工程，进行重修。《华字日报》对之大为讽刺。见《又修理无用之城垣》，香港《华字日报》1910 年 8 月 1 日。

⑥ 《粤垣预备拆城筑路》，《申报》1912 年 1 月 20 日，第 6 版。

⑦ 锈：《忠告不愿拆城之商民》，《民生日报》1912 年 5 月 21 日，第 3 页。

⑧ 余炎光、陈福霖主编《南粤割据——从龙济光到陈济棠》，第 24~26 页。

加财政收益。政府拟将城墙泥渣填筑大沙头，以便出售新填地获利，甚至计划售卖城墙砖石。① 1912 年 2 月，工务司布告择定农历二月初一日兴工，先从五层楼附近一带开拆。② 纵观军政府的拆城计划，其主要是为了解决过剩的劳动力和缓解财政困难，并未提及前期投入的成本和后期的善后工作。

善后补偿问题成为商民抵制拆城的主要原因。据《华字日报》报道，拆城须拆附近城基约 23300 余家铺户。工务司公布兴工后，附城的商店铺户连日集议，拟请都督商酌善后办法。③ 但善后政策迟迟未见公布，商人黄凯廷遂组织会社抵制拆城。5 月初，警察厅奉都督令逮捕黄凯廷，将之定性为"聚众立会，抵制政府"。④ "立会敛钱"在当时是极重的罪名，警察厅甚至可以直接枪毙会首。⑤ 警察厅在布告中强调，"须知拆城之事，政府有最公道之补置，断无强行拆屋之理"。⑥ 但没有文献显示，"补置"究竟指的是什么。后三十九街商店、安澜街胜昌李植波、广安堂林商南等出面保释黄凯廷，广州总商会亦致函胡汉民，黄氏才得以出狱。胡汉民特照会总商会强调，"查拆城一事，迭经饬由工务司妥议在案"。⑦ 夹在军政府与商人之间的工务司无疑成为众矢之的。程天斗在压力之下请求辞职，称"全省工程重要，人少事繁，实难办理"。⑧ 至 7 月，胡汉民无奈地批准程氏辞职，工务司归并民政司土木课，拆城遂不了了之。⑨

民政司接管土木课后，首先整顿长堤和兴筑西堤二马路，成效甚著。1912 年 7 月，民政司整顿长堤各街，"凡有堤岸民居铺户，已挂檐篷之处，务各添设横直水槽，以咨销纳。至于食物杂货剪发，一切葵蓬小摊，统限十五日内，一律拆迁。如敢故违，定即咨□警厅，将所有檐篷棚寮，概行督拆

---

① 《无本打失利之拆城谈》，《民生日报》1912 年 8 月 10 日，第 4 页。
② 《拆城开工》，香港《华字日报》1912 年 2 月 2 日。
③ 《拟研究拆城善后办法》，香港《华字日报》1912 年 2 月 6 日。
④ 《警察厅布告》，《民生日报》1912 年 5 月 11 日，第 5 页。
⑤ 民国初年社会秩序未定，有人乘机成立各种良莠不齐的会社以敛财，警察厅厅长陈景华对此一律采取严惩的铁血政策。1912 年 5 月，容舜卿因设立共和同仁总会，设分会在米埠河边令船户挂号编籍而遭枪毙。《枪毙立会敛钱之容舜卿》，《民生日报》1912 年 5 月 14 日，第 3 页。
⑥ 《警察厅布告》，《民生日报》1912 年 5 月 11 日，第 5 页。
⑦ 《尚敢抵制拆城否》，《民生日报》1912 年 5 月 20 日，第 5 页。
⑧ 《工务司欲效挂印封金耶》，《民生日报》1912 年 6 月 25 日，第 4 页。
⑨ 《程天斗可以还乡矣》，《民生日报》1912 年 7 月 1 日，第 5 页。

净尽。如敢恃横抗阻，拘案惩罚不宥。"① 迭加整顿后，长堤街貌一新，吸引大批投资者，地价随之增长，"几有寸金尺土之势"。② 与此同时，民政司接续兴建长堤第七段工程（即沙基段），并计划兴建河南堤岸。③ 1912年11月9日晚，新豆栏一带的大火为建设西堤二马路提供了契机。当晚刮西北风，火势从新豆栏、源昌街、德兴街、联兴街，延烧至河南南岸大街一带，河南、河北共烧491间房屋。④ 钱树芬拟乘此时机，将该处街道改筑马路、改良建筑，仿照上海格式，"务达大观之目的"。⑤ 土木课遂规划将该处辟为西堤二马路，路宽30英尺（约9米），通过横路连接西堤大马路。该课将规划图广为发售"以资普及"，测量、划界等工作陆续开展。⑥

鉴于上述工程进展顺利，钱树芬进而试图推广改良其他街道，却遭以总商会为首的商民的大力反对。1913年2月，都督胡汉民将钱树芬所拟的《广州市改良街道章程》提交省议会集议。该章程共10条，其文曰：

一、广州市改良街道事宜归民政司直接管理。

二、开办改良街道经费由广东政府担任筹拨。

三、改良街道之先后由民政司认定，不得抗阻。

四、由民政司设立登记所，通告市内民居，限期将店铺、家屋价值填入簿籍，以备收用，填报分三种，甲地价、乙建筑费、丙转受费。

五、登记填报既不收费，惟所报价值即将来收纳国税之准，至政府税法确定时，一律按照登记价值数目征收，不得有所藉口。

六、街道辐度狭小，需用民居地址，由司按照店铺、家屋之填报价

---

① 《长堤宜整顿矣各街又如何》，《民生日报》1912年7月17日，第4页。民政司于1912年8月正式接管堤岸工程，颁发新照。见《堤地限期换照》，《民生日报》1912年8月7日，第4页。

② 《堤岸地皮之发达》，《民生日报》1912年10月24日，第5页。

③ 《河南堤岸兴工在即》，《民生日报》1912年11月9日，第6页。

④ 见《火灾》、《火灾后续闻之片片》，《民生日报》1912年11月11日，第5页；1912年11月12日，第5页。

⑤ 《火后建筑之规划》，《民生日报》1912年11月27日，第5页。

⑥ 见《红羊劫后之新图》、《西堤马路划定界线》，《民生日报》1912年12月14日，第5页；1913年3月10日，第3页。

值一律收买，给回原价，即将店铺、家屋分划丈尺，以为改良街道之用。

七、附近改良街道，店铺、家屋一切建筑均须改良，街道改良后左右十丈均归政府，即由司绘定图则招商改建。

八、应收买之店铺、家屋，由政府先期六个月宣示以便人民择地搬迁，至街道改良后，店铺、家屋之建筑方法既妥时，由政府酌定公道价值先准原住者承回，若不允承，另召他人承受。

九、此章程自颁布之日起至全市街道改良后公布取消之日止，均有效力。

十、此章程之适用范围暂以广州市为限，如将来办有成效时，得照章程推广办理。①

从章程可见，钱氏的"改良街道"极为强调政府的主导性。事项由民政司直接管理，改良秩序由民政司决定，经费由广东政府拨发。这说明"改良街道"完全由政府负责，杜绝了其他社会力量的参与。在操作上将政府权限无限扩大，由政府在街道狭小之处购买民居，拆卸之，以展拓街道，并将改良后左右十丈的土地划归政府；政府购买的铺屋限期6个月搬迁；章程自颁布至街道改良后公布取消之日均有效力等。② 显然，钱氏所拟的《广州市改良街道章程》没有预留任何与商民商讨的空间。1913年2月底，都督胡汉民将改良街道案提交省议会。3月初，钱氏又邀请报界讨论改良街道办法和进行手续，③ 希望借新闻传媒，将改良街道广为传播。钱氏所拟的改良街道章程没有预留任何与商民商讨的空间。在钱氏看来，章程有百利而无一害，商民没有任何反对的理由。出乎钱氏所料的是七十二行商在3月中旬召开讨论会，一致反对改良街道。《民生日报》报道：

改良街道一事，民政司并未有致函及亲到总商会解释理由。昨日七十二行商董，开讨论会，将司长所议章程，逐条研究，佥谓窒碍难行。

---

① 《胡都督函请省会集决改良街道文》，香港《华字日报》1913年2月24日。
② 《胡都督函请省会集决改良街道文》，香港《华字日报》1913年2月24日。
③ 《内务司邀请报界会议改良街道章程详情》，《民生日报》1913年3月6日，第6页。

多以此事属于市政范围，非出自市民公意，集资改建不可。现市政府尚未成立，无从规划。当此商业凋敝，人心初定之时，正宜休养生息，以培元气。万不能遽事更张，致形纷扰。目下省城街道，只可逐渐改良。查有东关大沙头等处，地近车头。现尚荒废。政府如有现款拨用，或在该处酌量开辟一模范市场，广辟马路，安设电车，振兴商务，人必乐从。若于商务云集之区，急欲更张开办，恐未见利而先见害也。各商董讨论良久，均反对改良街道问题云。①

从报道可见三方面信息：第一，军政府并未就改良街道事以书面或其他形式与商民商议。钱氏后曾解释是因外出而未知会总商会改良事，而非对总商会有意见。这个解释更显示出军政府与总商会在城市事务上相互预期的落差。总商会显然希望担当更重要的角色。换句话说，不管总商会是否赞同改良街道的具体内容，而军政府不与之协商就自行制定政策，已经引起总商会不满。第二，总商会运用的是"市政"和"市民公意"等新词语，说明大多数商人在认知上对城市建设有所了解。反对改良街道，并非源自保守或知识上的冲突。第三，商人提议政府投资大沙头，暗示政府根本没有建设资金。

七十二行商董表态后，迅速影响到民政司正在进行及计划建设的工程。新豆栏一带商人绕过民政司，联禀交通管理处称不愿改建马路。② 省议会议员也有所分歧，有人认为"凡事必有利有害，应通过改良街道案"，也有人认为"商会反对，应该暂缓"。4 月 27 日省议会议决，应先筑永汉马路，俟有成效再行推广。③ 永汉路（今北京路）的路线是清代省城最重要的南北干道，从天字码头进入永清门，经大南直街，进入正南门，经双门底，抵达财政司署前。这条路线是清代抵粤官员进入省城的官道，极具政治意涵。广东光复后，永清门即被改称为"永汉门"，以象征汉人恢复统治。因此，建设永汉路也有"革命"之象征。永汉路遂成为政府与商民拉锯的平台。

在商民与政府的对抗之下，永汉路工程最终无法开展。1913 年 4 月初，

---

① 《商人智识如是》，《民生日报》1913 年 3 月 17 日，第 7 页。
② 《不愿改建马路之不可解》，《民生日报》1913 年 4 月 23 日，第 6 页。
③ 《四月十七日省议会速记录》，《民生日报》1913 年 4 月 23 日，第 5 页。

内务司土木课公布永汉路规划图，计划分三段兴筑，路宽44英尺（约13.4米），两旁人行路各宽8英尺（约2.4米）。① 4月下旬，该课传令沿街铺户缴验契据。因圈地政策不明，铺户多有疑惧。② 5月31日永汉路公开招投承建商，十几家公司竞投，由香港三益公司以最低价投得。③ 工程正式兴工之际，商人开始激烈反对。表面上看，沿路商铺关注的仍是善后，"兴筑马路牵累各店毁拆搬迁，毫无补置，惨害失业"。④ 实质上，商人与政府的矛盾已经上升到政治的对抗。据邱捷研究，商民对军政府统治下的社会治安状态和财政措施极为不满。⑤ 早在5月中旬，总商会就代表各行商人致电北京政府，赞同袁世凯政府的大借款，并电举袁氏为正式总统。总商会称，"我商人素无党见，目的只在治安。无奈吾粤商业几经挫折，凋敝已达极点。若再受此种种摇动，万一人心离散，后患更不堪设想矣"。⑥ 其明确表达了对广东军政府管辖下治安不佳、商业凋零的不满。6月中旬，胡汉民在离任粤督前，任意支拨财政。⑦ 一时间，全省哗然，善堂、商会、各团体、公民纷纷致函反对胡氏。⑧ 广东军政府威信大受影响。在永汉路争端上，总商会也直接寻求北京政府支持。6月底，总商会总理叶舜琴、陈鑑持等致电北京政府，声称代表永汉街数百家商店，请求暂缓筑路。⑨ 内务司对之不予理会，一面仿照大沙头办法，招工承揽工程；一面开筑与长堤大马路接壤地点的沟渠。⑩ 7月中旬，北京政府财政部复电，饬内务司慎重处之；内政部也称

---

① 《永汉马路之规划》，《民生日报》1913年4月8日，第3页。
② 《永汉直街已缴验契据》，香港《华字日报》1913年4月24日。
③ 《永汉马路定期招工建筑》，《民生日报》1913年5月20日，第3页；《承筑永汉马路》，香港《华字日报》1913年6月9日。
④ 《各街商店纷请缓筑永汉马路》，香港《华字日报》1913年7月12日。
⑤ 邱捷：《广东商人与辛亥革命》，氏著《孙中山领导的革命运动与清末民初的广东》，第275~278页。
⑥ 见《各行请总商会电举袁为正式总统原因》、《粤人一般心理之坚持不变》，香港《华字日报》1913年5月20日。
⑦ 《胡督去任牵动广东财政之种种》，《民生日报》1913年6月20日，第3页。
⑧ 见《众矢集的之胡都督》、《广东之荣誉扫地矣》、《警察厅来函》、《续粤省公民致函廖仲恺》，《民生日报》1913年6月21日，第3页；1913年6月21日，第7页；1913年6月23日，第3页；1913年6月23日，第6页。
⑨ 《商会电请缓办永汉马路》，《民生日报》1913年7月1日，第6页。
⑩ 《内务司对于永汉马路竟不恤商情》、《永汉马路工程何忙碌耶》，香港《华字日报》1913年7月12日、1913年7月17日。

"粤者兴办修马路事，前未据咨报"。① 很快，"二次革命"爆发，永汉路工程随即中止。

　　大体上说，在资金和民意均不甚协调的情况下，广东军政府的大多数城市建设计划均无法施行。真正落实完成的只有两段马路，即西堤二马路及长堤沙基段。1913 年 5 月，西堤二马路即将竣工，旅馆、当押、金铺、茶居、杂货、饮食、车衣等渐次规复。② 沙基堤岸竣工意味着自张之洞督粤时期提出的兴修珠江堤岸工程终于完工，马路可从沙面直达广九铁路大沙头终点站，"手车行人，同称便利"。③

　　综上所述，广东军政府曾试图对城市土地做出一些整理。当然，这些措施或多或少有增加财政收入之目的。虽然孙中山在城市推行"平均地权"的措施未能实现，但通过换契，广东军政府重新确认了土地产权。同时，军政府通过改建官署、同署办公、召变公产来宣示新政权的权威。西式的官署和同署公办的效率受到一定的肯定。召变公产虽然引发诸多争端，但使军政府掌控了一批房地产资源。此后，官产始终是政府最易控制的土地资源之一。在改良城市的理念下，军政府初期实施的整顿长堤、兴筑西堤二马路、续筑沙基段堤岸等城建工程顺利完工。

　　这一时期，省议会和商人团体对政府起到明显的监督和制约作用。通过核议政府财政之权，省议会质疑政府轻易召变公产及召变中的暗箱操作之弊端，有效地阻止了召变学田和旧藩府两署案。总商会通过寻求北京政府的支持，成功地叫停了开辟永汉路，进而达到阻止改良街道之效。省议会和总商会之举往往并非针对事件本身，而是试图在新的政治格局下争得一席之地。

第二节　市政公所时期拆城筑路计划及施行

　　1916 年 7 月 6 日，北京政府任陆荣廷为广东督军，桂系军阀逐渐掌握

①　《财政部对于开筑永汉马路之意见》、《永汉马路可以缓筑矣》，香港《华字日报》1913 年 7 月 15 日、1913 年 7 月 16 日。

②　《灾场渐变还商场之可喜》，香港《华字日报》1913 年 5 月 23 日。

③　《中华民国四年广州口华洋贸易情形论略》、《粤海关十年报告四（1912~1921）》，《近代广州口岸经济社会概况——粤海关报告汇集》，第 583、1011~1012 页。

了控制广东的实权。次年，西南各省展开"护法运动"，程璧光率海军由沪南下至粤，桂系军阀宣布广东"自主"。广东遂成武人天下，军队云集，派系纷争不断。① 广东省政府财源困乏，地方征收机关自留不解，军队也横加截收。为便于召变官产，以增加财政收入，省长朱庆澜和财政厅厅长杨永泰先后提出拆城筑路。该工程成为桂系主粤时期最重要的城建工程，凡开辟马路、建筑骑楼、行驶电车均与之息息相关。1918 年 10 月 22 日，市政公所成立，成为拆城筑路的规划师和执行者。为缓解拆城筑路的巨大阻力，该公所放宽建筑骑楼的限制，使骑楼成为广州马路沿线的主要建筑形式。为了筹集拆城筑路各项经费，该公所招商承办电车路。由四邑籍旅港商人、加拿大归侨、外商等组设的广东电车公司，在此背景下得以设立。但该公司却遭到省议会、在籍国会议员、地方精英及旅外粤人的一致反对。夹杂着职权、路权、商业利益及党派纷争，轨道电车被改为无轨电车，于 1920 年开始行驶于广州。

一　拆城筑路与召变官产

桂系据粤时期，拆城墙筑马路工程正式铺开。这一工程的缘起与召变官产息息相关。省长朱庆澜利用"拆城筑路"来保留广东省对官产的支配权。杨永泰提出"拆城筑路"是为了召变旗产，并成立市政公所来主持工程实施。在省长的庇护之下，省议会质问拆城案无功而返，拆城进展顺利。在拆城过程中，市政公所以"市政使用"之名不断扩展自身的权限。

朱庆澜任省长时，为维持广东地方事务，提出拆城筑路以对抗北京政府的"官产归公"。所谓"官产归公"是指北京政府要求各省官产由中央直辖。1916 年 7 月 6 日，北京政府任命朱庆澜（1874～1941）为广东省省长，试图借助其声望，节制袁世凯称帝时已经宣布独立的西南局面。② 朱氏掌粤

① 余炎光、陈福霖主编《南粤割据——从龙济光到陈济棠》，第 74～76 页。
② 朱庆澜，字子桥，祖籍浙江省绍兴县，生于山东省历城县（现济南市），后落户于辽宁省锦州市。历任武职，初任巡警总局巡检，后转入巡防营，逐步擢升统领。1904 年，盛京将军赵尔巽调朱任营务处督办，协助裁整编奉省军队。1909 年，赵尔巽任四川总督，调朱至川任陆军第 33 混成协协统。民国建立后，袁世凯任之为黑龙江省护军使兼民政长。1915 年，朱氏通电拥袁称帝，获封一等子爵。见丘琴、姜克夫《朱庆澜》，朱信泉主编《中华民国史资料丛稿　民国人物传　第 10 卷》，中华书局，2000，第 124～127 页。

将近一年，对广东地方事务颇费心力，并非事事皆受北京政府节制。朱氏上任后将恢复社会秩序视为第一要职。[1] 当时政局尚未稳定，军政不一，财政混乱。据《申报》载：

> 粤省政局破裂久矣，各处机关林立，军政既不统一，财政更形紊乱。故省库久无收入，近益窘绌，一切政费筹款极难。……朱省长将以严厉之文，分饬征收机关，务将收款速解省库。并分饬驻近军队，不得强行将款截留，以明统系。惟各处缴饷者仍多观望不前，督征者殊无起色也。[2]

可见，当时省政府财政来源无法得到保证，地方征收机关自留不解，军队也横加截收。但军饷、政费的支出却无法停支。为此，政府不得不多方筹措，包括拟设善后筹饷局、向外国银行借款、恢复租捐、拟开赌禁、加抽地方税捐等。省议会在 1916 年 10 月 1 日重新开幕，政府财政税收方案须经由省议会的审议，双方交锋频仍。[3] 经省议会内部一再争辩，恢复租捐和开赌禁被否决。[4] 朱庆澜不得不设法争取各种有限的财源。官产是其中之重，既被用作抵押借款，也被直接召变套现。北京政府一向视广东为上缴召变官产收入的大省。1916 年 11 月，北京政府拟将广东士敏土厂收归财政部办。12 月，财政部致电广东省公署，称各省官产价款系中央直接收入，无论何项要需不得挪用；又拟派刘督察员来广东清查官产。朱庆澜和广东省议会力争官产应归省办，并致电北京政府须划分中央和地方

① 见《命令》、《香港电》，《申报》1916 年 7 月 9 日，第 2 版；1916 年 9 月 15 日，第 2 版。
② 《广东之财政问题》，《申报》1916 年 10 月 10 日，第 7 版。
③ 据陈惠芬研究，广东省议会在 1913 年 8 月 8 日被龙济光解散，1916 年 10 月复会，至 1919 年 4 月换届，议员大多为国民党党员。1919 年 4 月开幕的省议会是在政学会影响下产生的。政学会内部大体分为两派：一由杨永泰主持，以岑春煊为首；一由李根源主持，有滇系作背景。两派互相呼应，又与滇、桂二系声气相通。见陈惠芬《民初桂系治粤时期的广东省议会》，《台湾师大历史学报》第 45 期，2011 年 6 月，第 110、113 页。
④ 见《当道议设善后筹饷局》、《国会议员电请立停租捐》、《朱省长复租捐难免电》、《筹饷局将变为财政研究会》，香港《华字日报》1916 年 11 月 22 日，第 1 张 3 页；1916 年 11 月 29 日，第 1 张 3 页。《广东电》，《申报》1916 年 11 月 17 日，第 2 版；《广东电》，《申报》1916 年 11 月 23 日，第 2 版。

官产。① 拆城筑路是朱氏对抗"官产归公"的办法之一。据《华字日报》载：

> 朱省长以粤省公产官地原定一律清查召变，接济中央用款。惟现时商定拆城开路及建设街市，则各处公产官地似应划留亟须分别查明，某处马路应由何段起讫直长横阔各若干，如何圈绕，某处应设某等街市，横直面积若干，四至界址如何。除马路街市所占面积外，其余地点是否不须留用，逐一详列，以凭送交清理官产查核。昨已派员查勘一切。②

可见，朱庆澜拟借"拆城筑路、开辟街市"之需，保留省政府对官产的支配权。"拆城留用官产"是一个相当合理的理由，有着充分的历史依据。前文已提及，广东军政府在民国初年就曾提出拆城计划；在《广东省查变官有不动产地章程》（1914 年 12 月 31 日颁布）中也明确注明"民间占建城基一带官地留为拆城开辟马路之用"。③ 1916 年 12 月 4 日，省长公署邀集大沙头工程师蒋冠英、省长公署交涉员张继龙、工程师刘坤、警署技士区清泉等会议拆城事宜。④ 朱氏还希望利用拆城来安置无业游民，饬令财政厅妥善制定招工章程。⑤ 拆城得到商团的支持。12 月 20 日，商团致函警察厅，称"此后凡关于拆平城基附近城墙，为将来马路所需之公地，均请毋庸召变"。警察厅知会官产处查照办理。⑥ 商团的积极态度是因其会所就位于老城西瓜园城基。同年 10 月，商团已着手拆卸城墙炮楼，开马路至会所操场。⑦ 12 月，商团又拟筑西便门马路直达长堤。⑧ 可惜，朱氏

---

① 见《朱省长力争士敏土厂》、《官产价款不得擅挪》、《财政部派员查追官产》、《省议会关于力争官产之提案》、《省议会关于划清官产之两电》，香港《华字日报》1916 年 11 月 21 日，第 1 张 3 页；1916 年 12 月 4 日，第 1 张 3 页；1916 年 12 月 5 日，第 1 张 3 页；1916 年 12 月 6 日，第 1 张 3 页。
② 《划留官地开马路街市》，香港《华字日报》1916 年 12 月 9 日，第 3 张 2 页。
③ 《广东省查变官有不动产地章程》，第 17b 页。
④ 《省长公署会议拆城情形》，香港《华字日报》1916 年 12 月 7 日，第 3 张 2 页。
⑤ 《饬订开筑马路招工章程》，香港《华字日报》1916 年 12 月 9 日，第 3 张 2 页。
⑥ 《附近城基公产毋庸召变》，香港《华字日报》1916 年 12 月 21 日，第 3 张 2 页。
⑦ 《拆炮楼开马路之工程忙》，香港《华字日报》1916 年 10 月 13 日，第 1 张 3 页。
⑧ 《筑马路已绘图呈核》，香港《华字日报》1916 年 12 月 2 日，第 1 张 3 页。

自任省长就受桂系军阀排挤。拆城计划还未及实施，朱氏已于 1917 年 8 月 27 日被迫辞职。[①] 此时，广东已通电"自主"，官产支配权遂归省政府财政厅。

财政厅厅长杨永泰再次提出拆城筑路，是因召变旗产之需。杨永泰（1880 ~ 1936），字畅卿，广东茂名人，1901 年考入广东高等学堂，不久转入北京法政专门学校，毕业后曾任《广东报》主笔。1908 年当选广东谘议局议员，1912 年又成为中华民国临时国会参议员。1913 年，杨氏加入国民党，次年 4 月当选为第一届国会参议员。1916 年 5 月，杨氏任肇庆军务院财政厅厅长，次年 10 月任大元帅府参议。[②] 1917 年 6 月，杨氏出任广东筹饷局总办。该局直属于督军，以"军事用途"筹集资金，不受省议会的监督和约束。譬如，筹饷局先后归复番摊与息借房租，均未经过省议会的讨论、议决。[③] 1918 年 6 月，杨氏出任财政厅厅长，仍兼筹饷局总办。[④] 可以说，杨氏是为桂系军阀提供财政资源的重要人物。

旗产主要指位于旗界的官产，因城垣阻隔而难以召变。如第一章所述，旗界有各种官衙署，又有印务处、官学、义学、书院、同文馆、银库、军器库、火药局、监狱、箭道、马圈等建置。[⑤] 旗产占省城官产相当大的份额。在 1918 年前后，召变官产是广东省财政的重要来源。报纸每天都有出投官产消息，甚至举办官产有奖证券交由总商会、九善堂院代理发售。[⑥] 交通便利被视为召变官产的有利条件。1918 年 4 月，财政厅厅长曾彦以财政厅附近交通不便，导致附近官产无人认领，故将厅库巷辟为马路。[⑦] 该路在 11 月落成，一时间商铺云集，生意兴旺。[⑧] 此后，清理官产处

---

① 余炎光、陈福霖主编《南粤割据——从龙济光到陈济棠》，第 81 页。
② 汪新、刘红：《南京国民政府军政要员录》，春秋出版社，1988，第 51 ~ 52 页；武汉地方志编纂委员会主编《武汉市志·人物志》，武汉大学出版社，1999，第 299 页。
③ 见《筹饷局原来是规复番摊机关》，香港《华字日报》1916 年 12 月 12 日，第 3 张 2 页；《借租由筹饷局办理》1918 年 5 月 14 日，第 1 张 2 页。
④ 《杨永泰仍兼筹饷局总办》，香港《华字日报》1918 年 6 月 22 日，第 1 张 2 页。
⑤ 长善等纂《驻粤八旗志》卷 2《建置》，第 19 页；卷 3《建置志》，第 1 ~ 33 页。
⑥ 《将以官产作赌彩之骇闻》，香港《华字日报》1918 年 3 月 13 日，第 1 张 2 页。
⑦ 《琐闻一束》，香港《华字日报》1918 年 4 月 1 日，第 1 张 3 页；《规划库厅巷开作新街》，香港《华字日报》1918 年 4 月 3 日，第 1 张 2 页。
⑧ 《城内新辟马路之布置》，香港《华字日报》1918 年 11 月 29 日，第 1 张 3 页。

的出投广告均会强调官产地段"马路相通"、"车马辐辏"。① 旗产地处城墙之内，成为阻碍召变旗产的巨大障碍。另外，旗产曾被指定为"拨充八旗生计之用"，由八旗生计处主管收租。故广东省财政厅一直未能将之投变。1918 年 8 月，杨永泰拟将旗产全部投变，预计可得五六十万元，所得产价存贮银行生息作为旗民孤苦口粮。在杨氏看来，旗界"因城垣隔断以致阻碍交通，商务终难发达"。② 因此，他计划拆卸城门，开旗街马路直达西关。计划得到警察厅厅长魏邦平（1880~1935）的支持。③ 据《申报》载：

> 粤省市政拆城筑路，久为人民所渴望。兹闻杨、魏两厅长决计，由永汉马路展筑至财政厅大堂，转库厅新街，经省长公署，横过旧抚署，辟六十尺马路，直达将军署。并将旧抚署全部辟作公园。且为旗民宽筹生计，克日将西门上至盘福里转角，下至普济桥一带城基拆平，辟作大马路。再由西门沿惠爱街至财政厅，辟作干路。俾旗街与西关通连一气，通行电车、马车、手车。北边再由盘福里，北通军路，西通西村车站，东通沙河、白云。此外旗满各宽阔街道均妥为修理，通行手车。不日择地设立市政公所，内设议会、董事会，由两厅主持其事，积极进行。并闻魏处长现更规划海珠公园，并在东山组织公园，均有成议。陈廉伯、简照南诸人又拟择适中地点，仿照上海新世界办法，开辟一广东大公园。陈廉伯并拟独力购办巴拿马会场无轨小电车二十辆，往来于四公园范围内，以促地方人民之进化云。④

---

① 《广东财政厅官产处贵重地段出投广告》、《资本家快来》、《广东财政厅官产处贵重地段出投广告》，香港《华字日报》1918 年 12 月 31 日，第 1 张 2 页；1919 年 1 月 3 日，第 1 张 3 页；1919 年 1 月 10 日，第 1 张 2 页。

② 《筹办八旗生计之伟大计划》，香港《华字日报》1918 年 8 月 29 日，第 1 张 3 页。

③ 魏邦平，字丽堂，香山人。日本陆军士官学校第四期骑科毕业，历任广东督练公所少校教马委员。1911 年任广东都督府军政司副司长。1912 年，任广东陆军第二师第二旅旅长，广东都督府参谋长，水上警察署署长。1915 年，任北京政府陆军部顾问。1916 年起任桂系护国军第二独立旅旅长，广东全省警务处处长兼全省警察厅厅长。见陈予欢编著《民国广东将领志》，广州出版社，1994，第 457~458 页。

④ 《市政之大计划》，《申报》1918 年 9 月 19 日，第 7 版。

从该报道可见五点重要信息，一是杨永泰与魏邦平计划"辟六十尺马路"将主要官署、旗界、西关连成一线；二是将开辟旧巡抚署、海珠、东山等公园；三是开路后通行电车、马车和手车等交通工具；四是设立由财政厅和警察厅主持的市政公所，内设议会、董事会；五是大商人陈廉伯、简照南等积极支持计划。这一计划成为市政公所主持拆城筑路的雏形。省长公署也同意该计划，但认为须交省议会议决。① 杨永泰与魏邦平则认为，召变旗产是旧案，曾经临时省议会议决，又称拨款救济旗民为"国家预算"，故无须交省议会议决。② 于是设立市政公所被提上了日程。

1918年10月22日市政公所成立，其合法性遭省议会的质疑。1910年10月初，杨永泰、魏邦平两人"奉委任为市政总办"，择定大佛寺善后局旧址作为办事公所，筹备公所开办事宜。10月22日，市政公所借育贤坊禺山关帝庙举行开幕礼，各机关暨省议会及绅商学各界均派代表莅临。③ 当天还公布了该公所的主要机构人员，聘曹汝英为坐办、陈恭受为总稽核、苏乃错为文案、孔昭度为总务科科长、伦允襄为工程科科长。④ 曹汝英（1870~1924），字絜三，番禺人，曾历任海军筹备处第三司司长兼一等参谋官、海军部军学司司长，领海军中将衔。曹氏曾是杨永泰就读两广大学堂的老师。而其他机构负责人也多为杨、魏或曹汝英的关系网人选。⑤ 因此，市政公所的合法性和运作备受省议会质疑。1918年11月4日，议员陈世恩等向省长公署呈"质问市政公所招投拆城工程"案，称市政公所为"非驴非马，不官不民"，认为该公所并非行政机关，没有处分营造物的权力，且拆城办法及预算没有送交省议会议决。⑥ 显然，议员陈世恩等反对的不是拆城，而是市政公所的设立及运作均不交议的行为。另一份省议会文件更明确要求市政

① 《筹划八旗生计应交省会议决》，香港《华字日报》1918年9月4日，第1张3页。
② 《召变旗产不交省议会议决》，香港《华字日报》1918年9月17日，第1张2页。
③ 《琐闻一束》，香港《华字日报》，1918年10月23日，第1张3页。
④ 《市政公所开始办公》，《申报》1918年10月29日，第7版；《呈督军、省长市政公所坐办曹汝英奉委任事日期》（1918年10月22日），广州市档案馆藏，档案号：4-01/001/0263-1-015。
⑤ 陈予欢：《曹汝英拆城筑路的风波》，《羊城古今》1994年第1期。
⑥ 《令广州市政公所将省议会议员陈世恩等提出质问市政公所招投拆城工程一案仰将拆城计划及预算开具书表呈候核办》（1918年11月4日），广州市档案馆藏，档案号：4-01/1/263-2。

公所必须上交拆城的预算。① 据陈惠芬研究，省议会颇多质问不经议会同意或监督的筹款措施，军省两署却以该措施为"国家经费"或"军事范围"，非属议会监督权限，而一一驳斥。她认为，这实际是桂系当局与省议会的职权之争。② 同样的，质问市政公所案也因代理省长翟汪逐项驳斥而落幕。③

市政公所成立后职权迅速扩大，兼管契税、召变官产和旗产及发放建筑凭照。市政公所原名为"广州城厢市政公所"，后改为"广州市市政公所"，因其章程规定管辖区域有省城、河南、花地、芳村不动产契税事项，"应符名实而便进行"。④ 换句话说，在当局看来广州市包括省城、河南、花地、芳村等地。在市政公所的第一号布告中，将拆城基、辟马路、设市场、设公园、设工厂等作为第一期工作重点。⑤ 通过"市政使用"的名义，市政公所将变卖官、公各产纳入权限范围，其文云：

> 市政范围包罗甚广，与地方交通、人民卫生均有直接之关系。查广州市内各房屋、店铺，以及一切土地，其向归官有或公有，而隶属于各机关者颇属不少。……令财政厅官产处、沙田稽核处、盐运使、粤海道关监督、警察厅、实业银行、南番两县等，嗣后凡有变卖官、公各产，应先知会本公所，派员会勘。除划出市政使用外，再行分别投变，免滋纠葛，实为公便云。⑥

在这里"官产"与"公产"被区分开来，所谓"官有"是指前清官府所有，而"公有"则指地方共同所有，其界线也不甚明确。在"市政使用"的名义下，市政公所试图干涉原由官产处、沙田稽核处、盐运使、粤海道关

---

① 《令广州市政公所将省议会议员陈世恩等提出质问市政公所招投拆城工程一案仰将拆城计划及预算开具书表呈候核办》（1918 年 11 月 4 日），广州市档案馆藏，档案号：4 - 01/1/263 - 2。

② 陈惠芬：《民初桂系治粤时期的广东省议会》，《台湾师大历史学报》第 45 期，2011 年 6 月，第 141 页。

③ 《省长驳复议员质问拆城之咨文》，香港《华字日报》1918 年 11 月 6 日，第 1 张 2 页。

④ 《呈请换发关防文曰广州市市政府公所之关防》（1918 年 10 月 24 日），广州市档案馆藏，档案号：4 - 01/001/0263 - 1 - 016。

⑤ 《布告广州市政公所规划情形以促进行》（1918 年 10 月 19 日），广州市档案馆藏，档案号：4 - 01/001/0263 - 1 - 009。

⑥ 《变卖官公各产先知会市政公所》，香港《华字日报》1918 年 11 月 18 日，第 1 张 3 页。

监督、警察厅、实业银行、南番两县等管辖的官公产业，统一掌握官公产的支配权。这是市政公所扩张权力的起步，也为后来市政厅财政局统一财政权限奠定了基础。1918 年 11 月，市政公所接管八旗生计筹办处的公产全卷及地图表册，安排开投旗界官产；12 月，接手旗界民产的捐免地租。① 1919 年 4 月，市政公所从警察厅手中收回发放新辟马路两旁建筑凭照的权力，并主管跑马场、市场等建设工程申报。② 1920 年 1 月，市政公所"将广州市内查勘建筑，完全收并办理"，并拟将警察厅的卫生、土木两科合并到市政公所。③ 6 月，市政公所成立税契处。④ 很显然，市政公所职权扩张是经由财政厅和警察厅来实现的。

在市政公所职权扩张之际，拆城筑路范围也在扩大。1918 年 11 月市政公所公告，拆卸西水关迤北至盘龙里，及迤南至西堤一带；为筑永汉路，又拆永汉门东西两城基各 600 英尺（约 182.9 米）。⑤ 12 月，为疏散永汉路人流，该公所拟再辟由万福路至府学东街的马路（筑成后称"文德路"）。⑥ 到 1919 年 2 月，全城城墙已纳入拆卸范围。⑦ 3 月公布的第一期马路计划中，"计全城由东至西，由南至北，纵横各有干线四条"。⑧ 东西干线分别为新城基上开辟的万福路—泰康路——德路；老城基上开辟的文明路—大南路—归德路；城内的惠爱路和德宣路。南北干线分别为东门两侧的越秀路；西门两侧的盘福路—长庚路—丰宁路—太平路；城内的桂香路和永汉路。另外两条是文德路，连接财政厅和第一公园的政南路—公园路。（见图 3-2）

拆城的确起到促进召变旗产之效。在杨永泰提出拆城开旗街时，旗民

① 见《八旗生计与市政之关系》、《开投八旗官产》、《旗街捐免地租由市政公所开收》，香港《华字日报》1918 年 11 月 4 日，第 1 张 2 页；1918 年 11 月 6 日，第 1 张 3 页；1918 年 12 月 18 日，第 1 张 3 页。

② 见《建筑须知》，香港《华字日报》1919 年 4 月 23 日，第 3 张 1 页；《择地设立跑马场续报》，香港《华字日报》1919 年 4 月 3 日，第 3 张 1 页。

③ 《查勘建筑收归市政公所办理》，香港《华字日报》1920 年 1 月 10 日，第 3 张 4 页；《警厅将裁卫生土木两科》，香港《华字日报》1920 年 1 月 20 日，第 1 张 2 页。

④ 《市政公所税契处已成立》，香港《华字日报》1920 年 6 月 18 日，第 3 张 4 页。

⑤ 《市政要闻》，香港《华字日报》1918 年 11 月 19 日，第 1 张 3 页。

⑥ 《市政公所另辟路线之呈文》，香港《华字日报》1918 年 12 月 24 日，第 1 张 3 页。

⑦ 《拆城工程之进行》，香港《华字日报》1919 年 2 月 7 日，第 1 张 3 页。

⑧ 《广州市全城马路之定线》，香港《华字日报》1919 年 3 月 22 日，第 3 张 1 页。

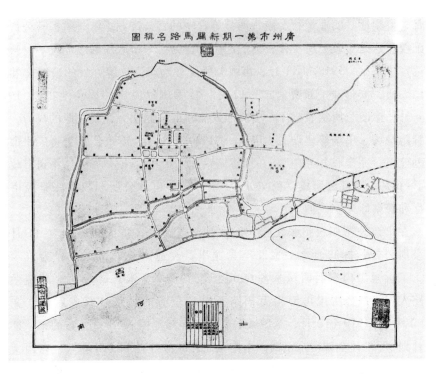

图 3 - 2 广州市第一期新辟马路名称

资料来源：《图说城市文脉：广州古今地图集》，第 98 页。

对之寄予厚望，"旗满各界对于此事均甚赞成，盼望及早实行开街道，以资救济"。① 1918 年 11 月，市政公所布告开投八旗官产，计共 90 余处，面积共 6000 余井。② 然而，当中不少旗产颇具争议。清末新政时期，清廷曾准将旗民购置旗街房屋作为恒产，由右司颁发管业执照，并按户缴纳官租给右司。旗民由此获得了旗界官产的右司执照。民国初年，国税厅筹备处承认此类房产的私有权，一律发予租地断卖上盖之契尾。但清理官产处视之为"官地民建"，应行召变。自 1914 年起政府与旗民就此项承租官地颇多交涉。③ 1918 年开投公布后，旗人白雄庆等执清代右司印

---

① 《旗满拟举代表赴省会》，香港《华字日报》1918 年 9 月 6 日，第 1 张 2 页。
② 《投变八旗产业布告》，香港《华字日报》1918 年 11 月 16 日，第 1 张 3 页；《投变八旗公产之补恤办法》，香港《华字日报》1918 年 12 月 18 日，第 1 张 3 页。
③ 《投变旗产之交涉》，香港《华字日报》1919 年 5 月 23 日，第 3 张 1 页。

照和民国印契，联禀督军、省长要求取消开投。在市政公所看来，旗产由"国家建设，系属完全公产"，"但念旗官积弊，对于各该衙署往往借口修理向继任者取偿，辗转相承，几成习惯。改革而后，旗官裁撤，继任无人，舍理言情似应酌量补恤"。最后，市政公所答应补恤旗产每井 10 元，并规定凡在衙署附地自建的房屋也须缴款承领。[①] 这意味着政府以每井 10元的价格收购旗产，再将之开投；而衙署附地的业主则须缴纳上盖价银，才得以拥有产权。[②] 至1919 年 2 月，该公所共开投旗产 8 次，得 41 万余元。[③] 旗民对召变不满，向滇粤桂援赣联军总司令李烈钧求助，"愿将房屋出典，报效军饷"。出典的"完全官产"和"官地民建"多达八九十处。[④] 但李烈钧曾因军饷问题与杨永泰发生冲突，两人关系不佳，故市政公所并未买李氏的情面。[⑤] 至1921 年 4 月市政厅接手时，旗界官产约已卖去九成，"所余者不过少数物业值款甚微"。[⑥] 据市政厅财政局估算，市政公所约投过旗产 103 万余元。但款项大多立即支用，并无预算，亦无指定用途。5 月 10 日，市政会议议决将未投旗产约值 60 万元立即投变，专作偿还马路两旁被割铺屋之用。[⑦]

　　大体上，在桂系主粤时期，拆城筑路是为了便于召变官产。财政上的需求远大于城市发展的要求。朱庆澜以拆城对抗中央政府，保留官产支配权；而市政公所以拆城筑路"促销"旗产。《远东评论》（*The Far Eastern Review*）的一篇报道指出，尽管现有条件非常糟糕，但人们预期改良马路后土地价值会激增，很多无人问津的官产已身价百万。[⑧] 虽然市政公所常常被评价为"一个附属于省级行政之下，专门负责拆城筑路工程的行政单位"。[⑨] 但不可否认的是市政公所对国外的市政概况有一定了解，对城市

---

① 《投变八旗公产之补恤办法》，香港《华字日报》1918 年 12 月 18 日，第 1 张 3 页。

② 《旗街捐免地租由市政公所开收》，香港《华字日报》1918 年 12 月 18 日，第 1 张 3 页。

③ 《市政公所近事记》，香港《华字日报》1919 年 2 月 11 日，第 3 张 2 页。

④ 《投变旗产之交涉》，香港《华字日报》1919 年 5 月 23 日，第 3 张 1 页。

⑤ 《滇军司令扭杨永泰之头》，香港《华字日报》1919 年 5 月 12 日，第 1 张 3 页。

⑥ 《开投旗产续闻》，香港《华字日报》1921 年 4 月 9 日，第 2 张 3 页。

⑦ 《财政局报告》，《广州市市政概要》，第 35 页。

⑧ "Canton City Wall Replaced by Road," *The Far Eastern Review*: *Engineering Commerce*, *Finance* Vol. 16, No. 21 (1920): 109.

⑨ 周瑞坤：《公共卫生与广州城市现代化（1901 - 1930's）》，硕士学位论文，台湾政治大学，2003，第 61 页。

建设也有一定的规划。黄沙进德会曾邀市政公所科员伍大强到场演说，伍氏携带第一二公园图式暨马路路线各图以示大众，又大略陈述伦敦、巴黎、纽约各地市政概况。[①] 按杨永泰的设想，市政公所工作分为两级，第一级在拆城筑路，谋道路交通之利便；第二级在实行经界登录等法，使民业得以确定，并将全城不动产变为动产。[②] 然而，拆城筑路遭到马路沿线商铺商人的强烈反对，政府也无持续兴工的财政来源，于是政府不得不运用准建骑楼和设置电车等措施来应对。

二　拆城筑路与建筑骑楼

骑楼在今天被视为"岭南特色建筑之一"，而究其在广州大批建设的契机却是因拆城筑路。市政公所原本认为骑楼会遮蔽人行路的阳光，妨碍卫生，故对建筑骑楼路宽做出限制。在重要马路中枢如永汉路（今北京路），该公所更倾向"种树藉荫行人"。[③] 不过，由于拆城筑路遭遇到巨大阻力，放宽建筑骑楼的限制，竟成为缓解阻力的措施之一。

市政公所在 1918 年 10 月 24 日公布拆卸各城门消息，拆城筑路拉开序幕。消息传出，即遭总商会和附城商铺的反对，商民对市政公所的搬迁补偿方案大为不满。市政公所计划先拆西水关迆北至盘龙里及迆南至西堤一带城墙以开辟马路，路宽为 100 英尺（约 30.5 米）；又拆永汉门左右两边城基筑路，路宽 60 英尺（约 18.3 米）。然而，城墙的宽度却明显不及马路的宽度。据《远东观察》载，广州老城城基宽 43 英尺（约 13.1 米）、上宽 35 英尺（约 10.7 米），新城城基宽 17 英尺（约 5.2 米）、上宽 13 英尺（约 4 米），故需要拆卸 3500 多间房屋。[④] 在市政公所看来，城墙脚下是官地，本不需补偿，基于这些房屋是自建上盖，且为了不延误工程，市政公所决定给予一定补偿。[⑤] 1918 年颁布的《圈用城基宅地迁拆补偿费章程》规定，不

① 《市政公所科员劝人忍痛》，香港《华字日报》1919 年 5 月 26 日，第 1 张 2 页。
② 《宣布招商承办电车案》，香港《华字日报》1919 年 8 月 5 日，第 3 张 1 页。
③ 《琐闻汇记》，香港《华字日报》1918 年 12 月 16 日，第 1 张 3 页。
④ 见 "Canton City Wall Replaced by Road," *The Far Eastern Review: Engineering Commerce, Finance* Vol. 16, No. 21（1920）：109. 可能是因历代修筑，这一城墙宽度数据与明代方志略为不同。
⑤ 《市政要闻》，香港《华字日报》1918 年 11 月 19 日，第 1 张 3 页。

补偿地价，上盖材料归业主拆回，迁拆费按月房租六倍补给，其中三倍给住户作迁费，三倍给业主拆回上盖。① 章程公布后遭到商人大力反对，总商会会长陈勉畲、胡颂棠上呈军省两署呼吁妥善安置商民，"免有损失无依之叹"。② 附城五十三街商民代表沈钧、方海筹、胡竹琴等也一再上禀。军省两署被迫下令市政公所重新审核马路宽度，并酌量加补迁拆费。③ 随着第一期马路计划的推行，非城基街道的商铺也加入反对筑路的行列。在市政公所制定的《圈用非贴近城基铺屋补置办法》中，拆用铺屋全间照红契内所载价格一次补足现金；如系割用一部分，只补拆修费，不给契价。④ 这种补偿办法的前提假设是预期马路修通后，地价增高，足以抵偿损失且有余。⑤ 但商民更关心现状，而非不可预期的未来。1919 年 2 月 17 日，双门底上下街和大南门直街的商铺各派代表一人，提着"乞恩免拆"字样的灯笼，共数百人，联赴军政府请求修改永汉路线。⑥ 19 日，各店又用同样方式向督军署、省长署、总商会请改路线。⑦

面对舆论压力，市政公所被迫做出让步以缓解阻力。一方面是提高补偿，搬迁费和拆卸费改为照租额五倍补给。⑧ 另一方面是放宽建筑骑楼限制，作为一种变相的补偿。《广州市市政公所规定马路两旁铺屋请领骑楼地缴价暂行简章》（颁布日期不详，以下简称《暂行简章》）规定：新辟马路宽度不及 80 英尺（约 24.4 米）者不准建骑楼。⑨ 据此，马路宽度 80 英尺似乎是能否建筑骑楼的标准线。1919 年 3 月，市政公所将四条南北干路及

① 《拆卸附城店户补价章程详录》，香港《华字日报》1918 年 11 月 20 日，第 1 张 3 页。
② 《商会代附城商店呼吁》，香港《华字日报》1918 年 11 月 21 日，第 1 张 2 页。
③ 《呈为幸福未至痛苦已成联恳迅处死刑以维展拓马路之先声而免无辜颠困苦以自毙》、《呈为同是为公竟受众谴恳请迅赐批示以慰云之望而施雨露之恩》（1918 年 11 月 27 日），广州市档案馆藏，档案号：4 - 01/1/263 - 2。
④ 《圈用非贴近城基铺屋补置办法》，赵灼编《广东省立单行法令汇纂》第 6 册，广州光华书局，1921，第 22 ~ 23 页。
⑤ 李宗黄：《新广东观察记》，商务印书馆，1922，第 23 页。
⑥ 《双门底商店请军政府改移路线》，香港《华字日报》1919 年 2 月 19 日，第 3 张 2 页。
⑦ 《陆续有来之乞恩灯笼》，香港《华字日报》1919 年 2 月 20 日，第 1 张 3 页。
⑧ 《加给附城铺户迁拆费》，香港《华字日报》1918 年 12 月 18 日，第 1 张 3 页。
⑨ 《广州市市政公所规定马路两旁铺屋请领骑楼地缴价暂行简章》，赵灼编《广东省立单行法令汇纂》第 6 册，第 26 ~ 30 页。

四条东西向干路的宽度更改为 80 英尺以上。[①] 其中包括永汉路、惠爱路、文德路、盘福路、长庚路、丰宁路、太平路、越秀路等主要道路。该公所明确表示是为了弥补割用铺屋的面积而放宽建筑骑楼。文曰：

> 须知马路建有骑楼，本属妨碍光线，应在禁筑之列。惟查本该公所现定各段路线，并非重新开拓，多系割用铺屋面积，若再不准建筑骑楼，深恐各铺屋地狭人稠，不胜其湫隘之苦。且现经割余一部分者，倘无骑楼，更多不成铺屋。本总办等熟权利害，为商民计，自不得不宽予限制，以示体恤。[②]

政府用准许业主建筑人行路上空的面积，来换取其同意割让铺屋面积，以便筑路。一个新土地概念——"骑楼地"由此产生，即新辟马路沿线准许建筑骑楼的地皮。按前述《暂行简章》和《广州市市政公所布告订定建筑骑楼简章》（1920 年）的规定，业主承领骑楼地须带契据呈市政公所，俟该公所派员勘查后，领取骑楼执照，方准建筑。骑楼地执照上载有业主名、街道名、门牌号、骑楼地面积及所缴价银。[③] 这成为建造骑楼的合法性依据，使骑楼地与以地契为合法依据的地皮分离。[④] 政府从骑楼地可获得两种收益，首先是骑楼地牌照费，每井征收 2 ~ 30 元。[⑤]《暂行简章》规定，割让铺屋深度超过 15 英尺（约 4.6 米），其建筑 15 英尺骑楼准免缴价。业主只需缴纳骑楼地牌照费，即可领照建筑。其次是骑楼地价，铺屋"被割不

---

① 《广州市全城马路之定线》，香港《华字日报》1919 年 3 月 22 日，第 3 张 1 页。其中南北向第一条线即由西濠口起沿新城城基经太平门、西门至大北门，该路线拟定宽度为 100 英尺（约 30 米），其余路线均为 80 英尺（约 24 米）。

② 《市政公所布告》，香港《华字日报》1919 年 3 月 24 日，第 3 张 1 页。

③ 《广州市市政公所规定马路两旁铺屋请领骑楼地缴价暂行简章》、《广州市市政公所布告订定建筑骑楼简章》，赵灼编《广东省立单行法令汇纂》第 6 册，第 26 ~ 30、76 ~ 78 页。广东省博物馆藏 1930 年 2 月 27 日《骑楼地执照》原件。

④ 林冲：《骑楼型街屋的发展与形态的研究》，博士学位论文，华南理工大学，2000，第 121 页。

⑤ 不同时期政府收取骑楼地牌照费价格不一，据 1924 年《广州市市政例规章程汇编》（广州市市政厅总务科编辑股编，广州市市政厅总务科会计股发行）规定，按照骑楼深度和层数来收取牌照费，费用 2 ~ 10 元/井。在广东省博物馆藏《骑楼地执照》原件中，为 30 元/井。

及 15 英尺者，除所割数免缴外，其余以井照计补地价"。骑楼地价按马路兴旺程度划分七等，价格 250~700 元不等。如城内永汉路、惠爱中路为甲等地，地价为每井 700 元；城北盘福北路和越秀北路为庚等地，地价为每井 250 元。①

在工程技术水平较低及缺乏建筑专业技师的情况下，为在短期内能大量建筑骑楼，市政公所制定了《广州市市政公所取拘建筑十五尺宽骑楼章程》（颁布日期不详）。林冲认为这是建筑骑楼的设计依据，"直接将各种不同材料因应骑楼形式，提供一个清楚详细的设计准则，让一般稍懂之建筑工匠，可以很容易看懂施工操作，以省去复杂建筑结构计算，避免耽误骑楼发展"。② 林冲梳理出这一时期骑楼的基本建筑形态如下：

（1）骑楼宽度依人行路宽度为标准，100 英尺马路准建 20 英尺骑楼，80 英尺马路准建 15 英尺骑楼。15 英尺是这一时期骑楼最常见的宽度。

（2）骑楼的层数及各层高度增加。地面骑楼高度不低于 15 英尺，二层至四层，递减为 13 英尺、11 英尺、10.5 英尺。增高原因是建筑技术及材料的改进，如使用水泥加上铁条的"铁筋混凝土"结构。

（3）骑楼普遍采用斜坡式两坡面屋顶。按房屋桁数划分为 11、17、21 桁三种构造法，柱、梁、楼板的断面尺寸及钢筋用量随之不同。骑楼柱式有士敏土铁条柱、青石柱、砖柱、圆铁柱，以方形砖柱最普及。③

放宽建筑骑楼等措施缓解了商人对拆铺筑路的抗阻，反对开筑第一期马路的声音明显减少。1919 年 5 月，财政厅前路段开始建筑。④ 1919 年

---

① 《广州市市政公所规定马路两旁铺屋请领骑楼地缴价暂行简章》，赵灼编《广东省立单行法令汇纂》第 6 册，第 26~30 页。
② 林冲：《骑楼型街屋的发展与形态的研究》，第 113 页。
③ 林冲：《骑楼型街屋的发展与形态的研究》，第 107~115 页。
④ 《市政公所之筑路计划》，香港《华字日报》1919 年 5 月 6 日，第 3 张 1 页。

10 月 10 日，永汉南北路与万福路、文德路、惠爱中路同时举行通车典礼。① 1920 年 7 月，市政公所公布第二期马路近 40 条路线，其中 11 条路线准予建筑骑楼。② 第二期马路因市政公所撤销未能兴建，但市政公所制定的规章使骑楼逐渐成为各马路的主要建筑形式。也就是说，清末建筑骑楼的提倡在这一时期得以实现。至 1925 年，主干道永汉路、惠爱路、太平南、文德路、大德路、泰康路、一德路、文明路等已经遍布骑楼。拆城筑路也成功带动城内商业发展，永汉路、惠爱路成为与西关、长堤并驾齐驱的商业中心。

三　拆城筑路与设置电车

市政公所因欠缺拆城筑路各项费用，拟通过让商人承办电车来获得经费。广东电车有限公司以报效港币 100 万元取得电车承办权，却引起省议会、在籍国会议员、地方精英及旅外粤人的一致反对。在夹杂着职权、路权、商业利益及党派纷争的复杂背景下，电车轨道始终未能铺设，而轨道电车改为无轨电车于 1920 年开始行驶于广州。

市政公所拟借招商承办电车路，来筹集拆城筑路的各项费用。1919 年初，城基拆卸已达七八成，建筑马路迫在眉睫。但政府财政匮乏，无力承担筑路费用。市政公所称，预算欠割用民业补给产价、拆城工程、旗产补恤、筑路、建公园等费用 200 余万元。市政公所曾拟募集市公债，但应者寥寥，遂拟借助招商承办电车路为"救济之法"。敷设电车轨道的提议始见于 1907 年，道台温灏、职商伍文华等拟仿香港模式，在长堤安设轨道行驶电车。③ 1917 年提议拆城时，也有外商麦克英氏拟安置电车轨道。④ 因此，市政公所在拆城筑路计划中已筹划了安置电车，规定附城铺屋迁拆费的 2/4 由电车路股票充当。⑤ 1919 年 2 月 22 日起，市政公所在省港各报遍

---

① 《新马路定期通车》，香港《华字日报》1919 年 10 月 10 日，第 3 张 4 页。
② 《广州市第二期马路名称》，香港《华字日报》1920 年 7 月 6 日，第 3 张 4 页。
③ 《天字码头电车不得在迤西安设》，香港《华字日报》1907 年 4 月 12 日。
④ 《广州电》，《申报》1917 年 5 月 3 日，第 2 版。
⑤ 《纷传电车路借款之由来》，香港《华字日报》1919 年 2 月 8 日，第 1 张 3 页；《迁拆费不给现银》，香港《华字日报》1919 年 2 月 20 日，第 3 张 2 页。

登广告招商。①

中外各地均有商人到市政公所洽谈承办，最后由广东电车公司拔得头筹。时人传言，美国、日本、加拿大等国商人均属意承办，以加拿大太平洋公司某洋商最有希望。② 该公司是指加拿大太平洋铁路公司（The Canadian Pacific Railway，简称 CPR），组设于 1881 年 2 月 16 日。该公司最初旨在兴建连接加拿大东西两岸的铁路线，此后扩展成为一个综合性企业。③ 由外商承办电车的可能性触动了时人的民族情绪，省议会议员、在籍国会议员、商人纷纷发电责问，质疑市政公所出卖路权。"万一承商确属洋人，将来便可借口保管路政，纷布军警，是无异以广东省城盗卖他人租界，驻兵江海巡舰。"④ 在舆论群起诘难之下，省长翟汪不得不饬令市政公所先将章程咨交省议会议决。⑤ 魏邦平和杨永泰仍以"拆城为军事，敷设电车路不属营造物"为理反对交议。⑥ 反对洋商承办的声音直接影响到电车路合同部分条款的修订。合同中明确写有限制洋股不得超过总额的 1/3，以及洋商不得借口请该国派兵干涉路事等条文。⑦ 5 月起，伍藉磐代表广东电车公司多次与市政公所协商，双方于 7 月底达成协议，8 月 6 日正式签订合同。⑧合同文曰：

> 广东政府，以中国广东省督军暨省长及广州市政公所总办为代表，统称政府，为一造；又由广州电车路公司，以中国籍之广州商人伍藉

① 《呈督军、省长电车路合同请签字盖印发回并咨交通部立案文》，《广州市市政公所办理电车路公牍撮要》，粤东编译公司，1919。
② 见《纷传电车路借款之由来》、《洋商又有谋承电路者》、《杨永泰声明无借款密约电》、《又有洋商承办电车路消息》，香港《华字日报》1919 年 2 月 8 日，第 1 张 3 页；1919 年 2 月 14 日，第 1 张 3 页；1919 年 3 月 27 日，第 3 张 1 页；1919 年 5 月 30 日，第 3 张 1 页。
③ 至 1889 年，加拿大太平洋铁路公司已成为一个综合性企业，营业范围包括房地产、航运、天然气发掘等。见 http://www.cpr.ca/en/about - cp/our - past - present - and - future/Pages/our - history.aspx，浏览日期：2012/11/20。
④ 《省议员质问电车路承办案》，香港《华字日报》1919 年 5 月 24 日，第 3 张 1 页。
⑤ 《饬市政公所将电车路办法交议》，香港《华字日报》1919 年 6 月 13 日，第 1 张 3 页。
⑥ 《魏邦平避席不与茶会之巧滑》，香港《华字日报》1919 年 8 月 5 日，第 1 张 3 页。
⑦ 《呈督军、省长电车路合同请签字盖印发回并咨交通部立案文》，《广州市市政公所办理电车路公牍撮要》。
⑧ 《承办电车路已有成议》，香港《华字日报》1919 年 7 月 21 日，第 1 张 3 页。

磐、英国籍之哥林彼亚省温哥华城之侨商三记，及英国籍之温哥华城大律师麦坚尼为代表，统称公司，为一造。今因公司报效一百万香港通用银元与政府，政府特准公司，完全专利建筑、管理、备办及行驶有轨电车。其车规路面阔度二十五英尺，系公司行车所使，必由公司自行建筑。除人力车、肩舆、马车及租赁限座八人之汽车外，凡以电力或以他种摩托机行驶，长期在沿路以一定地点、一定时刻、收价载客来往之公用车辆，公司均得于广州城厢内外设备及使用。其使用区域依此合同之意，应以现时省长公署为圆心点，又以十英里为半径作圆，圆内所有街道、马路及将来新开街道、马路，其阔度足以敷设上文所称电车、公用车辆者，均属使用范围。凡在本合同所特许特权有效之时期内，或继续时期内，得依据下列各款办理。（后列条文44款略——引者注）①

合同中有两点特别值得注意。首先是代表广州电车路公司的人员。一位是伍藉磐，台山人，留英法律学士，1912年任广东军政府民政司副司长，1913年任广东高等审判厅厅长，1917年出任护法政府司法部第一司司长兼第二司司长。② 另外两位则是温哥华的侨商和外商。据《华字日报》，公司实际上由两部分人组成，一为祖籍四邑的旅港商人，一为与加拿大太平洋铁路公司相关的华侨与外商。③ 公司在香港注册，定名为"广东电车有限公司"，发起人为伍学光和陈广庆。伍学光是伍学晃的兄弟（后由伍学晃任公司总理）；陈广庆为台山籍旅美归侨。④ 其余股东包括伍藉磐、陈才、陈孔钦、伍于翰、刘小云、钟天游、邝尧楷、林护、邝翔波、张弼臣、郑豪、茂利公司等。公司总事务所设在香港中环德辅道茂利轮船公司内，筹办处设在广州长堤羊城保险置业公司二楼。⑤ 茂利轮船公司（Eng Hok Fong S. S. Co.）

① 参见《广州市市政公所办理电车路公牍撮要》。
② 周兴樑：《论辛亥革命时期的广东军政府》，《历史研究》1993年第3期；《苏祐慈提议咨请查办伍藉磐》，香港《华字日报》1919年11月6日，第3张4页。
③ 《再志省城电车路集股情形》，香港《华字日报》1919年8月8日，第1张3页。
④ 见《再志省城电车路集股情形》，香港《华字日报》1919年8月8日，第1张3页；《市政公所与电车公司借款条约》，香港《华字日报》1920年6月29日，第3张4页；林金枝、庄为玑：《近代华侨投资国内企业史资料选辑　广东卷》，福建人民出版社，1989，第180页。
⑤ 《再志省城电车路集股情形》，香港《华字日报》1919年8月8日，第1张3页。

1903 年在香港成立，董事长为伍学晃。① 羊城保险置业公司，1913 年在广州成立，董事长为林护。董事包括李煜堂、雷荫荪、伍于簪、伍于瀚、林裘谋、李菀生、李秋南、汤亦唐、伍耀廷、马应彪。② 可见，"广东电车有限公司"与茂利轮船公司、羊城保险置业公司几乎是同一批人组设。他们大多祖籍四邑地区，有赴洋谋生或留学经历，与孙中山的革命活动有密切关系。如伍学晃、林护、李煜堂、伍于簪均为四邑工商总会成员，又为同盟会会员，是三十人团的中坚分子，热心捐助革命，而后又在孙中山建立政权中担任要职。③ 公司的另一部分人与加拿大太平洋铁路公司相关。大量参与建筑太平洋铁路的华工来自四邑地区。据魏安国等人的研究，主要负责招募华工的机构是台山籍华人李天沛等开设的联昌公司。1881 年 1 月至 1884 年 10 月，经由该公司与其他一些公司引入加拿大建筑铁路的华工总数超过 1.7 万名。除筑路外，华工中也产生了一些商业组织。④ 合同中的"侨商三记"可能就是这类组织。外商麦坚尼士在该公司任招股值理，并声称"将来一切工程由西人担任"。⑤ 1920 年 5 月，该公司创办人伍氏亲到温哥华中华会馆招股，假座升平戏院演说，听者千余人。⑥

此外，合同赋予公司极大权力，包括垄断省长公署十英里范围内所有电车和公用车辆。这引发社会各团体的一致反对。1919 年 8 月 5 日，市政公所邀请省议会、商会、善堂、商团自治研究社等团体到所，正式宣布已招商承办电车并发布《广州市电车路合同立案呈文》。杨永泰在会上陈述不交议之理由，并发毒誓没有谋私。⑦ 省议会多位议员则指其强词夺理，并认定"电车路案官厅方面确有一金钱黑幕在内"，故组织特别审查，投票选出曾

---

① "New Hong Kong Steamship Line Arouses Suspicion," (New York) *The Sun*, 1903 - 01 - 05, p. 5.

② 中国保险年鉴编辑所编《保险年鉴　1935　下　世界各国保险业概况》，中华人寿保险协进社，1935，第 78 页。

③ 丁新豹：《香江有幸埋忠骨》，三联书店（香港）有限公司，2011，第 118 ~ 119 页。民国初年，李煜堂曾任广东军政府财政司司长，伍于簪任省议会议员，伍学晃在 1923 年获委盐运使。

④ 魏安国、詹森、云达忠：《从中国到加拿大》，许步曾译，上海社会科学院出版社，1988，第 13 ~ 58 页。此资料由黄海娟惠赠，特此致谢。

⑤ 《再志省城电车路集股情形》，香港《华字日报》1919 年 8 月 8 日，第 1 张 3 页。

⑥ 《电车公司在温哥华招股情形》，香港《华字日报》1920 年 5 月 6 日，第 3 张 4 页。

⑦ 《宣布招商承办电车案》，香港《华字日报》1919 年 8 月 5 日，第 3 张 2 页。

国琮、郑里铎、许联芬、何天辅、马超群、温翀远六人为审查员。① 随后，电车路范围过广、报效金额过低、专利时间过长、公司注册地在香港、公司代表有两人为外籍，甚至伍藉磐现任军政府司法部司长的身份，都成为省议会反对电车路案的理由。② 该案的影响迅速扩大，"反对洋商承办"团结了社会各界，粤籍国会议员、各省及外埠粤人、总商会、九善堂及自治研究社等团体纷纷加入反对电车案。1919 年 9 月初，部分省会议员及粤籍国会议员联合成立"广州市电车路补救会"（以下简称"补救会"），宣称"以反对洋商承办广州市电车，并取销（消）所订之合同为宗旨"。该会以粤籍国会议员俱乐部为办事机关，并拟在开会人数众多时借总商会或省议会会议会场。③ 13 日，省议会议员在省会选举补救会干事，出席议员三十人。会场一片混乱，先是临时议长李国钧辞不到会，"众甚鼓躁"，后发现书记员也未到，"众大哗"。最后选定曾国琮、黄佩荃、郑里铎、许联芬、罗赓镛、李云最六人为补救会干事。④ 随后，粤籍国会议员、总商会、九善堂等九团体亦先后选出补救会代表。⑤

　　但实权仍掌握在桂系军阀和杨永泰等人手中，故电车合同得以正式备案。省议会内部政治派系与地域因素相互交错，以杨永泰为首的政学系和台山籍议员逐渐控制了省议会。9 月 17 日，省议会再选议长，政学系与台山籍议员联手战胜交通系与群庐系议员，林正煊当选议长，台山人谭炳华、曾叔其当选副议长。⑥ 于是，一方面补救会频频召集会议谋求抵制电车合同之策；另一方面电车公司如常工作，测量、上交第一期报效费、拟定筑路计

①　《省议员对于电车路案不交议之愤激》、《省议员谓市政公所割裂法律原文》、《十一日省会开议详志》，香港《华字日报》1919 年 8 月 8 日，第 1 张 3 页；1919 年 8 月 9 日，第 1 张 3 页；1919 年 8 月 13 日，第 1 张 3 页。

②　《十一日省会开议详志（续）》、《十一日省会开议详志（再续）》、《温翀远对于电车路案不交议之意见书》、《省会因电车路案致交通部电》、《某议员对于电车路案之揣测》、《取消伍藉磐承办电车路案已通过》，香港《华字日报》1919 年 8 月 14 日，第 1 张 3 页；1919 年 8 月 15 日，第 1 张 3 页；1919 年 8 月 16 日，第 1 张 3 页；1919 年 8 月 19 日，第 1 张 3 页；1919 年 8 月 20 日，第 1 张 3 页；1919 年 9 月 3 日，第 1 张 3 页。

③　《筹设电车补救会续志》，香港《华字日报》1919 年 9 月 12 日，第 3 张 4 页。

④　《举定电车路代表》，香港《华字日报》1919 年 9 月 16 日，第 3 张 4 页。

⑤　《电车路补救会将开干事大会》，香港《华字日报》1919 年 9 月 19 日，第 3 张 4 页。

⑥　《省会议法改选议长详情》，香港《华字日报》1919 年 9 月 19 日，第 1 张 3 页；《省议会再选议长之怪状》，香港《华字日报》1919 年 9 月 20 日，第 1 张 3 页。

划，准备兴工建设。① 派系与地域的争斗也蔓延至军政府参众两院。11 月，参众两院先后提议查办杨永泰和魏邦平，传言目的是为阻止杨氏参加省长选举。② 但督军莫荣新大力支持杨氏。③ 11 月底，军政府交通部在电车合同中添加电气事业取缔条例一条，由双方签押，正式批准其立案。④ 至 1920 年 2 月，电车公司决定在未妥置轨道前，先行驶自动街车（又称"无轨电车"），故订购了发动机 4 架。⑤ 而补救会的种种措施，或不得要领，或被驳复，会务不得不暂告结束。⑥

　　然而，舆论的压力使得铺设轨道无法实施，且电车公司的报效解决了多少市政公所的城建经费，情况也不明。1920 年 10 月，电车公司正式在已开通的十七段马路线行驶 12 架无轨电车，希冀消除各界意见。由于市政公所筑的路面多为花沙，电车极易辗坏路面，压坏后又改换路线了事。例如，大东门至太平门线，路面完全破烂后，电车公司改走永汉路—惠福路—太平门线。⑦ 一时间，新辟马路"竟呈现一种不堪触目景象"。⑧ 商户、手车车夫大为愤慨，联请公安局禁止电车行驶。⑨ 与此同时，车祸频频发生，或伤人毙命，或撞毁房屋。公众舆论哗然，有议员提议在车路未修完善时，请停止其行驶。⑩ 有意思的是，桂系军阀撤走后，电车路补救会重张旗鼓，省议会也

---

① 《电车路补救会干事会议情形》、《电车路补救会第二次干事会情形》、《电车路补救会开第三次干事会》、《电车公司将开始测量》、《电车公司缴第一期报效费》、《电车公司已着手筑路》，香港《华字日报》1919 年 9 月 27 日，第 3 张 4 页；1919 年 10 月 3 日，第 3 张 4 页；1919 年 10 月 8 日，第 3 张 4 页；1919 年 10 月 1 日，第 1 张 3 页；1919 年 10 月 15 日，第 1 张 3 页；1919 年 12 月 12 日，第 1 张 3 页。

② 《参议院提议查办杨永泰案》、《众议院亦提议查办杨永泰》、《破坏议场将提起公诉》、《参院又提议查办魏邦平》、《众议院通过查办魏邦平案》，香港《华字日报》1919 年 11 月 3 日，第 1 张 3 页；1919 年 11 月 6 日，第 1 张 3 页；1919 年 11 月 7 日，第 1 张 3 页；1919 年 11 月 10 日，第 1 张 3 页；1919 年 11 月 15 日，第 3 张 4 页。

③ 《杨永泰之省长希望》，香港《华字日报》1919 年 11 月 19 日，第 1 张 2 页。

④ 《交部批准电车公司立案》，香港《华字日报》1919 年 11 月 25 日，第 3 张 4 页。

⑤ 《拟先行驶自动街车》，香港《华字日报》1920 年 2 月 7 日，第 3 张 4 页。

⑥ 《电车路案近闻》，香港《华字日报》1920 年 3 月 22 日，第 3 张 4 页。

⑦ 《电车变更路线之反□》，香港《华字日报》1921 年 5 月 4 日，第 3 张 4 页。

⑧ 《路政不修之现象》，香港《华字日报》1921 年 5 月 5 日，第 2 张 3 页。

⑨ 《限制电车行驶》，香港《华字日报》1921 年 5 月 17 日，第 3 张 4 页。

⑩ 《电车激动公愤》、《电车又撞坏屋宇》、《电车伤人后之舆论》，香港《华字日报》1921 年 5 月 14 日，第 3 张 4 页；1921 年 8 月 22 日，第 1 张 3 页；1921 年 9 月 28 日，第 2 张 3 页。

通过决议要求取消电车承案。① 由于电车公司股东与孙中山等人的紧密联系，以及政府与之尚有债务关系，故政府始终无法回复省议会的取消案。② 由于资料欠缺，电车公司报效的 100 万元有多少用于拆城筑路，不得而知。但从市政厅成立后的描述来看，拆城筑路的经费根本没有保障。马路开通了，但其路面稍经碾压便破烂不堪。沿路居民的拆迁费和补偿产价亦无处兑现。市政厅成立后，尚需为市政公所背负大笔偿还产价和拆迁费的债务。

总体上来说，桂系主粤时期财政上的需求推动了拆城筑路工程的兴工。围绕着拆城筑路，市政公所规划了建设第一、二期马路和开辟公园等计划。为了缓解拆城筑路阻力，市政公所创造了"骑楼地"的概念，用准建人行路上空面积来换取商民拆铺让路，并制定大量推广骑楼的措施，使骑楼成为马路沿线的主要建筑形式。为了筹集拆城筑路各项经费，市政公所与广东电车公司签订合同，以港币 100 万元出让铺设电车轨道和行驶有轨电车的权利。在种种反对舆论压力之下，合同无法执行，有轨电车变为无轨电车，于1920 年起行驶于新建的马路之上。

以杨永泰和魏邦平为首的市政公所既是拆城筑路的规划者，也是该工程的实施者。他们强有力的军事背景，令拆城筑路即便在遭遇种种阻力之下依然得以推行。以"军事范围"为由，杨永泰等人反对将拆城筑路交议省议会，也不理会反对电车合同的种种呼声。在当时复杂的军事和派系竞争背景下，笔者相信拆城筑路在一定程度上亦是杨氏等人政治投机的手段之一。一个明显的例子是，为向督军莫荣新祝寿，1919 年 9 月永汉门连接督军公署段的马路日夜赶工，"俾届时各无轨自由汽车，得以直抵军署，以志庆典"。③ 杨永泰等人近乎急功近利地推动拆城筑路，亦遗留下诸多问题。市政厅成立后尚需进行大量马路整修和赔偿民产的善后工作。

---

① 《电车路补救会重张旗鼓》，香港《华字日报》1920 年 11 月 19 日，第 3 张 4 页；《省议员通电反对电车案》，香港《华字日报》1921 年 1 月 20 日，第 3 张 4 页。

② 《官厅对于取消电车合同之为难》，香港《华字日报》1921 年 2 月 26 日，第 1 张 3 页。1920 年 6 月 22 日，市政公所以将军署及禺山市场为抵押向电车公司借款 40 万元。见《市政公所与电车公司借款条约》，香港《华字日报》1920 年 6 月 29 日，第 3 张 4 页。

③ 《莫荣新寿辰与筑路工程之关系》，香港《华字日报》1919 年 9 月 15 日，第 1 张 3 页。

小　结

综上所述，从广东军政府时期到桂系军阀据粤时期，大致可以看到一个政府控制城市土地领域逐渐增大的过程。广东军政府接收了前清的衙署及其产业，即官产。按照西式建筑形式改建司署，并按照西式行政机制施行同署办公，都是建立在衙署旧址之上。通过召变官产，军政府实际上控制了不少房地产。桂系军阀据粤时期成立了市政公所，广州第一次有了专门的市政管理机关。在"市政使用"名义下，市政公所得以掌管官产和产权具有共有性质的"公产"。由此，市政公所得以召变旗界的官产、推行拆城筑路。在市政公所看来，城墙是官地，拆城本不需要赔偿民业，但为了缓和沿墙商民的反对声，他们负担起部分的赔偿，并采用准建骑楼等方法，由此又产生"骑楼地"的概念。而由市政建设所产生出来的马路、骑楼地、畸零地、废街等，至市政厅成立后即成为政府理所当然可以控制的土地。

通观两个时期，政府在城市建设上都缺乏经济和社会支持。广东军政府时期，军政府的组成人员大部分有着留学欧美或留日的学业背景，以蓬勃的朝气，试图进行激烈的社会变革。在他们的城市建设计划中，没有其他社会力量参与的空间。但是财政的困难和商民的反对，使城市建设计划根本无法得到实施。拆城筑路、改良街道、建设永汉马路都无法实行。桂系军阀据粤时期市政公所遭遇的阻力如出一辙，但市政公所总办杨永泰等人强有力的军事背景，以及采用建筑骑楼、招商承办电车等方法，是拆城筑路得以实现的重要原因。除了变卖旗产，他们所依赖的是祖籍四邑的旅港商人、华侨等外来的资金支持，而非本地社会力量。这也是他们招致反对的主要原因。综合各种史料来看，这种依赖外来资金支持的模式，并不能保证解决城市建设中的种种问题。

第四章

市政厅时期政府控制领域的扩大
（1921～1928）

1920 年 8 月，陈炯明率粤军回粤，10 月 28 日攻克广州，将桂系军阀逐出广东。1920 年 11 月 10 日，孙中山委任陈炯明为广东省省长兼粤军总司令。1921 年 2 月 15 日，广州市市政厅成立，广州市正式成为一个独立于省政府与县政府的行政机构。市政厅在成立之初，即面临与省政府争夺财政权限的局面。1922 年 6 月 16 日陈炯明兵变，孙中山被迫离粤赴沪，后策动滇桂军讨陈。1923 年 2 月在滇桂军驱逐陈炯明之后，孙中山再次在广东建立政权，设立大元帅府（又称"陆海军大元帅大本营"）。① 广州既是大元帅府、广东省、广州市、南番两县政府的驻地，也是滇桂军阀驻地。据邱捷研究，虽然孙中山政权已经建立政府，但外交、政治、军事、经济的形势都非常恶劣。除苏俄外，美国、日本、英国等国家在外交上不承认大元帅府。北京政府自居为合法中央政府，对孙中山政权虎视眈眈。在广州以外，东边有陈炯明的粤军，南边有邓本殷的部队，西边和北边有沈鸿英的桂系军队，战事频仍。历年变乱使得广东百业凋零，经济残破不堪。② 韦慕庭（C. Martin Wilbur）认为，这一时期孙中山政权要在广州建立稳固的革命基地关键是控制财权与军权。③ 当时整个广东军队云集，争夺地盘、截留税收、开放烟赌、抢人夺枪，大元帅府几乎"政令不出城门"。于是广州成为大元帅府、

---

① 余炎光、陈福霖主编《南粤割据——从龙济光到陈济棠》，第 122～174 页。
② 邱捷：《论孙中山在 1923 年的军事斗争》，氏著《孙中山领导的革命运动与清末民初的广东》，第 146～168 页
③ C. Martin Wilbur, "Problems Of Starting A Revolutionary Base: Sun Yat - sen And Canton 1923," 台北《中央研究院近代史研究所集刊》第 4 期下册，1974 年，第 675 页。

广东省、广州市等各级政府为孙中山政权筹集军饷之地。各级政府之间的财政权限不清，内部人事斗争极为复杂。以胡汉民等为首的元老派与以孙科为首的太子派、资本派明争暗斗，相互倾轧。与此同时，四邑商人和海外归侨在广州成立置业公司，带动房地产业的发展，因此土地成为各级政府争竞的焦点。

在这样的背景下，市政厅不得不采取多种控制土地资源的方法。一方面，要明确划分省市县政府之间的权限范围；另一方面，要设法从原有的城市土地中区分出更多可以控制的部分。这就不可避免地使得省市政府之间、政府与商民之间矛盾重重。正是在充满矛盾纷争的过程当中，市政厅控制的土地逐渐扩大。本章试图通过探讨省市政府财政争执、市政厅控制土地的措施，以及建筑骑楼、开辟马路等市政建设，进而理解市政厅如何在这个过程中逐步扩大控制的土地领域。

第一节　划定市区与土地控制

划定市区是指市政厅成立后所划定的市区范围。这不仅是地理空间的范围，而且是行政和财政权限可以到达的边界。广州市区有警界、权宜区域和展拓区域之区分，正是因权限上的差异。在与省政府争夺财政资源的过程中，市区范围是市政厅极有利的竞争手段。为争饷源，市政厅借"市产"之名，大量变卖土地，竟至"几无处而不被举为官产，既已举无可举"。①召变市产，虽然筹得大笔军饷，却激化了官商矛盾，令市政厅威信扫地。1926年，为了从省政府争得管理土地之权，市政厅创设土地局，颁布土地登记法规。区别于乡村的城市土地产权在这个过程中得以确立。其间，省政府和商人团体都在与市政府讨价协商。在一定程度上，划分市区和土地控制的本质既是省市政府之间划分权限之争，也是政府对城市空间日益加强行政管治的体现。

一　省市争收与划定市区

市政厅成立之初，广州市区范围尚未划定。随着省市财政争收日益激

---

① 《粤财厅变卖市产之近状》，香港《华字日报》，1924 年 3 月 6 日，第 1 张 3 页。

烈，划定市区不仅是地理空间的问题，而且是市政厅争夺财政收入的重要手段。1923 年底，在广州对大元帅府筹集军饷日益重要之际，市政厅得以实现划定市区。

1921 年市政厅成立，省市之间的财政权限移交工作进展缓慢。1920 年 10 月陈炯明任广东省省长后，"首倡地方自治，以为各省之先导，并以广州市为全省首善之区，市政规划，刻不容缓，遂有广州市市政厅之组设"。① 赖泽涵认为，陈炯明的意图是将广州市变成中国南部最进步的都市。② 孙科受命起草的《广州市暂行条例》，经过陈炯明、胡汉民、戴季陶、孙科、林云陔、陈融、廖仲恺等组成的省制编纂委员会一再商讨修正后，议决通过。③ 1921 年 2 月 15 日，由省长陈炯明公布实施《广州市暂行条例》，并颁布任命广州市市长及其所属六局局长的委任状。④ 广州市市政厅正式宣告成立。市政厅的组织架构比市政公所更为完备，设市政委员会、市参事会、市审计处等三部，市政厅下设财政、工务、公安、卫生、公用、教育六局。这意味着广州市政府的职权扩大了，公共工程、公共健康、教育等全都被列入市政府的职权范围。⑤ 据《广州市市政厅纪略》载，在市政厅筹备期间，已请干事数人向各机关分行接洽，以便届时交代。例如，各种税捐向由省财政厅、航政局或南番两县征收者，则分别预备收归市财政局接管；各公地、公产、公用事业向由省会警察厅或其他机关管理者，则预备分别收归市公用或财政局管理等。⑥ 2 月 16 日，陈炯明正式下令各机关移交职权，布告曰：

> ……查广州市内原设之市政公所、省会警察厅、督学局、电话局均

① 《广州市市政厅纪略》，《广州市市政概要》，第 1 页。
② 赖泽涵：《孙科与广州市的近代化（1921～1927）》，台北，"中华民国"史料研究中心编印《中国现代史专题研究报告 第 8 辑》，1978，第 252 页。
③ 《广州新市制公布之先声》，香港《华字日报》1920 年 12 月 9 日，第 3 张 4 页。
④ 《兹委任孙科为广州市市长蔡增基为广州市财政局局长程天固为广州市工务局长黄桓为广州市公用局长胡宣为卫生局长魏邦平为广东全省警务处长兼市公所饬许崇请为教育局长仰市政公所饬所属一体知照》（1921 年 2 月 15 日），广州市档案馆藏，档案号：4-01/001/0263-2-009。
⑤ 赖泽涵：《孙科与广州市的近代化（1921～1927）》，《中国现代史专题研究报告 第 8 辑》，第 257 页。
⑥ 《广州市市政厅纪略》，《广州市市政概要》，第 5 页。

应取消，所有该公所、厅、局经办事宜，应即分别移交广州市市长所辖工务、公安、教育、公用等局接收。又财政厅原管市内及省河一切税捐，公路处原管市内一切公产及大沙头事务，应即划分移交广州市市长所辖财政、工务等局接收。①

但是职权移交工作进展缓慢，特别是省市两级政府的财政交接工作一再延迟。2 月底，《华字日报》载，"惟查（市政厅各局）内容，不是意见分歧，则是诸多阻力，虽已开办而事权未能分清。……只系教育、卫生两局略可办理，其余只系一空空洞洞之机关耳"。② 3 月初，市政公所的移交工作尚未完成。③ 其中，财政移交最为重要，亦最为困难。李宗黄指出，"市政经济能独立，则市政始可发展。……今广州市所有财政，非由执事者及市民力争而得，乃完全由省政府自动给予"。④ 也就是说，市政厅的财政是从省政府的财政收入中划分而来。但当时广东省政府可获得的财政收入主要就来自广州市区。财政厅厅长廖仲恺称，广州市各种税捐饷项收入占全省税收 2/3，若径行划归市政厅，则财政厅收入顿减，此后支给军费恐有贻误，故要求暂缓移交。掌管公产的公路处亦援例不交市内公产。⑤ 广东全省公路处（简称"公路处"）成立于 1920 年 12 月，由原督办广东全省军路处改组，直属省长公署。⑥ 该处主管省内所有公路事宜，由陈炯明之族弟陈达生任处长。该处因奉令兼理官产、查封逆产等，成为公产的实际控制者。1921 年 3 月底《华字日报》记者评述，市政厅与各机关争权限多归失败。原由高等审判厅与市政公所共同办理的登记局，现归高审厅；公路处奉省长之令不必移交官产；财政厅只允划割税契、花筵捐、船牌捐、车捐、戏捐五项。⑦ 这意味着，原由市政公所掌管的部分财源已被省政府瓜分。至 5 月底，财政局局长蔡增基深感力不从心请求辞职，孙科

① 《广东省长公署布告第七号》，《广州市市政公报》第 1 号，1921 年 2 月 18 日，第 67 页。
② 《市政厅之内容》，香港《华字日报》1921 年 2 月 26 日，第 1 张 3 页。
③ 《令市政公所将尚未移交事件应即妥交清楚列册具报仰遵照办理》（1921 年 3 月 8 日），广州市档案馆藏，档案号：4-01/001/0263-2-013。
④ 李宗黄：《新广东观察记》，第 16 页。
⑤ 《公路处亦未允点交市公产》，香港《华字日报》1921 年 3 月 3 日，第 1 张 3 页。
⑥ 《各县公路之变通办法》，香港《华字日报》1920 年 12 月 3 日，第 3 张 4 页。
⑦ 《市厅与财厅之还债争执》，香港《华字日报》1921 年 3 月 25 日，第 1 张 3 页。

被迫改任李思辕接任。①

这时，财政局完成交接的收入包括九类：（1）税契（财政厅移来）；（2）旗产（市政公所移来）；（3）马路公地（骑楼地、畸零地、人行路工料及逾限罚款）；（4）车捐（警察厅移来）；（5）车捐（市政公所移来）；（6）艇牌捐（航政局移来）；（7）花筵捐、戏院捐、影画戏捐（财政厅移来）；（8）大沙头公地（公路处移来）；（9）花捐附加清濠费、瞽姬牌照费、茶楼酒馆牌照费（经市政委员新定征收）。而市政初办，开支极为巨大，只偿还市政公所拆城筑路时欠下的征收铺屋产价就高达110万元。② 在市政厅1921年度的预算中，收入共1969996元，各项开支共2884249元，不敷数额高达914253元。为了节约经费，市政厅不得不裁减人员、减少工薪。③ 由此可见，广州市各项市政工作开展困难。

这一时期，广州市的市区范围尚未确定，省市县的财权交叠。按照《广州市暂行条例》的规定，广州市的区域是由省政府组织测定的，其文曰：

> 第一条　广州市暂行条例，适用于广州市全部。广州市全部区域以市区测量委员会所测绘之图为准，市区测量委员会由省长组织之。
>
> 第二条　广州市行政区域得应时势之要求，由省政府特许扩张之。惟已划入广州市之地域，不得脱离广州市区，以建立第二独立市。
>
> 第三条　广州市为地方行政区域，直接隶属省政府，不入县行政范围。④

从规章可见，广州市是直隶于省政府的地方行政区域，其区域范围由省政府决定。早在2月14日，陈炯明就已任命廖仲恺、胡毅生、魏邦平、陈达生、程天固为广州市市区测量委员。⑤ 但由于欠薪问题，测量工作迟迟未

---

① 《呈省长财政局长蔡增基辞职拟请加委李思辕接任乞令遵由》，《广州市市政公报》第15号，1921年6月6日，第6~7页。

② 《财政局报告办事经过情形由》，《广州市市政公报》第16号，1921年6月13日，第8~12页。

③ 黄炎培：《一岁之广州市》，第30~31页。

④ 《广州市市政例规章程汇编》，第7页。

⑤ 《省长陈委任廖仲恺、胡毅生、魏邦平、陈达生、程天固为广州市市区测量委员文》，《广州市市政公报》第1号，1921年2月18日，第64页。

能开展。① 南海迁署佛山、番禺迁署黄埔的搬迁计划，一直也未能执行。② 这样，省政府、市政厅、南海县、番禺县政府的财权混杂交错。例如，广州市财政局规定，凡广州市警察范围内所有民业税契、换契均归该局办理。但不少业主向财政厅及南番两县投税后，赴财政局换契，希图避税。1922 年初，财政局不得不布告，在警界范围内的产业如非在该局税契、换契，全归无效。③ 在市政厅看来，警界就是市区的边界。这一点也得到陈炯明的认可，他认为"查广州市之市政区域向未规定，省会警察厅每因居民之绵延，即为之增加警察区署，其事实上即为市行政区域之扩张"。④ 1922 年 6 月初，工务局局长程天固首次提出要明确界定市区范围，并认为广州市的范围要虑及将来之扩展，"本市区域应谋扩充，凡现在警察势力所及者，与有官荒空地可望将来发展者，顺地势河流之便于分界者，地点有公用性质者及水陆交通要塞能划圈或开辟为实业工场、商场地点者，均应划入范围"。⑤ 他拟定"假定市区界线"，东部至东圃墟、西部至罗冲围及大沙坦、南部至河南全岛与黄埔、北部至白云山。又因市区广阔，管理恐难，故暂划定一个较小的"权宜区域"。⑥ 6 月 16 日即发生陈炯明炮轰总统府事件，孙科等随同孙中山离粤赴沪，划定市区暂时搁置。但程氏的提议为 1923 年划定市区范围勾勒了基本轮廓。

滇桂军入粤后，军需浩繁，筹饷成为关键问题。1923 年 1 月，滇桂军以拥护孙中山、驱逐陈炯明的名义入粤。2 月 21 日，孙中山返抵广州。3 月 2 日，在农事试验场设立大元帅府（4 月 3 日迁河南士敏土厂旧址），省城秩序逐步恢复。⑦ 财政征收机关亦变为大元帅府、滇桂军阀、省政府、市政厅四重，征收权限交叠。其中桂军占据盐运署、广东造币厂、粤汉铁路，滇

---

① 《测量公会对付市政厅》，香港《华字日报》1921 年 4 月 12 日，第 3 张 4 页；《测量人员罢工之结果》，香港《华字日报》1921 年 4 月 19 日，第 2 张 3 页。

② 《省会尚未通过市政条例之别报》，香港《华字日报》1921 年 2 月 14 日，第 1 张 3 页；《番禺县迁署候新官办理》，香港《华字日报》1921 年 12 月 22 日，第 2 张 3 页。

③ 《市财局之税契换契布告》，香港《华字日报》1922 年 1 月 16 日，第 2 张 3 页。

④ 李宗黄：《新广东观察记》，第 8 页。

⑤ 《工务局呈为暂行拟定广州市区域图请核转呈由》，《广州市市政公报》第 67 号，1922 年 6 月 5 日，第 9 页。

⑥ 《市区界线之拟议》，香港《华字日报》1922 年 6 月 10 日，第 2 张 3 页。

⑦ 曾庆榴：《广州国民政府》，广东人民出版社，1996，第 13 页。

军占据补抽厂、东西税厂、烟酒税厂、沙田及官产清理处、广三铁路等。[①]
财政厅厅长杨西岩感叹"各征收机关全被军队占据，解库之款绝无分毫"。[②]
当时局势尚未平靖，4 月桂系沈鸿英发动"新街叛乱"，5 月陈炯明兵分三
路进犯广州。筹集军费成为孙中山革命政权最为迫切的任务。据韦慕庭研
究，孙中山曾试图向港英政府寻求资助，并与粤海关交涉收回关税，均以失
败告终。商业繁荣的广州成为孙中山革命政权最重要的饷源地。[③] 省政府财
政收入主要依靠广州的商业税。1923 年 6 月，财政厅开收商业牌照税、业
佃保证、屠羊捐、鲜鱼捐、土丝坐厘等新税。其中，商业牌照税为最大宗，
征收范围只限广州。[④] 而市政厅的财政收入主要来源于召变市产。（详见下
文）据再任市长的孙科回忆，当时每天都忙着筹款。孙中山亲自下令要求
筹军饷或经费若干，平均每日必需三五万元毫洋，每月则累积至百数十万
元。[⑤] 沉重的军饷负担令广州几乎财源枯竭，1924 年 1 月 9 日《广州民国
日报》载，"查此一年中，广州市人民之担负已重。除由军队截收，及另
立名目之新捐税不计外，如公安局经收之租捐及借租，与财政局之变卖市
产，已有八百余万元。今之官产处之卖官产，与省署财厅之收入，总计过
一千万元以上。广州市内，财源已竭！"[⑥]

正是在此筹饷紧急之际，市区范围划定成为市财政争收的重要手段。以
税契收入为例，1923 年 1 月财政厅将税契权交还市政厅，全年收入 249000
余元，比 1922 年所收几至减半。原因是征收机构权限不清，"缘市内税契，
虽归本局代办，而财政厅暨南番两县依然征收，以致事权紊乱，业户无所适

---

① 玉公：《一年来鸡鹜争食之财政状况》，香港《华字日报》1924 年 3 月 19 日，第 1 张 3 页。
② 《大元帅指令第三号》，《陆海军大元帅大本营公报》第 1 号，1923 年 3 月 9 日，第 19～20
页。
③ C. Martin Wilbur, "Problems Of Starting A Revolutionary Base: Sun Yat - sen And Canton 1923,"
台北《中央研究院近代史研究所集刊》第 4 期下册，1974 年，第 683 页。
④ 玉公：《一年来鸡鹜争食之财政状况》，香港《华字日报》1924 年 3 月 19 日，第 1 张 3 页。
广州市区以外的县，即便征了商业牌照税也为防军截收，如佛山牌照税为滇军将光亮部截
收。
⑤ 孙科：《广州市政忆述》，秦孝仪主编《孙哲生先生文集》第 1 册，台北，中国国民党中央
委员会党史委员会，1990，第 53 页。
⑥ 《财政不统一之危机》，《广州民国日报》1924 年 1 月 9 日，第 3 版。

从，影响收入"。① 因此，省市县政府之间急需明确划分财政权限。1923 年
12 月，工务局局长林逸民认为程天固任内划定的市区范围极为适合，"利用
山如（应为'川'——引者注）河流为界，地利天成，界线明了，似无另
立标志界石之必要"。② 林氏与程天固看法相似，也认为上述边界圈定的区
域太大，建议设"权宜区域"。在林氏看来，"权宜区域"指的是现有警察
及将设警察之地，这样在经济与军事上才能有所保障。这个建议得到孙科的
首肯。他进一步将广州市的范围区分为"权宜区域"与"展拓区域"（后又
称"拟定区域"）。"权宜区域"作为施行市政之地，而"展拓区域"是为
了便于市政权限可以扩展至超过"权宜区域"的范围。他签发"广州市权
宜区域范围图表"布告市民周知，并下发市政厅所属各局。③ 1923 年 12 月
31 日，《广州市市政公报》首次刊登《广州市区域图》。该图明确区分"权
宜市区界"和"拟定市区界"。④

　　此后，市政厅逐渐收回权宜区域范围内的财政权。1924 年 1 月 6 日，
大本营财政部部长叶恭绰召集各财政机关组设财政委员会，试图统一财政。
据《财政委员会章程》，该会委员由财政部部长、财政部次长、广东省省长
兼筹饷局督办、禁烟督办、船民自治督办、两广盐运使、广州市市长、广东
财政厅厅长、公安局局长、造币厂厂长、广州市财政局局长、广东沙田清理
处处长组成。⑤ 市政厅乘机就"市区范围"与各征收机关进行协商。2 月 21
日，市政厅派黄敏、汪宗杰前往财政厅及南番两署，接收关于市区财政各项
卷宗。⑥ 财政厅厅长郑洪年亦答允 3 月 1 日将市内官产、猪捐、牛捐、屠牛
捐、牛皮捐、税契等项移交财政局。⑦ 省财政的直接收入顿形短绌，不得
不开收新税目。3 月 6 日，财政厅公布《坟茔契税章程》，拟于坟山公所

---

① 《广州市财政事项报告》，广州市市政府厅总务科编印《（民国十二年）广州市市政报告汇
　　刊》，第 36 页。
② 《训令各局据工务局呈广州市权宜区域范围请转呈察核分行查照由》，《广州市市政公报》
　　第 109 号，1923 年 12 月 31 日，第 8 页。
③ 《训令各局据工务局呈广州市权宜区域范围请转呈察核分行查照由》，《广州市市政公报》
　　第 109 号，1923 年 12 月 31 日，第 8~10 页。
④ 《广州市区域图》，《广州市市政公报》第 109 号，1923 年 12 月 31 日，无页码。
⑤ 《大元帅指令第一六号》，《陆海军大元帅大本营公报》第 1 号，1924 年 1 月 10 日，第 61~
　　65 页。
⑥ 《接收本市财政》，《广州民国日报》1924 年 2 月 22 日，第 7 版。
⑦ 《财政厅之收入》，《广州民国日报》1924 年 2 月 26 日，第 7 版。

附设税契局办理。① 翌日，财政局即函财政厅，广州市权宜区域内一切荒山的坟山契税应归财政局办理。② 1924 年 3 月起，市政厅招商承领官荒，市区范围成为其宣示变卖官荒的合法性依据。市政厅多次函财政厅，不得干预市区范围内官荒的承领。③

值得注意的是，这一时期，市政厅使用"权宜区域"只限用于争夺财政权，其真正有效的行政范围只局限在警界之内。市区范围至 1926 年以后才真正开始测量。1926 年 7 月 30 日，工务局在设计课下添设市区测量股，由工程师容祺勤任测量主任，并制订测量广州市区计划，预算 5 万元作为测量经费，获得市政厅批准。④ 8 月 1 日，工务局布告开始测量市区，分三组同时进行，预计至 1927 年 3 月完成测量。⑤ 至 20 世纪 30 年代，市政府的管辖权力才逐步推广至"权宜区域"。

二　召变市产及其影响

"市产"原指市区内的旗产和因市政建设产生的土地，是为区别于由省政府控制的"官产"而来。有些学者将官市产统称为"官产"，但在时人的用词中，"官产"与"市产"具有明确的区分。⑥ 随着省市争竞，"市产"范围扩大至所有具有共有或无主性质的土地资源。1923 年 5 月至 1924 年 2 月，市政厅利用召变官市产筹集军饷，引发巨大民怨。乔素玲、郭华清、潘

---

① 《坟茔契税章程草案》，《广州民国日报》1924 年 3 月 7 日，第 6 版。
② 《财政局函论坟山契税》，《广州民国日报》1924 年 3 月 8 日，第 3 版。坟茔契税后因东北郊外坟头杂乱，无从稽查，而无法开展。5 月 7 日，由孙科提议奉帅谕撤销。见《坟山税契登记之困难》，《广州民国日报》1924 年 3 月 31 日，第 7 版；《大元帅指令第四七八号》，《陆海军大元帅大本营公报》第 14 号，1924 年 5 月 20 日，第 39~41 页。
③ 见《白鹤洞归市区》，《广州民国日报》1924 年 4 月 9 日，第 9 版；《财局缴验官荒业契》，《广州民国日报》1924 年 8 月 4 日，第 7 版。
④ 《工务局呈缴测量广州市区计划及预算书请钧核并请饬由财局将此项经费预为储备按月由职局派员赴领由》（1926 年 7 月 30 日），广州市档案馆藏，档案号：4 - 01/001/0003 - 1 - 010。
⑤ 《工务局布告测量市区》、《工务局扩大市区之进行》，《广州民国日报》1926 年 8 月 5 日，第 10 版；1926 年 11 月 2 日，第 10 版。
⑥ 为便于行文，沈成飞的论文中将官市产统称为"官产"。见沈成飞《广州官产投变事件中的革命政府与地方社会》，《历史研究》2014 年第 4 期；《论孙科的第二个广州市长任期——以广州官产案为中心的考察》，《中山大学学报》（社会科学版）2014 年第 5 期。

淑华、沈成飞等学者曾先后对之加以探讨，梳理出事件来龙去脉及其对广州社会、孙中山的革命事业的影响。[①] 但他们并未讨论"市产"对于政府控制城市土地资源的意义。

为与省政府争收，市政厅设立了"市产"的名目，并逐步扩大其范围。1921 年市政厅成立之初，省市之间财政矛盾重重。官产的实际控制者公路处一直未允点交市内公产。公路处处长陈达生认为，市内官产及大沙头公地"并非公产，应免划交市政机关管理"。省长陈炯明指令，市区公产归市政厅接收，官产则仍由公路处管辖。[②] 但何为"公产"、何为"官产"，毫无界线。传言陈炯明曾密谕公路处，"凡含有公产性质者，拟即下令划归公路处管辖"。[③] 于是，公路处每与市政厅争公产、官产之权，"常因一地一铺之争执，竟至久而不决"。[④] "市产"之名由此而产生。1921 年，市产只指市内的旗产，后又增加开马路所产生的骑楼地和畸零地。市政厅延续市政公所的捐免旗地办法，凡持八旗右司执照的旗地民产，准每井缴价十元捐免地租，永作该旗业户私产。[⑤] 7 月，市政厅布告马路各畸零地段归市厅管理。但公路处称此类地段，如系旗产，自属市政；系官地，则应属公路处。[⑥] 双方亦曾争夺五仙观。公路处以之为官产，拟招商承领；市政厅则认为该观位于旗界，应为旗产，拟用于向某商抵押借款。最后以陈炯明下令保存古迹，"五仙观永不召变"而作罢。[⑦] 诸如此类争执数不胜数。财政厅厅长古应芬还曾在市政厅与公路处的争执中充当调停人。1922 年 4 月，市政厅与公路

①　见乔素玲《产权限制：20 世纪 20 年代广州政府产权政策评析》，曾宪义主编《法律文化研究》第 2 辑，中国人民大学出版社，2006，第 158~167 页；郭文清：《论广州大元帅府的投变寺产活动——兼论商团事变的原因》，《安徽史学》2007 年第 1 期；Shuk-wah Poon, *Negotiating Religion in Modern China: State and Common People in Guangzhou, 1900-1937*；沈成飞：《广州官产投变事件中的革命政府与地方社会》，《历史研究》2014 年第 4 期；沈成飞：《论孙科的第二个广州市长任期——以广州官产案为中心的考察》，《中山大学学报》（社会科学版）2014 年第 5 期。

②　《公路处请免划交公产》，香港《华字日报》1921 年 3 月 14 日，第 2 张 3 页。

③　《查勘广州市祠宇公产》，香港《华字日报》1921 年 6 月 6 日，第 2 张 3 页。

④　《省议会拟请撤销公路处》，香港《华字日报》1921 年 10 月 10 日，第 1 张 3 页。

⑤　《开投旗产续闻》，香港《华字日报》1921 年 4 月 9 日，第 2 张 3 页；《旗地捐免之办法》，香港《华字日报》1921 年 6 月 30 日，第 2 张 3 页。

⑥　《管理官地又争权限》，香港《华字日报》1921 年 7 月 23 日，第 2 张 3 页；《公路处布告管辖权》，《国华报》1921 年 7 月 23 日，第 7 页。

⑦　《五仙观永不召变》，香港《华字日报》1921 年 7 月 28 日，第 2 张 3 页。

处为争夺管理骑楼官地，相持不下。古应芬出面调停，拟定折中办法，将广州市骑楼官地区分为两部分，即永汉北路、旧双门底至财政厅前，又万寿宫及旧海关署等骑楼官产归公路处，其余各段则尽归市政厅。① 同月，市政厅向省长呈请凡经市政厅投资、经营之官荒、官濠、海坦等属于市政范围者应归市政厅管理，得到省长批准。② 这样，市产的范围扩大为旗产、骑楼地、官荒、官濠、海坦等。

为筹集军饷，召变市产在 1923 年成为市政厅的主要财政收入。滇桂军入粤，省市财政来源皆受其所阻。为筹军饷，省、市财政部门的负责人更迭频繁，筹款方式五花八门。召变旗产、庙产、骑楼地、畸零地、码头、海坦、清理废街濠涌等市产，是市政厅主要的筹饷方式。1923 年 2 月，市政厅财政局征收课改组为"市产股"，原本的征收股、骑楼畸零地股、旗产股、捐免股及由公路处移交之码头等各事项隶属"市产股"。③ 同年 4 月，"市产股"曾计划以 70 万元将农林试验场变卖给广东银行（The Bank of Canton, Limited）。④ 该银行董事长李煜堂等拟集合资本家组织置地公司，将农林试验场址开辟街市。⑤ 不料交易引发极大争议，各方人士就是否应该卖产、卖产过程是否存在弊端等问题争论不休。⑥ 元老派反对尤为激烈，市长孙科、财政局局长黄芸苏等大受攻击。⑦ 财政局不得不依赖召变零散的市产。从 1923 年 5 月至 1924 年 2 月，"市产股"下设多种"特务股"，专办召变各类市产，包括：

（1）设"庙宇庙尝特务股"专办庙宇庙尝收归市有，1923 年 2 月

---

① 《市厅与公路处争权续闻》，香港《华字日报》1922 年 4 月 3 日，第 2 张 3 页。
② 《呈省长关于市政投资经营一切产业应属市政范围者请以明令规定由》，《广州市市政公报》第 58 号，1922 年 4 月 2 日，第 1~2 页；《训令财政局奉省令凡市厅投资经营之海坦官濠官荒等准由市厅管理仰知照由》，《广州市市政公报》第 59 号，1922 年 4 月 10 日，第 4~5 页。
③ 《广州市财政事项报告》，《（民国十二年）广州市市政报告汇刊》，第 27 页。
④ 《出卖农林试验场已成交》，香港《华字日报》1923 年 4 月 3 日，第 1 张 3 页。
⑤ 广东银行设于 1912 年，总行位于香港德辅道 16 号，在广州、暹罗、纽约、上海设分行。董事长为李煜堂，董事包括李星卫、陆蓬川、谭焕堂、李荣光、蔡少垣、伍耀廷、马叙朝、李葆葵、麦礼廷、钟锡蕃、陈符祥、林护、陈雨民、伍于瀚等人。见《银行年鉴（1921~1922）》，银行周报社，1922，第 21 页。
⑥ 《秘密变卖公产之各说》，香港《华字日报》1923 年 4 月 9 日，第 1 张 3 页。
⑦ 《市厅卖产大受攻击》，香港《华字日报》1923 年 4 月 11 日，第 1 张 3 页。

至 12 月底，收变庙尝庙宇 2880 起。

（2）设"濠涌特务股"专办清理全市濠涌，分为甲乙丙丁四等缴价，1923 年 5 月 26 日至年底，共发濠涌执照 120 件；

（3）设"寺庵特务股"专办投变寺观庵堂及其尝业；

（4）设"废街特务股"专办贴连马路废街，1923 年 5 月起办至年底，共发废街执照 351 件；

（5）旗产股继续办理旗产捐免，原每井缴价 10 元，1923 年 3 月改为每井缴价 20 元，并出投八旗军工厂、凤凰岗、旧将军署等 15 处旗产；

（6）骑楼股继续办理骑楼地，增设特等骑楼地、放宽准建骑楼路宽和"并领"骑楼地等办法。①

通过这些措施，市产变价，"数月以来，收入颇巨"。1923 年，各项市产价高达 2003500 元，"然军饷紧急，拨充需用，实居多数"。② 祖籍四邑的商人在其中扮演着重要的角色。广州的置业公司多由祖籍四邑的商人组设。据梁永记述，在官产开投前，他们多是购买破落大户的旧大宅，拆建为单家独户的一幢幢三层小楼房出售，很受欢迎，普遍获利。投资房地产遂成一项新兴事业，人们纷纷投资，与侨资竞争。由于置业公司多了，一度出现找不到地皮的现象。适官产开投，市产股主任卢无滔乘机与这些公司沟通，各得其所，不少官产便落入置业公司之手。③ 但召变市产引发极大民怨，特别是变卖庙产和妄报官市产，导致纠纷不断，成为"商团事件"的导火索。

（一）召变庙产

召变庙产是召变市产中最大的一宗，亦最不得民心。潘淑华曾对这一时期政府没收庙宇及其产业做系统研究。她认为反迷信是政府视没收寺庙产业

---

① 《广州市财政事项报告》，《（民国十二年）广州市市政报告汇刊》，第 27～33 页。

② 陈其瑗：《广州市财政局年来进行之概况》，《广州市市政公报》第 109 号，1924 年 1 月 1 日，第 5～9 页。

③ 梁永：《孙中山大本营时期的官产清理和租捐征收》，《广州文史资料　第 43 辑》，广东人民出版社，1991，第 202～204 页。

为合理、合法的主要依据。① 郭华清也曾就大元帅府投变寺产的原因、过程、基本政策及影响做出探讨，认为投变寺产与"商团事件"有密切联系。② 召变庙产引发诸多矛盾，为政府排挤商人团队提供了契机。

召变庙产自 1923 年 5 月拉开序幕，即引发僧侣和坊众的反对。在政府看来，庙产的产权具有共有性质，"庵堂寺观庙宇等多由地方人民募款捐建，原非一姓一家之业"。③ 故早在 1920 年 4 月，市政公所就曾调查广州市区内的庙宇，要求调验契据及石刻碑记以分别收用保管。后因市政公所撤销而作罢。④ 1923 年 5 月 4 日，财政局决定将市内庙产收回，获得孙科批准。据调查，市内寺观庵堂庙宇共 940 余间，寺观庵堂约占 170 间，庙宇约占 700 间。财政局将之区分为四类：（1）由官厅拨款，或拨地建筑者，如光孝寺、海幢寺、大佛寺等是；（2）由公众募资建筑者，如华光庙、二帝庙、土地庙、福德祠等是；（3）由一部分人捐资建筑者，如盐务公所指挥太岁庙等是；（4）自置产业，如有真确买卖契据之斋堂、自修室等是。除第四类自置产业外，其余的均由政府收回投变。⑤ 5 月 29 日，市政厅正式布告"投变庙宇以济军饷"，将全市所有庙宇按照警察区署编定底价。庙宇底价从每井几十元至每井几百元不等。⑥《广州市市政公报》连续登载 11 个警察区署内寺庙的底价。⑦ 对庙尝的处理方法是，布告原业主、住客及其他关系者，优先领回，逾期招商承领。同时，提取产价二成奖励举报由僧尼经营的庵堂寺观及其尝业。以契据为准，"若业主缴契鉴定，系属私产，即发还管业。逾期无契，再行布告，核定价格，准管有人优先领回。逾期不领，始准

① Shuk - wah Poon, *Negotiating Religion in Modern China: State and Common People in Guangzhou, 1900 - 1937*, p. 49.

② 郭文清：《论广州大元帅府的投变寺产活动——兼论商团事变的原因》，《安徽史学》2007 年第 1 期。

③ 《财政局布告维持市内庙宇寺观庵堂等原案由》，《广州市市政公报》第 42 号，1921 年 12 月 12 日，第 40～41 页。

④ 《广州市财政局布告》，《广州市市政公报》第 70 号，1923 年 4 月 2 日，第 31 页。

⑤ 《呈省长据财局呈拟收回市内寺观庵堂庙宇分别处分准如议办理请备案由》，《广州市市政公报》第 77 号，1923 年 5 月 21 日，第 22～23 页。

⑥ 《广州市政厅布告投变庙宇以济军饷慎勿误听谣言致碍大局由》，《广州市市政公报》第 80 号，1923 年 6 月 11 日，第 36～37 页。

⑦ 见《广州市市政公报》第 80、81、82、83、84 号，1923 年 6 月 11、18、25 日，1923 年 7 月 2、9 日。

住户及其他人投承"。① 市内城隍庙、大佛寺、海幢寺、华林寺、三元宫、纯阳观等有僧道主持的寺庙，以及各街坊众集议的街庙均在开投之列。一时间民怨沸腾，商民争承，控案纷纷。各庵堂尼姑结队到市政厅请愿。② 高第街、卖麻街、玉子巷等各处均发生坊众与承商争庙的冲突。③ 潘淑华指出，令坊众不满的不仅是得出资购回自己的庙宇，而且开投中充斥暗箱操作、贪污腐败等弊端，即便坊众愿意出资也未必能如愿承回庙宇。④ "市厅开投市产，暗中投去，及至派警督迁，市民始行知觉者。"⑤ 财政局职员营私舞弊，串通揽承的公司瞒领庙产，又饬警察强行点交，屡禁不止。"各街坊众分呈各机关秉公办理无效，遂有自动的强硬反对。"⑥

在广州，许多街庙是由商人控制的，所以商团也反对召变庙产。虽然商团总公所曾在 1923 年 7 月底发表不干预庙产宣言，但其成员身份决定了商团与街庙的密切联系。⑦ 据敖光旭研究，广州商团成立之初，均由"资本家、老板或少老板、司理、掌柜之类"构成，下级店员如"打杂"、"伙头"和"后生"之类则无资格参加。1919 年陈廉伯任团长后，尽管入团资格、年龄、身份、财产、出操限制明显放宽，但下级员工一般仍无入团资格。商团的基本成分和本质属性是"商"，并非"雇佣军"。⑧ 这也就意味着，商团成员往往是某个街区重要的商人或街坊代表，故而投变庙产关系到商团的切身利益。永汉北路先锋庙、光华庙，被人瞒承，该处坊众及该路的商团日夜派队把守，状甚森严，如御大敌。⑨ 四牌楼忠贤十约坊众与承商争二帝

① 陈其瑗：《广州市财政局年来进行之概况》，《广州市市政公报》第 109 号，1924 年 1 月 1 日，第 29~30 页；《孙市长禁止提分奖金》，《广州民国日报》1923 年 11 月 17 日，第 6 版。

② 《此所谓恻隐之心人皆有之》，香港《华字日报》1923 年 6 月 30 日，第 1 张 3 页。

③ 《高第街众之保全庙产》，香港《华字日报》1923 年 8 月 10 日，第 1 张 3 页；《争承市产》，《广州民国日报》1923 年 10 月 20 日，第 7 版。

④ Shuk – wah Poon, *Negotiating Religion in Modern China : State and Common People in Guangzhou, 1900 – 1937*, p. 53.

⑤ 《有利即有弊之投产谈》，香港《华字日报》1923 年 7 月 5 日，第 1 张 3 页。

⑥ 《市民请查办财局人员》，香港《华字日报》1923 年 8 月 1 日，第 1 张 3 页。

⑦ 《商团不干预庙产宣言》，《现象报》1923 年 7 月 30 日，第 2 张第 1 版。

⑧ 敖光旭：《广东商团与商团事件：1911~1924——中国"市民社会"的案例分析》，博士学位论文，中山大学，2002，第 30~31 页。

⑨ 《永汉北守庙团军已解［戒］严》，《现象报》1923 年 7 月 31 日，第 2 张第 1 版。

庙，驻扎二帝庙之商团以武装戒备。① 为此，《广州民国日报》登载省署布告，令商团不得干预投变庙产。② 市政厅亦声明将"严办阻投市产"，甚至称阻碍投变庙产，"应作破坏筹饷论，定以军法从事不贷"。③

商团与市政厅的矛盾终酿成"西关拆庙之大风潮"。西关鸡栏孖庙（指洪圣庙和北帝庙）为商团第七分团团部驻地，亦是铺底维持会集议总所。商团称曾呈准省署保留该庙，坊众亦称曾向财政局呈请自行备价领回该庙。但财政局又批准长堤某西菜馆店东某甲承领该庙，并于 9 月 14 日派武警、消防队赴该庙实行督拆。商团遂以武力阻拆，武装扼守，并致电各分团派队援助。当晚，商团彻夜戒备。15 日，有传言市政厅拟饬令武警 300 名前来督拆，故除该街商团外，市内其余九个商团分团均派出 200 名成员前来协助。于是十三行、登龙街、装帽街、故衣街、普济桥、长乐街、浆栏街一带，均关闭闸门，每街口均派五六名商团成员扼守。于是，附近一带布满商团成员，如临大敌，气氛极为紧张。商团总所在西瓜园召集紧急会议，有人主张以罢市为后盾竭力抗争，也有人提议请省长免去孙科职务。西关当时是滇军廖行超部队的驻防地。当晚，财政局致电廖行超，请该军就地派队协助。廖行超不愿得罪商团，没有同意。商团获知消息后，一面加强戒备，一面通知省外就近商团前来协助。16 日，佛山商团派一队前来支援。商团总所在沙面再次开会讨论应付的方法。旋由廖行超和市参事范洁朋出面调停。省长廖仲恺亦不想将事件闹大，饬公安局要妥善解决。当天中午，廖行超派员承领该庙送与商团，争庙闹剧才告闭幕。④ 潘淑华认为此案是"商团事件"的序幕。⑤ 商团展现的军事武装和动员集结能力，令政府对之有所忌惮。

召变庙产令广州的寺庙改头换面，还起到排斥商人团体的作用。除一些

---

① 《四牌楼二帝庙商团已撤》，《现象报》1923 年 8 月 4 日，第 2 张第 1 版。

② 《商团不得干预投变庙产》，《广州民国日报》1923 年 8 月 7 日，第 6 版。

③ 《孙市长厉行市政》，《广州民国日报》1923 年 8 月 11 日，第 6 版；《争庙产以军法从事》，《现象报》1923 年 8 月 2 日，第 1 张第 3 版。

④ 见《西关拆庙之大风潮》，香港《华字日报》1923 年 9 月 17 日，第 1 张 3 页；《西关商团已解严》，香港《华字日报》1923 年 9 月 18 日，第 1 张 3 页。

⑤ Shuk‐wah Poon, *Negotiating Religion in Modern China*: *State and Common People in Guangzhou*, *1900‐1937*, pp. 56‐58.

重要的庙宇因政要人物或士绅出面得以保留外，其余多被改建。① 例如，城隍庙除保留正殿及殿前天阶外，其余均开街建铺。1924 年 7 月，该庙附近已建成新式屋宇多座，改街名为"忠佑大街"。② 花地大通寺及寺内新林园，由港商陈思度承领，永租与孤儿院办一分院。③ 也有承领庙产的商民，拆去上盖售卖，得资已足抵偿产价而有余，故地下则任由泥瓦堆积。时长日久则草莽丛生，滋生蛇鼠虫蚁，附近居民任意粪溺，或成宵小藏匿之所。④ 潘淑华指出，召变寺产带来极大影响，其中之一是削弱寺庙作为社会交流中心的作用。⑤ 以华林寺为例，该寺在清末是商人团体集议之所，与陈惠普、李戒欺、李蘅皋等商人关系密切。粤商自治会、广东戒烟总会、中国改良会均以该寺为办事处。⑥ 1911 年 3 月，各界人士举行全省禁赌巡游也以该寺为筹划、集合之所。⑦ 广东光复后，粤商自治会改组为粤商维持公安会，始迁上九甫土丝行会馆为会所。⑧ 1913 年，精神学研究会择华林寺为会所。⑨ 南海

---

① 如，光孝寺因高等审检厅会呈省署，得以保留全间作为法官学校校址。广府学宫因明伦堂士绅黄福元等致函孙中山，学宫墙界内之地得免予投变。海幢寺时为李福林率粤军第三司令部，得以保全。纯阳观由江孔殷出面保留。见《保留光孝寺为法官学校》，《广州民国日报》1924 年 7 月 21 日，第 7 版；《大元帅训令第二〇八号》，《陆海军大元帅大本营公报》第 17 号，1923 年 6 月 29 日，第 17 页；梁永：《孙中山大本营时期的官产清理和租捐征收》，《广州文史资料 第 43 辑》，第 204～205 页。

② 《城隍庙改造后之新气象》，《广州民国日报》1924 年 7 月 2 日，第 7 版。

③ 《测绘员之糊涂》，《广州民国日报》1924 年 3 月 24 日，第 6 版。

④ 《整理市政观瞻之条陈》，《广州民国日报》1924 年 7 月 31 日，第 7 版。

⑤ Shuk - wah Poon, *Negotiating Religion in Modern China*: *State and Common People in Guangzhou*, *1900 - 1937*, p. 60.

⑥ 邓雨生：《全粤社会实录初编》，调查全粤社会处，宣统二年（1910）。

⑦ 《三月初一禁赌巡游路径》，香港《华字日报》1911 年 3 月 30 日。因华林寺前后街道狭不能摆仪仗，备在多宝、逢源、宝华各大街，故巡游由多宝大街出发，经逢源西—逢源大街—宝源大街—宝华中约—宝庆新街—十五甫正街—十六甫—十一甫—下九甫—上九甫—打铜街—桨栏街—十七甫—十八甫—大观桥—牛乳桥—下陈塘—迪隆里—同德大街—沙基渡头—十三行—回澜桥—仁济大街—长堤—川龙桥大马路—谘议局—大东门—仓边街—司后街—督署赏银牌—卫边街—旧抚署、将军前—西门—第四、五、六、七、八、九甫，最后回到西来初地华林寺。

⑧ 据说陈惠普和李戒欺因在光复前，默许谭荔恒、邓雨生等印发传单、煽动商人反对革命，而受新社团排挤。粤商维持公安会由土丝行商岑伯著、邓介石及丝栈商廉伯、丝巾庄商黎亮夫等主事，故择上九甫土丝行会馆为会所。见李蘅皋、余少山《粤商自治会与粤商维持会》，《广州文史资料　第 7 辑》，第 28 页；粤商维持公安会编印《粤商维持公安会同人录（修正章程附）》，1912，第 1 页。

⑨ 《精神学会假定地点》，香港《华字日报》1913 年 2 月 27 日。

红十字会分会也设在寺内。1923 年，位于新胜街、贤梓西、西来初地、长胜街、永兴大街、兴华大街、毓桂坊等处的华林寺寺产均被召变。① 1924 年 1 月，市政厅将华林寺收归市有，派员测量绘图。除保留五百罗汉堂及其天井、方丈室、九老寄庐等外，其前座檀越堂、客堂辟为市场，其余开街建铺，面积共 1200 余井，辟 24 尺和 18 尺两马路。② 1 月 16 日，《广州民国日报》登载《广州市华林寺全部规划街道及保留平面图》，铺地定价 500 元/井。③ 经该寺僧众一再呈请，财政局批准再保留僧人居住的龙天常在一所。3 月 26 日，再次公布规划图。为尽快卖地筹饷，地价减为 300 元/井，再打八折。④ 拆卸该寺工程由合德公司投得，于 2 月底开始兴工。变卖上盖材料的款项则被用于修理被电车辗坏的路面。⑤ 寺石被运至黄花岗修筑七十二烈士墓。⑥ 南海红十字会分会会长黄焕庭一再呈请留寺内一部分马路旁地为会址，终未获市厅批准。⑦ 可以说，召变庙宇为政府排挤商人团体提供了良好的契机。

（二） 妄报官市产与民产保证

由于市政厅有提取产价二成奖励举报的措施，这导致妄报官市产成风，群情惶惑。一产多报现象频发，或在此举报市产，在彼又举报官产；或举报庙产，不得，再举报市产。⑧ 1923 年 10 月底，市政厅设立市区官产股，接收全省官产清理处管辖下位于市区的官产，由卢无滔任股主任。⑨ 市政厅得以办理市区内所有官市产。《广州民国日报》每日都有大批官产例志，举报的地域范围越来越大。如张功理举报东关红庙直街、林公巷、三祝居等处 107 间房屋为官地民建。⑩ 陈公辅举报东关前鉴百子横直十约，暨牛乳巷、东源大街、

---

① 《广州市财政局布告第一九六号》，《广州民国日报》1923 年 8 月 22 日，第 2 版。

② 《拆华林寺》，《广州民国日报》1924 年 1 月 11 日，第 7 版。

③ 《广州市华林寺全部规划街道及保留平面图》，《广州民国日报》1924 年 1 月 16 日，第 2 版。

④ 《广州市财政局布告财字第四五二号》，《广州民国日报》1924 年 3 月 26 日，第 2 版。

⑤ 《修路有款》，《广州民国日报》1924 年 1 月 26 日，第 7 版。

⑥ 《寺石移修坟茔》，《广州民国日报》1924 年 6 月 11 日，第 7 版。

⑦ 《拆卸华林寺现状》，《广州民国日报》1924 年 3 月 25 日，第 6 版。

⑧ 见《市产与官产宜分别》、《呈报撤销举报市产案》，《广州民国日报》1923 年 8 月 4 日，第 6 版；1923 年 11 月 17 日，第 6 版。

⑨ 《四个月之一百万官产》，《广州民国日报》1923 年 10 月 24 日，第 6 版。

⑩ 《举报东南关大帮官产》，《广州民国日报》1923 年 9 月 14 日，第 6 版。

牛皮寮路边、川龙口、永胜沙等 4000 余户为寺产。① 曾介眉举报黄沙的同德大街、如意坊等 70 余街为官产。② 至此，举报官市产陷入疯狂无序状态。"动辄举报全街，或数街，牵连数百户，并无切实凭证，亦无四至界址。即于近年曾在各官厅承领有印照管业者，亦被举报。"③

妄报成风是奖励举报和大本营筹措军粮共同推动的结果，引发商人团体、民众的普遍反对。一方面举报者贪图奖金。如前所述，举报官产在历次修订的官产章程中都被保留下来。据《华字日报》载，黄芸苏任财政局局长前后三月，卖产共得 370 余万元，以二成充举报奖励，计有 70 余万元。④高额的奖金使得妄报禁而不止。另一方面，大本营为筹措军粮对妄报推波助澜。1923 年 8 月，大本营粮食管理处督办赵士觐因督办粮食无款，恰逢曾介眉、林达、李铨等人来举报官产。财政厅厅长邹鲁特定该项官产由财政厅派员协同赵士觐及黄隆生三人处理，所得产价一半拨粮食管理处，一半由财政厅拨充军饷。⑤ 黄隆生时任大本营会计司司长。《华字日报》载，曾氏等人举报官产实为黄隆生介绍。也就是说，大本营是煽动妄报官产的幕后指使。妄报官产引起"群情惶惑，民怨沸腾，以至领产者，亦受其影响"。⑥广州总商会、广东全省商会联合会代表刘焕、胡颂棠、邓德周等人分别致函大元帅，请取消妄报。⑦ 坊众亦以请愿呈控妄报。黄沙 70 余街业户先后两次发动大规模请愿，请严办曾介眉，维持民业。⑧ 在舆论压力之下，10 月20 日财政厅扣留曾氏，交番禺县看管，以平民愤，⑨ 但民意仍不能平。10月 23 日，《华字日报》刊文指出卖产两大弊端。（1）奖励举报，对于举报公产之人只有封诰，决无抄家。（2）勒索讹诈，对于被举报指为公产者，

---

① 《坊众请愿》，《广州民国日报》1923 年 9 月 20 日，第 7 版。
② 《商会呈文》，《广州民国日报》1923 年 10 月 18 日，第 6 版
③ 《举报市产之取缔》，《广州民国日报》1923 年 11 月 5 日，第 7 版。
④ 《老党人大闹财政局》，香港《华字日报》1923 年 10 月 23 日，第 1 张 3 页。
⑤ 《大元帅指令第四四八号》，《陆海军大元帅大本营公报》第 28 号，1923 年 9 月 14 日，第 38～39 页。
⑥ 《举报市产之取缔》，《广州民国日报》1923 年 11 月 5 日，第 7 版。
⑦ 见《令饬查办妄报公产》、《商会呈文》，《广州民国日报》1923 年 10 月 13 日，第 7 版；1923 年 10 月 18 日，第 6 版。
⑧ 《黄沙业户二次请愿》，《广州民国日报》1923 年 10 月 27 日，第 6 版。
⑨ 《财政厅扣留曾介眉》，《广州民国日报》1923 年 10 月 22 日，第 7 版。黄沙官产案在 11 月16 日始由大元帅下令取消。见《大元帅指令第六〇六号》，《陆海军大元帅大本营公报》第37 号，1923 年 11 月 16 日，第 73～76 页。

须一律缴验前清道光以前之红契。如此久远之红契本难获，即有红契之时，如系摄影则不予认同；如系原契则种种留难，不予发还业户，欲领回须交手数（指陋规，疑从日语词"手数料"延伸而来——引者注）。① 另一报道亦感慨"（市区内）几无处而不被举为官产，既已举无可举"。② 民众深恶召变官市产之举，广州的地价日益下跌，将产业抵押给洋商的情况日益增多。③ 财政局局长李禄超在压力下一再请辞，孙科也被迫招控舞弊的员司，并请大本营将每日原担军费的半数移交运财两署分任。④

为平息妄报官市产造成的恐慌，大元帅府下令筹设广东地方善后委员会，提出用"民产保证"，来确保产权。1923 年 10 月 29 日，孙中山面谕筹办广东地方善后委员会，旨在"沟通政府与人民情谊"。这无疑是为了缓和政府与民众已相当紧张的关系，以维持利益平衡。筹备处由政商两界人士组成，包括陈树人、陈其瑗、林云陔、梁士谔、易廷彦、黎端、李家璧、黎庆恩、连声海、胡颂棠、雷荫孙、梁世纮等。30 日，该会在广仁善堂开会讨论，拟定章程 16 条。该会设委员 21 人，由各团体代表选出 15 人、大元帅选派 6 人共同组成。该会不设委员长，一切事务由委员会公决，下设总务、宣传、调查、编辑、交际五科。⑤ 11 月 7 日，广州上百个社会团体在总商会集议，公选黄焕庭、黎端等 15 人为委员。⑥ 19 日，该会借"市民何为善、徐保民请愿设法保证民业"案，提出《广州市民产保证条例》（共 14 条）。⑦ 该条例旨在保障人民私权，

① 《老党人大闹财政局》，香港《华字日报》1923 年 10 月 23 日，第 1 张 3 页。
② 《粤财厅变卖市产之近状》，香港《华字日报》1924 年 3 月 6 日，第 1 张 3 页。
③ 《省中地价跌落之近因》，香港《华字日报》1923 年 9 月 12 日，第 1 张 3 页；《大元帅指令第六三三号》，《陆海军大元帅大本营公报》第 38 号，1923 年 11 月 23 日，第 57~60 页。
④ 见《市财局长又辞职》，香港《华字日报》1923 年 10 月 13 日，第 1 张 3 页；《辞职未准》，《广州民国日报》1923 年 10 月 30 日，第 6 版；《孙市长招控所属舞弊员司》，《广州民国日报》1923 年 11 月 8 日，第 6 版；《大元帅指令第五六八号》，《陆海军大元帅大本营公报》第 36 号，1923 年 11 月 9 日，第 44~46 页。
⑤ 《大元帅指令第五六七号》，《陆海军大元帅大本营公报》第 36 号，1923 年 11 月 9 日，第 40~44 页。
⑥ 《大元帅指令第六〇四号》，《陆海军大元帅大本营公报》第 37 号，1923 年 11 月 16 日，第 66~68 页。选定的委员包括：黄焕庭（总工会）、黎端（总工会）、陈杏村（广东丸散工会）、陈森（茶居工会）、伍澄宇（律师工会）、罗燕坪（锦纶十一行工会）、李芝畦（善团）、梁大德（宏仁演讲所）、谢英伯（互助社）、易子庄（文澜书院）、陈展云（洋装金银器行）、林术生（票工会及善团）、施卜（辗谷总工会）、梁闻秋（善团）、何季初（机织工会）。
⑦ 《大元帅训令第三五六号》，《陆海军大元帅大本营公报》第 38 号，1923 年 11 月 23 日，第 15 页。

"凡领有民产保证之业，无论何项机关不得再行投变"。又规定保证金额为"土地保证金照产价抽2%，上盖保证金照产价抽1‰"，产价以红契为标准，并拟在条例实施之日起，即行停止举报官产及市产。① 在大本营首肯后，市政厅随即筹备设局办理民产保证，并修正条例内容，包括删去土地与上盖名目，统一征收产价的3%；产价改为以时值为准；规定"凡经查确属于官产市产者，仍由该管机关照常办理"。② 换句话说，地方善后委员会所定条例着重保障产权；而市政厅修正后，着重利用民产保证来收费。

1923年11月30日，民产保证局成立，借南堤中国银行地址办公，由原公路处处长李纪堂任局长。③ 但善后委员会对修正条例极为不满，特别是继续举办官市产，认为这在根本上推翻民产保证的原意。④ 12月6日，李纪堂亲自到该会协商，才得以议决通过。⑤ 民产保证随后展开，由业主填具申请书，缴验契据，缴纳3%保证金即可领取一张"民产保证"（见4-1）。凡经保证的产业，无论任何机关不得再将之投变。民产保证局旨在征收保证费，对业主缴验契据非常通融，只将契据摄影一份，附入申请书，便可通过。⑥ 因此，业主申请保证极为踊跃，只12月10日至18日就收获保证金约万元。⑦

由图4-1可见，"民产保证"非常简单，右侧有数行文字简单交代办理民产保证的原因；中间填写房屋业主、地址、四至、深阔、价值及保证金数额等；左侧为广东民产保证局关防、广东地方善后委员会印章及民产保证局局长李纪堂的印章。

---

① 《大元帅指令第六三二号》，《陆海军大元帅大本营公报》第38号，1923年11月23日，第54~57页。
② 《大元帅指令第六五七号》，《陆海军大元帅大本营公报》第39号，1923年11月30日，第37~38页；《大元帅指令第六五八号》，《陆海军大元帅大本营公报》第39号，1923年11月30日，第38~42页。
③ 《民产保证局定期办公》，《广州民国日报》1923年12月3日，第6版；《笺函财政部借中国银行为民产保证局办事处由》，《广州市市政公报》第106号，1923年12月10日，第25~26页。民产保证局运作至1925年9月才正式裁撤。见《追缴市民产局各项簿据》，《广州民国日报》1925年9月9日，第10版。
④ 《善后委员会对于修正条例之异议》，《广州民国日报》1923年12月4日，第6版。
⑤ 《大元帅指令第七一六号》，《陆海军大元帅大本营公报》第41号，1923年12月14日，第46~47页。
⑥ 周瑞颂：《1924年广州的民产保证》，《广州文史资料 第9辑》，广东人民出版社，1963，第134页。
⑦ 《缴保证费》，《广州民国日报》1923年12月21日，第7版。

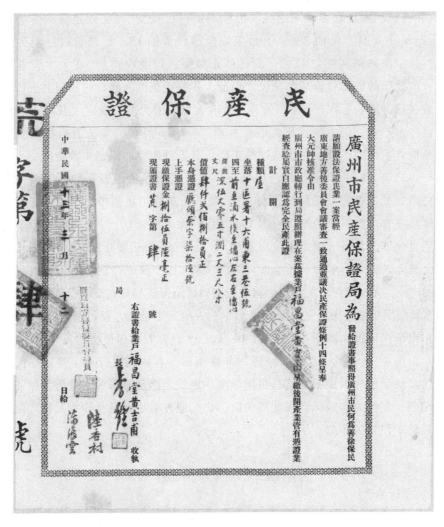

图 4 - 1　1924 年的"民产保证"

资料来源：刘自毅女士收藏。此资料由刘自毅女士惠赠，特此致谢。

　　然而，民产保证的收费方式又进一步激化了官商的矛盾。民产保证施行之初，有人就指出"举报官产"与"民产保证"殊途同归，皆为虐政！① 1924 年 2 月，为应军需，大本营财政部部长叶恭绰与各善院商定，提

———————————

① 《舆论一斑》，香港《华字日报》1923 年 12 月 10 日，第 1 张 3 页。

出善产价值 100 万元按揭毫银 50 万元，并由广东地方善后委员会、广州总商会、广东善团总所九善堂函称联合发行短期手票 50 万元，从民产保证项下归还。① 民产保证局遂不收受现金，专收手票，由广州总商会、广东地方善后委员会、广东善团总所监收。② 这种"变相银纸"本身并无价值，有些军队却以之购物并令商铺找回现银，一度引起商铺闭市以抵制，并引发滇军与商团的流血冲突。③ 敖光旭认为军用手票案引发 1923 年以来最严重军团冲突，表明官商矛盾的激化已经步入新的阶段。④ 也就是说，变卖庙产使得商团与警察、市政厅产生矛盾，而民产保证的收费方式使得商团与滇军生隙，层累的种种矛盾终致"商团事件"爆发。

　　鉴于上述情况，1924 年 2 月 5 日市政厅布告停止举报官市产。⑤ 8 日，市区官产股停办，所有案卷交财政局保管。⑥ 据孙科呈报，由市产变价借出的军费总额为 5301891 万元。⑦ 沈成飞估算，1923 年广州市政厅给大元帅府提供的军费共计 600 万元，约 80% 来自投变官产。这些经费极大地支持了大元帅府的生存和斗争。⑧ 然而，召变官市产造成极恶劣影响。据程天固回忆，变卖公产使得人人自危，以致商业窒息、经济萎缩，几至不可收拾。省长徐绍桢、市长孙科，大受舆论抨击，声名狼藉，不得不引退。所有市府各局之信誉，皆大受影响，自是市民提起市府，有恨之入骨者。⑨ 虽然有学者认为孙科辞任市长与召变市产无关，但不可否认的是召变市产导致民众对孙

①　《大元帅令》，《陆海军大元帅大本营公报》第 4 号，1924 年 2 月 10 日，第 10 页；《大元帅指令第一〇四号》，《陆海军大元帅大本营公报》第 4 号，1924 年 2 月 10 日，第 63 ~ 65 页。

②　《民产保证文告》，《广州民国日报》1924 年 2 月 27 日，第 6 版。

③　《手票扰民之纪不胜纪》，香港《华字日报》1924 年 2 月 12 日，第 4 张 16 页；《大元帅指令第一一五号》，《陆海军大元帅大本营公报》第 5 号，1924 年 2 月 20 日，第 45 ~ 48 页。

④　敖光旭：《广东商团与商团事件：1911 ~ 1924——中国"市民社会"的案例分析》，第 110 ~ 111 页。

⑤　《广州市市政厅布告停止举报官市产由》，《广州市市政公报》第 116 号，1924 年 2 月 18 日，第 27 页。

⑥　《广州市政厅呈报主任将已亦未办各案卷一律交财政局派来接收委员卢颂芳接收》（1924 年 2 月 8 日），广州市档案馆藏，档案号：4 - 01/003/000027 - 003。

⑦　这笔费用作为省库借入市款列账，由财政局代办财政厅税验契项来扣抵，以清账目。见《大元帅训令第四八二号》，《陆海军大元帅大本营公报》第 27 号，1924 年 9 月 30 日，第 11 ~ 12 页。

⑧　沈成飞：《广州官产投变事件中的革命政府与地方社会》，《历史研究》2014 年第 4 期。

⑨　程天固：《程天固回忆录》上册，台北，龙文出版社，1993，第 146 页。

中山革命政权的仇恨。① 乔素玲认为，广州政府产权政策的核心是以社会为本位，以牺牲个人利益为代价巩固政权。②

然而，市政厅召变市产之举并非发明创造，而是与民国初年以来广东军政府的召变官产政策一脉相承，体现着国家政权逐渐向社会渗透的过程。两者的差异在于，首先，执行召变的行政单位由军政府或省政府转变为市政厅，这意味着市政府成为真正有权控制城市土地的行政机构。其次，市产的范围突破了"前清官府所有"的限制，包括了市政建设所产生、"共有"及"无主"的土地。这无疑是在政府权限扩大的道路上迈出的一大步。1914 年《广东省查变官有不动产地章程》中关于无主的濠涌和海坦等纳入官产范围的规定在这时得到了落实。市政府可以控制的土地资源更多了。举报官市产虽然停止了，但财政局市产股仍照市警察所编区域分区办事。③ 1925 年 7 月 4 日，广州市政厅奉令改为市政委员会，由伍朝枢任市政委员长。在 8 月 15 日第一次市政委员会议上，伍朝枢就提出"官产市产旗产庙产应否续办案"，议决由财政局委员蒋寿石、邹殿邦，以及李朗如、霍玉麒、邹鲁、黄雄彪、麦朝枢七人组成审查委员会对之进行审查。④ 经审查，除官产、庵堂寺观庙宇等一概停办外，其余畸零地、骑楼地及一切开辟后增拓之地，无官方执照的码头、海坦、荒岗、旗产、濠涌等均得以继续办理。⑤ 这就为 20 世纪 30 年代大规模的城市建设提供了必要的土地资源。

三 不动产与土地登记

从财政税收的角度上看，大肆变卖官市产是市政府的一种临时性财政收

---

① 沈成飞认为孙科辞任是奉孙中山之命北上、由市长民选及国民党内部派系纷争等多种原因造成的。见沈成飞《论孙科的第二个广州市长任期——以广州官产案为中心的考察》，《中山大学学报》（社会科学版）2014 年第 5 期。

② 乔素玲：《产权限制：20 世纪 20 年代广州政府产权政策评析》，曾宪义主编《法律文化研究 第 2 辑》，第 160 页。

③ 《广州市财政事项报告》，《（民国十二年）广州市市政报告汇刊》，第 28 页。

④ 《民国十四年八月十五日第一次会议》，《广州市市政公报》第 210 号，1926 年 1 月 10 日，第 922 页。

⑤ 《民国十四年十月八日第七次会议》，《广州市市政公报》第 210 号，1926 年 1 月 10 日，第 931 页。

入，并非长期稳定的税源。1925 年市政厅改组后，市政委员伍朝枢提出用征收土地税来取代苛细杂捐。1926 年 8 月，广州市土地局成立，试图采用测量登记的办法作为征收地税的预备。这种办法源自广东省高等审判厅（以下简称"高审厅"）在不动产登记方面的司法实践和孙中山"平均地权"思想的推广。测量登记虽遭到一定阻力，但 1927 年 10 月开始在广州全面推行。

广州市政厅成立之初，其主要的税源来自于房捐警费、税契、饷捐和牌照费。其中第一类税源房捐警费收入最为稳定且最大宗，其征收有强大的警察权力作为保障。这一收入由公安局征收，用于警费支出。光绪二十七年，广东当局设局开办房捐，按租价二十抽一。至光绪二十九年裁撤房捐总局，改归巡警总局经理。同时，自光绪二十八年省城开设巡警总局，警务公所用费不敷，就城厢内外及河南等处已办巡警地段房屋、铺户征收警费，亦按二十抽一，按户征收缴解警费公所，有房铺警费、六段铺屋警费、满汉八旗巡警局收房捐警费等名目。[①] 民国建立后，广州市警察厅（1914 年改称"省会警察厅"）删繁就简，统一核收房捐警费。1911 ~ 1920 年，房捐警费平均每年收入约为 49 万元。1921 年市政厅成立后，警察厅改组为公安局，大肆整顿警务，房捐警费剧增，自该年 3 月至 10 月平均每月收入高达 72248元。[②] 市政厅收入中第二类税源是税契。不动产税契原由广东省财政厅办理，市政公所成立后财政厅欠市库数十万元，无款清偿，遂将市区税契拨归市政公所代办。1921 年 2 月 28 日，改为财政局税契股专办，全年收入约为 45 万元。[③] 市政厅第三类税源是各类饷捐，包括花筵捐（附花捐清濠费）、戏院捐、影画捐、白话剧捐、游艺场捐、演唱瞽姬牌照、手托戏牌照、技艺戏捐等。其中以花筵捐最为大宗，1921 年收入约为 47 万元。[④] 第四类税源是车船牌照费，由公用局征收。1921 年 3 月至 10 月，各种车辆牌照费总收入为 174958 元，各种船舶牌照费总收入为 14449.58 元。[⑤] 此外，市政厅尚

---

① 《广东财政说明书》，第 248 页。
② 《公安局报告书》，《广州市市政概要》，第 95 ~ 100 页。
③ 《财政局报告书》，《广州市市政概要》，第 25 ~ 26 页；《广州市财政事项报告》，《（民国十二年）广州市市政报告汇刊》，第 36 页。
④ 《财政局报告书》，《广州市市政概要》，第 3 ~ 17 页。
⑤ 《公用局报告书》，《广州市市政概要》，第 23、28 页。

有禺山市场租和大沙头公地等少量收入。① 从市政厅历年公布的财政预算上看，市政收入不敷市政支出。1921 年，市政预算岁入总额为 197 万元，岁出总额为 293 万余元，不敷高达 96 万余元。1922 年，市政预算岁入总额为 484 万余元，岁出总额为 527 万余元。1923 年，市政预算岁入总额为 869 万余元，岁出总额为 911 万余元。② 故在 1923 年为应军饷，市政厅遂有大肆召变官市产之举，招致民众极大反感。

因此，1925 年市政厅改组后拟采用土地税代替各种临时性的税收。1925 年 7 月 4 日，市政厅改组为委员会发出宣言，要在短期内实施"兴民更始之政策七项"。其中第一项就是"取消苛细杂捐，停办官产市产，另谋适合租税原理之市政收入"。③ 这种"适合租税原理"的市政收入指的就是征收土地税。在 1925 年的市政发展计划中，市政委员会委员长伍朝枢拟用土地税来取代裁免的苛细杂捐。土地税的提出源于不动产登记的司法实践和"平均地权"思想的推广。

在司法实践层面上，不动产登记最初由市政公所提议，后主要由高审厅主管。1920 年 1 月，市政公所提议设立广州市登记局办理不动产登记。高审厅厅长徐权伯以"登录不动产的手续与诉讼息息相关"与之力争，遂妥协为由双方合办。④ 该年底，高审厅颁布多项不动产登记章程，力图统筹兼顾司法上的产权确认与财政收入。⑤《广州市试办不动产登记章程》（1920 年 12 月颁布）规定，凡广州市内一切不动产的所有权、地上权、永佃权、地役权、质权、抵押权、赁借权等权利之设定、保存、移转、变更、消灭及处分之制限均须登记，未经登记者不得对抗第三人。⑥ 在运作中，不动产登记是自愿申请登记，与财政厅的"税契"是并行的。换句话说，不动产登记是在传统的产权认定最重要的证据——"税契"以外新增的一种产权认证形式。其收费率比税契低很多，在财政收入上远不及税

① 《财政局报告书》，《广州市市政概要》，第 20~24 页。
② 《广州市财政事项报告》，《（民国十二年）广州市市政报告汇刊》，第 73~76 页。
③ 《广州市市政府改组成立报告》，广州市市政厅编辑股编印《（民国十三、十四年）广州市市政报告汇刊》，1925，第 1 页。
④ 见《审判厅与市政公所争权限》，香港《华字日报》1920 年 1 月 29 日，第 3 张 4 页；《拟收不动产登记费用近闻》，香港《华字日报》1920 年 5 月 7 日，第 3 张 4 页。
⑤ 赵灼编《广东省立单行法令汇纂》第 2 册，广州光华书局，1921，第 46~85 页。
⑥ 《广州市试办不动产登记章程》，赵灼编《广东省立单行法令汇纂》第 2 册，第 47 页。

契重要。① 市政厅成立后，高审厅厅长陈融认为"不动产登记性质系属司法事务，不便脱离司法范围"。② 故将广州市登记局争回由高审厅自办，林云陔出任局长。③ 为便于登载不动产登记和铺底登记（详见下文），高审厅创办了《司法日刊》。④ 在报纸上登载买卖或铺底顶手告白始于清末，民初已相当盛行，在产权纠纷中被视为有效凭证之一。1922 年，《司法日刊》在第七甫开办，由地审厅厅长、庭长、推事等为编辑，邓惠芳为常务兼经理。该刊专载司法公文、论载、主文、批语、判词、告白、杂录等。高审厅规定，所有登记和一切买卖法律行为告白等均须登载该刊，始能认为有合法的证据。此举引发广州其他报刊的不满。广州市报界公会向省长公署控诉高审厅垄断告白生意。随后，改为登载各报亦得视为证据之一种，才得以平息事件。⑤ 1923 年 10 月林云陔升任为高审厅厅长后，呈准省署在广州设立广东全省登记总局，由前广州地方审判厅厅长曹受坤任局长。⑥ 登记总局于 17 日开始办公，此后南海、番禺、香山、台山、新会等各县陆续设立登记分局。⑦

此外，"平均地权"思想对推行土地登记也起着重要作用。孙中山视"平均地权"为民生主义的主要内容，但在民国初年未能实践推行。1912 年 9 月 28 日，孙氏到青岛进行为期三天的访问，对青岛的建设尤为惊叹，认为"青岛应当成为未来中国城市的典范"。⑧ 他极为推崇青岛的土地制度。

① 不动产登记的收费率，凡属继承遗产所有权者征收产价的 5‰，赠予征 30‰，赠予属学校、医院或其他慈善性质者征 10‰，其他方式取得所有权征 10‰，保存现有所有权征 5‰，共有物分割所受者征 5‰，取得永久地上权征 10‰，永佃权存续 10 年征 2‰，质权抵押权征收 3‰，此外如永佃权、赁借权等根据年限分别征 1‰~5‰。而民国期间通行的契税收费率为断卖契按产价征 6%，典按契征 3%。见赵灼编《广东省立单行法令汇纂》第 2 册，第 80~85 页。
② 《呈请将登记局拨隶司法范围文》，《广州市市政公报》第 3 号，1921 年 3 月 14 日，第 5~6 页。
③ 《林云陔已接登记局长任》，香港《华字日报》1921 年 3 月 9 日，第 2 张 3 页。
④ 在《司法日刊》创办前，广州登记局曾在《广州市市政公报》上刊登不动产登记。见《广州市市政公报》1921 年 7 月 11 日第 20 号至 1921 年 12 月 12 日第 42 号。
⑤ 王鸿鉴、黄绍声：《陈炯明统治广东时期的若干措施》，全国政协文史资料委员会编《文史资料存稿选编　第 3 辑　东征北伐》，中国文史出版社，2002，第 464 页。
⑥ 《设立广东全省登记局》，《广州民国日报》1923 年 10 月 15 日，第 6 版。
⑦ 《登记总局成立后之进行》，《广州民国日报》1923 年 10 月 19 日，第 7 版。
⑧ 〔德〕马维力：《单威廉与青岛土地法》，金山译，青岛出版社，2010，第 40~41 页。

该制度由德国人单威廉博士（Dr. Ludwig Wilhelm Schrameier，1859～1926）起草。单氏生于德国埃森，研究神学及东方语言学。1885 年 11 月，单氏随驻华公使来华。1889～1897 年，先后在广州市领事馆、上海总领事馆任通译官。1898 年，升任胶州湾租借地行政委员，主持青岛驻港建市计划，制定《胶州土地行政条例》（1898 年 9 月 2 日颁布）。① 该条例最特殊之处在于含有对土地投机所得征税条款，包括（1）每笔土地交易均须缴纳土地增值税；（2）每年对土地征收 6% 的土地税；（3）参加土地竞拍的申购人应提供土地使用计划。这些条款可以有效地避免囤积土地，防止土地投机。据马维力研究，这种土地征税方式后在德国许多市镇得到应用，1911 年 2 月 14 日被中央采用。② 孙中山在《实业计划》中也建议由国家统一收买土地，以防土地投机，贻害社会。③ 1923 年，孙氏电邀单威廉入粤，从事土地登记、测量及征税条例的编制。④ 7 月 30 日，广东省省长廖仲恺公布由单氏起草的《广东都市土地税条例草案》。该草案共 37 条，侧重征收土地税和土地增价税。在运作上，廖氏建议先在广州市试办，设立一个直隶省长公署的土地局，由省长派员专责办理。⑤ 随后廖氏忙于筹集军饷、统一财政，并未真正推行土地税。但这一草案成为市政厅推行土地登记的基础。

　　1925 年 7 月，市政委员会委员长伍朝枢聘请单威廉为市政府顾问，专办土地税。⑥ 在宴请国民党第二次全国代表大会各代表时，他指出，征收都市土地税是根据民生主义之平均地权、节制资本之意义而行。他举青岛为

---

① 单威廉：《中国之土地制度》，萧铮译，氏著《中国之土地制度及土地登记测量及微税条例章案》，第 1 页。
② 〔德〕马维力：《单威廉与青岛土地法》，第 33 页。
③ Sun Yat - sen, *The International Development of China*（New York and London：G. P. Putnam's Sons, 1922），p. 24.
④ 单威廉：《中国之土地制度》，氏著《中国之土地制度及土地登记测量及微税条例章案》，第 1 页。
⑤ 《大元帅指令第五三六号》，《陆海军大元帅大本营公报》第 34 号，1923 年 10 月 26 日，第 44～57 页。
⑥ 1925 年 12 月，单威廉因行路倾跌，遂致肾病复发。于 1926 年 1 月 5 日逝世，葬于河南南石头乡。见《第十六次市政委员会会议》（1926 年 1 月 14 日），广州市政府编印《广州市政会议录 第 1 辑（上）》，1934，第 925 页。

例，"施行土地税，节制地主，资本家不能高抬其物价，贫民实受其益"。①
从《广东都市土地登记及征税条例》（1926年1月颁布）可以非常明确地
看到市政厅试图通过土地登记，统筹行政管理、财政税收和产权确认三个层
面。该条例的大致内容如下：

（1）土地登记：取代司法登记局，统归市政府土地局管辖。已在
司法登记局登记者，免费登记，但须测量绘图存案。所有登记、测量、
登录执照统共征收产价2%。测量不似登记局各个土地的约略测量，为
全市区有系统之精确测量。

（2）地税：每年分两次缴纳，建筑宅地征产价的2%、无建筑宅地
征2%、农地征5‰、旷地征2‰。

（3）土地增价税：防止垄断土地，除土地改良费不征外，其余土
地收其增价1/3，余2/3归地主。

（4）转移费：所谓土地转移，即赠与买卖、继承典质、永租及抵
押等。凡土地一经转移，其关系人应将转移事由，呈报土地局登记，目
的在保护土地继承人或关系人之权利。转移费征收地价的1‰。②

从上可见，市政厅试图重新测量、登录、管理土地及重新分配土地收
益。条例中强调，土地登记与此前不动产登记的最大区别在于，是以系统、
精确的土地测量作为土地登记的基础。李宗黄指出测量登记是平均地权的基
础，"整理土地，首在平均地权，然平均地权非一蹴而就，必先测量登记完
竣后，方可措手"。③ 征收土地增值税则是防止土地投机、达到平均地权的
核心。征收转移费是为了明确产权关系的变动。通过设置土地局，市政厅将
建立起一套系统管理城市土地的体系。换句话说，城市土地将完全被纳入市
政府的行政管理体系之下。这意味着城市的土地将与乡村土地彻底分离，隶

---

① 《伍梯云博士演讲：广州市政发展之计划（五）》，《广州民国日报》1925年8月21日，第
10版；《都市土地税不日实行》，香港《华字日报》1926年1月29日，第1张3页。

② 见《都市土地登记及征税之条例草案》，香港《华字日报》1926年1月8日，第1张3页；
《都市土地登记及征税之条例草案（二）》，香港《华字日报》1926年1月9日，第1张3
页。

③ 李宗黄：《模范之广州市》，第238页。

属不同的管理体系。这是中国土地产权制度中一次巨大的变革。

在商民看来，这项条例却过于严苛。广州总商会称其"所拟条例，条目颇繁、征税亦重"。① 3月1日，在总商会召开的四商会（指广州总商会、广州市商会、广州特别市商民协会和广东省商会联合会）联席会议上，各商会董认为广州市内连年受军事的影响，加上省港罢工至今9月，迄今仍未解决，地方经济元气挫伤；议决要求政府维持地方经济，保护市场，将此都市土地登记暂缓开办，以恤民困。② 市政厅与商人团体就土地登记及征税条例展开拉锯战。

市政厅方面，加紧筹设土地局，并颁布相关法规。1926年初，市政府派蔡增基到小吕宋、上海、香港等处详细考察土地登记情况。6月，市政府委任蔡氏为筹备专员，一面编订各项土地登记号数，一面刊发土地登记法规单行本。③ 8月1日，土地局正式成立，由蔡氏任局长。土地局下设登记课、地税课、测量课和秘书处。广州登记局奉令裁撤，登记事宜改归土地局办理。④ 土地局随即颁布《广州市不动产登记章程》（1926年8月14日颁布），规定土地所有权、永租权、典质权、铺底权或上盖权、长期批租、抵押权等须到局登记。⑤ 也就是说，土地局取代登记局，开始办理产权确认事宜。该局于9月15日开始办理登记，并发行《土地日刊》，称所有买卖、抵押、承顶铺户屋宇均以《土地日刊》为准。⑥ 该局陆续颁布一系列相关法

① 《四商会联席讨论都市土地税条例》，《广州民国日报》1926年3月2日，第10版。
② 《四商会请缓办市土地登记》，《广州民国日报》1926年3月2日，第10版。但市商协很快就违反联席会议的议决，在3月17日召开市商协常务委员会议，一致认为政府施行土地税，无碍于商民，并于19日印发传单，宣传市政府征收土地税能抑制地价上涨，确保业权，亦能作为减少苛捐杂税的条件。希望广州全市商民，赞助政府此项新政的施行。市商协如此行事是有原因的。据马木池研究，市商协由国民党中央商民部在1925年2月设立，其成员以商民党员为主，具有浓厚的政治色彩。为维护国民党的政策，其立场常与其他三商会有歧异。见《商民协会赞助施行土地税》，《广州民国日报》1926年3月20日，第10版；马木池：《国民政府控制下商人的分化与冲突——1924～1934年间广州商会整合之背后》，第25～31页。
③ 《市土地税筹备进行近讯》，《广州民国日报》1926年4月15日，第10版；《举办土地税之着手进行》，《广州民国日报》1926年6月26日，第10版。
④ 《登记局结束与土地局成立》，《广州民国日报》1926年8月2日，第10版。
⑤ 《广州市不动产登记章程》，《广州民国日报》1926年8月14日，第10版。
⑥ 《市土地局开始登记》，《广州民国日报》1926年9月11日，第10版；《留心土地问题者注意》、《买卖抵押承顶铺户屋宇者注意》，《广州民国日报》1926年9月21日，第1版。

规，如《广东都市土地条例施行细则》（8 月 20 日颁布）、《清理本市铺底顶手登记简章》（10 月 1 日颁布）及《举报瞒纳土地增价税之奖励章程》（10 月 19 日颁布）。[①] 另外筹设土地裁判所及土地评议会，并将全市土地划分 10 区开展分区测量。[②]

　　商人团体方面，四商会和广州实业联合会组设"广州各界促进改善土地税联合会"，向省政府申诉，并达成修正案。1926 年底，四商会与广州实业联合会对土地登记、土地税及土地转移增价税 3 项讨论月余，先后召集会议 10 余次，不同意条例中的 9 项规定。最核心的是要求延长登记期限，减轻税率，豁免土地税推行后其他与土地税性质相类之各项税捐，删除转移增价税。[③] 由总商会代表商人团体先将修改条例意见致函土地局。该局态度极为坚定，复函对之批驳，并道："该商等不思与政府合作，竟谓不经正式合法议会通过，踉踉致辩，试问是否不承认国民政府有统治之权？"[④] 总商会再函省政府。经省政府委员会第 18 次委员会议决，将修改条例意见交财政、实业、司法、土地四厅（以下简称"四厅"）会同审核。[⑤] 1927 年 3 月 26 日，各界在总商会召集大会，讨论如何应对四厅审核。各行商人、实业界、各团体等代表到会者 60 余人，推举总商会胡颂棠、市商会谭棣池、商联会林泽丰、商协会黄旭昇、实业联合会司徒子衡 5 人组成主席团。大会议决组织广州各界促进改善土地税联合会（以下简称"地税会"），以四商会与实业联合会为主体，旨在联合各界呈请改善土地条例。[⑥] 地税会的成立，使得原本松散的商人团体得以成为相对有效的组织，在争取修正土地税条例中起到关键作用。该会一面向政府递意见书，一面向市民发紧急传单，并由

---

① 《广东都市土地条例施行细则》，《广州民国日报》1926 年 8 月 20 日，第 10 版；《清理本市铺底顶手登记简章》，《广州民国日报》1926 年 10 月 1 日，第 10 版；《举报瞒纳土地增价税之奖励章程》，《广州民国日报》1926 年 10 月 19 日，第 10 版。

② 《土地局组织土地裁判所之进行》，《广州民国日报》1926 年 10 月 21 日，第 10 版；《请委派土地裁判官评价委员》，《广州民国日报》1926 年 11 月 18 日，第 10 版；《测量西关街道布告》，《广州民国日报》1926 年 12 月 21 日，第 10 版。

③ 《四商会实业会联议土地税法情形》，《广州民国日报》1926 年 12 月 17 日，第 10 版。

④ 《土地局复商会函》，《广州民国日报》1926 年 11 月 16 日，第 10 版。

⑤ 《广东省政府委员会第十八次会议录》（1927 年 3 月 17 日），广东省档案馆编印《民国时期广东省政府档案史料选编》第 1 册，1987，第 97 页。

⑥ 《四商会讨论救济土地征税条例》，《广州民国日报》1927 年 3 月 28 日，第 9 版。

实业联合会广为募集资金，扩大社会影响力。① 地税会代表与省政府四厅代表多次在土地厅会议协商。地税会代表包括总商会代表郑耀民、黄会文，市商会代表谭棣池、杨公卫，商联会代表林立，市商民协会代表黄旭升、潘琴航，实业联合会代表司徒子衡等。代表省政府的则是财政厅代表廖朗如、司法厅代表沈藻悠、土地厅代表朱宗良、实业厅代表卢维泽等。② 至 1927年 5 月，双方在延长登记期限、减轻税率，以及土地税推行后豁免其他与其性质相类的各项税捐等问题上达成共识，但在转移增价税一项上仍有争执。四厅代表认为，增价税是为了实行平均地权，不允删除；地税会代表则以其"未合平均地权之真义，徒使实业买卖停顿，影响税收"，力主撤销。彼此辩论激烈，结果四厅只允减轻税额。但为维持实业界稳定与安定人心，又特许重新自由申报产价一次，以资救济。其办法是：无论产额若干，每申报一宗，纳费 2 元，官厅即给予新契。③ 至此，地税会与四厅完成协商，形成《修正广东都市土地登记及征收条例暨施行细则》（简称"修正案"）。

　　然而，修正案是商人团体与省政府讨论的结果，而市政厅和土地局均不同意。省政府与市政厅、土地局与商人团体、省政府与商人团体之间，意见分歧严重，导致修正案迟迟未能公布。土地局局长胡继贤不赞同修正案，拟呈省政府力争。其呈文未上，胡氏已解任。1927 年 6 月 12 日，土地局新局长王铎声邀请地税会代表黄曾民、林立、杨公卫、司徒子衡到局磋商。双方达成共识，以试办一年的名义公布修正案。④ 但问题还远未能解决。

　　首先，省政府迟迟未批准修正案。王铎声认为，修正案并非用省政府名义令市政厅饬局办理，而是由四厅审查会分送修正案一份于该局查照。如果遽行颁布，在名义和手续上均不甚妥当。而省政府也有不批准的原因——司法厅不愿撤销不动产登记。司法厅称，法院所办登记，系法律保障问题；而土地局办理登记，系经界问题，彼此可并行不悖。市政厅极力反驳，"办理经界，其归宿之点仍系谋法律之保障，性质究无分别。讵能令人民负担两重

---

① 见《改善土地税条例联合会会议纪》、《改善土地税条例联合会开始募捐》，《广州民国日报》1927 年 4 月 13 日，第 9 版；1927 年 4 月 30 日，第 10 版。
② 《官商会议改善土地税条例情形》，《广州民国日报》1927 年 4 月 25 日，第 9 版。
③ 《增价税问题中之官民意见》，香港《华字日报》1927 年 5 月 11 日，第 1 张 3 页。
④ 《修正地税条例久未公布之原因》，香港《华字日报》1927 年 6 月 14 日，第 1 张 3 页。

之税费。且税法既属不公，人民必怀观望，税收定受影响"。故又向省政府力争，坚持撤销法院登记局。省政府不能决，转而请示政治会议广州分会（以下简称"政治分会"）。该分会亦不能决，遂请示中央政府，而中央又迟迟未回复粤电。①

其次，土地局并未真正赞同修正案。1927年7月21日至23日，《广州民国日报》连续刊载土地局对修正案提出的异议。②故而，在该案尚未公布之际，土地局已按照原章，厉行强迫登记，派协警向租客提取登记费，使业主不得不遵行。③地税会一再质问王铎声，请速公布修正案，停止执行强迫登记。王氏虽在口头上答允，却未停止强迫登记。④

再次，省政府不准地税会备案，并令其解散。土地厅认为，都市土地税条例经由该会审查完妥，"似无再请改善之必要"，并由省务会议议决结束该会。⑤地税会成员大为愤慨，召开会议讨论，以"本会系各界团体选派代表所组织，而各团体均已取得法团之地位，备案与否，原属不成问题"为由，决定不理会省政府的解散令，并议决上呈省政府和政治分会，强令制止土地局执行强迫登记，并请从速公布施行修正案。⑥

上述修正案恰恰是在各方争执之下，得以施行。1927年10月，在各方互相争执近3个月后，修正案由广州政治分会核准，交省政府公布。只是五团体提出的修改意见均未被采纳。如核减转移增价税率，在公布后30日内登记八折收费，准业户自行前赴财厅更正地价、换领新契，每宗收费2元等项均未见于新修正案。地税会议决再向政治分会、省政府力争。⑦后由土地厅令土地局将上

①　《地税条例修正案发生波折之因果》，香港《华字日报》1927年6月20日，第1张3页。中国国民党中央政治会议广州分会，设于1926年12月。次年9月，经国民党中央特别委员会议决取消。1928年2月，国民党中央决定恢复。主要职责为指导广东、广西两省党务和政务。特任李济深、陈铭枢、戴季陶等9人为委员，以李济深为主席。1929年3月15日，根据国民党第三次全国代表大会之议决，各地政治分会一律取消。见张宪文等主编《中华民国史大辞典》，江苏古籍出版社，2001，第380页。
②　《市民注意之都市土地问题》，见《广州民国日报》1927年7月21、22、23日，第9版。
③　《土地局向租客提取登记费》，《广州民国日报》1927年7月5日，第9版。
④　《改善地税会与土地局之交涉》，香港《华字日报》1927年7月9日，第1张3页。
⑤　《改善地税会与土地局之交涉》，香港《华字日报》1927年7月9日，第1张3页。
⑥　《改善地税会会议详情》，香港《华字日报》1927年7月13日，第1张3页。
⑦　《决再请改善地税条例》，香港《华字日报》1927年10月8日，第1张3页。

述几项陆续公布。① 至 11 月，土地局称，市民呈请土地登记极为踊跃。该
局每月收入土地登记费及增价税等，计三四万元。② 有意思的是，地税会并
未就此罢手。1928 年 4 月，地税会函请政治分会撤销增价税，经该分会下
令缓办 4 个月。据此，广州市政府委员会第 54 次会议议决缓办增价税 4 个
月。③ 为此，省政府甚为不满，斥其"随时变更，致涉儿戏"。④

　　大体上看，自 1927 年 10 月起，土地局陆续按照修正案办理各项登记。
据统计，1926 年 9 月起至 1927 年 7 月止，该局共收不动产登记案 8012 件，
铺底登记案 199 件。而 1927 年 8 月起至 1928 年 7 月止，该局收到的不动产
登记案高达 16829 件，铺底登记案 248 件。⑤ 在权限上，1928 年 6 月，土地
局据建设委员会审查改善地税的意见书提议，布告已经登记产业，"即有强
固之对世力，故在司法上如有业权之争利，当然以有无登记为标准"。⑥ 这
意味着，土地登记已取代司法厅的不动产登记，成为私人产权确认的标准。在
行政管理上，该局继续分区执行强迫登记，实行土地测绘，并制备测量区经界
分区图表等。这使得政府可以将土地财产与具体的纳税个人或团体挂钩，极大
地增强了政府管控城市土地的能力。这批详尽的土地资料，对市政厅日后开展
市政建设意义非凡。在市政当局看来，土地测量与土地登记是为征收土地税做
准备，鉴于土地测量旷日持久，土地局提议先行征收临时地税。按照地价，有
建筑宅地与无建筑宅地均征收 1%，农地征收 5‰，旷地征收 2‰。第一期临时
地税自 1928 年 10 月 1 日开始征收，第一期共征得地税 32134 元。⑦ 广州都市土

① 《五团体会议土地税问题记》，香港《华字日报》1927 年 10 月 17 日，第 1 张 3 页。
② 《市民呈请土地登记之踊跃》，《广州民国日报》1927 年 11 月 2 日，第 9 版。
③ 《市府决缓征土地增价税》，《广州民国日报》1928 年 5 月 1 日，第 9 版。
④ 《商会联议改良土地登记手续》，香港《华字日报》1928 年 5 月 21 日，第 3 张 3 页。
⑤ 《土地事项报告》，广州市市政厅编辑股编印《（民国十七年）广州市市政报告汇刊》，
　1928，第 2 页。
⑥ 1928 年 4 月，广州市市政委员林云陔将地税会改善土地税条例案呈建设委员会审查。专门
　委员孔宪铿拟定《审查都市土地税条例意见书》，经建设委员会主席李济深，常务委员梁
　漱溟、彭一湖、陆兴祺等讨论后公布。见《建设委员会审查都市土地税条例之意见》，《广
　州民国日报》1928 年 5 月 2 日，第 4 版；《土地局呈拟保护已登记产业办法》，《广州市政
　日报》1928 年 6 月 22 日，第 10 页。
⑦ 广州市市政府编印《广州市政府三年来施政报告书》，1935，第 313 页；《土地财局会布展期
　征收土地税》、《十月份财局征收土地税实数》，《广州民国日报》1928 年 11 月 3 日，第 14
　版；1928 年 12 月 4 日，第 5 版。

地登记的规章及土地局办理土地行政的实践，后成为国民政府制定土地法时重要的参考。①

从上可见，市政厅在省市政府权限之争中，不断扩大控制领域。虽然市政厅行使行政管辖权的范围在警界之内，但通过划定市区的权宜和展拓区域，明确界定省市之间的财政权限，市政厅得以取得财政之独立。"市产"的产生是为区别由省政府控制的官产，其范围随着省市财政争收而扩大。虽然召变市产不得民心，但市政厅由此掌握了旗产、庙产及其产业、骑楼地、畸零地、码头、海坦、清理废街濠涌等土地资源。最后，市政厅通过土地登记，取代原由省政府司法部门办理的不动产登记，对一般私有产权进行系统管理。土地登记虽经商人团体与省政府谈判而做出一些调整，但最终仍得以实行。自此，广州的城市土地所有权、永租权、典质权、铺底权或上盖权等需到土地局登记。区别于乡村土地产权的"城市土地产权"得以确立起来。

第二节　双重产权与城市建设

20世纪的广州市政当局还需面对一种特殊的产权形式，即商铺的双重产权。广州的商铺多有铺底，因铺底权的存在，业主不得随意取回店铺，不得任意增加租额，是铺客借以与业主抗衡的重要基础。民国建立后，司法、财政、工务等政府部门为方便统一管理，均试图取消铺底，却遭到以总商会为首的大多数商人的反对。官商经过近一年反复磋商后，政府同意商人缴纳铺底登记费，以承认铺底权的合法性。双重产权对城市建设有着直接影响。政府一再试图"统一业权"，以推广建筑骑楼，却遭商人抗拒。结果，骑楼得以推广，业权却无法统一。而以承认双重产权为基础的六街筑路筹款办法得到商人的支持，政府遂得以向西关扩建马路。

一　铺底顶手登记案

广州的商铺多有双重产权，即业主的业权和铺客的铺底权。清末，总商

①　吴尚膺：《土地问题与土地法》，第35页。

会借拟定业主铺客章程之际，取得处理商业纠纷之权限。民国建立后，政府一再试图取消铺底，却遭总商会的反抗。市政厅成立后，官商经过近一年反复磋商后，政府同意商人缴纳铺底登记费，以承认铺底权的合法性。

寺田浩明认为商铺的双重产权，源于"一田两主"的权利形态。他指出，在明清时期的土地法秩序中，成为交易对象的，并不是具有物理性质的土地本身，而是作为经营和利益对象的抽象土地，即"业"。在此基础上，可以把当时土地交易的法秩序理解为，拥有一定收益方法的经营者对下一个经营者进行指定，并把自己拥有的正当性移交给他，即一种经营收益正当性的移转过程。① 他认为，田面、田底具有相似的权利形态，且往往被推广到不同的领域。如民国时期安徽湖沼中有"水面权"和"水底权"两种形式；北京商铺中有业权和铺底权的区分。② 这就为铺底的存在提供了合理的解释，从中也能明显地看到城乡土地产权的联系。

"铺底"实际是商铺营业中一切有形和无形资产的统称。从 1922 年律师伍澄宇（1889～？）编著的《铺底顶受习惯说明书》，可以看到时人理解的"铺底"包括以下各项内容：

（1）铺壳：铺客在铺主土地建设之地面建筑。分为缔约建筑和不缔约建筑，即是否与铺主就出资建筑铺面订立约据。广东商店租赁有砖瓦木石归铺主备办，铺客自理人工灰钉之通例。

（2）装修：铺客批租后，陆续装饰店铺门面、货度货架等间格或小修等。

（3）货底：指商铺闭歇时，原铺客余留的货尾。

（4）家私：店中一切日用器具，能随时搬动迁移之物。

（5）代结：指新铺客代原铺客摊还债务。习惯上，除承顶铺底外，新铺客须代旧铺客酌量分摊欠数，才能取得铺位营业。

（6）招牌：商店的字号，其价值的高低，往往与商店的知名度和

---

① 〔日〕寺田浩明：《田面田底惯例的法律性质——以概念性的分析为中心》，《权利与冤抑：寺田浩明中国法史论集》，王亚新译，清华大学出版社，2012，第 1～71 页。

② 〔日〕寺田浩明：《田面田底惯例的法律性质——以概念性的分析为中心》，《权利与冤抑：寺田浩明中国法史论集》，第 72～88 页。

信誉有关。

（7）保险：指商铺购买的保火险或轮船保险等，是因购买权限不清而产生。

（8）行底：又叫"行头"，指商铺在业务上所取得在同行业中之资格。包括加入同业行会的费用，及入行后被视为"行友"等无形的资产。

（9）铺位：指因有铺壳、行底、招牌、代结等种种关系，所构成的永赁权。凡铺底不值顶价者，即借词顶受铺位，成为永赁权让渡之代价。侵害业权，莫此为甚。[①]

可见，铺底最重要的一点是构成"永赁权"。因铺底的存在，业主不得随意取回店铺，不得任意增加租额，是铺客借以与业主抗衡的重要基础。在旧商退办时，新商须出资顶受作为铺客资产而被认可的"铺底"，称"承顶"或"顶手"。清末以来的报刊登载有大量的"承顶告白"或"顶手告白"，可见铺底相当普及，且交易频繁。总商会成立后，即经常处理铺底顶手等商业纠纷。从《广州总商会报》的"总商会纪事"中，常见有"集处"铺底顶手案。例如，1907年5月12日，总商会集处悦来客栈顶铺事；6月12日，集处杉木栏粤昌顶铺事。[②] 总商会处理商业纠纷之权限，得到巡警局的认可。巡警总局鉴于"业主铺客，轇轕殊多，纷争涉讼"，照会总商会拟定业主铺客遵守章程，其出发点是维持业主和铺客的利益平衡。[③] 总商会据此拟具《铺主铺客遵守章程私议》一份，包括顶手、修费、收租、续租、封铺等规定。[④] 此后铺客与业主遇铺底顶手纠纷都由总商会"集处"。遇到店铺歇业，总商会即出面将所有存货、家私、铺底招顶开投，投得的价

---

① 《铺底顶受习惯说明书》，伍澄宇编《铺底加租条例合刊》，中华学会，1922，第26~42页。伍澄宇（1889~?），广东人，早年留学日本，并加入中国同盟会。后赴美，任同盟会美国支部部长。1910年在旧金山创办《少年中国报》，1911年曾担任孙中山在美国的秘书。1917年回国后先后任全国总工会会长、大总统秘书、最高法院审判官、建国军参议及广东建设委员会委员等职，并兼任上海法律大学教授。见刘国铭主编《中国国民党百年人物全书》上册，第656页。

② 《广州总商会纪事》，《广州总商会报》1907年5月14日、6月13日，第5页。

③ 《照会商会拟定业主铺客遵守章程》，《广州总商会报》1907年8月30日，第2页。

④ 金焱：《铺主铺客遵守章程私议》，《广州总商会报》1907年9月7日，第2页。

值先偿还业主租金，所余再摊还欠债，以保证铺客、业主、债主各方利益的均衡。①

民国成立后，政府一再试图取消铺底权。但总商会代表的是铺客利益，且取消铺底无异于削弱其职能，故坚决反对政府提出的"铺底顶手处理办法"。在近代政府看来，双重产权是造成商业纠纷的主要原因，不利于行政管理，其具体表现在三个方面。首先，司法部门将商业纠纷纳入司法管理系统，而铺底权是引发铺客与业主纠纷的关键所在。1912年底，广东军政府司法、外交两司曾出示，凡店铺歇业，限期三个月将货账清理，将不得私自召顶。总商会经多次集会磋商后认为，由该会开投歇业店铺的方法是最适合广州商场实际情况的。在总商会看来，铺底是调剂商业的一种重要形式。广州之所以未像香港一样发生炒铺，"赖有铺底维系及善良习惯"。② 故而，总商会一再呈请都督胡汉民将两司提案取消。③ 其次，财政部门在召变官产时，因铺客拥有铺底权"借口轇轕，盘踞弗迁"而无法正常交易。1918年，市政公所认为铺底顶手是承领人"视官产为畏途"的重要原因，拟将之简化：对官地民建的商铺，先令业主限期缴纳领回；逾期不领，准现铺客限15日内领回；逾期不领，则招商开投。"一经投出，如非铺客投回，该铺客即须将该铺交与新业主管业，不能借词轇轕。"④ 最后，拆城筑路时割用商铺，也造成业主与铺客的纠纷。不少业主因见铺门临马路，交通便利，顿起野心，或阻铺客之迁回，乘机取铺；或借换批周期，遽议加租。于是，铺客多怀怨愤。⑤

为此，代表铺客利益的总商会与政府再起争执。1920年6月，总商会特函警察厅，希望政府下令业主"不得借端苛索，另立条件取铺、加租"。⑥ 而代表业主的文澜书院绅董冯应流等向省长上呈《保护产业所有办法》，要求取消铺底。市政公所乘机制定《铺店有无铺底顶手金注册办法》（1920年8月公布），要求有铺底顶手金者注册，通过递年删减，逐渐消灭铺底顶

---

① 《商会研究铺底召顶议案》，《民生日报》1912年11月9日，第5页。
② 《顶手习惯何可抹煞》，《民生日报》1913年9月9日，第2页。
③ 《商会研究铺底召顶议案》，《民生日报》1912年11月9日，第5页。
④ 《财政厅处置铺底顶手之办法》，香港《华字日报》1918年12月14日，第1张2页。
⑤ 《总商会为铺业事复警区函》，香港《华字日报》1920年6月7日，第3张4页。
⑥ 《总商会为铺业事复警区函》，香港《华字日报》1920年6月7日，第3张4页。

手。① 总商会立刻上《反对销灭铺底之呈文》，严厉批驳冯氏等人，呼吁"消灭之法万不可行"。② 市政公所遂拟会同警厅组设改良铺底顶手习惯讨论会。但未及举行，该公所已随桂系军阀被逐而停办。

市政厅和高审厅延续市政公所做法，拟逐步"消灭铺底"。1921 年 3 月 1 日，市政厅函总商会、粤商自治研究社，拟续办讨论会，请两团体各派 10 人，以 5 人代表铺客，以 5 人代表业主，到厅接洽。③ 但大多数商人根本不愿更改铺底顶手习惯，迟迟未选派代表参加讨论会。④ 延迟至 5 月 25 日讨论会始得召开。市长代表吴尚鹰、何鲁、李纪堂、邝炽崑，高审厅厅长代表莫鸿秋、潘应荣、梁道扬、朱崇光，自治研究社派代表邓善麟、黄攸同、冯应鎏、张鼐、岑涛等，总商会派代表雷荫荪、郑耀文、陈德农、苏炽廷、黄俨荄、黄竹平、姚钧石、黄鹤云等参加会议，会议由市长孙科亲自主持。市政厅和高审厅在会议上，根据高审厅意见书，订定《广州市改良铺底顶手习惯条例》（原 22 条，后改 23 条，以下简称"23 条例"）。而总商会则称，在会议上，政府并未拿出条例来商讨，坚决不承认 23 条例。该条例延续逐年递减铺底的做法，并以"办理改良铺底顶手事务、手续颇繁"等为由，要求照不动产保存登记之例，征收铺底顶手登记费，且铺客须赴财政局领执照，执照费按铺底顶手价额 4% 征收。登记费拟拨归高审厅，而执照费一半归省库，一半归市政厅，以补助行政经费。⑤ 故该条例公布后，一般商人均认为"损失过甚，商场大受影响"，连日各行商、各街坊纷纷在鸡栏洪圣庙、北帝庙（合称为"孖庙"）内的西共堂筹议对待之方法。总商会、粤商维持公安会、评议会等团体也召集大会。总商会决举出代表联同陈廉伯、黄鹭塘等赴市政厅谒见孙科。粤商维持公安会分别致函市政厅和省署。全市商

---

① 《讨论铺店顶手办法》，香港《华字日报》1920 年 8 月 11 日，第 3 张 4 页。

② 《反对销灭铺底之呈文》，香港《华字日报》1920 年 12 月 21 日，第 3 张 4 页。

③ 《市政厅致总商会及自治研究社为讨论铺底函》，伍澄宇编《铺底加租条例合刊》，第 1 ~ 2 页。

④ 《反对改良铺底讨论会舆论》，香港《华字日报》1921 年 6 月 4 日，第 3 张 4 页；《笺函总商会铺底顶手一事静候省署解决由》，伍澄宇编《铺底加租条例合刊》，第 2 ~ 3 页。

⑤ 《总商会否认与议铺底条例》，香港《华字日报》，1921 年 10 月 4 日，第 3 张 4 页；《会同高审厅呈省长广州市改良铺底顶手习惯条例示遵由》，伍澄宇编《铺底加租条例合刊》，第 4 ~ 5 页。

店举定代表 10 余人，联赴省署，请求撤销 23 条例，并停止讨论会。① 但市政厅和省署均以条例尚在讨论，碍难照准撤销为由，加以拒绝。市政厅仍希望，商人团体能回到政府设定的讨论会平台，进行谈判。② 至于布告，如商会业主不欲与议，即作为默认。③

为此，大小商人联合组设"铺底研究会"与政府力争。中小商人并不满总商会以代表全体商人自居。于是，各行商和各街坊众在西共堂组织"维持铺底集议总所"（以下简称"集议总所"）。④ 集议总所在维持铺底事务上，表现极为踊跃。一方面，他们邀请各善堂等社团绅董赴会集议，并联合各绅董与总商会磋商，议决总商会、九善堂分别先致电并举代表亲自去谒见省长陈炯明。⑤ 另一方面，他们开展铺底性质研究，力图从事实、法律、习惯等角度批驳"铺底为恶习惯"的言论。⑥ 总商会也致电并公举代表数人赴广西面谒省长陈炯明，要求切实之办法，并决定倘若仍无完满之结果，自当一体罢市。⑦ 但陈炯明只批示市政厅与高审厅再次核查，令商人大为不满。集议总所大呼"今日之事，市厅为刀俎，商等为鱼肉，欲宰割则竟宰割之，夫复何言？"。⑧ 随即，总商会、集议总所、九善堂等决定共同组织"铺底研究会"，拟自行召集业主代表商讨铺底之事。铺底研究会于 11 月 29

---

① 见《各街商店筹议维持铺底续闻》、《维持铺底会之进行》、《公安会讨论铺底顶手问题》、《公安会决请取销铺底讨论会》、《请撤销改良铺底案》，香港《华字日报》1921 年 8 月 18 日，第 2 张 3 页；1921 年 8 月 19 日，第 2 张 3 页；1921 年 8 月 22 日，第 3 张 4 页；1921 年 8 月 23 日，第 3 张 4 页；1921 年 8 月 25 日，第 3 张 4 页。
② 见《请撤销铺底讨论会之呈批》，香港《华字日报》1921 年 8 月 30 日，第 2 张 3 页；《市厅主张保留铺底讨论会》，香港《华字日报》1921 年 8 月 30 日，第 3 张 4 页。
③ 《咨高审厅奉省批李有恒等铺底定顶手习惯如商会业主不欲与议作为默认仰查照由》，伍澄宇编《铺底加租条例合刊》，第 6~7 页。
④ 《维持铺底之集议》，香港《华字日报》1921 年 9 月 6 日，第 3 张 4 页。
⑤ 《广州市全体铺客大集议》，香港《华字日报》1921 年 9 月 10 日，第 3 张 4 页。
⑥ 见《维持铺底集议总所研□》、《维持铺底集议之文□》、《商人否认铺底权为恶习惯》、《铺底权问题之研究材料》，香港《华字日报》1921 年 9 月 13 日，第 3 张 4 页；1921 年 9 月 19 日，第 3 张 4 页；1921 年 10 月 12 日，第 3 张 4 页；1921 年 11 月 22 日，第 3 张 4 页。
⑦ 《要求维持铺底之进行》，香港《华字日报》1921 年 9 月 21 日，第 2 张 3 页。
⑧ 见《关于铺底习惯之批令》、《商会对于取销铺底讨论会之坚持》、《总商会拒绝出席铺底讨论会》、《维持铺底总所□□□》，香港《华字日报》1921 年 10 月 17 日，第 2 张 3 页；1921 年 10 月 22 日，第 1 张 3 页；1921 年 10 月 27 日，第 3 张 4 页；1921 年 11 月 2 日，第 3 张 4 页。

日在十七甫爱育堂成立，选举毕栋朝为正主任，潘文生为副主任；① 由总商会向省长呈报研究会情况，以表明商人之态度。②

在这样的压力下，市政厅和高审厅被迫做出让步，修改 23 条例，由省长公布《广州市清理铺底顶手办法》（1921 年 12 月颁布，共 13 条）。该办法删除了消灭铺底的条文，但保留了登记、领取执照等款。③ 也就是说，在商人缴纳一定费用后，政府承认"铺底权"的合法性。而省市政府间也展开办理铺底之争。领取执照改由财政厅办理，而非市政厅财政局。省长陈炯明原拟设广州市铺底登记局，以区别法院的不动产登记局。④ 但最终仍由高审厅争得办理权。1921 年 12 月 21 日，铺底研究会再次开会集议，200 多人到会，由毕栋朝、潘文生主持会议。除有 3 条细节需修正外，商人们大体上同意接受新办法。同日，高审厅、财政厅布告，正式开始办理领取铺底执照及铺底登记。⑤

至此，争执近一年的铺底权案始告一段落。可以说，政府是极不情愿地承认了铺底的合法性。在财政和司法部门看来，所有权应该是单一的，铺底权始终是对业权的一种侵害，故其仍未停止取消铺底的努力。而在种种努力终归失败之际，财政局、公安局遂有征收铺底警捐之举。⑥ 因为既然铺底是一种合法的所有权形式，那就应该像铺屋一样承担不动产之义务，须缴纳警捐之费。

二　承认铺底与推广骑楼

自市政厅成立后，就试图推广建筑骑楼。其中既有借骑楼地来增加财政

---

① 《铺底研究会成立》，香港《华字日报》1921 年 11 月 29 日，第 3 张 4 页；《铺底研究会进行近讯》，香港《华字日报》1921 年 12 月 1 日，第 3 张 4 页。

② 《总商会呈报设立铺底研究会》，香港《华字日报》1921 年 11 月 30 日，第 3 张 4 页。

③ 《铺底案又有办法》，香港《华字日报》1921 年 12 月 10 日，第 3 张 4 页；《修正清理铺底办法之布告》，香港《华字日报》1921 年 12 月 12 日，第 2 张 3 页。

④ 《拟设广州市铺底登记局》，香港《华字日报》1921 年 12 月 15 日，第 2 张 3 页。

⑤ 见《昨日铺底研究会集议记》、《布告开办铺底顶手给照登记》，香港《华字日报》1921 年 12 月 22 日，第 3 张 4 页。

⑥ 铺底警捐最初由吴铁城于 1925 年 10 月提议征收，经市行政会议议决通过。因时事变动，暂缓执行。后公安局曾多次提议执行均未能成。至 1929 年 7 月由公安、财政两局公布执行。其征费率为登记铺底价额的 1.2‰。见《吴铁城提议有铺底登记征收警捐案》，《广州市市政公报》第 203 号，1925 年 11 月 16 日，第 661~662 页；《公财两局开始征收铺底警捐》，《广州市市政公报》第 328 号，1929 年 7 月 25 日，第 63~64 页。

收入的考虑，也有延续自清末以来改良建筑的设想。财政局曾以为"统一业权"，能达到促进骑楼地承领的目的，故多次颁布统一业权的规章。结果却屡遭商人反对，承认铺底权反而起到推广骑楼之效。同时，召领骑楼地的财政局和管理骑楼的工务局意见各异，又增加了骑楼规章的复杂性。

随着马路兴建，骑楼地收益引起省市争夺，且财政局制定多种措施来增加骑楼地收益以应军需。市政厅成立初期，省市财政争收激烈。1922 年 4 月，市政厅与省公路处为争夺管理骑楼官地，相持不下，财政厅厅长古应芬出面调停。古氏建议采取折中办法，将骑楼官地区分两部："计划归公路处管理者为永汉北路、旧双门底至财政厅前，又万寿宫及旧海关署等骑楼官产，其余各段则尽归市厅管理。自划分后，由两机关自行变卖，两不相妨，以清权限。"[1]　最终，市政厅与公路处互相妥协，万寿宫及旧海关署等官产归公路处，而骑楼地归市政厅。为拨充军饷，市政厅将骑楼地、畸零地、废街、濠涌、庙产、旗产等划为"市产"，准财政局将之"投变"。为增加骑楼地收入，财政局采取增设特等骑楼地、放宽准建骑楼路宽和"并领"骑楼地等方法。财政局局长陈其瑗在 1923 年度的财政报告中说：

> 查骑楼地价，原定系分甲乙丙丁戊己庚七种，迨市政改组，加设特等。又惠福、维新、永汉南等路定章，不准建筑骑楼，嗣以该路虽增建筑骑楼，仍无碍于美观。本年五月，另议征收特征费，一律准人民建筑。一时收入，顿有增加。复以投变市产，凡在马路范围者，领产后，例须并领骑楼，故市产之投变，于骑楼收入，亦增其影响也。[2]

所谓"特等骑楼地"，指位于商业特别繁荣路段的骑楼地，如西堤大马路、太平南路，每井征收 1000 元。[3] 惠福、维新两路宽 70 英尺（约 21.3 米）准建骑楼，打破了 80 英尺（约 24.3 米）马路才准建骑楼的限制。1924 年后，工务局规定 60 英尺（约 18.3 米）马路准建 12 英尺（约 3.7

---

①　《市厅与公路处争权续闻》，香港《华字日报》1922 年 4 月 3 日，第 2 张 3 页。

②　陈其瑗：《广州市财政局年来进行之概况》，《广州市市政公报》第 109 号，1923 年 12 月 31 日，第 1 页。

③　《骑楼价格》，《广州民国日报》1923 年 9 月 10 日，第 7 版。

米）骑楼，如西关上下九甫至十一甫等马路均援此例。^① 通过这些措施，骑楼地收入与其他市产变价，"数月以来，收入颇巨，然军饷紧急，拨充需用，实居多数"。^②

市政厅为加强管理马路两旁建筑，开始催促业主建筑骑楼，但许多业主并不乐意。1923 年 8 月，鉴于马路两旁未建骑楼尚多，财政、工务两局联合颁布《催迫业户领照建筑办法》（1923 年）。该办法规定：已经领取骑楼地照的业主需在限期内领建筑照兴工；两种执照均未领则限期领取。若业主无财力领回两照，可由铺客代领，费用由双方协商在租额中扣回。如两方均逾期不领，财政局得将该骑楼地开投。^③ 业主不愿建骑楼的原因很多。一是建造骑楼成本高。从前述骑楼规章可知，骑楼须用水泥、铁条、钢筋等材料，其造价比砖木结构的商铺高。二是骑楼地缴价方式多次更改，且附加费用多。财政局多次变更骑楼地缴价方式，1923 年定"领回被割地骑楼，免征地价，承领者五折征收"，1926 年 3 月更改为"领回被割地与承领者，皆十足征收"，8 月又更改为"领回被割地骑楼，五折征收，承领者十折征收"。林冲指出，政策朝令夕改动摇了人民兴建骑楼的意愿与信心。^④ 除骑楼地价和牌照费外，附加费用尚有测绘费、人行路工料费、特征费和骑楼利益费。^⑤ 三是铺底权的存在。从市政厅颁布的骑楼规则来看，市政厅显然认为产权不一是业主不愿建骑楼的最重要原因。

为加快骑楼地承领，市政厅试图用"统一业权"来取消铺底权，结果遭到商人一致抗拒。1924 年初，市政厅公布"统一马路业权"案，目的在于消除铺底权，进而改良建筑，解决租金增长、警捐减少和召领骑楼地等问题。按该办法，马路两旁铺屋业主需照铺底额承领铺屋，如业主不愿

---

① 《宜民市路办法》，《广州民国日报》1924 年 6 月 3 日，第 7 版；《开辟西关三马路图线》，《广州民国日报》1925 年 5 月 28 日，第 9 版。

② 陈其瑗：《广州市财政局年来进行之概况》，《广州市市政公报》第 109 号，1923 年 12 月 31 日，第 7~9 页。

③ 见《催迫业户领照建筑办法》，《广州民国日报》1923 年 8 月 11 日，第 6 版。《催迫业户领照建筑办法（续）》，《广州民国日报》1923 年 8 月 13 日，第 6 版；8 月 16 日，第 6 版；8 月 17 日，第 7 版。

④ 林冲：《骑楼型街屋的发展与形态的研究》，第 135~137 页。

⑤ 《工务局建筑由粤秀南至东山马路办法（续）》，《广州市政日报》1930 年 11 月 20 日，第 6 页。

则责令铺客承受，业主和铺客都不愿承领时则由政府开投。① 此案公布后，各街商店在总商会集议，选派陈廉伯、黄鹭塘谒见省长、市长，请求撤销；又组设"广州铺底维持会"，拟以全市罢业进行抗争。消息传出，政府深恐罢业会影响东江战事。市政厅不得不做出妥协，此案由省署批示"永远取销"。② 财政局为表示尊重商业习惯，在新定骑楼召领办法中加入重要的一条：如业主逾期不领骑楼地，准许铺客代业主承领，并将所有地价及建筑费用作为铺底。③ 也就是说，骑楼地也成为铺底的一个组成部分。

　　而后，政府又试图用《统一骑楼地相连业权办法》（1926年）再次统一业权，但以失败告终。1924年8月"商团事件"后，商团被解散，总商会被改组。商人与政府对抗的力量明显削弱，转而倾向同政府合作。1926年底，财政局局长刘维炽任内因撤销市民重承或误承的各种产业，积欠市民大量款项，预算从骑楼地价项下清还，故颁布《统一骑楼地相连业权办法》催促承领骑楼地。按该办法，业主需及时缴价承领骑楼地，逾期不领，铺客可以增价承领该地。主客双方均逾期不领，"则市政府得将其铺屋收变之"，并拟定政府收变铺屋办法。该办法公布后同样遭到总商会、业户公会一致反对，总商会认为此法比官市产之祸更为残酷。④ 1927年7月25日，总商会邀集市内各团体与财政局彭主任展开激烈争论。双方争论的焦点有两个，一是财政局要求业主缴价领骑楼地，与割让铺屋筑路即可免缴骑楼地价的规定不符。彭主任称，此是"根据公用征收而来，政府将地征收后，复使人民备价领回，亦未有不合"。总商会代表即指出，除全割铺屋曾领补偿产价，其余割让部分屋地筑路的铺屋从未得到政府补偿，故不应再花钱领回骑楼地。二是准许铺客或第三方直接承领骑楼地，破坏业权与铺底权。彭主任对此无可辩驳。在整个争论中，财政局明显处于下风，拿不出有利论据来说服各团体服从新办法。总商会进而允诺，如果撤销《统一骑楼地

---

① 《公布统一马路业权》，《广州民国日报》1924年3月29日，第7版。
② 见马木池《国民政府控制下商人的分化与冲突——1924～1934年间广州商会整合之背后》，第13～19页。东江战事指1923年1月至1925年10月间，由孙中山领导的大元帅大本营的政府军与退守在惠州的陈炯明的军队之间的战争。
③ 见《领骑楼地之试行办法》，《广州民国日报》1924年7月4日，第6版；《承领骑楼之新办法》，《广州民国日报》1924年7月19日，第7版。
④ 《商会函请撤销统一骑楼地章程》，香港《华字日报》1927年6月17日，第3张2页。

相连业权办法》，将会尽力协助政府鼓励商人承领骑楼地。① 不久，总商会顾及"官民合作之旨"再做让步，只要财政局同意凡骑楼地面积如确由该业割出，应准免缴地价，以及取消铺客代领和政府收变，即"愿任劝导敦促之责"。② 政府的态度颇令人玩味，一方面财政局未取消《统一骑楼地相连业权办法》，但该办法未得到有力执行。至1930年，仍有不少因业主不肯缴价而未建骑楼的路段，如大德路、大南路一带"往来行人，受风雨烈日所侵，饱受痛苦"。③ 另一方面，政府再未颁布统一业权法令，或许政府终于明白"一铺两权"的传统商业习惯，不是一两条法令条文可以取消的。

值得注意的是，主管城市建设的是工务局，而承领骑楼地的办法则由财政局制定。对财政局为增加收入而放宽建筑骑楼的做法，工务局颇有异议。1925年7月底，财政局酝酿撤销80英尺（约24.3米）准建骑楼的路宽限制，"现为利便商人增加收入起见，一律准予建筑。"④ 工务局局长林逸民(1896~?)反对，强调此举于卫生、交通极为障碍。他指出，如永汉南、西堤二马路等处行人路仅10英尺（约3米）或7英尺（约2米），宽度原已十分有限，建骑楼只会徒增障碍，阻碍交通。他认为建筑骑楼的标准应是人行路满15英尺（约4.5米），而不是马路宽度。但对财政局在永汉南、西堤二马路等处已经售出的骑楼地，他也只能做出让步，"须加特殊取缔，自后仍不准建"。⑤

财政负担减轻后，工务局开始从市容美观、卫生、交通、商业兴旺等角度重新审视骑楼。1926年底，国民政府迁都武汉，广东的财政负担略为纾缓。1927年5月，林逸民在《不准承领骑楼之马路》中说：

> 查□市内马路各人行路，原宜广植树木，吸收炭气，遮蔽阳光，不

---

① 《官商讨论骑楼地章程》，《公评报》1927年7月25日，第5版。财政局彭主任的具体姓名、职务待考。

② 《总商会请变更骑楼地》，《国民新闻报》1927年8月8日，第9版。

③ 《强迫速建骑楼之初步》，《越华报》1930年10月25日，第4版。

④ 《拟修订领骑楼地简章》，《广州民国日报》1925年7月29日，第7版。

⑤ 《工务局限制建筑骑楼之意见》，《广州民国日报》1925年9月10日，第10版。林逸民，广东新会人，父亲林护（别号"裘焯"），过继林护之兄林裘谋。先后毕业于广东岭南大学、唐山交通专门学校，后入美国普渡大学。回国后在岭南大学任教，并在广州市政府工作。曾三次出任工务局局长。见刘国铭主编《中国国民党百年人物全书》，第1521页；韩峰：《曾养甫和林逸民"斗法"》，李齐念主编《广州文史资料存稿选编　第2辑　军政类》，第147~148页。

唯足增美观，实与市民卫生有莫大之关系。此外更有该路具有特种原因，不能建筑骑楼者，唯杨刘踞粤时代，日以筹济饷需为务，遂不加区别，即不应建筑骑楼之人行路，亦多列为骑楼地，招人承领。殊非都市马路所宜。现本市已经过军政时期，从前妨碍市政不良办法，自应力求改善，以臻完美。①

这就将能否建筑骑楼的标准从单一的路宽限制，更改为兼顾市容美观、卫生、交通、商业繁荣等多重因素。《不准承领骑楼之马路》划定近 30 条路线不准承领骑楼，不准承领原因有三：（1）地近公园或政府机关，宜植树增加美观；（2）人行路不及 15 尺，且交通繁盛；（3）地非繁盛，宜多植树木以荫行人。不过，大部分禁建骑楼路线在 1927 年前已经筑成，沿线骑楼地已招领多年，不少已经建起骑楼。禁建的永汉南、西堤二马路、公园前、越秀中、十三行、教育路、文德东路等路现仍留存不少骑楼，便是证据。② 可见，与其说《不准承领骑楼之马路》是限制建筑骑楼，不如说是工务局决定不再催迫该路段业主承领骑楼地。

此后，工务局对禁建骑楼路线做出部分调整，商业兴衰成为更重要的衡量标准。1928 年，工务局局长彭回以维新路为例，证明骑楼比植树更具实用性，提议"人行路十尺以上准建骑楼"。③ 西关、东关、河南一带路宽 60 英尺（约 18 米）的马路，亦准建 12 英尺（约 3.7 米）骑楼。1931 年，工务局公布新的禁建骑楼路线。新路线多以"宜种植树木增加美观"为由，但从路线分布区域上看，商业兴衰至关重要。1927 年禁建骑楼的十三行、同文街、兴隆街、白米街等位于西关商业繁盛之区，已不在禁建路线中；而惠福路、越秀路等商业不兴的路段则划为禁建。④

大体上看，至 20 世纪 30 年代，骑楼已经遍布广州所有主干道，新辟的中华路、大新路、六二三路、多宝路、宜民市路、南华路、同福路、东山大街等都陆续建起骑楼。（见图 4-2）

---

① 《市厅令审查马路建楼种树案》，《广州民国日报》1927 年 5 月 16 日，第 9 版。

② 郑静：《广州骑楼街空间分布特征与保护措施》，《城市规划》1999 年第 11 期。

③ 《人行路十尺以上准建骑楼之提议》，《广州日日新闻》1928 年 10 月 20 日，第 11 页。

④ 《工务局布告白云等路不准建筑骑楼》，《广州市市政公报》第 385 号，1931 年 4 月 10 日，第 100~101 页。

图 4 - 2　1900～1936 年兴建骑楼马路

资料来源：笔者自绘。

三　"六街成案"与西关辟路

六街是指清末在原十三行商馆区一带兴建的同兴、靖远、荣阳、永安、同文、同德六条南北向的街道，俗称"靖远六街"（以下简称"六街"）。该处街道狭窄，火油商贸繁盛，火灾频发。市政厅成立之初，开辟马路是主要的城建工程，但因财政困乏，辟路进展缓慢。六街辟路也因无款项而作罢。1923 年，在承认双重产权基础上，工务局局长林逸民提出就地筹款、由总商会代管路费、公布图式及预算等办法，使六街马路得以顺利建成。"六街成案"遂成为政府向西关推广马路的主要筑路方式。

鉴于六街火灾频发，清末官府曾试图加以整治，却未能起效。六街地址在清代原为十三行商馆区，道光年间已有靖远街、同文街和新豆栏街之名。第二次鸦片战争期间，商馆焚毁，洋商迁往沙面，而行商多亏损或转业，该

处遂成废墟。至光绪末年，才开街成市。① 曾昭璇据清末广州地图，绘制出清末六街一带的街巷分布图。（见图4-3）

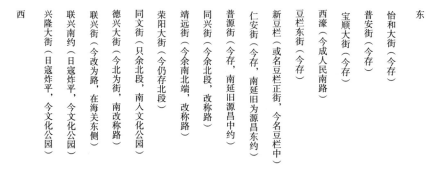

十三行路[桥]回栏（桥大街）

西　兴隆大街（日寇炸平，今文化公园）　联兴南约（日寇炸平，今文化公园）　联兴街（今改为路，在海关东侧）　德兴大街（今北为街，南改称路）　同文街（只余北段，南人文化公园）　荣阳大街（今仍存北段）　靖远街（今余南北端，改称路）　同兴街（今余北段，改称路）　普源街（今存，南延旧为源昌中约）　仁安街（今存，南延旧为源昌东约）　新豆栏（或名豆栏正街，今名豆栏中）　豆栏东街（今存）　西濠（今成人民南路）　宝顺大街（今存）　普安街（今存）　怡和大街（今存）　东

图4-3　清末六街一带街巷分布

资料来源：曾昭璇等《广州十三行商馆区的历史地理——我国租界的萌芽》，《岭南文史》1999年第1期。

从图4-3可见，六街一带街巷十分密集。该处街道狭隘，屋宇鳞次栉比，且这里的商铺以经营火油为主，每铺设有地窖以储蓄火油。故自清末起，每到秋冬干燥时节，"是处几于无岁不火矣。又以其街巷狭隘，新式救火机车弗克驶进，故每火又必巨"。② 1907年秋，同兴街发生大火，延烧40余间铺屋。坊众提议，"嗣后每店只许存放火水两箱为货办，余货当莅置空旷，当售卖时自往取，以绝隐患"。③ 巡警局、农工商局、粤海关税务司亦纷纷提出整治措施。巡警限令各铺"缩入三尺五寸，以广街道"。④ 农工商局则认为店内挖地贮存，"实为肇祸之原，令各店设法改建"。⑤ 税务司认为，火油不应在靖远街埠头起卸，饬南海县将之迁往别处上落。⑥ 这些措施有多少得到

① 曾昭璇、曾新、曾宪册：《广州十三行商馆区的历史地理——我国租界的萌芽》，《岭南文史》1999年第1期。
② 伍希吕：《六街纪事》，广州市工务局编印《广州市工务局开辟六街马路征信录》，1926，第3页。
③ 《坊众集议限制存储火水》，《广州总商会报》1907年9月28日，第2页。
④ 《同兴街被焚各铺勒令缩入》，《广州总商会报》1907年9月30日，第3页。
⑤ 《农工商批汇志》，《广州总商会报》1907年10月1日，第4页。
⑥ 《火水不得在靖远街埠头起卸》，《广州总商会报》1907年3月12日，第3页。

落实，不得而知。可以肯定的是，该处每年依然火灾不断。1912 年 11 月 9 日，新豆栏一带大火，民政司司长钱树芬乘机将新豆栏、源昌街、德兴街、联兴街等改建西堤二马路。据说，当时经费奇绌，开办时，是由警察厅厅长陈景华拨囚犯百余名来充当劳力。收用民业时，原定照时价赔偿，但后来也未能补恤。①

市政厅成立后，曾拟开辟六街马路，但如其他筑路工程一样，因款项无着而进展缓慢。工务局成立之初，主要工作是继续市政公所的拆城筑路工程。首任工务局局长程天固回忆说，"当局（指市政公所——引者注）在拆城后未即改建马路，以致全城泥石满道和交通梗阻"。② 市政厅成立初期，财政一直拮据。以沙基东桥至金利埠段马路为例，始议于 1921 年，目的是为连接沙基至粤汉铁路总站。当年附近一带的铺户就已完成拆卸，但随后款项无着，工程中辍，"公私咸感不便"。③ 六街辟路在这样的背景下，无法兴工。长堤竣工后，六街成为西关直出长堤必经之路，地极繁盛，但火灾依旧频发。1921 年冬，六街再次发生大火，焚铺 200 余间。工务局决定将该处辟为马路，既能减少火灾，也便于人力车由长堤直通至十三行、白米街一带，将西关与长堤连接。④ 但坊众与工务局就马路宽度争执多时，且筑路经费无着。旋经兵燹，辟路即被搁置。⑤

工务局局长林逸民提出就地筹款，由总商会代管路费及公布图式、预算等方法，才使得六街马路顺利兴工。1922 年冬，六街再次发生大火，焚铺 152 间。市政当局深感六街辟路迫在眉睫。1923 年 8 月，为了尽快筹款辟路，工务局局长林逸民提出《开辟六街之计划及办法》，其筹款办法曰：

（1）所有建筑马路街道渠道等费，均由该处两旁铺户主客出资。

（2）全割及割余不及 4 英尺之铺，照时价补价，由非被全割之铺

---

① 伍希吕：《六街纪事》，《广州市工务局开辟六街马路征信录》，第 3 页。

② 程天固：《程天固回忆录》上册，第 115 页。

③ 见《议决建筑沙基马路之训令》，香港《华字日报》1921 年 12 月 21 日，第 2 张 3 页；《完筑沙基路》，《广州民国日报》1924 年 5 月 29 日，第 9 版。

④ 《西关被火街道将开马路》，香港《华字日报》1921 年 11 月 19 日，第 3 张 4 页。

⑤ 见《被烧街道开辟马路之宽度》、《修正西关马路宽度之布告》、《西关马路宽度之决定》，香港《华字日报》1921 年 11 月 25 日，第 3 张 4 页；1921 年 12 月 12 日，第 2 张 3 页；1922 年 3 月 30 日，第 1 张 3 页。

负担。

（3）上列建筑费及补贴费，如系铺户，主客负担各半；如系住户，业主 3/4，住客 1/4。

（4）筑路费系用匀摊法征收，以铺面阔度计，占总额半数，以铺之面积计，又占半数，平均计算，铺面每尺阔约征费 8.5 元，铺内每井地征费约 50 元，铺之深度计至 50 英尺而止。

（5）先由管区照工务局征收办法，收款用四联票，除以一份存区外，余三份交财政局、工务局及总商会，但由总商会指定殷实银行存贮保管，以昭公允。

（6）六街筑路工程，招商投承，由工务局规划及监理一切工程事项，每次工竣，由工务局验收，发给通知书与承商人，到总商会领款。（后略 4 条）①

首先，该办法是以承认铺底权为前提，所有费用，"均由该处两旁铺户主客出资"。其次，该办法的核心内容是就地筹款，由该处商民负担筑路费、补偿割让铺屋费等。筑路费按照房屋的临街面阔度和屋内深度分摊。各户又分业主、铺客或住客分定出资比例。最后，由总商会充当中间人保管各项经费，而政府承担的是规划和监督的角色。这与以往政府独立承担所有建设经费的做法，可谓有天壤之别。当中有明显仿效上海租界辟路方法的痕迹。上海租界《土地章程》（1845 年颁布）第 20 条规定："所有修筑道路通路、设立码头各费，概由初到商人及该近处侨民公派，其尚未摊派者与后来者，均须依数摊派，以补足之，俾便共同使用，避免争执。派款人等得请求领事委派正直商人三名，审慎决定应派之数。倘有不足，得由派数人共同决定，将进口货物酌抽若干，以补其缺，惟事先须呈报领事听候处决，关于收支保管及记账等事，均由派款人共同监督。"② 可见，强调道路使用者均摊、由领事外的商人作为派款人等做法，在六街筑路办法中得以采用。广州与上海两地间紧密的商贸联系，对这种办法的传入及其调整使用应该起到不小的作用。在政府看来，此办法既能减轻财政负担，又能避免行政人员贪墨

① 《开辟六街之计划及办法》，《广州民国日报》1923 年 8 月 9 日，第 6 版。
② 杨文渊主编《上海公路史　第 1 册　近代公路》，人民交通出版社，1989，第 205 页。

经费，实为官民两便之法。

六街辟路办法的提出，在一定程度上也是为了缓和当时已日益紧张的官民关系。如前所述，1923年6月市政厅开始召变庙产，至8月官市产妄报成风，官民矛盾日深。故在六街辟路办法中希望以总商会作为官民之间的中间人，起到沟通政府与商民之效。在10月1日公布的详细办法中又增加几项重要措施，包括：（1）公布六街辟路图式，以明确筑路之范围，即除六街外，尚包括晋源横街、源昌西街、六街通津、正兴大街、正兴街，以及西堤二马路、十三行的部分铺户，"凡绘在图内者为六街"；（2）筑路同时须敷设明暗渠道，故将筑路费略为上调，每铺面征9元/尺，铺内地征60元/井；（3）考虑到双重产权的存在，明确规定被拆铺户改建费中业主与铺客负担的比例；（4）将建筑道路宽长尺寸预算及割铺补偿产价等预算一并公布。① 工务局将图式、各办法、告示、预算案等文件一并交给总商会。② 可见，林逸民制定各项措施的中心理念是政务公开，让商民充分了解政府的规划及经费使用情况。11月1日，林氏亲到总商会向商会董事和六街坊众解释疑问。目前并未发现记录这次会议的材料，但可以肯定的是林氏与总商会会长胡颂棠等人在这次会议上达成了共识。这个时间恰好是广东地方善后委员会筹备处召开第一次会议的翌日，而胡颂棠也正是该委员会筹备委员之一。③ 也就是说，六街辟路办法得以执行，实际是市政厅与总商会就当时局势各自做出让步、相互妥协的结果。在运作中，总商会也得到1%的补贴办公费。总商会原拟照代财政厅收缴各行预饷或劝销印花例，抽路费的3%为办公津贴。但工务局则认为，这是以地方之财力便利地方之交通，与财政征收性质不同，且不能确保能按期收缴足额筑路费。双方遂妥协为扣1%办公费。④

当然，六街辟路方法在实施中并非毫无问题，但工程总体上进展尚算顺利。1924年4月15日，工务局将六街马路工程招商开投，由荣兴公司投得承建。⑤

① 《广州市工务局布告》，《广州市工务局开辟六街马路征信录》，第1~4页。
② 《工务局笺函广州总商会查照现送开辟六街办法布告并图征收保管路费由》、《工务局公函总商会定期召集坊众知会本局以便派代表出席解释开辟六街事宜由》，《广州市工务局开辟六街马路征信录》，第5~6页。
③ 《大元帅指令第五六七号》，《陆海军大元帅大本营公报》第36号，1923年11月9日，第40~44页。
④ 《工务局函广州总商会》，《广州市工务局开辟六街马路征信录》，第7~8页。
⑤ 《开投辟路工程》，《广州民国日报》1924年4月17日，第9版。

该公司于 4 月 21 日制定《建筑六街道路章程》，即为建设施工之总则。同时，工务司布告催拆六街应割商铺，并在 4 月 28 日派出消防员 40 名施行强制拆卸。① 工程随即兴工。1924 年底，靖远街中线发生偏移。经工务局派员查勘，发现原图测绘并不准确，"轻忽成图，致令尺寸出入在 2 英尺以外"。林逸民立刻将经办测绘员撤差记过，并令重新绘图，准该处铺户照更正征费表册，分别核减。② 经工务局一再催缴，并定限征收加二处罚，各铺户上缴筑路费亦比较及时。1925 年初，又发生总商会亏折保管路费事。时因华商银行倒闭，总商会亏折路款 18000 余元。该处商民大愤，直斥只知直接储于该总商会，直接取偿于该总商会。至于该总商会将路款如何分存，如何支配，如何被挞，均为总商会自身问题。后在工务局严厉责令下，总商会填还了六街筑路费。③ 截至 1925 年 12 月，六街铺户缴筑路费共 156848.69 元（见表 4-1）。经费的使用亦得到良好监管。给领工程款的方式是荣兴公司筑好一段路后请工务局派技士前往验收，验收妥协详填验收工程证，并发领状。公司凭工程证和领状始得在总商会领款。④ 而实在无力缴纳路费的地段，由工务局招商承租，租金交总商会代管，直至扣清路费，始交回业主。⑤

表 4-1 六街马路收支情况

收入项目	金额	支出项目	金额
六街铺户缴筑路费	156848.69 元	补偿产价	26104.4 元
承领割余地价	851 元	补偿迁费	14303.81 元
		建筑工程费	114441.64 元
		杂支	2445.24 元
合共	157699.69 元	合共	157295.09 元
收支比对尚存 404.6 元			

资料来源：参见《六街马路收支总数表》，《广州市工务局开辟六街马路征信录》。

---

① 《建筑六街道路章程》，《广州市工务局开辟六街马路征信录》，第 25~34 页；《派防实行拆卸》，《广州民国日报》1924 年 4 月 28 日，第 9 版。

② 《更正靖远路线》，《广州民国日报》1924 年 5 月 24 日，第 7 版；《市厅训令工务局》，《广州市工务局开辟六街马路征信录》，第 45 页。

③ 《公函总商会据工务局呈责令填还六街筑路费由》，《广州市市政公报》第 165 号，1925 年 1 月 26 日，第 21~24 页。

④ 《总商会函复工务局》，《广州市工务局开辟六街马路征信录》，第 35 页。

⑤ 《征收筑路费之特别办法》，香港《华字日报》1925 年 2 月 26 日，第 2 张 3 页。

　　"六街成案"得到政府和商民的一致肯定，其辟路之法成为向西关推广马路的主要方式。六街筑路备受西关商民关注。1924年7月，靖远马路段即将竣工，十三行一带商铺陆续开拆。资本雄厚的店铺趁机将铺改建洋楼。时人估计六街工程完竣，该处势必会"更形繁盛，西关空气，料亦为之一变"。① 1925年11月14日，六街举行盛大的开路礼，预先在各路南北两端，搭盖牌楼，"其上缀以青天白日满地红国旗，甚为大观"。市政委员会委员长伍朝枢亲自到场主持。② 工务局亦重视宣传六街辟路之法，编印《广州市工务局开辟六街马路征信录》，广为发行。该书包括六街拆卸前后的相片、六街马路图、六街马路平面及明暗渠马路横剖图、该局工程师伍希吕撰写的《六街纪事》、收支总数表、明细征费表、明细支出表、欠缴路费表，以及工务局与总商会、市政厅、财政局等部门来往公文、函件等。六街马路的实例与文本宣传相结合，对推广马路起到良好的效果。1925～1928年，工务局援照"六街成案"在西关兴筑的马路包括：

　　（1）第八甫水脚—上下九甫—第十、十一甫，路宽60英尺，准建12英尺骑楼；

　　（2）西堤二马路—联兴西—兴隆大街—新基西横街—沙基，路宽40英尺；

　　（3）长乐街—十七甫—十八甫—十八甫西约—大观桥；十八甫北约—德兴桥—洪圣庙前街—洪圣庙，路宽43英尺。

　　（4）白米街—显镇坊—华宁里—杉木栏—福德里，路宽40英尺。

　　（5）十八甫北路—十八甫南约—福德里—菜栏直街—六月廿三路，路宽43英尺。

　　（6）普济桥—厚成新街—浆栏街—杨巷—长寿新街；长寿新街—顺母桥—晚景大街—带河基—芦排南，路宽40英尺。③

---

① 《□西关六街马路之调查》，《广州民国日报》1924年7月15日，第7版。
② 《西关六街举行开路礼详志》，香港《华字日报》1925年11月16日，第2张2页。
③ 见《呈省长据工务局呈拟规定西关马路线三条请备案》，《广州市市政公报》第183号，1925年6月1日，第24～25页；《广州市建筑十七甫及十八甫等道路章程》《广州市市政公报》第222号，1926年5月10日，第16～26页；《工务局提议开辟显镇坊等街马路》，《广州民国日报》1927年2月16日，第9版；《兴筑西关马路之形势》，《广州日日新闻》1928年7月3日，第11页。

至此，下西关商业区开筑马路基本完成。在林逸民看来，"六街成案"不仅是筑路良方，更是政府与人民通力合作之表现。① 程天固也大为赞扬，"自此办法实行之后，全市建路的实施，便迎刃而解"。1929 年程氏复任工务局局长，即采用此法全面推广市区马路建设。他指出"六街成案"成功的关键全在"财政公开，及路线公允"。② 而他没有提及的却更为重要的是承认双重产权和与总商会的合作。

总体上说，以西方行政管理为基础的市政部门，终不敌传统商业习惯之韧性——市政厅取消铺底权的努力以失败告终。"统一业权"以推广骑楼的失败与"六街成案"的成功形成鲜明对比。当市政当局意识到，尊重传统商业习惯，更有利于推行市政建设时，当局也就再未做徒劳之努力。20 世纪 30 年代，市政厅再未颁布过统一业权的法规。恰恰是在默认铺底权存在的情况下，骑楼反而开始大范围兴建。这也反映出，尽管近代城市建设在不断加快，但与乡村土地产权紧密相连的"一铺两权"产权形态，却并非轻易可以消除。值得注意的是试图统一业权的是财政局，而承认铺底权的是工务局，这种差异源自市政不同部门间各异的预期目的。有意思的是省市政府之间也存在这种差异，以致彼此政令不协。而商民往往正是利用这些差异，来达到自身的目的。

小　结

综上所述，市政厅时期，市政府在军政府或省政府控制市区土地的基础上更迈进了一大步。首先，市政厅通过划定市区，将市区土地边界扩大到一个比实际管辖大得多的区域。虽然在 20 世纪 20 年代，"权宜市区"和"展拓市区"的划分基本只是用于争取财政权限，但至 30 年代市政厅开始向这些区域拓展其行政管辖权。其次，通过采用"市产"的名目，市政厅实际掌握了由市政建设产生的骑楼地、畸零地、码头，产权具有共有性质的庙产，以及无主的荒岗、濠涌和海坦等土地资源。最后，通过铺底登记和土地登记，市政厅实现了对城市土地所有权、永租

---

① 《西关十街马路开放典礼纪盛》，《广州民国日报》1926 年 11 月 22 日，第 10 版。
② 程天固：《程天固回忆录》上册，第 120 页。

权、典质权、铺底权或上盖权等私人产权的系统管理。至此，城市土地已经基本上被纳入市政厅的行政管理范围，区别于乡村的"城市土地产权"得以确立。

此外，这一时期政府与商民的关系有了明显变化。在市政厅成立之初，政府的态度是比较激进的，试图召变所有庙产、取消铺底权，结果导致官民关系恶劣。在此期间，虽然成立了广东地方善后委员会试图做出调整，但因政府态度未能完全转变而成效不佳。官民矛盾以"商团事件"的形式彻底爆发。市政厅的形象大打折扣。1925年7月市政厅改组为委员会制，无疑是政府重新调整官民关系的重要举措。市政委员会由省政府从现代职业团体、农会、工会、商会、教育会及自由职业者中各委任三人组成。[①] 与胡汉民等关系密切的新总商会会长邹殿邦、出身军旅且长期与孙中山并肩从事革命活动的老国民党员李朗如及国民党加拿大支部组织者加拿大归侨蒋寿石三人作为商会代表，成为市政委员。[②] 而且广州市商会、广州市商民协会等新商人团体陆续出现。[③] 政府与商民之间有了更多的谈判空间。在土地登记、西关马路开辟、统一业权等例子上，都可以看到，政府与商民相互协商，最终妥协达成共识的过程。

---

① 李宗黄：《模范之广州市》，第17~31页。

② 罗翼群：《旧时代广东官商贪污舞弊之发展史》，《广东文史资料存稿选编　第5卷》，广东人民出版社，2005，第386~411页；李敬如、江荤：《李朗如传略》，《广州文史资料　第25辑》，广东人民出版社，1982，第240~249页；文铁夫：《抗战前广州市公共客车史话》，《广州文史资料　第29辑》，广东人民出版社，1983，第181~199页。

③ 关于广州各商会组设情况，可参见马木池《国民政府控制下商人的分化与冲突——1924~1934年间广州商会整合之背后》。

第五章

陈济棠主粤时期的城市规划与实践
（1929～1936）

　　1926年7月，国民革命军北伐开始。北伐军采用集中优势兵力各个击破的战略，很快就进攻至长江流域。随着革命战争的向北推移，国民党中央和国民政府设在广州被认为是不适宜的。1926年11月下旬，国民党中央政治会议决定迁都武汉。① 1927年1月1日，国民政府由广州迁往武汉，4月18日定都南京。1928年6月完成北伐后，国民政府将工作重心转移到政治、经济、社会、文化、教育等建设上。首都南京的城市建设被视为观瞻所系，尤其需要加以规划设计，"首都为四方观瞻所系，各省区之所以取范，允宜远度宏规，树全国之楷模，为深远之计划"。② 1928年12月1日，"国都设计技术专员办事处"正式成立。该机构的负责人是孙科，由林逸民任处长，聘请美国工程师古力治（E. P. Goodrich）为工程顾问，美国建筑师墨菲（H. K. Murphy）为建筑顾问。1929年12月31日，国都设计技术专员办事处公布《首都计划》，拟结合欧美城市"科学理性"的规划理论和体现"民族主义"的中国固有建筑形式，进行大规模城市改建。③ 在其影响之下，全国各大城市兴起市政建设之热潮，如"大上海都市计划"、无锡都市计划、武汉特别市之工程计划议、整理北平计划书、张垣市政之新计划等。④

　　在广东，1929年起陈济棠逐步掌握军政大权，直至1936年陈氏被迫下

① 余炎光、陈福霖主编《南粤割据——从龙济光到陈济棠》，第232～233页。
② 首都建设委员会编印《首都建设委员会第一次全体大会特刊》，1930，无页码。
③ 王俊雄：《国民政府时期南京首都计划之研究》，博士学位论文，台湾成功大学，2002，第135～190页。
④ 陆丹林编《市政全书》，道路月刊社，1928。

台时止，一般称为"陈济棠主粤时期"。这一时期，广东的社会秩序相对稳定，陈济棠重视经济发展，积极吸引人才、外资和国外先进技术设备，充分发挥和利用广东的自然条件，取得良好的经济建设成就。[1] 在这样的背景下，广州工商业繁荣，为市政建设奠定了良好的经济基础。加之，先后担任广州市政委员会委员长或市长的林云陔、程天固（兼任工务局局长）、刘纪文等人均与国都设计有着千丝万缕的联系，极为热心推动市政建设。[2] 1929~1932年，广州兴建市区与市郊马路、建造珠江铁桥、填筑内港、填筑海珠岛、开辟模范住宅区、清理全市濠渠，并建造市府合署、市图书馆、平民宫等公共建筑。本章拟探讨，市政当局如何制订其市政建设计划，又是如何在短期内推动庞大的建设计划付诸实施，特别是关注其资金来源和运作模式。在珠江北岸发展日臻完善之际，市政当局亦试图向河南扩展市区，却未能成功。本章亦拟讨论，市政府在推广城市建设之际，受到怎样的制约。

第一节　都市设计

广州市政委员会委员长林云陔曾说，"都市设计者，所以促进一市及其环境，使依理智方向，为顺序而壮丽之建设的主要计划也，一切市政之推进，几无不在其支配之下；此都市设计所以又为市政最急之先务也"。[3] 这一点在当时热心市政建设的市政厅要员中得到共识。在他们看来，市政建设首先须做整体规划设计，进而落实推行。据许瑞生的研究，林云陔任内制订的1929年《广州市政府市政计划》是政府早期最为完整的规划书，其发展的重点是推动东山竹丝岗地区模范住宅区的建设；时任工务局局长的程天固提出完整的城市建设计划——《广州工务之实施计划》；继任市长刘纪文公

---

① 余炎光、陈福霖主编《南粤割据——从龙济光到陈济棠》，第322~348页。

② 1925年7月4日，广州市政厅改组为市政委员会制，伍朝枢出任市政委员会委员长。1929年8月1日，市政厅恢复市政制，原市政委员会委员长林云陔改称为市长。1930年1月15日，改为广州特别市政府，8月奉国民政府令改回广州市政府。1931年6月8日，程天固继任广州市市长兼任工务局局长。1932年3月28日，刘纪文继任广州市市长。《广州年鉴》卷6《政府》，第1~6页。

③ 林云陔：《广州工务之实施计划林序》，广州市工务局编印《广州市工务之实施计划》，1930，第2页。

布《广州市城市设计概要草案》，使得广州城市规划体系更趋完善和成熟。①
程天固在其中扮演着重要角色，他先制订了种种城市设计计划，进而制订工
务实施计划，并大力整顿工务局内部组织与运作流程，促使计划得以落实推
行。除了理念与推行市政之魄力外，程氏与商界特别是与总商会的密切联
系，也为其推行市政建设起到关键性作用。

一　都市设计与工务实施计划

广州的市政建设在 20 世纪 30 年代进入一个飞跃发展的时期。市区内外
道路建设、内港建设、各种大型公共建筑等均取得极大进展。工务局局长程
天固制订的工务实施计划，是指导各项市政建设的基础。

在 20 世纪 30 年代早期广州的市政建设规划中，市政委员会委员长林云
陔和工务局局长程天固起到关键作用。林云陔（1881～1948），广东信宜
人，幼年入读私塾，1908 年考进两广方言学堂，加入革命党。1911 年率同
志回高州起义，高雷道所属九县光复后，赴美学习法律与政治。1918 年学
成归国，任《建设》杂志编辑。1920 年随孙中山回粤，任大元帅府秘书，
兼土地登记局局长、广东教育委员会教育杂志社社长。林氏在 1923 年 2 月
8 日至 2 月 26 日曾短暂署任广州市市长。陈炯明被逐后，林氏出任广东高等
审判厅厅长、高等检察厅厅长。此后，林氏先后于 1927 年 5 月 20 日至 11
月 10 日及 1928 年 1 月 7 日至 1929 年 6 月 8 日出任广州市政委员会委员
长。② 在林氏看来，"现代之文明，实都市进化之文明也；都市建设不进化，
则社会一切事务之进化，亦势将中止，可断言也。'市政'之实施，即推进
都市建设之唯一发动力也；由此推论，则市政之实施，亦推进社会一切事物
之进化的唯一发动力也"。③ 他对广州的市政建设并不满意，屡易工务局局

① 许瑞生：《广州近代市政制度与城市空间》，第 122～142 页。《广州市城市设计概要草案》
　是在程天固任市长期间起草的，1932 年 8 月由继任市长刘纪文公布。见李百浩、刘佳《程
　天固与广州近代早期城市规划建设》，董卫主编《城市规划历史与理论 01》，东南大学出版
　社，2014，第 53～54 页。
② 谢瀛洲：《林云陔传略》，中国国民党中央党史史料编辑委员会编《革命先烈先进传》，台
　北各界纪念国父百年诞辰筹备委员会，1965，第 1088～1090 页。《广州年鉴》卷 6《政
　府》，第 5 页。
③ 林云陔：《广州工务之实施计划林序》，《广州市工务之实施计划》，第 1 页。

长，"皆未称意"。① 1928 年 7 月，林云陔的秘书张镜辉在《广州市政日报》发表《城市设计委员会概述》一文。张氏引用欧美城市规划之例，倡导利用城市会来进行旧城改造，以达到整体城市规划之效。他提议仿效美国城市之制，由 5~15 人组成城市会，"市长或市议会委任，当职人员，不受俸给"。② 1928 年 10 月 19 日，林云陔向广东省第四届委员会提交城市设计委员会（以下简称"城市会"）组织章程。除改造旧城外，他希望及早确定建设计划，以达到孙中山倡建南方大港之议。③ 这为该会的成立提供了合理的依据。省政府批准了城市会备案。该会的宗旨为"改良发展新旧市区，建设本市为世界商港"，其工作重点包括：

（1）改良内河道，开拓市内马路；

（2）建筑市内园圃，及其他公共娱乐场所；

（3）电汽、煤汽及其他公用事业之设置计划；

（4）交通事业之设置计划；

（5）订定市内新建筑之高度，及计划伟大建筑物之各种图式；

（6）规划市内学校区、商业区、工业区、住宅区之位置，及其面积，并其中应有之设备；

（7）订定市内应有之美术的设备，及林树之栽植；

（8）订定市内市外重要之交通路线；

（9）规划市内码头之位置，及其建筑之各种图式；

（10）关于全市之公安、交通、卫生、教育、土地、财政等事项。④

---

① 程天固：《程天固回忆录》上册，第 162 页。

② 张镜辉：《城市设计委员会概述》，《广州市政日报》，1928 年 7 月 3 日，第 6 页。张镜辉与林云陔家族私交极好，1927 年他从美国伊利诺伊州大学毕业回国，出任林云陔的秘书。1929 年 6 月 6 日至 1931 年 6 月 8 日，张出任广州市立银行行长。后林云陔出任广东省政府主席，张遂辞去行长之职，仍任林的秘书。广州市立银行行长职由李泰初接任。见陈其津《我的父亲陈序经》，广东人民出版社，1999，第 51~52 页；广东省史志编纂委员会编《广东省志　金融志》，广东人民出版社，1999，第 194 页。

③ 《广东省第四届委员会第一百零一次议事录》（1928 年 10 月 19 日），广东省档案馆编印《民国时期广东省政府档案史料选编》第 2 册，1987，第 17 页。

④ 《广州市城市设计委员会组织章程》，《广东省政府周报》第 58 期，1928 年，第 32~33 页。

可以说，城市会意图总揽城市建设的方方面面，凌驾于市政厅所属各局之上。林云陔委任的城市会委员包括程天固、苏彭年、何启礼、张镜辉、潘绍宪、司徒优、李奉藻、李泰初、胡栋朝等人，以程天固为主席委员。① 程氏（1889～1974），广东香山人，6 岁入私塾，10 岁就读于香山中西学堂，13 岁赴爪哇，15 岁入新加坡英华中学，1906 年毕业，同年加入同盟会。1911 年赴美，入加州大学政治经济学院，与孙科是同学。1915 年回国，曾与人合办钨矿公司、皮革公司等企业。1921 年 2 月，应孙科之邀，出任工务局局长。1922 年 8 月陈炯明兵变，工作中止，至 1923 年元月辞职。国民政府定都南京后，程氏历任广州总税务处处长、关税总署署长。② 据程氏回忆，1927 年 8 月蒋介石下野后，他随同许崇智、邹鲁等国民党元老放洋出国，游历美欧各国，参观许多新式设计的城市。他大受触动，谓"匏瓜焉能系而不食"（比喻怀才莫展——笔者注），于是决心返国从事新式市政建设。③ 程氏试图通过城市会，将理想付诸实施。城市会提出大量议案，包括填筑海珠、架设珠江铁桥、开辟内港、展筑马路、实行分区设计、继续筹建模范住宅、规划市郊干线、重新规划长堤码头、测制广州市新地图等。④ 该会重视引进西式人才，函请全省公路处处长和寰球中国学生会推荐城市设计、画则、工程等专门人才，以欧美大学毕业生为佳。又拟高薪聘请一位瑞士的外国工程师，作为顾问。⑤

① 《城市设计委员会议决案》，《广州日日新闻》1928 年 12 月 15 日，第 10 页。
② 按，关于程天固的生平经历可见程氏自撰的《程天固回忆录》。
③ 程天固：《程天固回忆录》上册，第 164 页。
④ 见《城市设计委员会议决案》，《广州日日新闻》1928 年 12 月 15 日，第 10 页；《城市设计会继续筹建模范住宅》，《广州日日新闻》1928 年 12 月 21 日，第 10 页。《市设计委员会会议纪》、《市设计委员会实行分区设计》、《城市设计委员视察码头》、《城市设计委员会会议纪》、《市设计委员会呈请测制本市新地图》、《第九次城市委员会会议纪》、《第十次市设计委会议决案》、《第十一次城市设计会议决案》、《第十二次城市设计会会议纪》，《广州民国日报》1929 年 1 月 10 日，第 6 版；1929 年 1 月 11 日，第 5 版；1929 年 1 月 12 日，第 5 版；1929 年 1 月 28 日，第 5 版；1929 年 1 月 30 日，第 5 版；1929 年 2 月 28 日，第 5 版；1929 年 3 月 8 日，第 5 版；1929 年 3 月 22 日，第 5 版；1929 年 4 月 4 日，第 5 版。《城市会拟建省河南北铁桥》、《城市设计委员会调查黄沙芳村业权》，《广州市市政公报》第 316、317 号合刊，1929 年 3 月□日，第 127、139 页。
⑤ 见《城市设计委员会征聘贤材》、《城市设计委员会函聘市政专门学家》、《市设计会聘定洋工程师》，《广州民国日报》1929 年 1 月 5 日，第 5 版；1929 年 1 月 17 日，第 5 版；1929 年 2 月 27 日，第 6 版。

城市会提案多属工务局管辖范围，故程天固再次出任工务局局长，以便推进提案的实施。城市会成立之际，时任工务局局长左元华已感觉到威胁，故频频召开技术会议，提出新建设计划。① 1929 年 2 月 13 日，城市会委员苏彭年向广东省建设讨论会呈《整顿市工务局意见书》，经交通、建设两厅委员审查通过。② 3 月，第十甫等马路坊众告发工务局验收股主任周崇高贪污，并勒索承造公司。林云陔大为愤怒，亲赴光孝街工务局免去周氏的职务。③ 加之，工务局多次开投马路及填海珠等工程，竟无商到投。左元华被迫提出辞职。④ 4 月 22 日，程天固正式复任工务局局长。一方面，他大力整顿局内弊端，包括改善局内组织，将原来各课一律改组，裁撤冗员，并聘用欧美大学毕业的工程、建筑人才；改善局内工作流程，拟定招商开投筑路工程、待遇承商以公道及利便、办理市民建筑领照手续敏捷、验收筑路工程减省手续等办法，并严禁抽取苛费和勒索商人。另一方面，他高调宣传城市会之前所议各种建设计划，并拟从速实施兴建市区及郊外马路、珠江铁桥及内港计划。⑤ 5 月初，城市会从市政府内三楼，迁往工务局办公。⑥ 与此同时，该会委员纷纷出任政府要职，导致多次因人数不足而流会。⑦ 于是，工务局逐步取代了城市会，将规划设计与实施建设结合在一起。

为落实城市会议案，程天固制订了《广州市工务之实施计划》（以下简

① 《工务局技术会议纪》、《工务局第三次技术会议》、《工务局第四次技术会议》，《广州民国日报》1929 年 1 月 17 日，第 5 版；1929 年 1 月 29 日，第 5 版；1929 年 2 月 6 日，第 4 版。
② 《广东省政府第四届委员会第一百三十二次议事录》，《民国时期广东省政府档案史料选编》第 2 册，第 162 页。
③ 《市厅办理工务局贿案之经过》，《广州民国日报》1929 年 3 月 5 日，第 5 版。
④ 见《工务局招商承筑海珠新堤讯息》、《市厅令委程天固暂代工务局长》，《广州民国日报》1929 年 3 月 6 日，第 5 版；1929 年 4 月 17 日，第 6 版。
⑤ 见《程天固今日就工务局长职》、《程天固就工务局长职纪盛》、《新工务局长就职后之第一次局务会议》、《新工务局长程天固就职后之布告》、《程天固就职后整顿工务之规划》、《程天固下车布新猷》，《广州民国日报》1929 年 4 月 22 日，第 5 版；1929 年 4 月 23 日，第 5 版；1929 年 4 月 24 日，第 5 版；1929 年 4 月 28 日，第 5 版；1929 年 4 月 29 日，第 5 版。程天固：《程天固回忆录》上册，第 164~165 页。
⑥ 《城市设计会迁址办公》，《广州民国日报》1929 年 5 月 12 日，第 5 版。
⑦ 1929 年 4 月 22 日程天固出任工务局局长之际，调城市会专任委员胡栋朝为建筑课课长。另一位专任委员苏彭年于 1929 年 5 月 16 日出任毫币厂厂长。1929 年 7 月 1 日，张镜辉又出任广州市银行行长。见《苏彭年任毫币厂长》、《市设计会最近概况》、《张镜辉昨就市行行长职》，《广州民国日报》1929 年 5 月 16 日，第 5 版；1929 年 5 月 20 日，第 5 版；1929 年 7 月 2 日，第 5 版。

称《实施计划》）作为市政建设的指南。他认为，广州历年市政建设成效不佳，不只是技术上的问题，更是因为缺乏系统的建设计划。于是他提出《实施计划》必须兼顾市民日常生活需要、市政府经济负担和现代都市设计之原理。① 因此，《实施计划》既有整体规划，也有详细的经费预算、实施步骤及预期收入等。该计划以改造旧市区和建筑新市区为总指导方针，实施期为 1929 年 6 月起至 1932 年 6 月止，内容分四大类：（甲）道路建设与分区计划；（乙）内港建设；（丙）公共建筑物之建筑；（丁）园林及公共娱乐设备。程氏注重计划的实施步骤，将所有计划分为四类，即计划完竣在建筑中者、计划完竣听候开投者、建筑工程在建设中者及预备计划者，分别由各课技士跟进。② 而在实施次序上，他划分"有生产之建设"（Productive）和"无生产之建设"（Non‑Productive），先行举办内港建设、开辟住宅区等能带来收益的项目，而合署、学校、图书馆等无收益的项目待有经费，次第兼及。③

《实施计划》在程天固任市长时得到了大力的推行，给广州的市政建设带来深远影响。《实施计划》得到林云陔的充分认可，"此计划之规划，规模远大，策划周详，其一切设施，固不特与本市地方情形、社会现状极为吻合，而于经济及都市设计学理两方面，尤多独到之处"。④ 该计划于 1929 年 6 月开始执行，以年为单位推进各项工程。1931 年 6 月 8 日，程天固继任广州市市长兼任工务局局长。⑤ 程氏在发布的《二十年度之广州市市政实施大纲》中，充分肯定实施之第一年的建设工作，"不特成效大著，且各项工程之完成，均能依期实现，如愿以偿"。因此，他明确表示在 1931 年 7 月至 1932 年 6 月期间将继续推动各项工程进展。⑥ 故有学者称《实施计划》是近代广州内容最丰富周全、详细的城市规划文件，为广州近代城市规划建设定下基本方向和格局。⑦

在道路建设上，《实施计划》试图建立一个将市区与郊区衔接贯通的交

---

① 《导言》，《广州市工务之实施计划》，第 2 ~ 3 页。
② 《工务局最近之四项规则》，《广州民国日报》1929 年 6 月 3 日，第 5 版。
③ 程天固：《程天固回忆录》上册，第 175 页。
④ 林云陔：《广州工务之实施计划林序》，《广州市工务之实施计划》，第 3 页。
⑤ 《程市长今晨赴市府接事》，《广州民国日报》1931 年 6 月 8 日，第 2 张第 1 版。
⑥ 《二十年度之广州市市政实施大纲》，《新广州》第 1 卷第 1 期，1932 年 9 月，第 3 ~ 19 页。
⑦ 李百浩、刘佳：《程天固与广州近代早期城市规划建设》，董卫主编《城市规划历史与理论 01》，第 52 页。

通网络。程天固对此前兴筑马路极为不满，"路线可以临时更改，开筑可以先后倒置，弄至路线参差，断续曲折，市民惶惑，罔所适从"。[1] 他认为建设交通的基础是确定一个整体交通网，"务使内求全市贯通畅，外应四郊以远达各乡镇，及原有水陆交通之衔接利便"。[2] 他拟分三期开辟市区马路，第一期筑路 22 线，共长 89490 尺（约 30000 米）；第二期筑路 20 线，共长 72340 尺（约 24000 米）；第三期筑路 19 线，共长 79330 尺（约 26000 米）。预期在 3 年内完成，筹款方式则照"六街成案"，就地筹款，并仍以总商会充当中间人的角色。[3] 在广州市区东西南北各方，共兴筑 35 条郊外马路，连接附郊各村镇，预计 6 年完成。拟先开：小北至姑嫂坟马路、西村车站至增步涌马路、凤安桥至南石头马路、濂泉寺马路、云泉仙馆马路、中山马路（由广州市至黄埔港）等路线。[4] 1929 年 5 月前后，工务局公布《开辟马路章程办法》和《变更验收马路办法》，改变无商投承马路的情况。至 1929 年底，第一期及郊外马路，已完工的有 6 线，建筑中 16 线，已开投 5 线，准备开投 4 线。[5] 至 1930 年 4 月第二期马路 20 线，也陆续公布着手建筑。[6]

《实施计划》拟将广州划分新旧市区，实行分区规划。"土地分区使用"的理论最早形成于 19 世纪 70 年代的德国，其背后的意识形态是科学的功能主义，将理想城市视为一种使用便利的物质组合体。其手段为利用工业区、商业区、住宅区等分区，重新指派全市的土地用途，各区承担不同的功能角色，并彼此相互往来而将全市整合为一完整的都市体。这一做法在 20 世纪初被广泛应用到英、美等资本主义国家。20 世纪 20 年代后期，在上海、南京等城市已有实行分区制之先例。[7] 在如何划分广州各区上，曾经有不同的

---

[1]　《广州市工务之实施计划》，第 11 页。

[2]　程天固：《程天固回忆录》上册，第 165 页。

[3]　《广州市工务之实施计划》，第 13～22 页。

[4]　《广州市工务之实施计划》，第 41～42 页。

[5]　《工务局最近工程一览表》，《广州市市政公报》第 341 号，1929 年 12 月 30 日，第 124～127 页。

[6]　《第二期马路着手建筑》，《广州民国日报》1930 年 4 月 29 日，第 2 张第 1 版。

[7]　1928 年公布的《全市分区计划草案》，拟将上海划分行政、工业、码头、商业、住宅等五区。在 1929 年 12 月公布的《首都分区条例草案》，除首都中心为中央政治区外，拟将南京分为公园区，第一、二、三住宅区，第一、二商业区，第一、二工业区等八区。见《上海特别市工务局业务报告》，1929，第 2～6 页；《首都分区条例草案》，国都设计技术专员办事处编《首都计划》，王宇新、王明发点校，南京出版社，2006，第 236～237 页。

看法。罗季常提议划分行政、商业、工业、住宅和混合五区。① 陈殿杰建议
划分行政、教育、住宅、商业、工业、田园六区。② 程天固则认为，要重新
划分既定市区是不现实的。他将警界内的区域视为旧市区，更动非易，拟保
留为行政、商业混合区。而将警界外的权宜区域和拟定区域视为新市区，拟
采取渐进的方法，推行分区。其内容大致为：

> （1）东北白云山一带，划为林场、游场、及消暑寓所建设之用；
> （2）正西之羊牯及增步附近一带，作经营公共实业（各工厂）及
> 平民住居（供工人住宿）之区域；
> （3）东面除东山、马棚竹丝、松岗、上下坟头等岗，已辟住宅区
> 域外，拟保留以备市区展拓；
> （4）西南之石围塘、花地、大尾等岛，作工业区；
> （5）正南之河南岛，建设商港、商业、政治、住居等区域。③

　　上述分区为广州市的未来发展奠定了基本趋向。市政厅陆续在广州东北部
开辟白云山公园、白云山林场、石牌林场、石牌跑马场等。而自 1929 年起广东
省建设厅规划的士敏土厂、硫酸厂、玻璃厂、肥田料厂等都建设在西村附近。
东郊之马棚、竹丝等岗自 1921 年孙科首任市长时就确定为拓展市区的区域，
1928 年林云陔指定该处作为广州市模范住宅区。④ 为建设住宅区，程天固限
令东郊外坟墓迁移，数月之内迁坟达 10 余万座之多。⑤ 1929 年 8 月，松岗住
宅区（在东山安老院之南，广九铁路之北，东至东山自来水塔，西至仲恺
公园）马路动工。至 1930 年 9 月，仿德、美、法式的独立住宅陆续建筑。⑥

---

① 罗季常：《改良广州市政计划草案》，陆丹林编《市政全书》，第 69~88 页。
② 陈殿杰：《广州市分区制之研究》，《新广州》第 1 卷第 3 期，1931 年，第 22~32 页。
③ 《广州市工务之实施计划》，第 28~29 页。
④ 《笺函省长详陈收用马棚等岗展拓市区案情形请示遵由》，《广州市市政公报》第 31 号，1921 年 9
　月 26 日，第 32~33 页；《筹建广州市模范住宅区一览》，出版者与出版时间不详。
⑤ 程天固：《程天固回忆录》上册，第 169~170 页。
⑥ 见《模范住宅区昨已兴工》，《广州民国日报》1930 年 2 月 25 日，第 2 张第 1 版；《松岗模
　范住宅区马路完成》，《广州市政日报》1930 年 9 月 29 日，第 6 页；《东山松岗模范住宅区
　领地建筑规则》，《广州市政日报》1931 年 2 月 27 日，第 2 页。

同年，计划将住宅区扩建至上下坟头岗、菜岗及罗岗等处。① 虽然迁坟遭坟主、坟山公所大力反对，但在程氏力主之下，基本实现迁坟改建住宅区的目标。在程氏看来，建设新市区有待发展河南，"此河南发展计划，与住宅区之设计，所以为广州建设之中心问题也"。② 因此，他制订发展河南计划，通过马路和珠江铁桥以连接新旧市区。这一计划在乡村的反对声中夭折。

内港是相对于黄埔外港而言。内港建设，一方面是为响应孙中山建设南方大港之计划，提高广州对香港、上海、天津等城市的竞争力；另一方面，程氏拟借建筑内港，出售新填地，出租码头、货仓，以筹集市政建设经费。因而，内港建设主要是填筑洲头咀、架设海珠铁桥、填筑海珠岛、整顿省河南北堤岸和码头。这几项工程工程量大、技术难度高、耗资量大，在官商合作之下才得以实施，被视为最能体现"广州市政之进步"。

在林云陔、程天固任期内，市府合署、市立图书馆、平民宫、公园及公共娱乐设备等建设陆续开展，情况大致如下。

（1）市府合署：初拟在九耀坊旧提学使署兴建，后因收归惠爱东路旧法领事府，遂拟在该处建设以兹纪念。但程天固认为，该地地方狭长、交通不便、又有古木成林，不宜设合署，提议改在中央公园后半部兴建。③ 1929年底，工务局在各报刊登文告，公开征求建筑图式，共收到来自广州、上海、香港等地设计图样11份。1930年1月，经市府合署图样评判委员会评选，林克明设计的图式获得第一名，并以之为兴建图式。④ 经费由建筑附加费和养路余款项下拨支。⑤ 同年8月底，合署第一期工程由文化公司投得，于9月15日开工。1931年2月，文化公司无力依约建筑，呈请退办，改由南生公司续筑。10月3日，补行奠基典礼。1934年10月，工程大致竣工，

---

① 见《东郊坟头岗限期迁坟》，《广州民国日报》1930年4月3日，第2张第1版；《兴筑上下坟头岗罗岗等道路》，《广州市政日报》1930年11月12日，第13页。

② 《广州市工务之实施计划》，第29页。

③ 《提议在中央公园后段建筑市府合署案》（1929年12月），广州市档案馆藏，档案号：4-01/1/17；《市行政合署将实现》，《广州日日新闻》1928年12月4日，第10页。

④ 见《截收市府合署图样》，《广州市市政公报》第348号，1930年4月5日，第33~34页；《提议组织市府合署图样评判委员会案》，《广州市市政公报》第349号，1930年4月15日，第21~23页；《市府合署图样评判揭晓》，《广州民国日报》1930年1月16日，第2张第1版。市府合署图样评判委员会由市长、工务局长、市厅技士、工务局技士、城市设计委员会代表、工程学会代表、美术界代表等9人组成。

⑤ 《市府合署筑费》，《广州民国日报》1930年7月23日，第2张第1版。

于双十节举行盛大的落成礼。①

（2）市立图书馆：林云陔于 1929 年提议兴建，派员赴外洋各埠募捐。馆址初定在大佛寺址，后议改市府合署之内，最终择址在旧广府学宫。② 该馆占地约 18200 余方尺，长宽约 135 尺半，成一正方形。建筑图式由林克明设计，外观采用中国古宫殿式，内部采用西式，高两层，中心建八角亭形大堂。③ 1930 年初，各埠捐款达 10 余万元，由陆幼刚、程天固等人组成为市立中山图书馆款项保管委员会管理捐款。④ 该馆由建隆新记公司承建，1 月 5 日正式兴工，5 月 1 日进行奠基典礼。1933 年 10 月 19 日，举行开幕礼。⑤

（3）平民宫：1929 年，第八路军总指挥陈济棠截获桂系天一轮船，罚款 6 万元，拟在广州建筑工人宿舍，委派市民调查会林翼中办理。林氏与程天固、贫民教养院院长黄焕庭商议，决定建筑平民宫，并择拨高第街前军事厅旧址为建筑地点。⑥ 平民宫设计为钢筋三合土的西式建筑，前座楼高四层成三级塔形，从地下一层往上逐渐缩窄，取意于"三民主义"之建设。所有大礼堂、会客厅、办公厅等，分配于前座，后座为三层，除二楼为消费合作社外，余为寄宿舍、半夜学校、阅书室等，共设床位 350 余张。⑦ 该工程由开源公司投得，1930 年 5 月 15 日举行奠基礼，于基石后藏《三民主义》一本。1931 年 1 月，主体工程竣工，12 月 15 日，举行

---

① 见《市合署将兴工》，《广州民国日报》1930 年 8 月 12 日，第 2 张第 2 版；《筹筑市府合署》，《广州民国日报》1930 年 11 月 20 日，第 2 张第 1 版；《市府合署准备施工》，《广州市政日报》1930 年 9 月 24 日，第 6 页；《市府合署建筑工程近讯》，《广州市政日报》1931 年 2 月 26 日，第 2 张第 2 版；《市府合署奠基礼详情》，《新广州》第 1 卷第 3 期，1931 年 11 月，第 47～50 页；《市府合署工程已完成》，《越华报》1934 年 10 月 9 日，第 4 版；《市府合署举行落成礼》，《越华报》1934 年 10 月 12 日，第 5 页。

② 见《市厅筹设市立图书馆》，《广州民国日报》1929 年 4 月 4 日，第 5 版；《市立图书馆改建于市府合署之内》，《广州民国日报》1929 年 6 月 19 日，第 5 版。

③ 《广州市工务之实施计划》，第 85 页。

④ 《市立中山图书馆开始建筑》，《广州民国日报》1930 年 1 月 6 日，第 2 张第 1 版。

⑤ 《在建筑中之中山图书馆》，《广州民国日报》1930 年 2 月 27 日，第 2 张第 1 版。《中山图书馆昨举行奠基典礼》，《广州民国日报》1930 年 5 月 2 日，第 2 张第 1 版。《市立图书馆参观记》，《越华报》1933 年 10 月 24 日，第 1 页。

⑥ 《平民宫建筑缘起及工程近讯》，《广州民国日报》1930 年 5 月 21 日，第 2 张第 1 版。

⑦ 见《平民宫构造及工程近况》，《广州市市政公报》第 377 号，1931 年 1 月 20 日，第 25 页；《广州市工务之实施计划》，第 86～87 页。

开幕礼。[①]

　　（4）公园及公共娱乐设备：除扩充原有各公园外，程天固规划增辟白云山公园、河南公园（海幢寺）、西关公园（荔湾）、动物公园（旧法国领事府）、东湖公园（二沙头）。其中付诸实施的有河南公园和动物公园。河南公园选址在海幢寺，第一期工程于 1930 年 2 月开始动工。原驻海幢寺内的各机关团体一律搬迁。第二期工程由阜成公司投得，于同年 9 月 1 日开始拆卸各殿宇。[②] 动物公园选址在惠爱东路旧法国领事府，1930 年 4 月 27 日开始兴工。同时，工务局拟定奖励办法，向社会各界征求奇珍异兽。至 1931 年初，所有园内道路及鱼池凉亭等，概已完竣。[③] 在娱乐设备上，工务局着力建设的是石牌赛马场。赛马场曾规划建于大沙头、燕塘等地，均因经济与军事原因而未建成，1929 年始定在石牌多坟岗一带开设。[④] 该场呈椭圆形，占地面积约 18450 华井，需经费 50 万元，由省市两政府各任半数。建筑场工程由协成公司承建，马路由行利公司承建。[⑤] 1930 年 5 月，赛马场外马路竣工，南接中山公路，北向中山大学农场，接十字岗马路，沟通燕塘、沙河等处。[⑥] 同年底，场地建筑完工。1931 年 1 月，市政府批准商人陈伯

---

① 见《平民宫昨日奠基盛况》，《广州民国日报》1930 年 5 月 16 日，第 2 张第 1 版；《平民宫已择定地点兴筑》，《广州市市政公报》第 342 号，1930 年 1 月 15 日，第 32 页；《开投建筑平民宫工程》，《广州市市政公报》第 346 号，1930 年 3 月 15 日，第 19 页；《平民宫举行揭幕礼》，《越华报》1931 年 12 月 16 日，第 5 页。

② 见《河南公园将兴工建筑》、《兴筑河南公园之进行》、《河南公园第二期建筑近讯》，《广州市市政公报》第 343 号，1930 年 1 月 20 日，第 12 页；第 344 号，1930 年 2 月 15 日，第 22 页；第 364 号，1930 年 9 月 10 日，第 31 页。

③ 见《动物公园建筑概况》，《广州市市政公报》第 360 号，1930 年 7 月 30 日，第 84 ~ 85 页；《动物公园工程近讯》，《广州市市政公报》第 377 号，1931 年 1 月 20 日，第 19 ~ 20 页。

④ 朱庆澜任广东省长任内，因中国银行需款复业，曾将大沙头、士敏土厂、藩府两署官产向沙面台湾银行揭借日金 300 万元。原定三年归还，但款项一直拖欠。1926 年，日商福利公司愿负责偿还台湾银行债务 150 万元及利息，呈请在大沙头开辟赛马场。广东省政府委员会以该地为国民革命军总司令航空机场为由，令不准兴办。1929 年，广州政治分会批准商人在燕塘瘦狗岭兴建赛马场。但承商日久未能兴办，又因该地接近军营，遂改在石牌多坟岗一带。见《招商承买大沙头与士敏土厂之详情》，香港《华字日报》1919 年 4 月 18 日，第 1 张第 3 版；《大沙头未便拨作赛马场》，《广东行政周刊》第 10 期，1927 年，第 33 页；《赛马场地点之规划》，《广州市市政公报》第 316、317 号合刊，1929 年 3 月□日，第 119 页。

⑤《市内工程汇志》，《广州民国日报》1930 年 2 月 21 日，第 2 张第 1 版。

⑥《跑马场路完成》，《广州民国日报》1930 年 5 月 16 日，第 2 张第 1 版。

旋、伍哲夫、兴商公司张超等合办赛马场。①

1929～1932 年，广州的市政建设成绩骄人，吸引了美、英、德、荷等国实业考察团前来参观考察。市政建设热潮带动建筑业发展，广州市原有建筑店约 600 余家，1930 年增加到 800 余家，建筑工人约有 10 万人左右。②1931 年 4 月，《广州市政日报》登载《纽约泰晤士报对广州市政之批评》一文。其以批评之名，盛赞广州市政的两大特色，一为建设经费筹集灵活，随建随筹，随筹随建，"此项办法，固为世界城市所不能步武者"；一为各项建设同时兴办，建造内港、铁桥、市府合署，清理全市渠道，填筑两岸新堤等，"诸端并举，真具五花八门之壮观，不能不为游历考察者深深折服"。③该文发表后，立刻有人提出，近年市政进步固然是林市长与程局长努力之结果，"然亦深得市民赞助有以致之也"。④这恰好道出了市政建设中官商合作之重要性。下面笔者拟以内港建设为例，讨论市政建设中之官商关系。

二　官商合作之内港建设

程天固的内港建设计划包括开辟洲头咀内港、填筑省河南北堤岸、建设珠江铁桥和码头等，是一个整体开发河堤的项目。其中，开辟内港、建设珠江铁桥（筑成后称"海珠桥"）、填筑海珠岛，时称"三大工程"。这三大工程于 1930 年前后兴工，工程量大、技术难度高、耗资量大，筑成后经济效益和社会效率亦最佳，被认为最能体现"广州市政之进步"。程氏推动三大工程具有多重目的，而工程的完成更有赖于政府与商民之间的合作。

程天固提议开辟内港是为了实现建设南方大港、收回珠江河道管辖权及卖地获利等多重目标。1929 年初，以程天固为首的城市设计委员会曾提出

---

① 《市府批准承办赛马场》，《广州市政日报》1931 年 1 月 20 日，第 2 张第 2 页。
② 《本市建筑之今昔观》，《广州市政日报》1930 年 10 月 18 日，第 6 页。
③ 《纽约泰晤士报对广州市政之批评》，《广州市政日报》1931 年 4 月 3 日，第 2 张第 2 页。笔者暂未在 New York Times 上查到原文，待考。
④ 《读美报对本市市政批评后》，《广州市政日报》1931 年 4 月 4 日，第 3 页。

建筑码头、开浚珠江及建造过海铁桥、建筑广州市内港等议案。① 程氏复任
工务局局长，遂将之合并为内港建设计划。首先，程氏认为开发内港是为
了发展广州港口贸易，达至孙中山建设南方大港之宏愿。孙中山在《实业
计划》中认为广州贸易港地位在鸦片战争后被香港所夺，因此提议改良广
州港，疏通水道，连接黄埔与佛山，建成东部商业、西部工业的世界商
港。② 港口贸易对广州经济发展至关重要，自清末始就屡有开发黄埔商埠
以便与香港竞争之建议。③ 1925 年沙基惨案发生后，为与帝国主义经济绝
交，"中华各界开辟黄埔商埠促进会"成立。1926 年 2 月，孙科、伍朝
枢、陈公博、宋子文等组织黄埔开港计划委员会，邀集商人共组黄埔商
埠股份有限公司。后该会委员陆续离粤，公司于 1929 年 2 月结束。同年
9 月 9 日，广东治河委员会成立，古应芬为委员长，委员包括胡汉民、
陈铭枢、孙科、陈济棠、林直勉、吴铁城、陈策、杨西岩、林云陔等人，
黄埔港事宜遂由该会办理。④ 治河会拟将黄埔建设为一等港，容纳 4000
吨以上之海舶。程天固遂将内港规划为专供 4000 吨以下海舶之使用，以
便连接黄埔外港，寄望"内外两港之建设，彼此可以相依为利，相辅而
行"。⑤

　　其次，程氏拟借建设内港，收回广州河道的管辖权。如第二章所述，清
末粤海关通过干预船只湾泊和长堤勘界逐渐掌握管辖广州河道的实权。为
此，粤海关成立了理船厅，其职责包括给发船舶移泊单；指定船舶停泊地
点；限制油船、疫船停泊界线；量船及定船顺位；发给关牌；征收船钞；管
理驳艇执照；考选引水局人员；管理海面及河道交通与建设等。⑥ 1926 年 9
月 16 日，广州市海港检疫所成立，收回原由粤海关管辖的查验卫生检疫及

①　见《城市设计委员会建筑码头之计划》、《市府规划开浚珠江及建造过海铁桥》、《市府议决
　　建筑广州市内港》，《广州民国日报》1929 年 1 月 21 日，第 5 版；1929 年 2 月 4 日，第 5
　　版；1929 年 2 月 5 日，第 4 版。
②　Sun Yat - sen, *The International Development of China*, pp. 78 - 88.
③　见《粤东之无税口岸》、《黄埔商埠之经始》、《黄埔开辟商港论（初续）》，香港《华字日
　　报》1911 年 9 月 2 日、1911 年 9 月 6 日、1913 年 3 月 15 日。
④　李文邦：《黄埔港计划》，广东治河委员会，1936，第 2 ~ 4 页。
⑤　《广州市工务之实施计划》，第 62 页。
⑥　《第六次市行政会议建设广州市内港案已通过》（1929 年 9 月 11 日），广州市档案馆藏，档
　　案号：4 - 01/001/0145 - 2 - 003。

防疫之权。① 程天固遂有借助建设内港收回理船厅之愿。程氏认为，理船厅所处理的事务是代办性质，并非条约关系，即便是条约关系，为保主权，也必须将之收回。而且理船厅的存在妨碍填河筑堤建码头货仓，并导致船钞税收减少。基于这些原因，"理船厅实无存在之余地，似应迅予交涉收回自办，以保主权而宏建设"。② 因此，程天固特意在工务局内附设港务局。③

最后，程天固拟计划出售新填地，筹集市政建设经费。他在回忆录中说，"（开辟内港）除为本国行商之利便外，完成之后，规定濒港一带广设码头货仓，可以租卖，而附近新填地段，画为纵横街道，分段投变，市库增加，新填地价之收入，不独足供设港所需，又有偌大余款，以济其他之建设"。④ 出售新填地也就成为政府与商人合作的基础。

建设洲头咀内港规划大致为，浚深河床，沿河由北而南建筑堤岸，岸上兴筑横马路4条接入二马路。二马路北接海天四望街，南至永兴上街，长约3000英尺（约914米），在堤岸与二马路之间，有地九大段，共5800余华井，用以建筑货仓、行栈、商铺等。⑤ 其工程费用预算如下：

> 建设经费：①建筑新堤，新堤线长4290英尺，每尺建筑费约150元，共需银643500元；②填筑新地，面积约10865华井，共需银570000元；③建筑堤岸马路，马路线长3941英尺，宽度100尺，筑花砂路面，共需银118000元；④建筑4座货仓，每座96华井，每井工程费约600元，每座约6万元，共需银240000元。以上四项工程合共需银1571500元。⑥

---

① 关任民：《广州市医药卫生状况》，伍连德、伍长耀编《海港检疫管理处报告书 第2册》，卫生署，1932，第36页。

② 《第六次市行政会议建设广州市内港案已通过》（1929年9月11日），广州市档案馆藏，档案号：4-01/001/0145-2-003。

③ 《港务局将成立》，《广州民国日报》1930年1月23日，第2张第1版。1932年10月15日广东全省港务管理局成立后，理船厅的职权才逐步收回。见《议决设立广东全省港务管理局》，《广东省政府公报》第202期，1932年10月20日，第68~69页；《令粤海关将理船厅办理量船注册给照等事宜移交港务局办理》，《广东省政府公报》第207期，1932年12月10日，第92~93页。

④ 程天固：《程天固回忆录》上册，第169页。

⑤ 《河南内港工程计划》，《广州民国日报》1930年7月31日，第2张第1版。

⑥ 《广州市工务之实施计划》，第65~66页。

其中第一期工程预计两年可竣工，工程费 64 万元。程天固希望以官商合办的形式来筹集这笔建设经费。"官厅方面由市厅支出，商民方面由总商会筹挪。"[①] 1930 年 3 月，程氏将建设计划致函总商会，商议筹款。总商会召开会议，同意担负 50 万元经费，但"须请市政府停止提取本市筑路余款"。[②] 筑路余款是指兴筑马路时，由总商会保管的积存余款。1929 年 8 月底，为了开辟郊外马路，市政府要求总商会将筑路余款交工务局，转贮市立银行。[③] 故工务局不赞同挪用筑路余款。总商会又提出三项质疑，即洲头咀的海坦业权归属、水利有无妨碍及与海珠铁桥公债是否冲突。1930 年 4 月 13 日，程氏亲赴总商会做出说明，其主要内容为：

> 关于海坦业权问题，查洲头咀海坦业权最多者，为杨西岩氏及邹殿邦氏，当此事计划之初，即与杨邹两氏一度协商。政府收回海坦，开辟内港，其业权当以相当地价补偿，□□以现金给发，即利息亦当补给。杨邹两君，均表赞同，则此事已无问题；次为水利问题，业经各大工程师计划妥善，绝无妨碍而有利；三则关于海珠铁桥公债一事，查市府年前曾拟发行海珠公债，但中途业已停止，至今尚未发行，此节更无冲突。[④]

可见，最为关键的是程天固事先已经与占有洲头咀海坦最多的杨西岩、邹殿邦两人协商，达成征地补偿办法。杨西岩（1868 ~ 1929），广东新会人，是祖籍四邑旅港商人的代表人物之一。他于 1898 年前后随驻美公使伍廷芳赴美，充使馆参赞，改充驻檀香山正领事官。任满回国，往来新会与香港之间，组织新会商务分会、香港四邑工商总会等。1905 年争取商办粤汉铁路时，杨氏与陈赓虞、陈席儒兄弟是"商办粤汉铁路有限公司香港分局"招股代理人，后又组设"广东粤汉铁路公司港省股东团体大会"。同年，杨氏加入同盟会，与陈少白等关系密切。广东光复后，杨氏任筹饷局主席回港为军政府集资。后又多次捐巨款资助孙中山，特别在讨伐陈炯明战役中起过

① 《广州市开辟内港》，《申报》1930 年 4 月 21 日，第 8 版。
② 《开辟广州内港之筹款办法》，香港《华字日报》1930 年 3 月 18 日，第 1 张 3 页。
③ 《市府提总商会筑路余款》，《广州民国日报》1929 年 8 月 30 日，第 5 版。
④ 《市府筹建内港之进行》，《广州市政日报》1930 年 4 月 16 日，第 10 页。

重要作用。1923 年，杨氏获任广东财政厅厅长。后历任国民政府内政部次长、禁烟督办、国民政府参事、筹建孙中山纪念堂委员会委员、广东治河委员会委员等职。1929 年 10 月 5 日，杨氏病逝于广州。① 代表杨西岩与程天固协商的是其家人。邹殿邦（1895 ~ ?），广东番禺县捕属人，祖籍浙江。邹氏的父亲游幕于粤，后在西关设广信银号，专做官场的买卖，生意颇为发达。邹父与胡汉民之父为幕友，故邹殿邦与胡汉民之兄胡青瑞为好友。邹氏通过与胡青瑞合作，在粤军回粤后，捐助国民党军费，拉近与胡汉民、廖仲恺等人的关系，故承得不少捐务，自是起家。邹氏通过广信银号操纵金融，又以巨资买得广州市电灯公司大部分股票，以大股东身份出任该公司总经理。从此，著誉于商场，地位日高。1924 ~ 1925 年，胡汉民出任广东省省长。据时任省长公署总参议的罗翼群记述，邹氏与省署秘书沈演公、汪道源、姚粟若、余楚帆，南海县县长李宝祥，番禺县长汪宗准，市政委员会委员长伍朝枢等 10 余人组织所谓"文酒之会"，每周日晚搓麻将、推牌九，常常通宵达旦。② 故而，邹氏在政商两界颇为得势。1924 年底，广州总商会改组，邹氏当选为会长。1925 年 7 月，市政厅改组委员会制，邹氏又被任命为市政委员。可见，杨西岩、邹殿邦两人与程天固及广州市市政府的关系极为密切。

程天固与总商会则是互惠互利的关系，内港借款迅速达成合约。程氏自身就是一个商人，他由美回国后就在广州河南创设了大星皮革厂、大生铜厂和大裕化学工厂等实业。总商会在 1927 年前就曾聘程氏为名誉顾问，但程氏辞而未就。1929 年 2 月，总商会改组，程天固与邹殿邦、胡颂棠同被选入主席团。在演讲中，程氏直言颇感意外，"与商会诸君很少认识，很少往来。……此次被选，事前虽经各方面敦劝，但兄弟未敢切实答应，所以此次被选，是出乎意料之外"。③ 程氏愿意出任总商会主席，在一定程度上与市

①　见余斌臣、伍于簪、林护《杨西岩》，杜元载主编，中国国民党中央委员会党史委员会编《革命人物志　第 9 集》，台北，中央文物供应社，1972，第 307 ~ 310 页；陈建华主编、天河区文物普查汇编编纂委员会编《广州市文物普查汇编　天河区卷》，广州出版社，2007，第 93 页；陈玉环：《论一九〇五至一九〇六年的粤路风潮》，广州市文化局、广州市文物博物馆学会《羊城文物博物研究》，广东人民出版社，1993，第 165 ~ 183 页。

②　罗翼群：《旧时代广东官商贪污舞弊之发展史》，《广东文史资料存稿选编　第 5 卷》，第 386 ~ 411 页。

③　《总商会委员就职纪》，《广州民国日报》1929 年 2 月 22 日，第 5 版。

政建设有关。他希望促使总商会积极参与市政建设，"须要把商业与各种国家社会的职务融洽贯通"。① 而总商会选择程氏为主席，自然也有着依靠程氏以便行事的打算。程氏复任工务局局长后，工务繁忙，多次请辞主席职，但总商会称"程主席为商人保障，实属求之不得"，坚持不准其辞职。② 内港借款事件恰好证明了两者互惠互利之关系。1930 年 4 月 13 日，总商会议决分担第一期建筑内港工程费的一半，约 32 万元，并推举邹殿邦等七人专门负责筹备。③ 至 7 月底，双方达成借款合约，并由市政厅批准备案。④ 主要条款如下：

（1）内港附近商店及原有业权，准其优先承领；

（2）内港原有海坦业权，照原承产价发还；

（3）商会担负筑堤费，俟投地得价偿还，并给周息一分；

（4）开投内港地段，如价值过高，无人投承时，得由商会陈明，酌减底价；

（5）内港地段，托由商会开投，其应给会费，悉照财政局委托商会开投成例办理；

（6）内港地段，托由商会定期开投，并将执照交由商会发给，但于商会款项清还后，不在此限。⑤

从条文可见，这不是单纯的借款合约，而是赋予总商会巨大的利益，包括业权、利息、控制价格、开投土地及发放执照等。可以说，总商会从单纯的借款方，变成控制新填地发售的大股东。程天固没有答应总商会提出的

---

① 《总商会委员就职主席团演说词》，《广州民国日报》1929 年 2 月 23 日，第 5 版。

② 见《程天固再辞总商会主席职》、《商会未准程天固辞主席职》，《广州民国日报》1929 年 7 月 27 日，第 5 版；1929 年 9 月 5 日，第 6 版。

③ 见《开辟广州内港之官商态度》，香港《华字日报》1930 年 4 月 1 日，第 1 张 3 页；《市府筹建内港之进行》，《广州市政日报》1930 年 4 月 16 日，第 10 页；《广州市开辟内港》，《申报》1930 年 4 月 21 日，第 8 版。

④ 《建筑内港堤岸借款合约准予备案》，《广州市市政公报》第 374 号，1930 年 12 月 20 日，第 65 页。

⑤ 《借款筑内港之官商条件》，《广州市市政公报》第 361 号，1930 年 8 月 10 日，第 37 ~ 38 页。

"派员监督工程"及提款办法。为此，总商会又推举彭礓立、李卓余、何茂南、仇启光等与程氏直接磋商。①

在工程建设方面，5月20日，内港堤岸工程在工务局开投。到场监督的有市政府代表郑坚、财政局代表李显英及总商会代表陈濯之。到场参与竞投的有省港同联生、天津马克敦公司、香港荷兰公司等10家建筑商。结果香港华益公司出价每英尺212元，价格最低，投得工程。②该公司的负责人为林泽民，是林逸民之兄。10月，华益公司从外洋订购大批钢板、钢桩等建筑材料，陆续经香港，运送至省。③工程随即兴工。1930年12月17日，内港举行隆重的奠基礼，在洲头咀同寅医院前盖一大棚为礼场，各机关团体代表数百人参加。④至1931年4月，已筑成堤岸1100尺，植下钢板、钢桩800余条。⑤而内港三期所有工程至1937年2月底始告竣。⑥（见图5-1）

填筑海珠岛也是由官商合办而成。填筑海珠岛计划始于孙科首任市长时期。1922年，为改良广州水道，督办广东治河处总工程师柯维廉绘制了珠江前航线规划。⑦该规划拟填筑区域由五仙门外中法韬美医院对面地点起，至西堤博济医院止，中间接连海珠岛，并在岛上建桥横跨河南河北。孙科在就任市长前，曾短暂地职掌督办广东治河处，故对柯维廉的计划极为支持。⑧1923年10月，市政厅公布《广州市填河增筑堤岸计划及领筑堤地竞

---

① 《借款筑内港之官商条件》，《广州市市政公报》第361号，1930年8月10日，第38页。
② 《内港堤岸工程开投结果》，《广州民国日报》1930年5月21日，第2张第2版。
③ 《洲头咀内港工程近讯》，《广州市市政公报》第367号，1930年10月10日，第79页。
④ 《广州内港昨举行奠基礼》，《广州民国日报》1930年12月18日，第2张第1版。
⑤ 《建筑内港堤岸工程讯》，《广州民国日报》1931年4月6日，第2张第1版。
⑥ 《开辟内港工程将完成》，《申报》1937年2月25日，第4版。
⑦ 督办广东治河事宜处成立于1914年12月13日，由谭学衡任处长。该处的主要职责是测量各江水道，提出改良治理方案，以减少水患。谭氏先后聘任上海溶浦局洋总工程师海德生、瑞典工程少将柯维廉为工程师兼测量员。柯维廉历年递交的测量报告和改良计划亦编成《督办广东治河事宜处报告书》出版。1926年，督办广东治河事宜处改称广东治河处，由戴恩赛任处长，柯氏的报告亦改为《广东治河处工程报告书》。1929年8月，广东治河委员会组织成立，接替广东治河处的工作。见《督办广东治河事宜处报告书》第1期，1918年，第1～3页；《广东治河处工程报告书》第7期，1926年，第1～3页；《国府颁布广东治河会组织条例》，《广州民国日报》1929年8月19日，第5版。
⑧ 孙科：《广州市政忆述》，秦孝仪主编《孙哲生先生文集》第1册，第48页。

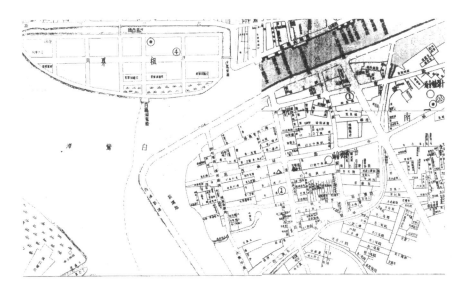

图 5 - 1　洲头咀内港示意

资料来源：《新广州街市详图》（1936 年）局部。

投章程》。① 但当时正值召变官市产高峰，政府与商民关系紧张，根本无商有意竞投堤地。至 1928 年，工务局局长左元华再提填筑海珠计划。11 月底，该计划经省政府、广州政治分会批准备案。② 为筹集填筑经费，财政局局长王铎声提议发行六厘公债 200 万元。③ 填成后，除偿还公债外，预计可获益 200 余万元。当局拟将余利建设过海铁桥两架，以及修筑南岸马路，并由此将广州建设为"世界灿烂都市之一"。④ 工务局将海珠新堤从仁济大街口堤边起，向东划分 30 段，拟分段兴筑。⑤ 但两次招商开投，皆不足票数，工程无法开展。⑥ 六厘公债的销售成效也不佳，经各机关分任协销，至 1931 年 1 月 1 日停发时仅售出 31 万余元。⑦ 1930 年 6 月前后，

① 《填筑海珠大计划之进行》，《广州民国日报》1923 年 10 月 1 日，第 6 版。
② 《工务局填筑海珠之进行办法》，《广州日日新闻》1928 年 12 月 11 日，第 10 页。
③ 《提议发行公债填筑海珠新堤》，《广州日日新闻》1928 年 12 月 15 日，第 10 页。
④ 《市政府最近之伟大建设》，《广州日日新闻》1928 年 12 月 19 日，第 10 页。
⑤ 《海珠新堤第一段工程开始规划兴工》，《广州民国日报》1929 年 1 月 15 日，第 5 版。
⑥ 《工务局招商承筑海珠新堤讯息》，《广州民国日报》1929 年 3 月 6 日，第 5 版。
⑦ 见《公安土地工务公用四司分任协销展筑海珠新堤公债》、《海珠公债停止发行》，《广州民国日报》1929 年 5 月 7 日，第 5 版；1931 年 1 月 26 日，第 1 版。

联兴公司与市政厅达成协议，以 700 元/井承领海珠新堤，地价拨充筑堤费。财政局发给该公司海珠新填地铺地执照 43 张、骑楼地执照 43 张。① 换句话说，财政局直接将这部分新填地的产权作为该公司筑堤的工程费。工程遂分三段先后动工，最先兴工的是仁济街口至海珠岛段，长约 1120 尺，由香港荷兰公司承筑。② 第二段由海珠岛东起至游龙坊对开附近，长约 1000 尺，由联兴公司承筑。第三段由游龙坊至中山，长约 1000 尺，由启明公司承筑。③ 在此期间，工务局又乘机炸去海珠附近礁石。④

鉴于新堤吸引大量投资者，市政厅随即收回了已拨给联兴公司的地产。兴工半年后，新地浮现，市内各置业公司纷纷购地，地价增涨至 2000 元/井以上。市政厅以此有违"平均地权"之政策，制定取缔高抬新填地价之办法。1931 年 5 月，市政厅宣布收归新填地权，改以现金支付联兴公司工程费及垫款，并将之前发出的铺地和骑楼地执照吊销。此举引发联兴公司极大不满，向省政府诉愿。但市政厅以"（诉愿）既于法未合，着仍照前案办理。"⑤ 双方因此轇轕不清。至 1932 年，新堤工竣，"巍峨大厦，相继建筑，而市立银行，尤为宏壮"。⑥

珠江铁桥的建筑经费也来源于出售新填堤地。广州因珠江分河南北，交通往来依赖舟楫，一遇风雨易生危险。自清末以来，屡屡有人提议要建设横

---

① 《财政局吊销联兴公司地照》，《广州市市政公报》第 389、390 号合刊，1931 年 5 月 31 日，第 80~81 页。目前尚未发现有记载联兴公司情况的资料，待考。
② 《填筑海珠堤岸工程将实现》，《广州民国日报》1930 年 6 月 19 日，第 2 张第 1 版。香港荷兰公司是当时中国很活跃的建筑商，曾先后承建葫芦岛、连云港等地的筑港工程。见《葫芦岛开工典礼》，《申报》1930 年 7 月 7 日，第 8 版；《赶筑连云港西北杂粮畅运南华》，《申报》1933 年 2 月 6 日，第 11 版。
③ 《海珠筑堤近讯》，《广州市政日报》1930 年 12 月 2 日，第 6 页；《填筑海珠新堤工程近况》，《广州市市政公报》第 400 号，1932 年 8 月 10 日，第 109 页。
④ 海珠岛迤西至太平南路一带，礁石星罗棋布，极妨碍航道。因技术难度与缺乏经费，一直未能解决。1930 年 10 月，工务局与美国马克敦公司签约炸石，耗资港币 785125 余元。该公司聘任 3 位外籍工程师办理，并从天津雇来百余名工人。后因水涨，炸石拖延至 1931 年 4 月始兴工，6 月完工。见广州市政府编《广州市之海珠炸石工程》，广州市政府，无出版时间，第 1、9 页。
⑤ 《平均长堤新填地价》，香港《华字日报》1931 年 4 月 16 日，第 1 张 3 页；《财政局吊销联兴公司地照》，《广州市市政公报》第 389、390 号合刊，1931 年 5 月 31 日，第 80~81 页。
⑥ 《民国 21 年海关中外贸易统计年刊（粤海关部分）》，《近代广州口岸经济社会概况——粤海关报告汇集》，第 797 页。

跨省河的桥梁，均因资金问题而未能实现。[①] 1928 年，工务局局长左元华提议填海珠时，曾公开招投海珠铁桥工程。但或因无商到投，或因投承商家所出的最低价超过官方经费预算，而无法实施。[②] 1929 年 2 月，城市会再次提议珠江铁桥计划，获得市政委员会委员长林云陔重视，要求该会与工务局会商办法。[③] 4 月 4 日，城市会拟定铁桥设计要点，由市政厅刊登于广州、香港、上海等中西文日报，公开征集建桥图则。[④] 7 月前后，城市会共征得德国、中国和美国三家建筑商的铁桥设计图，其中美国慎昌洋行报价最低。1929 年 10 月 12 日，市政厅与慎昌洋行订立建筑省河铁桥合约，由美国马克敦公司承建，建筑费 1032000 两（以大洋计），定期 21 个月完工。建筑地点选在珠江河面最狭窄的维新路口，直达河南厂前街。[⑤]

　　珠江铁桥工程实际上历时 3 年多始告工竣。12 月初，珠江铁桥正式兴工，以外国工程师为总监工，华人工程师谭卓南负责与中方接洽，所用工人200 多名，均是雇自天津、烟台等处的建桥熟手。[⑥] 工务局派技士梁启寿、

---

① 据《华字日报》载，早在 18 世纪末两广总督福康安主粤时，曾搭竹桥以通省河两岸，"后因筑桥费重，旋即拆去"。19 世纪末，东莞人冯铭山和潮州人王赞之"拟倡筑长桥之举"。1902 年，"有卢、余二君拟集款建筑省河铁桥"。长堤兴筑以来，倡建河桥的呼声更为高涨。1906 年底，职商刘祥庆禀请设立河桥有限公司，获得批准。公司计划集股 100 万元，建筑河桥三渡，先建由油栏门过海一桥，以收取过桥资费，养桥抵息。公司聘请英国建筑师丹备（William Danby，1842~1908）充当工程师，进行勘测和桥梁设计。但 10 月底，公司发起人刘祥庆在港病故。刘氏之子遂与股东议决停办公司，退还股份。见独立山人《闻省河拟建铁桥系之以论》，香港《华字日报》，1902 年 6 月 13 日；《河桥公司》，《商工旬报》第 1 号，1907 年 6 月 21 日，第 2~4 页；《河桥所需地段预防垄断》、《河桥公司告示》、《河桥公司议决退股》，《广州总商会报》1907 年 3 月 5 日，第 3 页；1907 年 10 月 30 日，页码不详；1907 年 11 月 26 日，第 4 页。

② 1928 年 10 月 9 日，工务局第二次招投海珠铁桥，到场的有冯仲记、顾全记和有利号三家建筑商号，出价最低的顾全记仍超过栏票价额，该案未能成立。见《据呈复派员监投海珠铁桥建筑工程情形》（1928 年 10 月 9 日），广州市档案馆藏，档案号：4-01/007/0273-4-010。

③ 《市府规划开浚珠江及建造过海铁桥》，《广州民国日报》1929 年 2 月 4 日，第 5 版。

④ 《征集图则建筑珠江桥之奖额》、《第十二次城市设计会会议纪》、《建筑珠江铁桥图则讯息》，《广州民国日报》1929 年 4 月 4 日，第 5 版；1929 年 4 月 4 日，第 5 版；1929 年 4 月 5 日，第 5 版。

⑤ 《工务事项》，《广州市政府三年来施政报告书》，第 34 页；《呈报建筑海珠铁桥期限情形请察核令遵由》（1933 年 8 月 1 日），广州市档案馆藏，档案号：4-01/007/0049-3-008。

⑥ 见《珠江铁桥工务局布告已兴工》、《兴工建筑后之珠江铁桥》、《珠江铁桥建筑之第一步》，《广州民国日报》，1929 年 12 月 6 日，第 5 版；1930 年 1 月 3 日，第 2 张第 1 版；1930 年 1 月 10 日，第 2 张第 1 版。

郭日初等监督工程进展。1930 年 7 月 10 日，在维新路口举行珠江铁桥奠基礼，各机关团体到场数百人，由林云陔与程天固共同奠基立石。会场中还特意陈列着铁桥的模型。[①] 由于 1931 年至 1932 年雨水过多，阻延工程，且中间桥墩一度改建，铁桥主体工程至 1933 年 2 月始告竣，共耗资 1320684.64 元。[②] 2 月 15 日，举行开幕典礼，铁桥被命名为"海珠铁桥"。铁桥南北两段有拱桥式斜坡，北端连接维新路，由合成公司承建，耗资 124800 元；南端连接河南厂前街马路，由马克敦公司承建，包括填筑桥墩两旁堤岸在内耗资 157000 元。[③] 8 月 10 日，公用局派技士陈锦松接收海珠铁桥。[④]

按照程天固的建议，建设铁桥同时填筑桥脚堤岸，以便筹集筑桥费。"即架设珠江铁桥之处，亦经与承建商人商定，请其于桥脚之左右两边，建筑新堤 600 尺（约 198 米），与铁桥工程同时进行。"[⑤] 1931 年底，财政局已开始着手准备招商承租海珠铁桥北岸斜坡底空地。1932 年 8 月 26 日，财政局正式公布招租章程，并定于 9 月 5 日开投珠江铁桥北段坡底铺位。[⑥] 据程天固回忆，填堤所得地价收入，除付给建筑桥梁费外，尚有数十万元之盈余。[⑦]

大体上说，三大工程是广州"市政发达"的集中体现，"综观国内诸大商埠，有铁桥之能跨两岸者，惟广州耳。说者谓我国市政之发达，首推广州，良有以也"。[⑧] 各大报刊也对工程进展有连续报道。商人在其中充当重要的角色。在洲头咀内港建设中，总商会甚至超过了单纯投资方的角色，成为实际控制新填土地者。当然，官商合作并非无间。在海珠新填地中，市政

---

① 《珠江桥昨举行奠基礼》，《广州民国日报》1930 年 7 月 11 日，第 2 张第 1 版。

② 《呈报建筑海珠铁桥期限情形请察核令遵由》（1933 年 8 月 1 日），广州市档案馆藏，档案号：4－01/007/0049－3－008。

③ 见《广州海珠桥已落成》，《申报》1933 年 2 月 16 日，第 10 版；《广州海珠铁桥落成》，《申报》1933 年 2 月 21 日，第 8 版。

④ 《呈报海珠铁桥经已点交公用局接收由》（1933 年 8 月 17 日），广州市档案馆藏，档案号：4－01/007/0048－2－030。

⑤ 《广州市工务之实施计划》，第 72 页。

⑥ 《呈拟将海珠铁桥北岸斜坡底空地租与商民开设铺户逐间招商承租理合偏文呈核是否备查并候指令祗遵》（1931 年 12 月 28 日），广州市档案馆藏，档案号：4－01/008/000214－001；《财政局呈报定期九月五日开投珠江铁桥北段坡底铺位连同订正招租章程简章平面图各一份呈请察核备案并请派员届时莅局监投由》（1932 年 8 月 26 日），广州市档案馆藏，档案号：4－01/008/000214－013。

⑦ 程天固：《程天固回忆录》上册，第 168 页。

⑧ 游客：《本市之新建筑》，《广州市政日报》1931 年 1 月 29 日，第 4 张第 1 页。

厅与联兴公司也有种种纠纷。但总体上，三大工程寄予着广州官商对市政建设和发展商务的种种期望。

第二节　市的边界

林云陔、程天固等人的市政建设计划，为发展建设广州定下一个宏伟蓝图。他们设想扩张广州市区至权宜区域和拓展区域，建设新的行政、商业、工业中心，并配套建设住宅和公园，通过马路将新旧市区连接。但是市的范围内有省政府和南番两县政府，三级政府的权限争执往往使得市政建设无法施展。在发展河南计划的失败中更可以看出，从清末延续下来的乡村基层社会权力体系对市的扩张有极大的制约作用。市政推行的范围是受周围乡村的限制的。

一　省市、市县之争

广东省政府与广州市政府同处广州市区，而南番两县又各据广州市郊，三级政府在财政、事权上常常有矛盾冲突。1930 年，国民政府颁布的《市组织法》在重新调整省市关系之余，也使得市县关系更为复杂。市政厅曾试图通过竖立界标和推行市县自治来拓展市区领域，但未取得明显的成效。

广东省政府财政在一定程度上依赖于广州市政厅，故市政厅改组对省市关系有直接影响。1929 年底，根据国民政府《特别市组织法》（1928 年 7 月 3 日颁布）的规定，广州市获准自 1930 年 1 月 1 日起，改称"特别市政府"，由中央政府直辖。由于省政府"多借市款为挹注"，至 1 月 15 日广州特别市才改组成立，林云陔仍为市政委员会委员长。[①] 但广州特别市只存在了短短 6 个月。1930 年 5 月 20 日，国民政府颁布新的《市组织法》，其中

---

① 见《市府改制尚未实现》、《市府改组有待》、《特别市府昨改组成立》，《广州民国日报》1930 年 1 月 4 日，第 2 张第 1 版；1930 年 1 月 13 日，第 2 张第 1 版；1930 年 1 月 16 日，第 2 张第 1 版。

第 2 条规定，具备人口在百万以上，或在政治、经济上有特殊情形者，而为省政府所在地方，应隶属于省政府。故而，将当时南京、上海、天津、青岛、汉口五个特别市，全部改为市，由省政府直辖。该法第 16 条又规定，"首都及省政府所在地之市，均不设公安局，关于公安局掌理事项，分别由首都警察厅或省会警察机关掌理之"。① 广州市政府对如此削弱其职权的规定极为不满，不愿改组；公安局也要与财政局划分会办的各种捐费，改组一再拖延。经省政府一再催促，8 月 15 日，广州特别市改组为广州市，仍由林云陔任市政委员会委员长；公安局改组为省会公安局，仍以欧阳驹为局长。② 改组当天并未举行仪式，各局内部也没有变更，仍旧办公。市政府亦宣布将按照原定计划进行各项市内建设。③

此次改组使得省政府有了更多干预市政厅的权力。首先，省政府可以审核市政厅的收支预算。1930 年 9 月 15 日，内政部令广州市政厅将收支预算送由省财政厅审核汇转，"不必由中央径为核定"。④ 其次，省政府可以干预市政厅的行政处分。1930 年 12 月，省政府特呈请行政院解释，"人民不服市政府处分，是否可径向省政府提诉"，得到肯定的答案。⑤ 市政厅对此并不赞同。在填筑海珠纠纷中，市政厅就批斥联兴公司向省政府上诉是"于法不合"。⑥ 再次，省市政府在划分财政收入上，有了更多的谈判空间。例

---

① 中国第二历史档案馆编《国民党政府政治制度档案史料选编》（下），安徽教育出版社，1994，第 507～524 页；《广州改特别市为市之明令》，《广州民国日报》1930 年 7 月 19 日，第 2 张第 1 版。

② 见《省府令饬市府遵令改组》、《市府定八月一日实行改组》、《省会公安局将实现》、《市政府布告昨日改制》、《公安局昨日改隶省府》，《广州民国日报》1930 年 7 月 21 日，第 2 张第 1 版；1930 年 7 月 23 日，第 2 张第 1 版；1930 年 7 月 24 日，第 2 张第 1 版；1930 年 8 月 19 日，第 2 张第 2 版；1930 年 8 月 21 日，第 2 张第 2 版。《令广州市政府依法改组案》，《广东省政府公报》第 112 期，1930 年 7 月 28 日，第 6～7 页；《令饬广州市府迅遵前令依法改组案》，《广东省政府公报》第 119 期，1930 年 8 月 21 日，第 13 页。

③ 见《公安局与市府同日改隶省府》、《市府改组后之现状》，《广州民国日报》1930 年 8 月 22 日，第 2 张第 2 版；1930 年 8 月 23 日，第 2 张第 2 版。

④ 《令知广州市府该府收支预算应送由财厅审核汇转案》，《广东省政府公报》第 128 期，1930 年 9 月 22 日，第 21～22 页。

⑤ 见《省府请解释市民诉愿程序》、《人民不服市府处分可径向省府提起诉愿》，《广州民国日报》1930 年 12 月 5 日，第 2 张第 1 版；1931 年 1 月 19 日，第 2 张第 1 版。《布告人民不服广州市府处分可径向本府诉愿》，《广东省政府公报》第 141 期，1931 年 1 月 20 日，第 92～93 页。

⑥ 《财政局吊销联兴公司地照》，《广州市市政公报》第 389、390 号合刊，1931 年 5 月 31 日，第 80～81 页。

如，在划分官市产问题上，省市政府曾多次协商。1930 年 8 月，行政院将清理官产列入财政部职掌，令地方政府不得擅自颁发执照。市政厅财政局认为，市产与官产不同，拟"照案由局给照"。① 财政厅不赞同，试图将市产归并为官产，"是前日所谓市产，今日应作官产处理，由职厅接管"。② 财政厅多次函请会商划分官市产权限，财政局均置之不理。③ 1933 年 9 月底，双方各提出 5 项办法，由省政府第六届委员会折中处理，议决如下：

（1）岗地归财厅办理，由财厅市府公开竞投，投得价额，省市库各占一半，由财厅发部照，市府登记之。

（2）省市府各机关公用事业需用岗地，得呈请省政府拨给之。

（3）濠涌一律由市政府处分。

（4）海坦如属南番沙田局管辖范围者，由财政厅处分；如属市区河道堤岸码头范围者，而市政府已实施筑堤或已妥定筑堤计划者，由市政府处分；未计划之海坦，如开投时，照第一项之岗地办法处理。

（5）现未结岗地案件珠帽岗、飞来庙、十八洞等三处，应将原案取消，再行竞投，收益省市库各一半。④

由此，省政府分割了一部分原本完全由市政厅控制的市产——岗地、海坦两项的支配权。在当时大搞实业建设发展经济的背景下，控制这两类土地资源极为重要。例如，1930 年初，省政府拟在河南草芳附近荒岗建设省府合署，征地事宜须由市政厅主持。建设厅厅长邓彦华认为，该地位于市内，与市政发展有关，且征收土地属于市财政局办理，应该由市政府全权规划。

① 《广东省政府第五届委员会第 3 次议事录》（1930 年 8 月 6 日），《民国时期广东省政府档案史料选编》第 2 册，第 264 页。

② 《广东省政府第五届委员会第 33 次议事录》（1930 年 11 月 22 日），《民国时期广东省政府档案史料选编》第 2 册，第 325 ~ 326 页。

③ 《函市府催促会商划分官市产权限》，《广东省政府公报》第 211 期，1933 年 1 月 20 日，第 92 页。

④ 《议决划分广州市官市产办法》，《广东省政府公报》第 236 期，1933 年 9 月 30 日，第 44 ~ 46 页。

合署计划遂由市政厅与建设厅合办。① 而 1933 年后，省政府可以直接收用大量岗地、海坦进行实业建设。省政府先后收用河南士敏土厂前海坦，筹办丝织麻纱水结各厂；收用南石头地建筑制纸厂；收用西村士敏土厂北便地段，建筑淡肥厂；等等。②

市县政府间也存在着权限争执，竖立界标为市政厅拓展行政区域提供了契机。如第四章所述，广州市区分警界、权宜区域和展拓区域。市政厅有效的行政区域一直是在警界范围之内，市郊仍由南番两县管辖。随着市政建设的推广，市政府急需拓展市区边界。1930 年 6 月 12 日，国民政府内政部公布《省市县勘界条例》。当中规定固有省市县行政区域，如确系旧界不太显明，因而发生争执时，得重行勘划，并要求省市县树立界标，绘具区域界详图，送回内政部备案。③ 这成为市政府扩大市区范围之契机。7 月，土地局局长何启礼呈请市政厅咨行南番两县，派员会同该局，"将重要各地点树立坚固明显之界线，以清疆界"。④ 与此同时，市政厅根据《市组织法》施行市区间邻，设立户口编配委员会，拟将附郭包括南海县的三元里、瑶台、罗冲、南岸、澳口、增步及番禺县的天河、冼村、猎德、石牌、琶洲、黄埔、新洲、凤凰村等 57 乡划入市区。⑤ 1930 年

① 《计划建筑省府合署案》，《广东省政府公报》第 129 期，1930 年 9 月 25 日，第 17～18 页。1931 年 5 月，土地局局长何启礼提出收用土地案。但收地伊始，居民张学宸等就向国民政府控告，"收地建署，违案病民，联恳令行取销"。合署计划遂中止。见《省府合署收用土地案》、《收用河南草芳一带荒岗建筑本府合署案办理经过情形》，《广东省政府公报》第 153～154 期，1931 年 5 月 31 日，第 101～102 页；第 159 期，1931 年 7 月 20 日，第 130～131 页。

② 见《核准建厅收用河南士敏土厂前海坦》、《准收用南石头民地建筑制纸厂》、《准收用西村士敏土厂北便地段建筑淡肥厂》，《广东省政府公报》第 225 期，1933 年，第 121－122 页；第 257 期，1934 年，第 106－107 页；第 267 期，1934 年，第 52 页。

③ 《省市县勘界条例》，《广东省政府公报》第 109 期，1930 年 7 月 17 日，第 1～3 页。《市区树立界标之进行》，《广州民国日报》1930 年 7 月 29 日，第 2 张第 1 版。

④ 《市府函请南番两县划清疆界》，《广州民国日报》1930 年 7 月 21 日，第 2 张第 1 版。

⑤ 见《南番县属划入市区范围》，《广州民国日报》1930 年 9 月 23 日，第 2 张第 2 版；《编配户口近讯》，《广州民国日报》1930 年 9 月 27 日，第 2 张第 2 版。"市划分为区、坊、间、邻，五户为邻，五邻为间，二十间为坊，十坊为区。附郭五十七乡包括南海县的三元里、瑶台、王圣堂、上下沙涌、上步、粤溪、松溪、罗冲、南岸、澳口、泥城、西场、大坦沙、河沙、增步、秀水、贝底水等处。番禺县的天河村、簸箕村、冼村、猎德、石牌、新庆、甲子、谭村、员村、程界、棠下上社、棠下、车陂、琶洲、黄埔、新洲、赤沙村、北山、崙头、官洲、新村、龙潭、冈村、土华、小洲、大塘、上涌、西滘、东朗、新爵、南墩、西朗、麦村、白鸽薮、黄麖塘、林和、燕塘、沙河、凤凰村、下塘等。"

11 月底，财政厅要求市郊土地的田亩陈报与清丈登记由南番两县办理。市政厅大为不满，认为这与土地局的土地登记相抵触。[①] 于是，划清市县边界迫在眉睫。同年 12 月 10 日，竖界工作开始，由土地局测绘员钟景煌，会同南海县政府委员麦鼎新、番禺县政府委员陈海秋、市政府技士许华滔共同办理。历时 2 个月，共竖立水陆界石 46 方。北以白云山为界，西以增步对河两岛为界，西南以贝底水、石围塘为界，南以河南黄埔为界，东以黄埔对河之东围墟及棠下车陂涌北上至水土冈为界。[②] 这一范围也是 1924 年市政厅公布的市区展拓区域的范围。2 月 27 日，市政厅将上述区域作为广州市行政区域向省政府、内政部备案。[③]

竖立界石为土地局管辖市区界线范围内的土地提供了依据。1931 年 2 月，土地局开始办理郊外土地登记，拟在一年内办竣东南西北四郊。该局在河南小港关帝庙侧（后迁瑶头）设郊外区临时办事处，任袁国维为郊外登记筹办处主任。起初居民多观望不前，经一再催促，自 3 月起稍有起色。一年多后，据《华字日报》载，"附近南郊铺屋栉比鳞居，登记者连縢不绝"，每日可收登记费五六百元。[④] 这里所讲铺屋密集之处，当指河南警界附近。该处不少居民有愿归市治的意愿，在土地局办理土地登记无疑是他们寻求产权合法性的表现。同年，土地局又以"代办"形式争回了办理市郊税契的权力。土地局称，市郊土地由南番两县办理税契妨碍土地整理，故向省政府力争。财政厅要求将"凡土地局代收税款收取的税款一律全数解厅，不得扣支公费"，同意于 6 月 1 日将征收广州市税契拨交土地局代办。[⑤] 大体上说，市政厅的行政区域在竖立界石后确有一定扩展。

然而，竖立界标的作用不能过分夸大，市县争界仍频频发生。《市组织

---

① 《市郊清丈与登记之商榷》，《广州民国日报》1930 年 11 月 27 日，第 2 张第 1 版。

② 《本市界石竖立完竣》，《广州民国日报》1931 年 4 月 30 日，第 2 张第 1 版。

③ 《呈报奉省府令变更自治区域请将窒碍情形呈请省府准予变更成命照旧办理由》（1931 年 11 月 20 日），《番禺与广州市争界卷（一）及市郊施政大纲》，广东省档案馆藏，档案号：3/2/297。

④ 见《郊外地段须遵章登记》，《广州民国日报》1931 年 2 月 7 日，第 2 张第 1 版。《土地局郊外登记近讯》、《办理郊外登记近况》、《办理郊外登记近况》，香港《华字日报》1931 年 3 月 10 日，第 1 张第 3 页；1931 年 3 月 16 日，第 1 张第 3 页；1932 年 6 月 8 日，第 2 张第 2 页。

⑤ 《广州市税契拨交广州市土地局代办》，《广东省政府公报》第 155～156 期，1931 年 6 月 20 日，第 35～36 页。

法》自颁行后，"各地方市县纠纷，不一而足"。1931 年 3 月，为减少市县间行政困难，国民政府行政院令各地厉行市县分治。① 市政厅也拟奉令执行，遂致与番禺县的矛盾激增。1931 年底，市政厅将市行政区域划分为市内 30 个区、郊外 5 个区筹办市地方自治，各区设区筹备委员，负责设立区公所筹备委员会。然而，这恰好触及了番禺县管辖的权限。海珠区筹备委员郭熙棠同时被委任为番禺县海幢乡乡公所筹备委员。蒙圣、南洲、黄埔、东郊、花地、南岸等区遭遇同样的问题。由此，广州市与番禺县就已经划入市区范围的乡村归属展开拉锯战。1931 年 11 月 20 日，广州市市长程天固呈文省政府要求将市区乡村自治交由市政府办，而番禺县则要求"先将市区已有警察地方归市办理"。针对番禺县提出的行政无具体接收办法、行政系统紊乱、治安力量无法推及等问题，程氏认为"县市行政职能之划分应以区域范围为标准，不应以统治能力为标准"。② 1932 年 1 月 7 日，市政厅制定了《市郊市政大纲》，规划市郊的治安、教育、财政、建设等事项。大纲公布后，番禺县已划入市区范围的 53 个乡村向省政府请愿"缓移市辖"，主要理由有：一是税捐问题，归县管只需缴纳钱粮税亩，但归市管须缴纳各种税捐；二是治安问题，归县管依赖乡警卫队和县兵防匪，而归市管设置警察后，警力少则达不到防卫效果，警力多了则人民负担重。此外，乡村代表还提出警卫队如何改组、原有的乡村防卫体系被割裂、城市奢靡之风影响等不愿划入市管的理由。③

在市政府与县政府争执之际，省政府成为居中调停的角色。3 月 15 日，省政府民政厅将市政厅与番禺县各乡村代表集合开会。市政厅代表张拔超详加解释，谓如何不至增加人民负担，如何由市政府整理各乡原有之警卫队，并办基干队替代县兵，勤加缉捕等。而各乡村代表不允，请于治安确有保障时，再移归。市政厅则一再强调不得缓办。于是，双方陷入僵局。最终，由民政厅出面圆场，提议在市区行政区域内，所有已经设置警察局所之地段，

① 《市县分治之提案与核议》，香港《华字日报》1931 年 3 月 28 日，第 1 张 3 页。
② 《据番禺县长呈广州市政府争办各乡自治拟具办法请核示遵等情仰即会同广州市政府妥议呈复以凭核夺由》（1931 年 11 月 20 日），《番禺与广州市争界卷（一）及市郊施政大纲》，广东省档案馆藏，档案号：3/2/297。
③ 《呈据县属各区委会联请撤销移交划入市府行政地方原案转呈察核由》（1932 年 2 月 5 日），《番禺与广州市争界卷（一）及市郊施政大纲》，广东省档案馆藏，档案号：3/2/297。

全归市辖；市郊各乡未设公安分局的，暂时仍归县辖。① 这样无异于又回到事件的原点，市区范围仍限制在警界之内。市县在自治问题上的冲突，最终导致"河南县市划界潮"。结果仍是依省政府之意，维持现状。（详见下文）1933 年，因取缔建筑事，市县再发生争执。市长刘纪文呈请省政府，划分县市区域权限，饬令番禺县政府在本市区域内勿再径准建筑民房。省政府提出 5 项审查修正意见，文曰：

（1）县政府欲在市区郊外开辟马路时，须呈请省政府核定；

（2）贴近上项马路旁二百公尺内建筑物之取缔，须照市政府所定章则办理；

（3）市区内土地已经登记，由市政府收地税后，应豁免其钱粮；

（4）凡持财政厅所发红契向土地局登记，应毋庸另印新契；

（5）某一区域市政府如认为达到市政实施时期，应指定范围，呈请省政府令公安局设置警察，并将该区由市府接管。②

可见，其基本原则仍为维持市县在市郊财政和行政权限的平衡，令市县双方各让出部分利益。同时，省政府也自赋了在市县之间更为重要的裁判权。当然，市县矛盾并未因此消失。这项规定使工务局有权进行东沙住宅区、白鹤洞住宅区等地的建筑取缔，但该处公路等建设均为番禺县主持，故该县大为不满。③

大体上说，直至 20 世纪 30 年代，市政府可以管辖的范围仍是省会公安局已经设置警察的区域，而市郊未设警察之处仍归县管辖。可以说，竖立界标和市县自治均未能起到拓展市区之效。当然，在不同区域，市县政府的权限控制范围也有所差别。1932 年底，番禺县与南海县始先后将县治迁往新

① 《据本府秘书处呈签称解决广州市政府与番禺饬用办理市区地方自治事宜争议一案情形经会议议决照办仰即转饬番禺县遵照办理呈报由》（1932 年 4 月 1 日），《番禺与广州市争界卷（一）及市郊施政大纲》，广东省档案馆藏，档案号：3/2/297；《解决广州市府与番禺县因办理地方自治争议一案经过》，《广东省政府公报》第 183 期，1932 年 4 月 10 日，第 80~81 页。
② 《划分县市区域权限》，《广东省政府公报》第 236 期，1933 年 9 月 30 日，第 64~66 页。
③ 《核定白鹤洞等处地方取缔建筑事项由广州市政府办理》，《广东省政府公报》第 279 期，1934 年 12 月 10 日，第 94~95 页。

造和佛山。① 省政府在其中充当居中调整市县矛盾的角色，维持着市县之间财政与行政权限的平衡。

二 河南发展计划及其失败

程天固的工务实施计划将发展河南视为发展新市区的关键。他制订了发展计划试图在河南建设新的行政、商业、工业等中心，并开辟全岛马路系统及住宅、公园等，但计划遭到乡民与番禺县的反对，结果以失败而告终。

程天固曾为河南制订详细的发展计划。广州市北是越秀山，市西尽于水，唯有向东南面扩展市区。在程氏看来，东郊虽多旷地，但距离市中心过远；而河南一处，既接近市内繁盛地区，人口又相对较少，水道交通便利，是展拓市区最适合的区域。程氏本人也一直居住在河南近河一带。他所开设的大星皮革公司、大生和大裕等工厂也坐落在河南。② 因此，他制订了《发展河南大计划》，对河南进行分区，并整体规划道路系统和园林等。其主要内容大致如下：

> （1）分区计划。自洲头咀以达南石头、沥滘等处，水陆交通利便，且与内港、汽车站接近，划为工业区。其余在珠江前航道濒江地段，自士敏土厂起至鸭墩涌附近止，划为批发栈之商业区，及轻工业区。松岗、得胜岗等处划为市政中心区域，建设市政府合署及党部、博物馆、美术馆、图书馆等公共建筑。在干道之两旁区域，均划入商业区范围，其余地段，悉划为住宅区。
>
> （2）采用长方式（又称棋盘式，Rectangular Block System）道路系统。以由洲头咀内港至黄埔外港各大道为经，而以联络省河南北之干路为纬，使全区干路与省河各铁桥之联络。交通之重要地点，则多设对角斜路线，以弥补长方式之所短。各路规定之宽度，除斜路线为 100 尺

---

① 《番禺县呈报筹备迁移县府及学校情形》，《广东省政府公报》第 182 期，1932 年 3 月 31 日，第 73～75 页；《令南海县限三个月内迁治佛山》，《广东省政府公报》第 207 期，1932 年 12 月 10 日，第 59～60 页。

② 程天固：《程天固回忆录》上册，第 187 页。

外，其余各干路，均为 80 尺，横间之道路，则为 60 尺。

（3）林荫大道及公园。拟参酌首都秦淮河两岸之林荫大道建设计划，在洲头咀至鸭墩关之小涌，沿涌开辟林荫大道一条，并开辟七星岗附近一带为野外公园。[①]

可见，程天固试图以河南作为广州行政、商业、工业的新中枢。他此前规划的建设洲头咀内港、珠江铁桥、河南堤岸等工程是为配合发展河南。开发河南的提议自民国初年就屡有提及。1913 年，广东军政府内务司土木课拟在河南全区规划十字马路 17 条。先就沿边开办，并建设各种公共建筑。"自士敏土厂以东，经由港商集资，建设各式货仓；其自花地以南一部，拟仿军路建筑法，先由公家筑成马路一条，一面招集巨商，次第开办。"[②] 市政厅成立后，又有仿照长堤兴筑河南沿岸水坦计划，范围为东起岭南学校码头，西至洲头咀折南至南石头一带。又有装设自来水之计划。[③] 这些计划均因政府无款，或政局动荡，而没有真正得到推行。1928 年，工务局着手开辟河南南岸、洪德大街至凤安桥等商业繁盛之区的马路。程天固的河南发展计划是要将马路建设得更为系统化，汇聚到松岗、得胜岗的新行政区域中心。1932 年刘纪文继任市长后，工务局继续以程氏的规划为基础，制定《广州市道路系统图》。（见图 5－2）

从图 5－2 可见，工务局拟通过三条跨江桥梁，将河南马路与珠江北岸连接，又以东西向和南北向相交干道（辅以放射形斜路）沟通河南全岛，且皆通往位于松岗、得胜岗的市政中心区域，形成"回"字形马路中心。这样，马路网络一方面联系着新旧市区，另一方面也将推进河南全岛的开发。1930 年 5 月前后，工务局先后公布《规划河南市区外路线》及《开拓河南市区计划》等。[④] 这个计划也得到了广东省政府的支持。省政府也拟借

---

① 《广州市工务之实施计划》，第 30～33 页；《河南市区之整个建设计划》，《国民新闻报》1930 年 5 月 10 日，第 2 张第 1 版。

② 《河南将来之大建筑》，香港《华字日报》1913 年 4 月 18 日。

③ 《河南海坦留筑筑堤》，《广州民国日报》1924 年 3 月 10 日，第 6 版。

④ 见《规划河南市区外路线》、《开拓河南市区计划》，《广州民国日报》1930 年 5 月 3 日，第 2 张第 1 版；1930 年 5 月 10 日，第 2 张第 1 版。

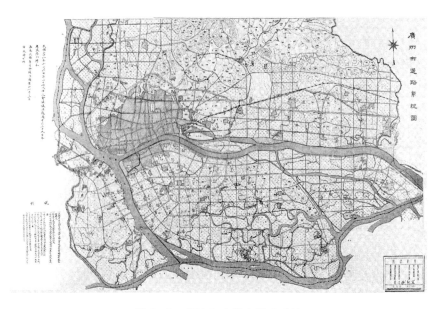

图 5 - 2　1932 年广州市道路系统

资料来源：广州市档案馆等编《广州历史地图精粹》，中国大百科全书出版社，2003，
第 91 页。

用松岗、得胜岗等处建设省府合署，先后令市政厅测绘，并令建设厅规划建
筑。[1]

　　然而，河南向属番禺县管辖，自身也有一套由乡绅主导的乡村基层社会
权力体系，市政厅的意图遭到乡民与番禺县的双重反对。如第一章所述，河
南近河一带与内陆乡村随着商贸的发展，形成两种截然不同的风貌。近河一
带商业兴盛、人口稠密、街巷密集，而内陆乡村仍是一片田园风光。相应
的，其权力体系也有所不同。邱捷指出，19 世纪 50 年代为镇压红兵起义，
广东各级地方鼓励士绅设立团练公局（简称"公局"），其逐步演变为士绅
控制乡村基层社会的常设权力机构。它拥有武装，征收局费，有稽查、缉
捕、审判、仲裁等权力，甚至在地方上有一定立法权，使清朝的统治得以延

---

[1]　《计划建筑省府合署案》，《广东省政府公报》第 129 期，1930 年 9 月 25 日，第 17～18 页。

伸到县以下的基层社会。^①《番禺县续志》载，番禺四司主要的大乡均有公局。^② 河南以汇津桥、利济桥和云桂桥为界，划分"桥内"与"桥外"。^③桥内三十六乡是以瑶头为中心的村落，清末逐渐以小港南洲书院为地方权力中心。而桥外近河一带以缆路尾南洲公局（又称"南洲局"）为地方权力中心。光绪末年，一位潘姓士绅在鳌洲金花庙侧设立三乡公局（又称"三乡团局"）。遂成三机关"彼此竞行"的局面，"舆权澎涨，乡人有讼，得局绅一言立解，故到县控诉之案，殊不多见"。^④ 1905 年，河南劫案迭出，部分士绅在三乡团局集议，拟举办警察。^⑤ 1906 ~ 1907 年，巡警总局在河南近河一带，设巡警正局及第一、第二、第三、第四分局，经费主要由河南地方筹办。^⑥ 据何文平的研究，这种"官督绅办"的巡警形式在清末广东相当普及。^⑦ 河南名义上隶属巡警总局，实际则是由地方乡绅控制，其范围就是桥外三十六乡。河南各种不同势力的乡村基层权力体系一直延续至民国时期，成为制约城市扩张的主要力量。

民国成立后，河南仍延续着清末"桥外"与"桥内"的双重权力格局。桥外近河一带是警察区域，称"十一区署"，分正署及第一、二、三分署。正署办公机构设置在海幢寺。^⑧ 广州市政厅成立后，划分三重区域，河南近河一带已设警察区域称为"河南市区"。而桥内则完全控制在军事强人

---

① 邱捷：《晚清广东的"公局"——士绅控制乡村基层社会的权力机构》，《中山大学学报》（社会科学版）2005 年第 4 期。

② 宣统《番禺县续志》卷 5《建置志三》，《中国方志丛书　第 49 号》，第 106 页上栏。番禺四司均有公局，如茭塘司设有沙茭总局（在南村，为沙茭两属士绅集议之所）、南洲局（在河南）、彬社局（在官山墟）、岗尾局（在明经乡）、石楼局（在石楼乡）、赤山局（赤山乡，陈族置立）。

③ 宣统《番禺县续志》卷 6《建置志四》，《中国方志丛书　第 49 号》，第 111 页下栏。

④《河南规复乡局》，香港《华字日报》1920 年 6 月 10 日，第 3 张 4 页。

⑤《河南谋办巡警》，《广东日报》1905 年 9 月 29 日，第 2 页。

⑥《广东财政说明书》，第 489 ~ 490 页。

⑦ 何文平：《清末广东巡警的创建与官绅关系》，《中山大学学报》（社会科学版）2006 年第 5 期。

⑧ 1905 年，巡警总局将管区分老新城、东南关、西关南路、西关北路、河南五大区域。其中，河南设正局一，分局四。1909 年，奉清廷令设巡警道，巡警总局改为警务公所，附设巡警道署。1910 年，改五大区域为东西两大区域，将各分局改为警察区署，东区设区署四，西区设区署六。1912 年 2 月，改称广东警察厅。10 月，又改为广东省城警察厅。河南巡警改称"第十一区署"，分正署及第一、二、三分署。见广东省会公安局统计股编印《广东省会警务纪要》，1936，第 2 ~ 10 页。

李福林（1874～1952）手中，先归复乡局，后设立乡团。李福林是河南
大塘乡人，清末广州著名的绿林首领。广东光复时，李福林率 2000 多民
军进入广州城，后整编为福军，负责在珠三角一带清乡剿匪。在政局动荡
之际，李福林始终是孙中山的坚定支持者。他率领的福军被多次整编，先
为东路讨贼军第三军，后改建国粤军第三军，再改国民革命军第五军，其
军部均设在海幢寺。① 因此，时人称之为"河南王"。在李氏的统治之下，
河南在动荡不安的时局中能保持社会秩序的相对稳定，"河南地方近来颇
为安靖，且无何等谣言发生，一般人民多视之为安乐窝"。② 在地方事务
的处理上，李福林提议恢复绅权，重开乡局，实行自治，并召集七十二乡
绅耆会议，征求意见。据报道，当时已恢复"内外两局"，即缆路尾南洲
局与小港南洲书院，各举绅耆四人总理局事。③ 1924 年，李氏尝试打破这
种樊篱，倡议各乡团联团，分中东西三局，以中局为首，设在大塘敦和
市，先后由伍应祺和车松周主事。据称，共有 82 个大小乡村先后加入联
团，加入时送基本金十元或百元不等。并另有二三万元筹款，以息奖给花
红和抚恤。各乡设团长或团董一名，酌设团练，或数名，或十数百名不
等。所有枪支、子弹、团练工食，各乡自筹，或缴价代领枪支。各团练每
月会操两次，日夜巡逻，择要防守。④ 1928 年，李氏因病辞去军政职务，
赴香港康乐园隐居。⑤ 此后，河南归并为番禺县第三区，设河南全区办事
公所，由伍应祺任所长。全区公所下设各乡公所，各乡公所又自置警卫
队。⑥ 1930 年，市政厅拟将河南划入市区，设立市郊警卫队。警卫队与警
察互不统属，由河南全区公所所长伍应祺担任总队长。其实质与乡团相
似，"河南四十一约坊人，为自卫起见，曾次第组编警卫队，本联防互卫
之旨，实行联乡自卫"。⑦

---

① 何文平：《从绿林首领到市长——清末民初革命中的李福林》，《近代史研究》2011 年第 6
　　期。
② 《河南有人满之患》，香港《华字日报》1920 年 9 月 29 日，第 3 张 4 页。
③ 《河南规复乡局》，香港《华字日报》1920 年 6 月 10 日，第 3 张 4 页。
④ 《河南各乡团组织内容》，香港《华字日报》1924 年 3 月 19 日，第 3 张 12 页。
⑤ 萧栋梁：《李福林》，中国社会科学院近代史研究所民国史研究室编《中华民国史人物传
　　第 3 卷》，中华书局，2011，第 1716 页。
⑥ 《河南新定联防法》，香港《华字日报》1931 年 4 月 15 日，第 1 张 4 页。
⑦ 《河南要闻汇志》，香港《华字日报》1931 年 5 月 12 日，第 1 张 4 页。

　　盘根错杂的乡村权力关系极大地牵制着市政厅推行"发展河南大计划"。首先，河南全区办事公所运用各种灵活的策略反对学校、政府及置业公司收地。学校主要是指私立岭南大学，1904 年该校（当时名为"岭南学堂"）迁建在河南康乐乡。校园占地约 35 英亩，后陆续向周围乡村购地扩张。1913 年 5 月，该校因购康乐乡附近坟山，被坟主状告毁坟。番禺初级检察厅责成该校赔偿，并令嗣后"买山须卖明新闻纸，经过清明拜扫后"始可交易。① 也就是说，在报纸刊登买地告白即可视为合法交易。由此校园面积不断扩大，至 1918 年已达 135 英亩。② 1927 年，该校收归华人办理，钟荣光出任校长，学校改名为"私立岭南大学"。③ 因开拓农事试验场，该校拟定两期收买附近土地计划，遭乡民一致反对。1931 年 3 月，河南康乐附近下渡二十八乡乡民，在大塘敦和市河南全区办事公所，召集河南七十二乡人士开紧急联席会议。到会者，各乡代表 200 余人，及二十八乡人士共3000 余人。议决组建"河南七十二乡田园庐墓维持会"（以下简称"维持会"），由全区公所区评议员伍业精等负责办理。维持会向南京政府、行政院、广东省政府、军事部门、党部、各团体、各报馆等发出快邮代电，呼吁反对岭南大学收用民地。④

　　其次，各乡公所也使用"地属番禺县"为由抵制征地。草芳、南田、云桂三乡乡民反对省府合署收用土地，由乡办事所所长黄某等分向各机关呼吁，"如不获要领时，则举行大请愿"。⑤ 乡民张学宸等向南京国民政府上呈，"广东省政府收地建署，违案病民，联恳令行取销"。⑥ 省府合署计划在舆论压力之下，草草作罢。1932 年，各乡更直接以警卫队的武力制止征地。南田涌尾乡、箩斗乡等处，反对兴发公司收用坟地时，乡民一面集众严行制

① 《买山坟者须刊新闻纸》，香港《华字日报》1913 年 5 月 26 日。

② *Canton Christian College Ling Naam Hok Hau: Its Growth and Outlook*, p. 15.

③ 《广州岭南大学补助费案》，《广东行政周刊》第 10 期，1927 年，第 31～32 页。

④ 见《河南乡民反对岭大收用民地》、《河南乡民请愿记》、《岭大收用民地之乡人呼吁》，香港《华字日报》1931 年 3 月 3 日，第 1 张 3 页；1931 年 3 月 6 日，第 1 张 3 页；1931 年 3 月 7 日，第 1 张 3 页。

⑤ 见《河南区乡联席会议》、《河南居民又反对收用民地》、《河南草芳等乡之联席会议》，香港《华字日报》1931 年 3 月 11 日，第 1 张 4 页；1931 年 3 月 20 日，第 1 张 3 页；1931 年3 月 31 日，第 1 张 3 页。

⑥ 《收用河南草芳一带荒岗建筑本府合署案办理经过情形》，《广东省政府公报》第 159 期，1931 年 7 月 20 日，第 130～131 页。

止发掘，"咸不分日夜，持枪在该岗附近，梭巡保护"；一面发出公启，分
呈当政机关陈诉。① 草芳、蚤科两乡反对小港杜某掘坟时，乡民使用武力制
止掘坟，两乡警卫队拘禁了掘地工人 3 名。番禺县警卫队第四中队急派分
队，星夜开赴两乡之大元岗一带"实行以武力制止双方动作"。② 在反对收
地的抗议中，各乡最常使用的一个理由是该地属番禺县。如河南各乡维持箩
斗乡坟山大会发出快邮代电，称广州市财政局批准领地是"侵越番禺县权
限"。③ 河南全区办事公所厘定掘山坟办法，规定："凡在河南各乡，迁掘山
坟者，必先到区所领取凭证，始□发掘。"④ 乡所长也提议要制定办法，限
制地皮公司收用民地以改辟住宅区。⑤ 也就是说，河南各乡自有组织，而且
通过番禺县河南全区公所转呈请愿，利用番禺县属身份来与广州市的征地相
抗衡。

　　这也说明，河南是否要划入市区始终具有极大的争议。从河南全区公
所所长伍应祺的表现上可以看到"归市"还是"归县"并非一成不变。
在反对征地时，伍氏领导的河南全区办事公所扮演着组织者的角色。1931
年 2 月，由于伍氏指挥的市郊警卫队与警察局河南分局在警界之内权限交
叠，"故每因权限问题，与警察发生纠纷"。于是前十一区二分署署长陈
竹友曾提议将警界内的河南四十一约警卫队，改编为警察后备队，直接归
各警区管辖，⑥ 但伍氏不予理会。他督令河南各乡呈报治安情形，又厘定河
南各乡联防办法，"务使七十二乡地域，成为一连环联合之情势；七十二乡
警卫队，成为一连环联合之武力"。⑦ 显然，伍氏不愿放弃警卫队的权限。
但到 1932 年，在市县自治问题上，伍氏却更倾向于"归市"。番禺县自治
科科长马柄枢向省政府报告，称乡民揭发伍氏抗办地方自治归县管的三个原
因。文曰：

---

① 《河南乡民反对收地》，香港《华字日报》1932 年 11 月 10 日，第 2 张 2 页。
② 见《河南乡人反对掘坟潮六志》，香港《华字日报》1932 年 12 月 2 日，第 2 张 1 页；《河
　南乡人反对掘坟潮七志》，香港《华字日报》1932 年 12 月 3 日，第 2 张 2 页。
③ 《河南乡民反对掘坟潮续讯》，香港《华字日报》1932 年 11 月 23 日，第 2 张 1 页。
④ 《河南乡人反对掘坟潮九志》，香港《华字日报》1932 年 12 月 15 日，第 2 张 2 页。
⑤ 《河南要闻汇志》，香港《华字日报》1932 年 12 月 29 日，第 2 张 2 页。
⑥ 《河南警队改编之动机》，香港《华字日报》，1931 年 2 月 23 日，第 1 张 4 页。
⑦ 见《令河南各乡呈报治安情形》，香港《华字日报》1931 年 3 月 4 日，第 1 张 3 页；《河南
　新定联防法》，香港《华字日报》1931 年 4 月 15 日，第 1 张 3 页。

（1）区所委员伍应祺、伍业精等为私人地盘权利问题，妄称七十二乡公民列席，反对省府训令；

（2）伍应祺接受市府委任市郊警卫处主任，其他各员均在警界内各乡为乡委员；

（3）置有多数地皮如归市辖地价必涨，归县则反是悬。①

可见，"归市"与"归县"最大利害关系是影响到土地价格的升涨。"归市"意味着河南即将开辟马路，成为市政建设之地，土地价格会上涨；反之，"归县"意味着河南维持原貌，土地价格不变，甚至下降。显然，愿"归市"的是部分手中握有土地资源的人，并不代表全体河南乡民的意愿。且上文指出，伍氏和警界内各乡已接受市政厅授予的职务。这意味着，警界内外乡民的意愿极为不同。因此，伍氏等是用"七十二乡公民"的名义来筹划河南"归市"尤其受到另一部分乡民的反对。双方的观点又各自得到广州市政府与番禺县政府的支持。

于是，各方的矛盾终酿成"河南县市划界潮"。广州市市长刘纪文在递交省政府的呈文中称，在1932年5月8日召开的河南全区各乡大会上，有四十二乡代表公民踊跃要求"入市"。② 而该月底，在番禺县上省政府的呈文中却有自称"各乡公民代表一份子"的沈梅生等人要求克日举行河南七十二乡乡长会议，"请县长再三详细解释河南各乡自治权应归县辖之重大理由，及各乡长员被人蒙蔽操纵之情形"。③ 6月2日，经广州市政府同意批准的"南洲自治区"筹备委员会在瑶头双洲书院召开大会，选举市参事及区委员，当选市参事的名单中首位便是伍应祺。④ 孰料番禺县县长严博球忽然派县兵制止，拘禁瑶头等三十余乡警队，并扣留南洲自治区委员李允等三

① 《呈报第三区抗办归县辖地方自治》（1932年5月30日），《番禺与广州市争界卷（一）及市郊施政大纲》，广东省档案馆藏，档案号：3/2/297。
② 《奉省政府令接广州市长呈南洲区公所筹委伍勤等请将该区仍划入市区一案饬请核办等情仰转饬番禺县遵照办理具报等因谨呈尚察核示遵由》（1932年6月3日），《番禺与广州市争界卷（一）及市郊施政大纲》，广东省档案馆藏，档案号：3/2/297。
③ 《呈报第三区抗办归县辖地方自治》（1932年5月30日），《番禺与广州市争界卷（一）及市郊施政大纲》，广东省档案馆藏，档案号：3/2/297。
④ 《河南昨召开乡民大会》，香港《华字日报》1932年6月4日，第2张2页。

人。舆论为之哗然，时称"河南县市划界潮"。① 事件发生后，广州市市长刘纪文与番禺县县长严博球各自上呈省政府力争南洲区归属。最终省政府出面调停，谓："该区划归市区办理自治，乃□查所谓民意，实不过少数人操纵，且该区向无市管，着即依照旧案办理，自治事务仍由番禺县办理。"② 伍应祺连日与县政府交涉，争持甚烈，仍不得要领，遂与南洲区筹备委员相继提出辞职。番禺县自治科科长马柄枢、第三区自治筹备员莫庆颐等分驻各乡，督促限期完成选举。③ 河南七十二乡之警卫队由番禺县兵营营长郑军凯率县兵前往接收，权理团防事务。④ 而驻扎在鹭江、敦和市、大塘等各乡之县兵，直至 6 月底仍未撤退。⑤ 至此，"河南县市划界潮"以河南划归番禺县管辖而落幕。⑥

至此，广州市政厅的"发展河南大计划"大体上均已失败。除在警界内开辟的南岸马路和南华路等外，市政厅几乎没能再推行任何市政建设。1935年，岭南大学的伍锐麟等人在河南旧凤凰村开展社会调查，发现该村有两套并行的行政体制。一套由乡公所主持，名义上隶属县政府，包括人口调查办事处、警卫队、凤岭小学和天后庙。他们有祖田田租、屋租和烟赌馆规钱等经济来源。而另一套是市政厅和农林局合办的"河南农村改进表证区"，包括民众学校、妇女职业教育合作社、幼稚园、民众治疗所、通俗演讲所、民众俱乐部等机关。其经费由市政厅和农林局拨给，每月只有 270 元，在敦和市也设有民众教育馆、民众治疗所等。正如伍氏等指出的那样，由于"经济限制，不能尽量发展"。⑦ 从中可见，自清末延续下来的植根于乡村土地、

① 《河南县市划界潮三志》，香港《华字日报》1932 年 6 月 8 日，第 2 张 2 页。
② 《河南县市划界潮四志》，香港《华字日报》1932 年 6 月 10 日，第 2 张 2 页。
③ 《据番禺县呈拟遵令派员督促办理第三区地方自治情形请察核由》（1932 年 6 月 8 日），《番禺与广州市争界卷（一）及市郊施政大纲》，广东省档案馆藏，档案号：3/2/297；《河南县市划界潮六志》，香港《华字日报》1932 年 6 月 15 日，第 2 张 2 页。
④ 《据番禺县呈拟遵令派员督促办理第三区地方自治情形请察核由》（1932 年 6 月 8 日），《番禺与广州市争界卷（一）及市郊施政大纲》，广东省档案馆藏，档案号：3/2/297；《河南划界潮已告一段落》，香港《华字日报》1932 年 6 月 18 日，第 2 张 2 页。
⑤ 《河南要闻近志》，香港《华字日报》1932 年 6 月 28 日，第 2 张 2 页。
⑥ 但划归市治的要求也没有消失，1932 年 12 月，仍有部分人在双洲书院召集七十二乡会议，要求将河南各乡划入市区范围，开办警察及自来水等。见《河南要闻汇志》，香港《华字日报》1932 年 12 月 19 日。
⑦ 伍锐麟、黄恩怜：《旧凤凰村调查报告》，《岭南学报》第 4 卷第 3 期，1935 年 8 月，第 99～124 页。

经济及其衍生出来的乡村权力体系有着极强的韧性，而在河南没有经济基础的市政厅，在试图推广市政的过程中始终举步维艰。

综上所述，在解决了原有市区范围的土地之后，市政厅试图将市政建设推广至权宜和展拓区域。程天固的工务实施计划大致可分为四大部分：第一部分是在珠江沿岸填筑新的土地，包括洲头咀内港、填筑海珠及填筑珠江铁桥脚；第二部分是开辟东郊荒岗，包括松岗住宅区及石牌跑马场等；第三部分是在原有官地之上新建大型公共建筑，包括市府合署、市图书馆、平民宫等；第四部分则是开拓河南作为新市区，包括建设跨江桥梁、规划河南全岛马路及圈定新行政中心区域等。这一工务实施计划的推行，基本奠定了广州城市建设的发展趋势。祖籍四邑的旅港商人与以总商会为代表的本地商人在其中都起到关键性的推动作用。在官商合作之下，第一、二、三部分主要的建设工程在刘纪文任市长期间（1932~1936年）基本完成。如1932年海珠新堤筑成，市政当局拟将之划为银行区，发展金融商贸，将市立银行、中央银行、省营实业银行等一并迁移建设。1933年2月，海珠桥落成，市政当局举行的开幕礼极具深意，由十几位百岁耆老领导渡桥，策杖从北岸步行至南岸，然后乘汽车，环游河南各马路一周。[①] 自清末以来倡建跨省河大桥的夙愿终于得以实现！百岁老人见证了市政建设之飞跃。而乘坐汽车环绕河南马路的设计似乎是为了表明，市政建设之成效也是得到乡村认可的，同时也寄予着市政当局发展河南之决心。但是开发河南扩展市区的计划在遭遇河南乡民和番禺县的反对后，戛然而止。至1937年日军入侵广州，广州市政范围始终未能扩展至河南腹地。

---

① 《广州海珠铁桥落成》，《申报》1933年2月21日，第8版。

结　论

　　时至 1936 年，广州市区的城市建设已达致一定的规模。在当年一本介绍广州的旅行小册子里，作者倪锡英将之与上海对比，认为其市区、马路、建筑已相当不错，尤其是马路两旁的骑楼，别具特色。文曰：

　　　　在广州市的幅员看来，虽没有上海的那末广大，可是像开辟了这么辽阔的市区，错综的马路，也算是中国有数的都市了。

　　　　由于广州当局的积极建设，广州市的街道也渐趋于近代化了，许多旧式的屋宇都换上了新式的洋装，马路的两旁尤其特异地排列着在上海和北方的都市所没有的骑楼，无论在雨天或猛烈的太阳底下，人们都可以毫无难色地从骑楼底下进出了。而且，高入云霄的大厦、摩天楼，也堂皇地在市内各处出现着。①

　　倪锡英用了"近代化"一词来形容街道建筑形式的变化，并认为广州当局在其中起到积极作用。如本书开头所述，李炳瑞所著的系统介绍广州市政建设情况的英文书，更直接题名为 Modern Canton（中文名为《新广州市》）。书中频频出现近代街道（modern streets）、近代铁桥（modern steel bridge）这样的词语。② 可见，在时人眼中，1936 年的广州已可谓一个"近代城市"。

---

　　① 倪锡英：《广州》，中华书局，1936，第 48～49 页。
　　② Edward Bing-Shuey Lee, *Modern Canton*.

从传统省城到近代城市，广州城市的外观固然是焕然一新，但更重要的是这种物质空间变化的背后是近代中国城市管治性质的剧变。"市政"概念的出现，意味着政府越来越意识到其在城市建设中的角色，也意味着住在城厢里的人们以"市民"身份对"城市"的蓝图有所期待，对市政府的责任有所要求。然而，建设必然涉及经费，城市建设更非打造空中楼阁，而是在实实在在的地皮上动土兴工。因此，城市土地产权的问题是城市建设不能绕过的前提。自清末建设长堤始，至20世纪30年代的种种城市建设，彻底改变了广州的城市空间形态。在这个过程中，区别于乡村的"城市土地产权"逐渐产生，也日渐纳入系统的市政管理当中。

大体而言，清末官府是较少触及土地产权问题的。其在进行建设活动时，选择的是避开原有业主之地，在城外珠江河畔上加建起堤岸。这种做法与近代香港的填海造地工程，有着异曲同工之妙——在最大程度上减少了本地社会对建设活动的反对。民国建国以来，政府先是控制了清末官府遗留下来的"官产"。改建官署、召变官产，似乎是政府理所当然可以为之的事。拆城筑路时，政府也以"城墙本为官地"为理由，来反驳民众的抗议。1925年4月筹议建立孙中山纪念堂时，最终选址也是落在前清八旗抚标箭道这块官产之上。①

在"官产"用无可用后，政府就盯上濠涌、河坦、荒岗等无主的土地资源，进而把手伸到如庙产一类带有"公共性质"的产业，以至把因市政建设而产生的骑楼地、畸零地、废街等各种土地纳入"市产"。政府此举无疑会引起很大的争议，特别是何谓"公产"和"市产"，经常难以服众，召变市产也因此引起民众极大愤恨。随后，政府调整了政策，通过承认双重产权，得以扩大了建设马路的区域。最后，政府通过土地登记，对城市土地所有权、永租权、典质权、铺底权或上盖权等一般私有产权进行系统管理。至此，"城市土地产权"体系已经基本确立起来。当然，各种产权之划分并非泾渭分明，官产、市产的范围往往模糊不清，争议并不能简单平息。

---

① 中山纪念堂位处清代八旗抚标箭道。该址在1908年用于建造督练公所，1913年龙济光将之改建为都督府，1921年孙中山将之用作总统府，至1925年4月筹备建设中山纪念堂时，首选的地址是西瓜园商团公所旧址，但最终定在总统府旧址上。见《新督署之布置》，香港《华字日报》1913年9月8日；《募集孙中山纪念堂开会纪》，《广州民国日报》1925年3月31日，第3版；《孙中山纪念堂地点之决定》，《广州民国日报》1925年4月25日，第3版。

　　20世纪30年代，广州市政厅的大型城市建设主要集中在三种土地之上：第一种是新填地，如填筑洲头咀内港、填筑海珠岛、填筑珠江铁桥脚等；第二种是开发荒岗，如开辟松岗住宅区、开辟石牌跑马场等；第三种是改建原有的官地，如市政合署是建设在中央公园内、市图书馆是建设在广府学宫旧址上、平民宫建在高第街前军事厅旧址、动物园建在惠爱东路旧法国领事府。在这里仍然可以看到，历代官署相沿之痕迹。程天固曾计划将市政合署建在河南（后借用为省府合署），后因收地过程"种种不使"，遂拟改在刚刚收回的旧法国领事府址。① 又因该处地形不合，最终定址在中央公园（原名第一公园）。而中央公园恰恰是建设在旧巡抚衙署址上。也就是说，由于不存在征地的问题，官产始终是民国时期开展城市建设的主要场地。每当政府尝试扩大"市区"的范围，均因触及乡村土地产权而不得不停步。

　　政府掌控土地的过程，也伴随着政府与本地商民的角力，而本地商民许多就是城市土地和商铺产权的拥有者。民国初年，以胡汉民为首的广东军政府，试图采用激进的方式改变城市。在其城市改建方案中，基本排斥了政府以外其他所有社会力量的参与。这种缺乏社会支持基础的做法，很快就遭到以总商会为首的商民的反对，以失败告终。拆城筑路时，市政公所的策略是依靠祖籍四邑的旅港商人和加拿大归侨的资金。这也引起以省议会议员为首的本地绅商的反对，最终导致电车案无法按合同执行。市政厅成立之初，以孙科为首的市政厅也拟采用激烈的手段改建城市。其召变大量官市产，试图取消铺底，统一产权。结果导致以商团为首的商民的激烈反对，市政厅一度备受舆论抨击，声名狼藉。政府与商民的矛盾终以"商团事件"形式爆发。

　　在大元帅府以武力解决了"商团事件"后，有两点值得注意的变化。一方面，市政厅改组，吸纳工界、商界、农界、学界、职业界及自由职业各界人士加入市政委员会，扩大其统治的根基；另一方面，总商会被改组，改由与胡汉民等人关系密切的邹殿邦为会长，而且广州市商会、广州市商民协会、广东省商会联合会、广州实业联合会等新商人团体陆续成立，商人团体转而倾向于与政府合作。在此背景之下，城市建设有了更多的谈判空间。"六街成案"、承认双重产权以推广骑楼及土地登记的施行，都是政府与商

---

① 程天固：《程天固回忆录》上册，第179页。

民协商后的结果。这种转变对城市建设具有积极的推进作用。至20世纪30年代，以总商会为首的商民已直接参与到城市建设之中，使得填筑内港、架设铁桥、填筑海珠岛等得以实现。

由于市政机关的不健全，近代广州城市建设是没有固定资金来源的。最初拆城筑路依靠的是电车公司报效的资金；此后开辟马路实际是由沿路居民承担筑路费；20世纪30年代，程天固所谓的"有产之建设"实际上是卖地给商人，这也解释了为什么近代政府制造了一大批与土地、房屋产权相关的契据。在确认产权之际，政府通过这些契据也借以从中收取一定的费用作为城市建设之经费。而在近代广州，政府工作人员与商人并没有泾渭分明的界限。钟宝贤关于省港商人的研究注意到，省港商人在辛亥革命后积极参与华南政治，而获得可观的政治经济特权。[1] 这批商人也就是本书提及的祖籍四邑的旅港商人。他们在广州城市建设中扮演重要角色。电车路、填筑洲头咀内港等都由他们组设的公司承办。他们与政府要员关系密切，有些甚至直接充当政府工作人员。如三任工务局局长的林逸民，其兄所开办的建筑公司承担填筑洲头咀的内港工程；而在洲头咀拥有大量土地的杨西岩，曾出任广东省财政厅厅长；电车公司负责人伍学晃，也曾出任广东省盐运使。另如总商会会长邹殿邦，也担任市政委员会委员；程天固本人在河南开设有三间工厂，并在白蚬壳附近购置有大量土地。这些都使得城市建设本身带有很大的模糊性。有时很难断言，一项城建工程是政府出于民生考虑，还是私人投资的兴趣，或许本就兼而有之。

市政府掌控土地的过程，也引发省市、市县之间关系的变化。通过划定市区范围，市政府与省政府划分了财政权限。这为市政府权限的扩大提供了基础，而省政府往往要"借市款为挹注"。[2] 省政府在办理很多事务上也需要市政府的支持，如架设省港电话线、规划建设省府合署等。[3] 至于市县之间，则没有直接隶属的关系，更多的是边界之争。在河南发展计划失败的例

[1] Stephanie Po‑yin Chung, *Chinese Business Groups in Hong Kong and Political Change in South China*, *1900–25* (Palgrave Macmillan, 1998).
[2] 《市府改制尚未实现》，《广州民国日报》1930年1月13日，第2张第1版。
[3] 见《广东省第四届委员会第118次议事录》（1928年12月18日），《民国时期广东省政府档案史料选编》第2册，第91页；《计划建筑省府合署案》，《广东省政府公报》第129期，1930年9月25日，第17~18页。

子中可以看到，即便市政厅在政策和法规层面上，早已将河南纳入市区范围，而实际的行政管辖却仍受限于番禺县政府。县政府得以实现其管辖权，除了有一定的乡村基层社会力量支持外，在很大程度上取决于充当市县中间人的省政府于具体事务上的态度。可见，省市县三者是一种相互制约的关系，维持着动态的权限平衡。

本书也管窥了近代中国城市一些不同于西方城市的本质。科大卫提醒我们，在西欧的社会环境下，城镇、城市及其联系着的工业，往往与银行、公司等资本相关，因此城镇和城市似乎是孕育资本主义的温床；但在中国，16世纪的商业发展造就了宗族组织的发展，而宗族这种在理念上源出乡村社会的理想和组织，较难孕育出有显著城乡差别的意识形态。与此同时，明清的礼仪秩序使乡镇等本地社区得以灵活运用国家的语言，地方权力由是依然掌握在地方手中。[①] 从这种认识出发，帝国时期作为衙署所在的城厢，实际上是坐落在一片以乡村社会的组织、产权意识和实践为基础的土地上，当它要在 20 世纪 "近代化" 的呼声下变身为现代城市时，一方面要面对的是长年来形成的乡村社会结构，另一方面要应付的是清末民初出现的意识形态的转变——由 "子民" 变为 "市民"，由自诩为 "绅商" 到声称是 "商会"——而这些市民和商会，许多又没有跟乡村社会的理念和结构决裂。中国 "城乡连续一体" 的这种性质，使得中国城市的现代转型尤为艰难，从这一角度来看，今天城市建设中出现的许多问题，仍然是过去历史的延续。

[①] David Faure, "What Weber Did Not Know: Towns and Economic Development in Ming and Qing China," David Faure and Tao Tao Liu eds., *Town and Country in China: Identity and Perception*, pp. 58 – 79.

参考文献

一　档案

《布告广州市政公所规划情形以促进行》（1918 年 10 月 19 日），广州市档案馆藏，档案号：4－01/001/0263－1－009。

《财政局呈报定期九月五日开投珠江铁桥北段坡底铺位连同订正招租章程简章平面图各一份呈请察核备案并请派员届时莅局监投由》（1932 年 8 月 26 日），广州市档案馆藏，档案号：4－01/008/000214－013。

《呈报海珠铁桥经已点交公用局接收由》（1933 年 8 月 17 日），广州市档案馆藏，档案号：4－01/007/0048－2－030。

《呈报建筑海珠铁桥期限情形请察核令遵由》（1933 年 8 月 1 日），广州市档案馆藏，档案号：4－01/007/0049－3－008。

《呈督军、省长市政公所坐办曹汝英奉令任事日期》（1918 年 10 月 22 日），广州市档案馆藏，档案号：4－01/001/0263－1－015。

《呈拟将海珠铁桥北岸斜坡底空地租与商民开设铺户逐间招商承租理合偏文呈核是否备查并候指令祗遵》（1931 年 12 月 28 日），广州市档案馆藏，档案号：4－01/008/000214－001。

《呈请换发关防文曰广州市市政府公所之关防》（1918 年 10 月 24 日），广州市档案馆藏，档案号：4－01/001/0263－1－016。

《呈为泮塘未照原案筑好万难迁往饬粤路查照原案办理暂缓催迁事》（1926 年 11 月 8 日），广州市档案馆藏，档案号：4－01/11/329－6－170。

《第六次市行政会议建设广州市内港案已通过》（1929 年 9 月 11 日），广州市档案馆藏，档案号：4 - 01/001/0145 - 2 - 003。

《广州市政厅呈报主任将已亦未办各案卷一律交财政局派来接收委员卢颂芳接收》（1924 年 2 月 8 日），广州市档案馆藏，档案号：4 - 01/003/000027 - 003。

《据呈复派员监投海珠铁桥建筑工程情形》（1928 年 10 月 9 日），广州市档案馆藏，档案号：4 - 01/007/0273 - 4 - 010。

《令广州市政公所将省议会议员陈世恩等提出质问市政公所招投拆城工程一案仰将拆城计划及预算开具书表呈候核办》（1918 年 11 月 4 日），广州市档案馆藏，档案号：4 - 01/1/263 - 2。

《令市政公所将尚未移交事件应即妥交清楚列册具报仰遵照办理》（1921 年 3 月 8 日），广州市档案馆藏，档案号：4 - 01/001/0263 - 2 - 013。

《番禺与广州市争界卷（一）及市郊施政大纲》，广东省档案馆藏，档案号：3/2/297。

《提议在中央公园后段建筑市府合署案》（1929 年 12 月），广州市档案馆藏，档案号：4 - 01/1/17。

《兹委任孙科为广州市市长蔡增基为广州市财政局局长程天固为广州市工务局长黄桓为广州市公用局长胡宣为卫生局长魏邦平为广东全省警务处长兼市公所饬许崇清为教育局长仰市政公所饬所属一体知照》（1921 年 2 月 15 日），广州市档案馆藏，档案号：4 - 01/001/0263 - 2 - 009。

二 报刊

《安雅书局世说编》（后改名《安雅报》，广州，1901～1918）；《东方报》（广州，1906～1907）；

《东方杂志》（1904～1948）；《公评报》（广州，1924～1930）；《广东行政周刊》（1927）；

《广东日报》（香港，1904～1906）；《广东省政府公报》（1929～1937）；《广东省政府周报》（1927～1929）；《广州民国日报》（1923～1937）；《广州市政公报》（1921～1937）；《广州市政日报》（1928～

1932，1928 年 7 月 2 日至 1929 年 7 月 30 期间改名为《广州日日新闻》，1932 年 2 月 20 日改名为《广州市民日报》）；《广州总商会报》（1907）；《国华报》（广州，1911～1935）；

《国民新闻报》（广州，1925～1936）；《华字日报》（香港，1895～1937）；《岭东日报》（汕头，1902～1909）；《岭南学报》（1929～1952）；《民生日报》（广州，1912～1913）；《商工旬报》（1907 年 7 月 20 日第 4 期起改名《农工商报》，1908 年 12 月 14 日第 55 期起改名《广东劝业报》）；

《申报》（1872～1937）；《时事画报》（广州，1905～1908）；《司法日刊》（广州，1922～1923）；

《天趣报》（广州，1905～1911）；《唯一趣报有所谓》（香港，1905～1906）；《现象报》（广州，1921～1930）；《新广州》（1931～1932）；《游艺报》（广州，1901）；《越华报》（广州，1927～1937）；

《政治官报》（北京，1907～1911）；《中国日报》（香港，1904～1908）。

三　相关文献资料

长善等纂《驻粤八旗志》，光绪五年（1879）刻本。

陈滚滚：《陈联泰与均和安机器厂的概况》，《广东文史资料　第 20 辑》，广东人民出版社，广东人民出版社，1965。

陈家铭、刘涛：《广三铁路的修筑及其组织管理》，《三水文史资料　第 18～19 辑》，1989。

陈建华主编、荔湾区文物普查汇编编纂委员会编《广州市文物普查汇编　荔湾区卷》，广州出版社，2006。

陈建华主编、天河区文物普查汇编编纂委员会编《广州市文物普查汇编　天河区卷》，广州出版社，2007。

陈坤：《岭南杂事诗钞》，陈建华、曹淳亮主编《广州大典　第 6 辑　如不及斋会钞晋石厂丛书》，广州出版社，2008。

程天固：《程天固回忆录》上、下册，台北，龙文出版社，1993。

《筹建广州市模范住宅区一览》，无出版者与出版时间。

崔弼初编、陈际清总辑《白云越秀二山合志》，陈建华、曹淳亮主编《广州大典 第 34 辑 史部地理类》第 13 册，广州出版社，2015。

道光《广东通志》，续修四库全书编委会编《续修四库全书 史部 地理》第 669～675 册，上海古籍出版社，2002 年影印本。

道光《两广盐法志》，于浩辑主编《稀见明清经济史料丛刊 第 1 辑》第 39～43 册，国家图书馆出版社，2008 年影印本。

道光《南海县志》，《广东历代方志集成 广州府部 (13)》，岭南美术出版社，2000 年影印本。

邓雨生：《全粤社会实录初编》，调查全粤社会处，宣统二年（1910）。

《督办广东治河事宜处报告书》（1918～1928，1926 年第 7 期改名《广东治河处工程报告书》）。

樊封：《南海百咏续编四卷》，道光二十九年（1849）刻本。

冯自由：《革命逸史》，新星出版社，2009。

奉天交涉署编《约章汇要》，1927。

顾廷龙主编《清代朱卷集成 (76)》，台北，成文出版社，1992。

国都设计技术专员办事处编《首都计划》，王宇新、王明发点校，南京出版社，2006。

广东清理财政局编订、广东省财政科学研究所整理《广东财政说明书》，广东经济出版社，1997。

《广东省查变官有不动产地章程》，九耀坊真平，1915。

《广东谘议局第二次常年会议报告》，1910。

广东七十二行商报编印《广东七十二行商二十五周年纪念刊》，1931。

广东钱局编印《广东钱局银钱两厂章程》，光绪年间刻本。

广东省档案馆编印《民国时期广东省政府档案史料选编》，1987。

广东省会公安局户籍股编印《广东省会警区现住户口统计》，1936。

广东省会公安局统计股编印《广东省会警务纪要》，1936。

广东省社会科学院历史研究室、中国社会科学院近代史研究所民国研究室、中山大学历史学系孙中山研究室合编《孙中山全集》，中华书局，1982。

广东省史志编纂委员会编《广东省志 金融志》，广东人民出版社，

1999。

　　广东省文史研究馆编《三元里人民抗英斗争史料》，中华书局，1978。

　　广东省银行经济研究室编印《广州之米业》，1938。

　　广九铁路管理局编印《广九铁路旅行指南》，1916。

　　光绪《广州府志》，《中国地方志集成　广东府县志辑》第1~3册，上海书店出版社，2003年影印本。

　　《广州近百年教育史料　广州文史资料专辑》，1983。

　　《广州市市政公所办理电车路公牍撮要》，粤东编译公司，1919。

　　广州年鉴编纂委员会编印《广州年鉴》，1935。

　　广州市地方志编辑委员会办公室等编译《近代广州口岸经济社会概况——粤海关报告汇集》，暨南大学出版社，1996。

　　广州市地方志编辑委员会编《广州市志　卷19　人物志》，广州出版社，1996。

　　广州市工务局编印《广州市工务局开辟六街马路征信录》，1926。

　　广州市工务局编印《广州市工务之实施计划》，1930。

　　广州市规划局、广州市城市建设档案馆编《图说城市文脉：广州古今地图集》，广东省地图出版社，2010。

　　广州市市政厅编辑股编印《广州市市政报告汇刊》，1928。

　　广州市市政厅编辑股编印《（民国十三、十四年）广州市市政报告汇刊》，1925。

　　广州市市政总务科编印《（民国十二年）广州市市政报告汇刊》，1924。

　　广州市市政厅总务科编辑股编印《广州市市政例规章程汇编》，1924。

　　广州市市政厅总务科编辑股编印《广州市市政概要》，1922。

　　广州市文化局编《广州锦纶会馆整体移位保护工程记》，中国建筑工业出版社，2007。

　　广州市政府编印《广州市概览》，1935。

　　广州市政府编印《广州市政府三年来施政报告书》，1935。

　　广州市政府编印《广州市政会议录　第1辑（上）》，1934。

　　广州市政府编印《广州市之海珠炸石工程》，无出版时间。

　　广州市政府编印《民国十八年来广州市市政府统计年鉴　第一回》，

1929。

郭今吾主编《经济大辞典商业经济卷》，上海辞书出版社，1986。

郭泽农：《广东三江帮的兴起、繁荣及衰落》，《广东文史资料　第 21 辑》，广东人民出版社，1965。

韩峰：《曾养甫和林逸民"斗法"》，李齐念主编《广州文史资料存稿选编　第 2 辑　军政类》，中国文史出版社，2008。

韩峰：《伍希吕和司徒彼得》，李齐念主编《广州文史资料存稿选编　第 9 辑　社会类》，中国文史出版社，2008。

何朝彦纂修《何氏族谱》（《羊城庐江书院全谱》），光绪二十年（1894）广州富文斋刻本。

何昆山：《粤垣源源水局议》，光绪八年（1882）宝森阁铅印本。

黄佛颐编纂、仇江等点注《广州城坊志》，广东人民出版社，1994。

黄任恒编《番禺河南小志》，何耀光辑《至乐楼丛书　第三十六》，影印手抄本，1990。

黄炎培：《一岁之广州市》，商务印书馆，1922。

黄佐：《广州人物传》，陈建华、曹淳亮主编《广州大典　第 4 辑　岭南遗书》第 1 册，广州出版社，2008。

霍与瑕：《霍勉斋集》，道光三年（1823）刊本。

嘉靖《广东通志》，广东省地方史志办公室，1997。

贾士毅：《民国财政史》，商务印书馆，1917。

江庆柏编著《清朝进士题名录》中册，中华书局，2007。

康熙《南海县志》，《日本藏中国罕见地方志丛刊》，书目文献出版社，1992 年影印本。

雷梦水等编《中华竹枝词》，北京古籍出版社，1997。

李衡皋、余少山：《粤商自治会与粤商维持会》，《广州文史资料　第 7 辑》，广东人民出版社，1963。

李敬如、江莘：《李朗如传略》，《广州文史资料　第 25 辑》，广东人民出版社，1982。

李文：《我所知道的南洋华侨黄陆佑》，《中华文史资料文库　第 19 卷　华侨华人编》，中国文史出版社，1996。

李文邦：《黄埔港计划》，广东治河委员会，1936。

李有华、张解民编《顺德历史人物》，广东人民出版社，1991。

李宗黄：《模范之广州市》，商务印书馆，1929。

李宗黄：《新广东观察记》，商务印书馆，1922。

荔湾区政协文史委编《荔湾风采》，广东人民出版社，1996。

梁廷枏纂《粤海关志》，沈云龙主编《近代中国史料丛刊续编　第 19 辑》，台北，文海出版社，1974 年影印本。

梁永：《孙中山大本营时期的官产清理和租捐征收》，《广州文史资料 第 43 辑》，广东人民出版社，1991。

林金枝、庄为玑：《近代华侨投资国内企业史资料选辑　广东卷》，福建人民出版社，1989。

林忠孝堂纂修《双桂书院志略》，光绪九年（1883）忠孝堂刻本。

岭南大学同学会编印《钟荣光先生传》，1967。

刘伯骥：《广东书院制度沿革》，商务印书馆，1938。

刘国铭主编《中国国民党百年人物全书》，团结出版社，2005。

刘世馨：《粤屑》，光绪三年（1877）上海申报馆仿聚珍版。

刘再苏编《居游必携广州快揽》，世界书局，1926。

《刘忠诚公（坤一）遗集》，沈云龙主编《近代中国史料丛刊　第 26 辑》，台北，文海出版社，1966 年影印本。

龙裔禧：《参加同盟会、辛亥革命回忆片断》，连县政协文史资料研究委员会编印《连县文史资料　第 4 辑》，1986。

《陆海军大元帅大本营公报》（广州，1923～1924）

陆丹林：《市政全书》，道路月刊社，1928。

罗功武：《卢维庆》，高明市政协文史资料研究委员会编印《高明文史资料　第 9 辑　罗功武遗稿〈粤故求野记〉选辑》，1995。

罗翼群：《旧时代广东官商贪污舞弊之发展史》，《广东文史资料存稿选编　第 5 卷》，广东人民出版社，2005。

宓汝成编《近代中国铁路史资料》，沈云龙主编《近代中国史料丛刊续编　第 40 辑》，台北，文海出版社，1989。

民国《东莞县志》，《中国地方志集成　广东府县志辑》第 19 册，上海书店出版社，2003 年影印本。

闵杰编著《晚清七百名人图鉴》，上海书店出版社，2007。

聂宝璋编《中国近代航运史资料 第 1 辑（1840～1895 年）》，上海人民出版社，1983。

区季鸾编著，黄荫普校正《广州之银业》，国立中山大学法学院经济调查处，1932。

区作霖编修《区氏林石公祖祠谱》，光绪十三年（1887）刻本。

《番禺四司册金公产印示》，番禺，1911。

《清实录 第 60 册 附宣统政纪》，中华书局，1987 年影印本

《清实录 第 59 册 德宗实录（8）》卷 572，中华书局，1987 年影印本。

仇巨川辑《羊城古钞》，嘉庆十一年（1806）大赉堂刻本。

钱实甫主编《清代职官年表》，中华书局，1980。

秦孝仪主编《孙哲生先生文集》，台北，中国国民党中央委员会党史委员会，1990。

丘琴、姜克夫：《朱庆澜》，朱信泉主编《中华民国史资料丛稿 民国人物传 第 10 卷》，中华书局，2000。

屈大均：《广东新语》，中华书局，1985。

商务印书馆编译所编译《国际条约大全 民国十四年增订 下编卷 7 行船》，商务印书馆，1925。

沈琼楼：《广州市濠畔街和打铜街的变迁》，《广州文史资料 第 7 辑》，广东人民出版社，1963。

首都建设委员会编印《首都建设委员会第一次全体大会特刊》，1930。

苏鉴、苏体严纂修《广东苏氏族谱》（《武功书院世谱》），光绪二十五年（1899）刻本。

孙毓棠编《中国近代工业史资料 第 1 辑 上册（1840～1895）》，科学出版社，1957。

田原天南编《清末民初中国官绅人名录》，沈云龙主编《近代中国史料丛刊三编 第 80 辑》，台北，文海出版社，1995。

同治《番禺县志》，《中国方志丛书 第 48 号》，台北，成文出版社，

1967 年影印本。

同治《南海县志》，《中国方志丛书　第 50 号》，台北，成文出版社，1967 年影印本。

汪敬虞编《中国近代工业史资料　第 1 辑　1895～1914》，中华书局，1962。

汪新、刘红：《南京国民政府军政要员录》，春秋出版社，1988。

王鸿鉴、黄绍声：《陈炯明统治广东时期的若干措施》，全国政协文史资料委员会编《文史资料存稿选编　第 3 辑　东征北伐》，中国文史出版社，2002。

文铁夫：《抗战前广州市公共客车史话》，《广州文史资料　第 29 辑》，广东人民出版社，1983。

吴绮等撰、林子雄点校《清代广东笔记五种》，广东人民出版社，2006。

吴尚膺：《土地问题与土地法》，中国国民党广东省执行委员会党务工作人员训练所编译部，1931。

吴兴慈航氏编《广州指南》，新华书局，1919。

伍澄宇编《铺底加租条例合刊》，中华学会，1922。

伍连德、伍长耀编《海港检疫管理处报告书　第 2 册》，卫生署，1932。

武汉地方志编纂委员会主编《武汉市志　人物志》，武汉大学出版社，1999。

夏东元编《郑观应集》，上海人民出版社，1982。

冼剑民、陈鸿钧编《广州碑刻集》，广东高等教育出版社，2006。

萧栋梁：《李福林》，中国社会科学院近代史研究所民国史研究室编《中华民国史人物传　第 3 卷》，中华书局，2011。

谢瀛洲：《林云陔传略》，中国国民党中央党史史料编辑委员会编《革命先烈先进传》，台北，"中华民国"各界纪念国父百年诞辰筹备委员会，1965。

宣统《番禺县续志》，《中国方志丛书　第 49 号》，台北，成文出版社，1967 年影印本。

宣统《南海县志》，《广东历代方志集成　广州府部（14）》，岭南美术出版社，2000 年影印本。

杨永衍编《瑶溪二十四景诗》，光绪三年（1877）刻本。

杨颙：《沙面租界概述》，《广州文史资料　第 44 辑》，广东人民出版社，1992。

姚文田：《阳宅辟谬》，陈建华、曹淳亮主编《广州大典　第 7 辑　咫进斋丛书》第 1 册，广州出版社，2008。

《银行年鉴（1921~1922）》，银行周报社，1922。

余斌臣、伍于簪、林护：《杨西岩》，杜元载主编、中国国民党中央委员会党史委员会编辑《革命人物志　第 9 集》，台北，中央文物供应社，1972。

袁东华编《广州租界史大事记》，《广州文史资料　第 44 辑》。

苑书义、孙华峰、李秉新主编《张之洞全集》，河北人民出版社，1998。

粤商维持公安会编印《粤商维持公安会同人录（修正章程附）》，1912。

《奏办广东士敏土厂公文始末纪略》，广东士敏土厂，宣统二年（1910）。

张维屏：《听松庐诗略》卷上，陈建华、曹淳亮主编《广州大典　第 10 辑　学海堂丛刻》第 1 册，广州出版社，2008。

张宪文等主编《中华民国史大辞典》，江苏古籍出版社，2001。

赵灼编《广东省立单行法令汇纂》，广州光华书局，1921。

中国保险年鉴编辑所编《保险年鉴　1935 下世界各国保险业概况》，中华人寿保险协进社，1935。

中国第二历史档案馆编《国民党政府政治制度档案史料选编　下》，安徽教育出版社，1994。

中国第一历史档案馆编《光绪朝朱批奏折》，中华书局，1995。

朱保炯等编《明清进士题名碑录索引》，上海古籍出版社，1980。

朱哲夫：《陈如岳与陈太吉》，政协南海市委员会编印《南海文史资料　第 2 辑》，1983。

四　研究论著

（一）中文论著

1. 研究论文

敖光旭：《广东商团与商团事件：1911～1924——中国"市民社会"的案例分析》，博士学位论文，中山大学，2002。

陈惠芬：《民初桂系治粤时期的广东省议会》，台北《台湾师大历史学报》第45期，2011年6月。

陈诗启：《中国近代海关海务部门的设立和海务工作的设施》，《近代史研究》1986年第6期。

陈予欢：《曹汝英拆城筑路的风波》，《羊城古今》1994年第1期。

陈玉环：《论一九〇五至一九〇六年的粤路风潮》，广州市文化局、广州市文物博物馆学会编《羊城文物博物研究》，广东人民出版社，1993。

陈玥：《晚清民国武汉城市土地问题》，博士学位论文，中山大学，2014。

程美宝：《从"省港澳"到"粤港澳"——历史失忆与现实定位》，贺照田、高士明主编《人间思想　第1辑　作为人间事件的1949》，金城出版社，2014。

程美宝：《破墙而出：清末民初广州西关地区景观的延续与变迁》，苏基朗主编《中国近代城市文化的动态发展》，浙江大学出版社，2012。

房建昌：《广州沙面英法租界工部局人物考述》，《广东史志》2002年第4期。

何汉威：《清末广东的赌博和赌税》，台北《中央研究院历史语言研究所集刊》第66本第2分，1995年。

何汉威：《清末广东的赌商》，台北《中央研究院历史语言研究所集刊》第67本第1分，1996年。

何文平：《从绿林首领到市长——清末民初革命中的李福林》，《近代史研究》2011年第6期。

何文平：《清末广东巡警的创建与官绅关系》，《中山大学学报》（社会科学版）2006年第5期。

何文平：《知识冲突还是政治反抗——广东地方精英对民初革命党人社会改造的抵制》，《社会科学研究》2009年第4期。

贺跃夫：《晚清广州的社团及其近代变化》，《近代史研究》1998年第2期。

贺跃夫：《近代广州街坊组织的演变》，香港《二十一世纪》1996年6月号。

黄素娟：《从捐资助考到地方公共事务：清中期至民国广东宾兴组织研究》，硕士学位论文，华南农业大学，2005。

姜伯勤：《清代长寿寺园林雅集与广府文化及琴道——〈曾宾谷先生长寿寺后池修褉图〉初探》，《广州文博》2007年12月31日。

赖泽涵：《孙科与广州市的近代化（1921~1927）》，"中华民国"史料研究中心编《中国现代史专题研究报告第八辑》，台北，"中华民国"史料研究中心，1978。

李百浩、刘佳：《程天固与广州近代早期城市规划建设》，董卫主编《城市规划历史与理论01》，东南大学出版社，2014。

李森：《近代天津城市规划布局的演变》，天津社会学科院历史研究所、天津市城市科学研究会合编《城市史研究》第11~12辑，1996。

李颖明：《黄沙鱼栏搬迁与1920年代广州的官商关系》，硕士学位论文，中山大学，2009。

林冲：《骑楼型街屋的发展与形态的研究》，博士学位论文，华南理工大学，2000。

马木池：《国民政府控制下商人的分化与冲突——1924~1934年间广州商会整合之背后》，博士学位论文，中山大学，2007。

倪俊明：《广州城市道路近代化的起步》，《广东史志》2002年第1期。

乔素玲：《产权限制：20世纪20年代广州政府产权政策评析》，曾宪义主编《法律文化研究》第2辑，中国人民大学出版社，2006。

邱捷：《黄景棠和他的倚剑楼诗草》，《近代史研究》1996年第6期。

邱捷：《清末广州居民的集庙议事》，《近代史研究》2003年第2期。

邱捷：《清末文献中的广东"绅商"》，《历史研究》2001 年第 2 期。

邱捷：《同治、光绪年间广东首县的日常公务——从南海知县日记所见》，《近代史研究》2008 年第 4 期。

邱捷：《晚清广东的"公局"——士绅控制乡村基层社会的权力机构》，《中山大学学报》（社会科学版）2005 年第 4 期。

邱捷：《辛亥革命时期的粤商自治会》，《近代史研究》1982 年第 3 期。

任万平：《清代官印制度综论》，朱诚如、王天有主编《明清论丛　第 1 辑》，紫禁城出版社，1999。

沈成飞：《广州官产投变事件中的革命政府与地方社会》，《历史研究》2014 年第 4 期。

沈成飞：《论孙科的第二个广州市长任期——以广州官产案为中心的考察》，《中山大学学报》（社会科学版）2014 年第 5 期。

沈乃正：《清末之督抚集权、中央集权与"同署办公"》，《社会科学》第 2 卷，1936 年。

史扶邻：《孙中山的早期土地政策——"平均地权"的起源与意义》，高申鹏译，《中山大学学报论丛》1992 年第 5 期。

孙浩：《浅说协建广东钱局的爱德华·伟恩与雕刻广东七三番版的艾伦·伟恩——在华外籍人士小传（一）》，《中国钱币》2005 年第 3 期。

王俊雄：《国民政府时期南京首都计划之研究》，博士学位论文，台湾成功大学，2002。

徐丽飞：《陈望曾与清末广东农业教育》，《岭南文史》2013 年第 3 期。

杨颖宇：《近代广州长堤的兴筑与广州城市发展的关系》，《广东史志》2002 年第 4 期。

杨颖宇：《近代广州第一个城建方案：缘起、经过、历史意义》，《学术研究》2003 年第 3 期。

曾昭璇、曾新、曾宪珊：《广州十三行商馆区的历史地理——我国租界的萌芽》，《岭南文史》1999 年第 1 期。

赵一澐：《清末民国广州南城高第街街区的形态演变》，硕士学位论文，华南理工大学，2012。

郑静：《广州骑楼街空间分布特征与保护措施》，《城市规划》1999 年第 11 期。

周瑞坤：《公共卫生与广州城市现代化（1901～1930's）》，硕士学位论文，台湾政治大学，2003。

周祥：《广州城市公共空间形态及其演进研究（1759～1949）》，博士学位论文，华南理工大学，2010。

周兴樑：《论辛亥革命时期的广东军政府》，《历史研究》1993 年第 3 期。

2. 研究著作

陈春声：《市场机制与社会变迁——18 世纪广东米价分析》，中山大学出版社，1992。

陈其津：《我的父亲陈序经》，广东人民出版社，1999。

陈予欢编著《民国广东将领志》，广州出版社，1994。

陈泽宏、胡巧利主编《广州近现代大事典》，广州出版社，2003。

程慧、曾新主编《广州山水　第 1 辑》，广州出版社，2004。

邓开颂、余思余、陆晓敏：《澳门沧桑》，珠海出版社，1999。

丁新豹：《香江有幸埋忠骨》，三联书店（香港）有限公司，2011。

丁旭光：《孙中山与近代广东社会》，广东人民出版社，1999。

杜丽红：《制度与日常生活：近代北京的公共卫生》，中国社会科学出版社，2015。

杜正贞：《村社传统与明清士绅：山西泽州乡土制度变迁》，上海辞书出版社，2007。

冯绍霆：《石库门：上海特色民居与弄堂风情》，上海人民出版社，2009。

何佩然：《地换山移：香港海港及土地发展一百六十年》，商务印书馆，2004。

黄海妍：《在城市与乡村之间》，生活·读书·新知三联书店，2008。

蒋建国：《报界旧闻：旧广州的报纸与新闻》，南方日报出版社，2007。

雷雨田主编《近代来粤传教士评传》，百家出版社，2004。

卢汉超：《霓虹灯外：20 世纪初日常生活中的上海》，上海古籍出版社，2004。

马学强：《从传统到近代——江南城镇土地产权制度研究》，上海社会科学院出版社，2002。

南开大学历史系中国古代史教研组编《中国封建社会土地所有制形式问题讨论集》上、下册，生活·读书·新知三联书店，1962。

邱捷：《孙中山领导的革命运动与清末民初的广东》，广东人民出版社，1996。

汤国华：《广州沙面近代建筑群》，华南理工大学出版社，2004。

汤国华：《岭南历史建筑测绘图选集（一）》，华南理工大学出版社，2001。

汪坦、张复合主编《第五次中国近代建筑史研究讨论会论文集》，中国建筑工业出版社，1998。

汪志国：《周馥与晚清社会》，合肥工业大学出版社，2004。

汪宗猷编著《广州满族简史》，广东人民出版社，1990。

王笛：《走进中国城市内部：从社会的最底层看历史》，清华大学出版社，2013。

温广益主编《广东籍华侨名人传》，广东人民出版社，1988。

许瑞生：《广州近代市政制度与城市空间》，广东人民出版社，2010。

杨国桢：《明清土地契约文书研究》，人民出版社，1988。

杨文渊主编《上海公路史　第 1 册　近代公路》，人民交通出版社，1989。

余炎光、陈福霖主编《南粤割据——从龙济光到陈济棠》，广东人民出版社，1989。

曾庆榴：《广州国民政府》，广东人民出版社，1996。

曾昭璇：《广州历史地理》，广东人民出版社，1991。

张仲礼主编《近代上海城市研究》，上海人民出版社，1990。

中国硅酸盐学会主编《中国陶瓷史》，文物出版社，1982。

周汉光：《张之洞与广雅书院》，台北，中国文化大学出版部，1983。

（二）译著

安克强（Christian Henriot）著，张培德、辛文锋、肖庆璋译《1927 ~

1937 年的上海：市政权，地方性和现代化》，上海古籍出版社，2004。

戴乐尔：《我在中国海军三十年（1889～1920）——戴乐尔回忆录》，张黎源、吉辰译，文汇出版社，2011。

费维凯：《中国早期工业化——盛宣怀（1844～1916）和官督商办企业》，虞和平译，中国社会科学出版社，1990。

亨特：《旧中国杂记》，沈正帮译，章文钦校，广东人民出版社，1992。

科大卫：《近代中国商业的发展》，周琳、李旭佳译，浙江大学出版社，2010。

马维力：《单威廉与青岛土地法》，金山译，青岛出版社，2010。

瞿同祖：《清代地方政府》，范忠信等译，法律出版社，2003。

施丢克尔（H. Stoecker）：《十九世纪的德国与中国》，乔松译，生活·读书·新知三联书店，1963。

单威廉：《中国之土地制度及土地登记测量及微税条例章案》，中国地政学会，1934。

施坚雅主编《中华帝国晚期的城市》，叶光庭等译，中华书局，2000。

寺田浩明：《权利与冤抑：寺田浩明中国法史论集》，王亚新译，清华大学出版社，2012。

魏安国、詹森、云达忠等：《从中国到加拿大》，许步曾译，上海社会科学院出版社，1988。

魏尔特：《赫德与中国海关》，陈养才、陆琢程、李秀风等译，厦门大学出版社，1993。

魏斐德：《大门口的陌生人：1839—1861 年间华南的社会动乱》，王小荷译，中国社会科学出版社，1988。

（三）英文论著

C. Martin Wilbur, "Problems Of Starting A Revolutionary Base：Sun Yat-sen And Canton 1923," 台北《中央研究院近代史研究所集刊》第 4 期下册，1974 年，第 665～727 页。

Canton Christian College, Ling Naam Hok Hau：Its Growth and Outlook（New York：Trustees of the Canton Christian College，1919）.

Chi Ming Fung, *Reluctant Heroes: Rickshaw Pullers in Hong Kong and Canton, 1874 – 1954* (Hong Kong: Hong Kong University Press, 2005).

China Imperial Maritime Customs: Decennial Reports, 1882 – 1891 (Shanghai: The Stastistical Department of The Inspectorate General of Customs, 1893).

China Imperial Maritime Customs: Decennial Reports, 1892 – 1901 (Shanghai: The Stastistical Department of The Inspectorate General of Customs, 1906).

Chinese Repository (1833)

Circular No. 10 of 1868 Marine Department, *Documents illustrative of the Origin, Development and Activities of the Chinese Customs Service, Volume I: Inspector General's Circulars, 1861 to 1892* (Shanghai: Statistical Department of the Inspectorate General of Customs, 1937).

David Abeel, *Journal of A Residence in China, and The Neighboring Countries, From 1829 to 1833* (New York: Leavitt, Lord & CO. , 1834).

David Buck, *Urban Change in China: Politics and Development in Tsinan, Shantung, 1890 – 1949* (Madison: University of Wisconsin Press, 1978).

David Faure and Tao Tao Liu eds. , *Town and country in China: Identity and Perception* (New York: Palgrave, 2002).

Di Wang, *Street Culture in Chengdu: Public Space, Urban Commoners, and Local Politics, 1870 – 1930* (Stanford: Stanford University Press, 2003).

Di Wang, *The Teahouse: Small Business, Everyday Culture, and Public Politics in Chengdu, 1900 – 1950* (Stanford: Stanford University Press, 2008).

Edward Bing-Shuey Lee, *Modern Canton* (Shanghai: the Mercury Press, 1936).

Elizabeth Sinn, "Ho Amei and his Life between Guangzhou and Hong Kong (1850 – 1900)", 2012 年 9 月 28 ~ 30 日在中山召开的 "省港澳大众文化与都市变迁" 会议的发言稿, 未刊。

Frederic Wakeman Jr. , *Policing Shanghai, 1927 – 1937* (Berkeley: University of California Press, 1995).

John Henry Gray, *Walks in The City of Canton* (Hong Kong: De Souza & Co. , 1875).

Joseph Esherick ed, *Remaking the Chinese City: Modernity and National Identity, 1900 to 1950* (University of Hawaii Press, 2002).

Kerr, *The Canton Guide. 5th ed.* (Hong Kong: Kelly and Walsh, 1891).

Kristin Stapleton, *Civilizing Chengdu: Chinese Urban Reform, 1895 – 1937* (Published by the Harvard University Asia Centerand, distributed by Harvard University Press, 2000).

Mark Elvin and G. William Skinner, eds. , *The Chinese City Between Two Worlds* (Stanford: Stanford University Press, 1974).

Michael Tsin, *Nation, Governance, and Modernity in China: Canton, 1900 – 1927* (Stanford: Stanford University Press, 1999).

Mrs. Gray, *Fourteen Months in Canton* (London: Macmillan and Co. , 1880).

N. B. Dennys ed. , *The Treaty Ports of China and Japan* (London: Trübner And Co. , Paternoster Row. , Hong Kong: A Shortrede And Co. , 1867).

Peter J. Carroll, *Between Heaven and Modernity: Reconstructing Suzhou, 1895 – 1937* (Stanford: Stanford University Press, 2006).

Shuk-wah Poon, *Negotiating Religion in Modern China: State and Common People in Guangzhou, 1900 – 1937* (Hong Kong: The Chinese University of Hong Kong, 2011).

Sun Yat-sen, *The International Development of China* (New York and London, G. P. Putnam's Sons, 1922).

The Canton Directory and Anglo-Chinese Calendar for 1875 with Plan of Shamien (Canton: Printed at the Customs Press).

The Far Eastern Review; Engineering commerce, finance (Manila, 1904 – 1922).

The Sun (New York, 1903).

Tony Lam Chung Wai, "From British Colonization to Japanese Invasion: The 100 Years Architects in Hong Kong 1841 – 1941," *Hong Kong Institute of Architects Journal* 45 (2006): 45.

Valery M. Garrett, *Heaven is High, the Emperor Far Away: Merchants and*

Mandarins in Old Canton （Hong Kong：Oxford University Press，2002）.

Virgil K. Y. Ho，*Understanding Canton：Rethinking Popular Culture in the Republican Period* （New York：Oxford University Press，2005）.

William T，Rowe，*Hankow* （Standford：Stanford University Press，1984）.

William T，Rowe，*Hankow：Conflict and Community in a Chinese City，1796 – 1895* （Standford：Stanford University Press，1989）.

Yeung Wing Yu，Hans，*Guangzhou，1800 – 1925：*The Urban Evolution of a Chinese Provincial Capital （*Ph. D. diss.，University of Hong Kong*，1999）.

索　引

后 记

当踏进广州时，我未曾想过将来自己会为她写一本小书。犹记那天下着小雨，我独自一人拉着一个行李箱走在街头，面对着陌生的人来人往，有些不知何去何从的迷茫。在广州学习生活多年后，我爱上了这座城市，也自以为熟悉这座城市。广州在中国被视为是仅次于北京、上海的第三大城市，生活着上千万人口，是中国南方经济、政治、军事、文化中心，拥有二千年的对外贸易传统，号称"千年商都"。这里既有出售高端时尚商品的大型购物商场，也有上下九和北京路那样货如轮转的步行街；既有承载二千年历史的南越王宫遗址，也有清末民国留下的黄花岗烈士陵园、黄埔军校等革命遗迹；既有价格高昂的高级住宅区，也有遍布廉价出租屋的城中村。在中山大学永芳堂的一楼悬挂着一副1907年的《广东省城内外全图（河南附）》。每次路过，我总喜欢驻足欣赏一会儿。有一天导师一个不经意的问题难倒了我，为什么广州是这样子的？我回答不了。我从没有想过，为什么广州的马路近似规则的方格形，为什么上下九和北京路遍布被誉为最具"岭南特色"的骑楼，为什么广州有那么多城中村，……原来，我并不了解这座城市的历史。于是，我开始查阅各种文献资料，对比不同时期的广州地图，一遍遍地行走在这座城市的街头，追问形塑广州的各种人与事。从最初的不熟悉，到被戏称为"省城资深导游"，这本小书浓缩了我对广州的理解。

这本小书的主要材料和观点是在我博士论文的基础上修改而成的，写作过程中得到诸多的帮助。首先，我要深深地感谢我的博士论文导师程美宝教授。她在明知我没有扎实的基础知识的情况下，仍然愿意收下我并对我悉心指导。她问我的问题，我总是回答不了。她对我的要求，我总觉得无法企及。她敏锐的学术视角启发我认真思考那些"习以为常"的现象。她认真严谨的治学态度让我对从事学术研究工作心生敬畏。没有她无私的帮助、热诚的鼓励和时时的鞭策，我不可能走到今天。其次，感谢引领我走进历史人类学的陈春声、刘志伟、科大卫、郑振满、黄国信、吴滔、温春来、饶伟新、杨品优、贺喜等教授，他们教我如何在田野中阅读文献，如何从人的角度去思考"时间"和"空间"的意义。十年过去了，我至今仍记着第一次参加历史人类学暑期学校时那些触动心弦的场景。感谢邱捷、何文平、宋怡明（Michael Szonyi）、黄永豪、潘淑华、马健雄、卜永坚、张瑞威、杨凯里（Jan Kiely）、冼玉仪、康豹等教授，以及我的硕导张文方教授和倪根金教授，他们一直以来都关注着我的研究，并对本书提出富有建设性的修改意见。

我感激所有帮助过我的"老广州"、"新广州"和小伙伴们。感谢岭南古建筑研究所所长汤国华教授、中山大学历史人类学中心粤剧粤曲文化工作室谢少聪先生、陈家祠广东民间工艺博物馆黄海妍研究员、广州市民梁俨然先生、刘自毅女士、卓稚雄先生及麦胜文先生等"老广州"，他们引领我体验最地道的羊城风貌。感谢广东财经大学的前任校长王华教授和陈红丽处长等学校领导，他们是来自五湖四海定居广州多年的"新广州"，他们的支持使我可以专注于自己的研究。这一路走来，我无法想象如果没有"小伙伴"们相伴会是怎样的情景。感谢与我一起在中大求知的蓝清水、杜树海、彭新莲、赵虎、王传武、胡雪莲、丁蕾、吕子远、黎俊忻、唐荷芳、郑维安、叶锦花、李晓龙、毛帅、陈贵明、侯娟等同学，能与他们一起学习是愉悦身心的趣事。感谢与我一样走在田野中的 Ana、Nellie、Igor、Aurore、Thomas 等学者，从他们的田野经验中我获益良多。感谢在哈佛燕京学社一同访学的 Jeayoung、Severin、Inhee、Yangling、Liuzhen、Victor、Bhim、Justin、Huangjie、Shumin 等学者，虽然来自不同的国家、不同的学科和研究领域，但与他们在学术和文化上的交流对我的研究极有启发。感谢华南商业史研究中心的麦思杰主任、徐靖捷、廖志伟和严丽君，我们一起行走"省城"，漫步小洲，考察乐从，踏足新塘，未来的田野里有你们一路同行是人生一大幸事。

在我博士论文撰写阶段获得"广州大典"的资助；在修改这本小书之

际，我获得了广东省哲学社会科学规划项目和程美宝教授主持的广东省高层次人才项目的资助，并有幸地获得哈佛燕京学社"城市研究"项目的资助赴哈佛燕京学社访学。在此一并致以最衷心的感谢！感谢哈佛燕京学社社长裴宜理教授，及李若虹博士、Susan、Lindsay、Francesca、James、Melissa 等工作人员为我提供学习、工作和生活的各种帮助。哈佛校园浓郁的学术氛围、哈佛燕京图书馆丰富的藏书，为我修改书稿提供了绝佳的环境。我要特别感谢哈佛燕京图书馆的所有工作人员，他们认真、负责的工作为我的研究提供了诸多便利。本书的封面图即来源于哈佛燕京图书馆收藏的《粤东省城图》，非常感谢中文部的马晓鹤老师允许我使用该图。我还要深深地感谢2015 社会学 1 班的梁贻翅同学帮忙设计了本书的封面。

最后，我将此书献给我的父母和我的丈夫郑羽鹏。他们的宽容、支持、理解和鼓励帮助我突破瓶颈，找到前进的方向和动力。

2017 年 1 月于查尔斯河畔

图书在版编目（CIP）数据

从省城到城市：近代广州土地产权与城市空间变迁 /
黄素娟著 . -- 北京：社会科学文献出版社，2018.1
ISBN 978 - 7 - 5201 - 1085 - 3

Ⅰ. ①从… Ⅱ. ①黄… Ⅲ. ①城市史 - 研究 - 广州 -
1860 - 1936 Ⅳ. ①K296.51

中国版本图书馆 CIP 数据核字（2017）第 165288 号

从省城到城市：近代广州土地产权与城市空间变迁

著　　者 / 黄素娟

出 版 人 / 谢寿光
项目统筹 / 宋荣欣
责任编辑 / 李丽丽　楚洋洋

出　　版 / 社会科学文献出版社 · 近代史编辑室（010）59367256
　　　　　　地址：北京市北三环中路甲 29 号院华龙大厦　邮编：100029
　　　　　　网址：www.ssap.com.cn
发　　行 / 市场营销中心（010）59367081　59367018
印　　装 / 北京季蜂印刷有限公司

规　　格 / 开本：787mm × 1092mm　1/16
　　　　　　印 张：20.25　字 数：333 千字
版　　次 / 2018 年 1 月第 1 版　2018 年 1 月第 1 次印刷
书　　号 / ISBN 978 - 7 - 5201 - 1085 - 3
定　　价 / 98.00 元